北京市新世纪百千万人才工程研究项目

从“学案”走向个性化阅读

孔凡艳　编著

首都师范大学出版社
CAPITAL NORMAL UNIVERSITY PRESS

图书在版编目（CIP）数据

从“学案”走向个性化阅读/孔凡艳编著. —北京：首都师范大学出版社，2015.10

ISBN 978-7-5656-2563-3

Ⅰ. ①从… Ⅱ. ①孔… Ⅲ. ①阅读课—教学研究—中小学 Ⅳ. ①G633.332

中国版本图书馆 CIP 数据核字（2015）第 232947 号

CONG XUEAN ZOUXIANG GEXINGHUA YUEDU

从“学案”走向个性化阅读

孔凡艳 编著

责任编辑 赵 晴

首都师范大学出版社出版发行

地 址 北京西三环北路 105 号

邮 编 100048

电 话 68418523（总编室） 68982468（发行部）

网 址 www.cnupn.com.cn

印 刷 三河市博文印刷有限公司

经 销 全国新华书店发行

版 次 2015 年 10 月第 1 版

印 次 2015 年 10 月第 1 次印刷

开 本 710mm×1000mm 1/16

印 张 26.75

字 数 473 千

定 价 59.00 元

阅读是学生的个性化行为。阅读教学要注重培养学生感受、理解、欣赏、评价的能力。本书阐述了依托学案，实现学生个性化阅读的理论与实践，为阅读教学摒弃烦琐的内容分析打开了一扇窗，为阅读教学先学后教、以学定教、顺学而导、发展个性蹚出了一条路。这是本书的最大价值和给予我们的重要启示。

崔峦

2014年12月

序　一

教育是通过老师的教育行为，使学生能够获得解决千变万化新鲜问题的能力。语文教育是母语教育，需要语文能力作用于学生生活。同时，阅读教学本身的价值更需要使学生个性得到张扬，让学生扮演阅读的主角。所以语文教育应该让学生不断地成就自己。

读了这部著作，我的一个最直观的认识：学习方案是语文学习的把手、拐杖，有了这样的助推，语文能力的形成才有了蹒跚行路的过程。学生在语文学习中逐步学会自己设计学案指导学习，就可以逐渐“无师自通”。实现真正的尊重学生，以学生为主体，“依托学案　实现个性化阅读”的研究是致力于实现语文教育目标的坚实而丰厚的研究。

说到这项研究首先要说说孔凡艳老师。我所了解的孔凡艳老师，始终致力于“学案导学”的研究，大致已有十多年了。从最初的“‘分层教学　自主探究’阅读教学模式的研究”，初步尝试学案导学；到后来“依托学案　培养小学中高年级学生自能阅读能力”，凭借学案实现“自能阅读”；再到“依托学案　实现个性化阅读”，从整体阅读到个性化阅读的完美统一。分别出版了3部研究专著，并在北京市第三届、第四届教学成果奖评选中获得一、二等奖。这项研究何以让她如此执着，成果如此殷实？我想是源于这项研究的根本出发点：依托学习方案实现学生自主学习。孩子的智慧与情感就是一个宝藏，教师要做的只是唤醒孩子们的主体意识，让他们看到自己的精神与力量。这项研究最大的受益群体就是学生，语文教育指向不同生命的个性开发，有力地促进了学生成长为最好的自己。

据我所知，这项研究在顺义区起到了传承、引导、创新的作用，是区域语文教学改革的典范。在北京市这项研究也是有一定影响力的改革品牌，有不少的追随者和关注者。另外更为可喜的是这项研究培养了一批有能力、有魄力、有实力的语文名师，从著作的作者群体就可见一斑。他们在这项研究中不懈探索与实践，带着对语文教育梦想的坚守，带着对追求目标的执着，一路艰辛跋涉、一路相击而生灵光；一路挥洒汗水、一路生发出生命深处的欢歌与微笑！十几年如一日，推动着这项研究走进更多的老师，走入更多的心灵，走向美好的未来。

这部书稿给我很多启示，仅举一例：个性化阅读是因人而异的阅读，因材施教的方式，而学生个性化的阅读理解需要一个多元启迪的“入口”，学生独特的感受需要一个多元表达的“出口”，而学习方案就是积极为学生的多元阅读搭建“入口”和“出口”，从生成学案，到用学案指导阅读，再到学案的补充完善，继而拓展延伸，这些都充分体现着阅读教学是一个充分尊重学生主体，充分延展学生个性，充分发挥学生潜能的过程。

相信这部专著，沉淀在时间的深处，它必将带给后来人更多的启迪，引发后来人更多的思考，为踯躅前行的探索者照亮心的方向。

序　二

当前，我国基础教育课程改革展现出千帆竞发、百舸争流的喜人局面。在课改大潮中，孔凡艳老师带领她的研究团队勇立潮头，凝神聚力，从语文学科本质、学生学习规律以及未来社会对人才的要求等角度，深入思考语文到底“教什么”和“怎么教”的问题，经过多年不懈努力，构建了以学案为载体、切实发挥学生主体作用的小学语文课堂教学模式。在他们的引领下，我区小学语文课堂教学改革不断向纵深推进，教与学的方式得到明显改进。老师们更加关注学情，关注学生的认知起点、学习兴趣与学习过程，实现了从师本课堂向生本课堂的转型；学生们乐学、善思，提高了语文学习的积极性，语文能力与语文素养得到明显提高。

作为北京市新世纪百千万人才工程市级人选，顺义区语文学科首席教师和名师工作室主持人，孔凡艳老师以高度的责任感和使命感，以对事业、对生活的强烈的爱与追求，执着于语文教学的深入钻研，并将这种精神深深植根于她的研究团队。近年来，他们取得了丰硕的、具有较大创新性的研究成果，先后形成了《“分层教学　自主探究”语文阅读教学初探》、《“学案式阅读教学”探索》、《学案助力自能阅读》和《从“学案”走向个性化阅读》四本著作。在孔凡艳老师的示范和引领下，一大批优秀的语文教师涌现出来。借此机会，对孔凡艳老师及其研究团队表示衷心的祝贺和感谢！

在人的主体意识不断觉醒的时代背景下，在人民群众对优质教育的热切呼唤中，在各种教育主张交融碰撞、各类教育资源竞相迸发的网络信息社会里，我们的语文课究竟应该怎么上？我们的课堂究竟应该怎么改？我们的课程究竟应该怎么设计？这些问题还需要我们深入思考和探索。我们希望，有更多的老师投身到教育改革的大潮中来，像孔凡艳老师一样，勇敢地向教育改革的前沿领域积极挺进，大胆地向教育改革的未知领域深入探索，努力成为改革的先行者，为培养更多优秀人才、为学生的健康幸福成长，做出我们应有的贡献。

目　录

理　论　篇

实　践　篇

反 思 篇

LI LUN PIAN

理论篇

【导读提示】

任何一项课题的研究基本上都是理论先行，“依托学案　实现个性化阅读”也不例外。

“理论篇”开篇的研究简论向我们讲述了“依托学案　实现个性化阅读”研究的缘起、愿景的形成以及研究的创新点、结论等内容。

第二章是对“依托学案　实现个性化阅读”课堂教学的基本模式进行解说。先是理论层面的解说，主要是给予读者方法和策略的指导；接下来从实证的角度进行深入地解读及说明；最后以中、高年段两篇具体课例进行示范性引领。

第三章是对“依托学案　实现个性化阅读”课堂教学的基本环节逐一进行解说，理论与实践相结合。每一环节的解说后均辅以中、高年段各一个案例进行具体详实、深入浅出的解读。

相信读者在潜心阅读这部分内容之后，不仅在理论上对“依托学案　实现个性化阅读”有更完整、清晰、深入的认识，更会对自己的教学实践起到指导和促进作用。

第一章　“依托学案　实现个性化阅读”研究简论

“依托学案　实现个性化阅读”，顾名思义，是以学案为依托，来达到实现个性化阅读的目的。

这里的“学案”，是学生自主学习的方案，包括学习的目标、程序和方法。它缘起于教材要求和学生期待的整合，是学生课前预习和初读整体感知的结晶；是学生进一步自主深入探究的抓手，也是教师引导共议、整合提升的重要凭借；而且，倡导学生在学习过程中和结束后总结完善并进行拓展延伸。

显而易见，这里所说的学案与社会上流行的学案不同。它不是事先设计的，是在初读中以学生为主体生成的；它不是课前的作业，是课堂上学生自主探究的凭借；它不仅是学生要完成的，而且是伴随着学习的进程要逐步得到完善并贯穿课堂始终的。尤其值得注意的是，学案还不仅仅是学生学习的抓手，也是教师因学定教的凭借。所以我们也说这是新课改以来具有顺义特色的学案。

“个性化阅读”是在阅读需求与目标、阅读过程与方法、阅读成果与形式等方面，体现实际需求与展现个性特征的阅读。课堂教学中的个性化阅读是学生在教师指导下凭需要和兴趣主动、独立地阅读，以关注文本的内容和言语形式、获取信息或满足娱乐审美等实际需求为中心的开放的阅读。

“依托学案　实现个性化阅读”是指在语文课堂教学中，通过学案的构建、实施、完善与延伸，逐步培养学生的阅读能力，最终达到“个性化阅读”。

“实现个性化阅读”是个理想的境界，我们从尊重个性出发，在阅读中“学案”作为依托，呈现个性、建构个性，在阅读能力的培养中也必然会实现个性的成长与发展。

一、研究缘起

个性化阅读教学思想，可以追溯到我国古代，如春秋时期孔子的“因材施教”、“有教无类”的教学思想已经开始关注不同学生个体的发展。“有一千个读者，就有一千个哈姆雷特”大家早已耳熟能详，可见，尊重个性、发展个性已成为各国母语学习的共识。

21世纪初基础教育课程改革把培养学生个性提到前所未有的高度。《义务教育语文课程标准》(以下简称《语文课程标准》)明确指出:“阅读是学生的个性化行为。阅读教学应引导学生钻研文本……要珍视学生独特的感受、体验和理解。”以实现“发展个性”、“逐步形成良好的个性”。《国家中长期教育改革和发展规划纲要》在创新人才培养模式上强调在实践中帮助学生学会学习,注重学思结合、注重知行统一、注重因材施教,在关注学生不同特点和个性差异中发展每一个学生的优势潜能。

阅读教学现状更多地却还是教师“带领”学生,学什么、怎么学基本是教师说了算;学生活动似乎不少,但是亦步亦趋……

如何改变阅读教学现状,实现学生的个性化阅读,从而促进学生个性的发展呢?我们一方面从国内外优秀的母语教学实践及经验中,汲取营养、探寻规律,一方面在想如何利用我们已有的研究基础:2001年,我们开始了“分层教学 自主探究”语文阅读教学模式的研究,诞生了顺义特色的“学案”;2006年,我们构想出顺义特色的“学案导学”教学流程,着力通过“学案”这一凭借培养学生的自能阅读能力,收到了实效;时间进入到2011年时,我们想到是否可以再前进一步,依托学案来实现个性化阅读呢?

二、形成愿景

“个性化阅读”如何理解?如何实现个性化阅读?顺义特色的“学案导学”流程能够完成这个使命吗?带着一系列的问题,我们搜集了国内外相关文献,请专家进行论证,把个性化阅读、依托学案实现个性化阅读的内涵渐渐厘清,初步形成愿景。

(一)个性化阅读的理解

“阅读是学生的个性化行为”,这是2001年《语文课程标准》(实验稿)提出的,可以说是新课程改革发出的呼唤。

其实,个性化阅读是阅读本身存在的应然状态。首先,作品本身的丰富性已为读者的个性化阅读提供了可能和基础,而阅读者的兴趣、人生经历、价值取向又各不相同,再加上“阅读是一种从印的或写的符号中取得意义的心理过程”(《中国大百科全书》(教育)),这些足以说明阅读本身是极具个性化的。

那么,个性化阅读应该如何理解?学生的个性化阅读又是怎样的状态呢?

曾祥芹在《划清个性化阅读与自由化阅读界限》一文中指出:“就阅读心态说,个性化阅读要求读者在‘解文、知人、论世、察己’的四重视界神游时,不唯书,不唯标,不唯师,不唯名,只唯己,享有张扬个性的高度自由”;

“就阅读效应说，个性化阅读的结果是求得正解、增解、异解、圣解。”(《中学语文教学》，2008(7))我们读出了个性化阅读的高扬个性，深层感悟！

罗小娟在发表的《个性化阅读教学智慧探讨》一文中这样论述：“‘个性化阅读’，是阅读主体对文本的一种具有强烈主观色彩和鲜明个性特征的解读、感悟和体验过程。在这个过程中，阅读主体根据自己的生活积淀、文化底蕴、审美情趣和价值取向，自主地选择文本内容以及阅读策略，以独有的方式进行探究、领悟、感受和体验，最终创造性地完成新的文本意义的建构。”(《教育评论》，2011(1))贾璐在《新课程背景下语文个性化阅读教学的实施》一文中这样阐释：“所谓学生个性化阅读，是学生个体从书面语言中获取信息，并与非认知因素互为影响的活动，存在着个性差异；它是学生借助文本与作者对话的心理过程，具有鲜明的个性特征；它是教师引导学生探究性、创造性感受，理解、评价、鉴赏文本的过程，由于每个学生的生活积淀、文化底蕴、审美情趣千差万别，可见，它是一种个性化行为。”(《沈阳教育学院学报》，2011(10))我们由此感悟到：个性化阅读存在着个性差异，具有鲜明的个性特征，是一种探究性、创造性阅读，离不开教师的指导。

仲宁在《论个性化阅读之六大关系》一文中写道：“广义的个性化阅读是充分顾及每个学生的阅读心理，以学生自己的阅读、研读为主，学生自主探究和创造性地感受、理解、评价、鉴赏文本的过程，是自主的、体验的、批判的阅读实践，它是学生具体的阅读行为，也是阅读教学的目标。”(《上海师范大学学报》(基础教育版)，2007(3))我们得到的启迪是：个性化阅读是自主的、体验的、批判的阅读实践，是具体的阅读行为，也是阅读教学日标。

吴怀义在《个性化阅读与有个性的阅读辨析》一文中则告诉我们：“个性化阅读就是一方面在阅读活动中呈现出个性倾向性和个性特征，另一方面通过阅读活动建构个性，实现个性的成长与发展。”(《现代语文》(教学研究版)，2006(7))

综上，我们对个性化阅读的理解可以用“自主、个性、体验、差异、创造”等关键词语来描述。有人说“仁者见仁，智者见智”是对个性化阅读的最好说明，正如鲁迅先生说《红楼梦》：“经学家看见易，道学家看见淫，才子看见缠绵，流言家看见宫闱秘事，革命家看见的是排满。”需要注意的是“多元解读，多元有界”，也就是“一千个哈姆雷特也还是哈姆雷特”，我们要在探究文本意义的前提下落实个性化阅读，追求个性和共性的和谐统一。

心理学家指出，小学阶段是人的个性发展的最佳时期。在小学语文教学中倡导个性化阅读，不仅能够培养阅读兴趣、阅读能力，而且能够为学生形成创新意识和创新能力打下坚实的基础，促使教育向生命敞开，是学生健康成长的需要。

(二)实现个性化阅读的策略与方法

既然“个性化阅读”是阅读本身存在的应然状态，阅读教学理应对这种状态进行遵循、开发和延展，使学生在“个性化”阅读过程中获得“个性化”发展。

阅读教学如何实现个性化阅读呢?《语文课程标准》(2011 年版)讲得很清楚:“阅读是学生的个性化行为。阅读教学应引导学生钻研文本，在主动积极的思维和情感活动中，加深理解和体验，有所感悟和思考，受到情感熏陶，获得思想启迪，享受审美乐趣。要珍视学生独特的感受、体验和理解。教师应加强对学生阅读的指导、引领和点拨，但不应以教师的分析来代替学生的阅读实践，不应以模式化的解读来代替学生的体验和思考；要善于通过合作学习解决阅读中的问题，但也要防止用集体讨论来代替个人阅读。”①

揣摩这段话，不难发现确立学生的主体地位是实现个性化阅读的关键，教师的引导是实现个性化阅读的动力。实现个性化阅读的方法与策略启示如下:

1. 引导学生钻研文本

“阅读教学应引导学生钻研文本”是《语文课程标准》(2011 年版)新添加的内容，因为培养学生的阅读能力，实现个性化阅读，自然离不开学生对文本的钻研，对话文本个性解读是个性化阅读的起点。崔峦老师在《提高小学语文阅读教学实效性的十项策略》中指出:“教师要让学生沉下心来认真地读课文，尽量依靠学生自己来感悟理解，能悟出多少是多少，鼓励学生自己把课文读懂。”“使学生通过阅读获得独立见解，培养其独立阅读能力及创新思维能力，这是语文阅读教学必须完成的任务。”(《天津教育》，2007(11))

在学生自读自悟的过程中，可以通过多读、批注式阅读，以及质疑解疑等方法，促进学生在主动积极的思维和情感活动中，加深理解和体验，有所感悟和思考，受到情感熏陶，获得思想启迪，享受审美乐趣。

2. 珍视学生独特的感受、体验和理解

黄耀红在《语文课呼唤个性化阅读》一文中写道:“倡导个性化阅读，就是要让学生在课堂上以一种无拘无束的心态走进课文，善于表达自己充满个性色彩的阅读感受，并在阅读中自然而然地得到思想的陶冶、个性的张扬、能力的训练和习惯的培养。只有这样，语文课堂才会成为一种各取所需、有滋有味的精神会餐。”(《湖南教育》，2000(22))正如崔峦老师说的，“我们要用一种开放的心态来引领学生的阅读”，“哪怕是肤浅的但确实是自己在读中悟到

① 中华人民共和国教育部制定:《义务教育语文课程标准》(2011 年版)，第 22 页。

的见解”，我们都要珍视。

教学过程中，我们要给学生搭建展示交流的平台，让每一个学生在真情感悟之后有分享汇报的机会，并通过自我体会、同伴碰撞、教师点拨的促进，逐步产生独特的感受、体验和理解，实现“深层感悟”的追求。

3. 加强对学生的指导、引领和点拨

“学生个性化阅读的最高境界在于深层次个人阅读体验。真正深层体验应该是学生通过阅读文本，接触文字塑造的形象、场景、氛围，触摸作者的思想情感，与作者心灵交流，把自己的生活经验、学习经验，通过联想、想象、比较、分析，和文本融合。在这样的阅读中，师生对话，生生对话，才会有思想碰撞，才会有妙语连珠，课堂才会异彩纷呈。”（周玉梅：《指导得“法”，阅读有“度”》《快乐阅读》，2013(28)）可以想见，实现学生个性化阅读离不开教师的引导。

学生钻研文本需要在基本的阅读方法基础上，探究中的目标确定需要教师宏观把握，学习收获的交流分享需要教师引领梳理和提升，独特的感受、体验和理解，也需要教师来引导评价。需要注意的是不应以教师的分析来代替学生的阅读实践，不应以模式化的解读来代替学生的体验和思考，教师的引导是必要的，但教师只是导师——激趣、启发、引导、点化。

4. 要善于通过合作学习解决阅读中的问题

个性化阅读是一种探究式的阅读，学生的自主性被提到首位。但是，我们知道，自主学习也只有在合作中才能更好地促进主体的发展。刘义民、董小玉在《“个性化阅读”反思与建构》一文也说道：“个体阅读是基于主体自身差异的体验与感受，是原初的、个性的、封闭的”；“对话不仅仅是协商、分享、理解与宽容，还是批判、竞争、启发与促进，能使文本意义得到澄明，价值得到澄清，其对于多侧面多角度解读文本、挖掘文本的教育价值有重要意义。同时，个性化不仅是理解文本的个性化，更是在文本对话中张扬个性，建构个性，体现人的社会本质。”（《中国教育学刊》，2013(11)）这也是在利用班级授课制的优势来实现个性化阅读。

合作学习可以在预习交流、自主探究、共议深悟、梳理提升的各个阶段使用，可以个人因需求而合作、也可以教师依学情而安排，用在必要处、用在关键时，充分利用学生这一差异资源，以促进阅读的深层次感悟和个性的张扬。

实现个性化阅读的方法与策略自然不限于如上这些，培养阅读兴趣、营造自主氛围、强化阅读反思、开展延伸阅读，以及构建人性化的评价等都有利于个性化阅读的实现。

(三)依托学案实现个性化阅读的优势

1. 顺义特色的"学案导学流程"能很好地落实个性化阅读

由实现个性化阅读的方法、策略我们很容易想到：是不是我们可以构建更适合实现学生个性化阅读的教学模式呢？比如，江苏省盐城教育科学研究院陈小平提出了"情景导入—感知体验—对话探究—建构生成"的教学模式①，体现了创设氛围、尊重体验、注重合作等策略；肥城市孙伯中学提出了"情景激趣—自学感悟—质疑探究—解疑导拨—品味欣赏—拓展阅读"的教学模式②，关注到了激趣、自学、质疑、分享、拓展多个策略。匹配的课堂教学模式能够有助于从整体上落实个性化阅读。

顺义特色的"学案导学"流程，包括"初读生成学案—自探落实学案—共议交融学案—反思完善学案—拓展延伸学案"这样的五个环节。贯穿始终的是学案这一凭借，学案背后的"魂"是对学生自能阅读能力的培养。"初读生成学案"，是以学生为主体来完成的，体现了对教材规定性要求和学生学习期待的整合，不同的学生可以形成不同的学案；"自探落实学案"是学生按照拟订学案和选择的学案自主探究的阶段，独立为主，也可因需合作，追求的是粗略读懂的实效；"共议交融学案"是个性化学习收获的交流分享与提升，最大限度地发挥了文本示例的作用，也体现了差异资源的利用；"反思完善学案"是学生回顾过程、梳理成果、提炼方法的阶段，渐渐地掌握语文学习的规律；"拓展延伸学案"体现了语文学习的实践性特点，从课内拓展开来，也是走向自能读书、自能习作的必由之路。整体看来，顺义特色的"学案导学流程"与叶老的"自学—讨论—练习"具有一致性，通过"学案"这一凭借实现个性化阅读的策略也得到了很好的落实。

2."依托学案　实现个性化阅读"基本模式构想

顺义特色的"学案导学流程"可以很好地促进个性化阅读的实现，何不在这个基础上再凸显一下各环节在个性化阅读中作用，让老师们更清晰学案导学与个性化阅读的关系？于是，我们在原有"学案导学程序"的基础上，加入"个性化阅读"的元素，形成如下较为完善的"依托学案　实现个性化阅读"的课堂教学基本模式：

① 陈小平："小学生个性化阅读的实践与探索"，课题研究报告 http://www.doc88.com/p-343620575961.html。

② 雷晶晶：《俗雅工精品　细巧典沉香——肥城市孙伯中学语文教研组建设小记》，《山东教育》2013 年第 2 期。

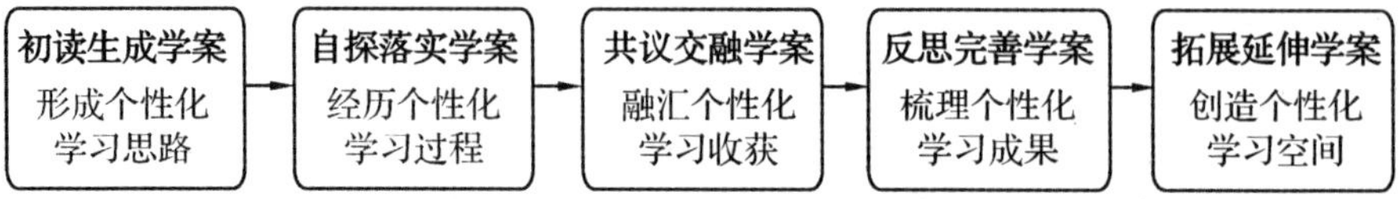

这个模式不仅凸显了本研究中“学案”贯穿始终的特色，而且每一个环节的落实都向着“实现个性化阅读”这一目标，由个性化学习思路的形成，个性化学习过程的展开，个性化学习收获的融汇，个性化学习成果的梳理，到个性化学习空间的开放，最大化地展开个性化阅读的过程，提高个性化阅读的能力，以此来实现“依托学案　实现个性化阅读”的整体效果。

3.“依托学案　实现个性化阅读”的愿景与优势

经过如上国内外个性化阅读相关文献和实践的学习与思考，与我们十几年的“学案导学”研究的结合，初步形成了“依托学案　实现个性化阅读”的愿景：我们期待通过以学生为主体生成学习方案，并以学案为载体将富有差异的个体阅读需求贯穿于阅读教学的全过程，以生生互动及教师引领点拨，形成多起点、多角度、多态势的阅读时空，实现学生的个性化阅读，促进学生个性的发展。

相比于一般落实个性化阅读的模式，“依托学案　实现个性化阅读”具有明显的优势：一是以学案为依托，关注篇章整体、课堂整体，尤其是“学案形成多视角，自主探究呈异步”的个性尊重，以及立体地开放地解读文本是最大化利用文本价值；二是每一环节都向着个性化阅读的目标，环环相扣，再加上学案导学更立足于学——学生始终是主动学习的状态，给学生提供了更多的实践机会，而且更关注学习方法的运用，实现了整体效果的最优化。

三、可望可及

(一)研究的主要问题

1. 遵循阅读学和语文教学规律，构建以学案为依托、以实现个性化阅读为目的的课堂教学程序，探索各个环节可以承载的实现个性化阅读的具体任务与目标。

2. 在教学实际中运用“依托学案　实现个性化阅读”课堂教学程序，总结“依托学案　实现个性化阅读”的策略。

3. 研制“依托学案　实现个性化阅读”的课堂教学评价标准和“依托学案　实现个性化阅读”效果检测标准，分析学案与个性化阅读的关联性，促进学生个性化阅读能力的形成。

4. 进行“依托学案　实现个性化阅读”典型案例的挖掘。

(二)研究的技术路线

在现状调研和文献研究的基础上，逐步清晰实现个性化阅读的内涵，在以往研究的基础上科学构建“依托学案　实现个性化阅读”的程序，并进行整体构想、系统谋划；在边实践、边探索的行动研究中，解决问题，总结策略，实现稳步推进；在系统地梳理和更广泛地验证中不断完善，探索规律；在全面推广和不断深化中，将设想变成现实，并不断超越。

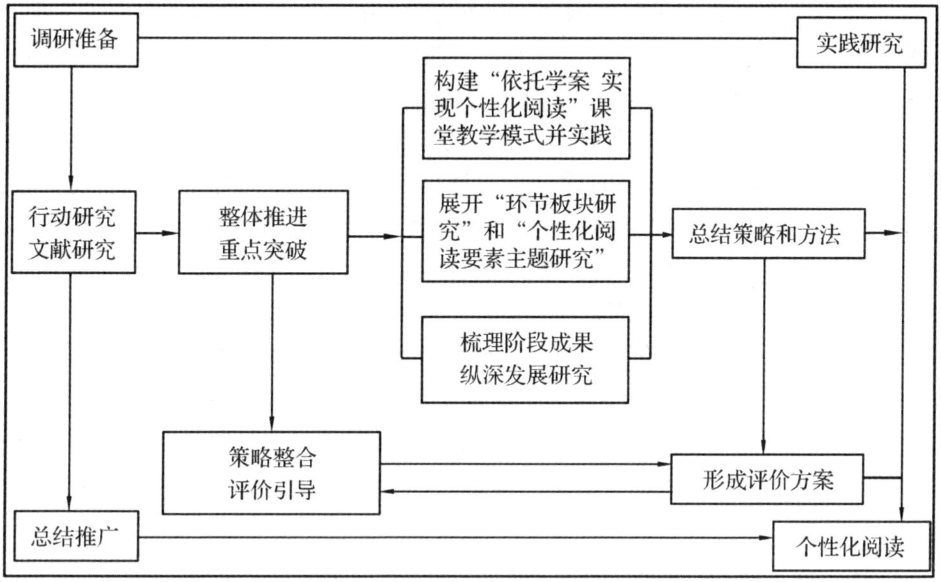

(三)研究的创新点

1. 寻找到实现个性化阅读能力的一条新途径——以“学案”作为依托

在研究制约个性化阅读的影响因素后，我们找到了“学案”这个载体，并通过以学生为主体生成学案，构建与运用贯穿课堂教学程序各环节，使学生的“独立自主意识、实践历练机会、阅读经验交流、学习过程反思、个性探究情趣”得到全面尊重与开发，引领学生走向阅读的美好境界。

2. 在“差异资源观”指导下，使课堂教学效益得到最大限度的提高

“依托学案　实现个性化阅读”的课堂教学程序，尊重差异，整合需求后不同学生可以形成不同的学习方案；又利用了差异，通过不同学习方案的学习、交流与展示，呈现出“多路爬山”的景观，充分发挥了班级授课的优势，使学生个性化思考与群体多元思维产生碰撞交融，最终达到互启互生、立体感悟文本的效果。

3. 凸显发展学生个性的目标，促进学生形成健全的人格

隶属于情感态度价值观的个性发展，一般受制于文本内容规约性较大，但在“依托学案　实现个性化阅读”中，因为彰显个性，不仅能与教学内容很好地结合，而且贯穿于阅读教学程序的各环节中，促进了学生健全人格的形成。这是“依托学案　实现个性化阅读”课堂教学产生的内隐效益。

（四）研究的结论

“依托学案　实现个性化阅读的研究”2011 年在北京市教育学会正式立项，获 2011 年度北京市新世纪百千万人才工程培养经费资助，被确定为“孔凡艳名师工作室”的核心研究项目。

经过几年的研究，我们取得了显著的成果。在教学理论层面：构建出“依托学案　实现个性化阅读”的课堂教学程序，丰富了“学案导学”、“实现个性化阅读”的相关理论和“分层教学”、“合作学习”、“学法指导”的内涵；研制出“‘依托学案　实现个性化阅读’课堂教学评价表”和“‘依托学案　实现个性化阅读’教学效果检测表”。在教学策略层面：总结出了“学案导学”程序各环节、“个性化阅读”探究核心方面及导学不同类型课文实现个性化阅读的相应策略。在课堂实践层面：按照整体推进、重点研究的思路，对小学语文的各种阅读课型进行了“依托学案　实现个性化阅读”的适用性研究，形成了一整套成功案例，关注学生个性化学习思路的形成与过程的展开。崔峦老师高度赞扬我们为阅读教学摈弃繁琐的内容分析打开了一扇窗，为阅读教学先学后教、以学定教、顺学而导、发展个性蹚出了一条路。

综上所述“依托学案　实现个性化阅读”的教学模式，遵循了“以学为主”的原则，充分尊重学生个体对文本要求和学习期待的整合，体现了阅读的个性化；落实了“因势利导”的观念，在充分预设学情的基础上，追求开放、立体地解读文本效果；实现了以“学案”为依托，调动学生主动参与、积极实践、关注学习方法的探究佳境。我们相信，在师生的共同努力下，依托学案，使学生自能阅读是必然的，实现个性化阅读、形成学生良好的个性也是可望可及的！

在未来的社会里，阅读将远远地超出教育范畴，充盈于人的一切活动中，成为一个人终生学习和发展的必备因素，成为人的基本生存方式和一种常见的生活方式。李克强总理也两次在两会的“政府工作报告”中明确地发出了“提倡全民阅读”的信息，让我们智慧地行走在阅读的路上，为实现个性化阅读，形成和发展学生的良好个性、促进全民的发展努力。

主要参考文献：

图书：

[1]中华人民共和国教育部制定：《义务教育语文课程标准》(2011 年版)

[2]中央教育科学研究所编：《叶圣陶语文教育论集》，教育科学出版社，1980 年 8 月版

[3]袁微子著，朱敬本、杨惠棠、朱雪丹、张慧、王秀云、荆福棣编：《袁微子小学语文教学论集》，浙江教育出版社出版，1992 年 5 月版

[4]曾祥芹主编：《阅读学新论》，语文出版社，2000 年 5 月版

[5]韩雪屏著：《中国当代阅读理论与阅读教学》，四川教育出版社，1998 年 5 月版

[6][日]佐藤正夫著，钟启泉译：《教学原理》，教育科学出版社，2001 年 6 月版

[7][美]卡伦·坦珂斯莉著，王琼常、古永辉译：《教会学生阅读(策略篇)》，教育科学出版社，2008 年 11 月版

[8]吴惠青著：《小学语文自主建构教学研究》，人民教育出版社，2003 年 5 月版

[9]张必隐著：《阅读心理学》，北京师范大学出版社，1997 年 10 月版

论文：

[1]叶圣陶：《揣摩》，《语文学习》，1960 年第 1 期

[2]崔峦：《提高小学语文阅读教学实效性的十项策略》，《天津教育》，2007 年第 11 期

[3]曾祥芹：《划清个性化阅读与自由化阅读界限》，《中学语文教学》，2008 年 7 月

[4]罗小娟：《个性化阅读教学智慧探讨》，《教育评论》，2011 年第 1 期

[5]仲宁：《论个性化阅读之六大关系》，《上海师范大学学报(基础教育版)》2007 年第 3 期

[6]吴怀义：《个性化阅读与有个性的阅读辨析》，《现代语文》(教学研究版)，2006 年 7 月

[7]黄耀红：《语文课呼唤个性化阅读》，《湖南教育》，2000 年第 22 期

[8]周玉梅：《指导得“法”，阅读有“度”》，《快乐阅读》，2013 年第 28 期

[9]刘义民、董小玉：《“个性化阅读”反思与建构》，《中国教育学刊》，2013 年 11 月

[10]傅静：《小学语文高年级个性化阅读教学的现状研究》(硕士学位论

文，2011年5月)，西南大学

[11]邹敏：《试论小学语文个性化阅读——以小学语文为例》(硕士学位论文，2011年10月)，湖南师范大学

[12]董玲：《论个性化阅读成为语文教学的主流》，《语文建设》，2013年2月

（北京市顺义区教育研究考试中心　孔凡艳）

第二章 “依托学案　实现个性化阅读”课堂教学的基本模式

解说之一：理论层面解说

“个性化阅读”是指在阅读需求与目标、阅读过程与方法、阅读成果与形式等方面，体现实际需求与展现个性特征的阅读。课堂教学中的个性化阅读是学生在教师指导下凭需要和兴趣主动、独立地阅读，以关注文本的内容和言语形式、获取信息或满足娱乐审美等实际需求为中心的开放的阅读。

《义务教育语文课程标准》明确指出：“阅读是学生的个性化行为。”经过几年实践探索，我们寻找到“依托学案”这样一条实现个性化阅读的路径，在遵循阅读教学的一般程序、把握语文学习的特点、满足教与学需求的原则下，构想出“依托学案　实现个性化阅读”的程序：

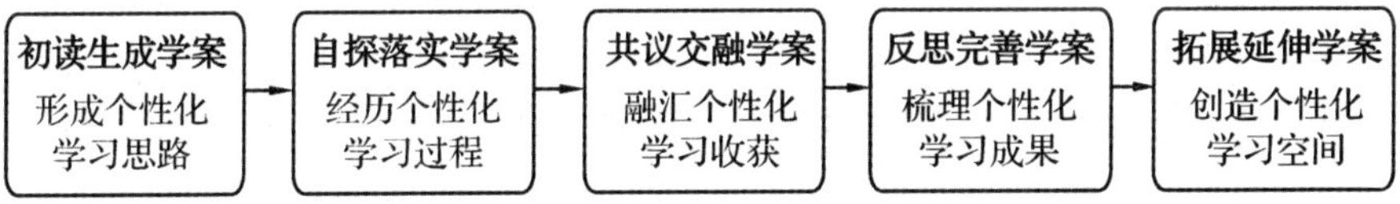

需要指出的是，这里所说的学案以学生为主体生成，包括学生学习的目标、程序与方法，不同学生可以形成不同的学习方案，并且成为个体自主探究、群体共议交流的凭借，使文本的解读立体开放。学案完善与延伸强化了学习方法的习得与运用，可以更好地促进学生个性的发展。

一、初读生成学案，形成个性化学习思路

“初读生成学案，形成个性化学习思路”是初读定向的环节，学生经历初读感知后生成进一步探究的学习方案，以形成个性化学习的思路。

如何在初读中生成学习方案呢？

1. 充分展开初读。读懂课文从读通读顺课文开始，然后通读课文获得信息、整合归纳加以概括，以形成对课文的整体感知。实现真正的整体感知，

不仅要了解、归纳主要内容，也包括了解写作顺序，明晰篇章结构、思路、主旨等。展开初读还包括学生围绕课题、主要内容、主旨读懂了什么，有什么不明白的问题，质疑尤其不能忽视。

2. 明确探究目标。进一步学习应该探究什么，不仅是教师要考虑的，也是作为学习主体的学生要“问询”自己的。探究目标包括文本的规定性要求——体会作者的主旨、落实编者的意图，也包括学生的个人需求——感兴趣的内容、感到疑难的地方。在教学中教师可以用“进一步学习我们应该探究什么”启发学生整合需求、明确目标。

3. 构想步骤与方法。探究目标加上达成这一目标的步骤与方法就形成了学习方案。学习步骤以两步或者三步为宜，所采用的学习方法包括读书思考、圈画语句、批注感受、借助资料解读等；先由学生自拟，再通过师生来完善。由于文本内涵的丰富性和学生个体的差异性，生成的学习方案可能是多彩的、个性化的。

二、自探落实学案，经历个性化学习过程

“自探落实学案，经历个性化学习过程”是自主学习的环节，学生按照拟订或者选择的学案自主探究，来经历个性化学习的过程，一般用时 5—7 分钟。

“自主探究”首先应该是独立探究。每一个学生个体按照学习方案独立学习，不同的学生可能学习不同的内容，学习的进度、层面也是个性化的。相同的是，都应按照学习方案的步骤一一展开，经历完整的个性化学习的过程；都要追求学习的实效，力争实现叶老所说的“粗略读懂”，这也是自主探究的目的。

“自主探究”倡导独立探究中的因需合作。在学生潜心会文的个性化学习进程中，会生成个性化的感悟与思考，但是探究步骤的展开、探究方法的把握或者是探究结果的表述等，都可能令学生的探究过程不能顺利推进，产生求助与交流的欲望，此时的合作是因需合作，是有效合作。值得注意的是，因需合作后要继续独立地探究。还有另一种情况，学习速度较快的学生，希望将自己的收获与他人交流，或者再按照别人拟订或者选择的学案来探究一下，这些做法是值得提倡的。

学生自主学习的时候教师要提供学生需要的帮助，并在巡视中给学生以必要的指点；要了解全体学生学习的情况，包括学习的进程、效果，以及典型的案例把握；还要根据课堂实然状态，调整课前预设的思路，为共议交流做好心理准备。

三、共议交融学案，融汇个性化学习收获

“共议交融学案，融汇个性化学习收获”是共享提升的环节，学生自主学习后在班级中交流，使按照不同学习方案探究的学习收获得以展示、完善，得到整合与提升。

常用的方法是选择一个学习方案的交流作为主干，即共议交流的主思路，其他学习方案适时融入。

如何选定这个主学案呢？可从以下几个方面来考虑：选择哪个学习方案的同学比较多，哪个学习方案更切合文本的特点，或者哪个学习方案与其他学习方案之间具有更好的相容性。如果几点恰巧都能体现，自然是理想的状态。最重要的是选择的主学案要适合大多数学生，因此交流的主思路可以由教师来建议。

多个学习方案中的主学案(包括有些课堂只用一个学习方案的情况)的交流一定要展开。注意引导学生把自主学习的结果进行整体性汇报，追求全过程学习的交流；有清晰的交流进程，在重难点处展开生生交流或者碰撞后的再度探究，追求全面获取信息和深层感悟；学习方案应有的探究结果要在适当的时机“呈现”给学生。

要注意其他学习方案的适时相融。教师要提醒用其他学案学习的学生适时参与进来，进行部分内容的交流或是整体学习的展示；要给其他学习方案的整体梳理或效果呈现创造机会。

这一环节，要追求在共性目标的实现中进一步整合学生的个性收获，努力实现由尊重“个性”——达成“共性”——凸显“个性”的螺旋发展上升过程，最终发展学生的个性。

四、反思完善学案，梳理个性化学习成果

“反思完善学案，梳理个性化学习成果”是反思优化的环节，在自主探究落实学案、共议交融学案后，反观实践过的学案是否有所修改、完善，并对个性化学习成果进行梳理。可以按照如下步骤进行：

1. 完善探究成果。在共议交流之后，师生要对探究目标的达成(即学习成果)进行总结梳理。包括班级整体进行梳理和学生个体的自我梳理。从探究成果的梳理中可以直观感觉到学习方案的有效性，也可以借助别人学习成果的梳理完善，来对比自己学习方案的优劣。

2. 反思探究过程。学案探究交流后，学生有意地回顾一下自己是怎么学习的、同学是怎么交流的、教师是怎么点拨的，包括整体的、粗略的回忆，

也包括环节、步骤式的思路回想。这样可以感受到学习方案实施是否顺利、有效，哪些步骤或者方法值得坚持，哪些需要改进。

3. 提炼探究方法。在学习交流过程中，学生个体会自觉或无意地运用到一些切实可行的方法，教师可能会在突出重点、突破难点的过程中点拨学习方法，学生养成方法提炼意识，尤其是利用提炼的方法对学习方案进行修改、完善，有助于加速学生个性化阅读的实现。

综上，反思完善学案在完善探究成果、反思探究过程、提炼探究方法间得到落实。其实，学案完善贯穿于学习的始终：自拟学案后师生进行了完善；自学中允许学生对学习方案进行修改；师生交流的过程也一定会是学习方案得到完善的过程。

五、拓展延伸学案，创造个性化学习空间

“拓展延伸学案，创造个性化学习空间”是阅读延伸环节，课文读懂之后的辐射性阅读，通过学案的进一步拓展与延伸，为学生创造语文实践的机会、个性化学习的空间。

延伸学案，提高技能。阅读相关的内容时，可以迁移运用学习课文时的学习方案。在相似内容的探究中，让学生运用类似的方法，帮助学生形成阅读的技能。在迁移运用过程中，注意到对所使用的学案进行修改完善，可以提高拓展的实效。

拓展学案，培养能力。阅读相关的内容时，对学习课文使用过的学习方案，可以进行或是增加内容、或是变换角度的拓展，使文本可以得到再度解读，在这样的拓展中进一步培养学生的阅读能力。

当然，学生是有差异的，我们不仅要尊重学生的个性，更要在阅读中促进学生形成良好的个性，这就需要我们既依靠个性学案的生成、落实、交融、完善与延伸来彰显个性，又不拘泥于确定的学案，能够结合自己的实际、结合学生的实际，进行创造性地运用。

（北京市顺义区教育研究考试中心　孔凡艳）

解说之二：实证角度解说

"个性化阅读"是指在阅读需求与目标、阅读过程与方法、阅读成果与形式等方面，体现实际需求与展现个性特征的阅读。课堂教学中的个性化阅读是学生在教师指导下凭需要和兴趣主动、独立地阅读，以关注文本的内容和言语形式、获取信息或满足娱乐审美等实际需求为中心的开放的阅读。

《语文课程标准》明确指出："阅读是学生的个性化行为。"经过几年实践探索，我们寻找到"依托学案"这样一条助力个性化阅读的路径。需要指出的是：这里所说的学案是以学生为主体生成的，包括学生学习的目标、程序与方法；学生个体按照学案进行探究，班级整体依照学案进行交流，并提倡进一步完善、延伸学案。即在学案的生成、实施、完善与延伸中，助力个性化阅读。

一、因需生成学案，形成个性化学习思路

助力个性化阅读的学案是什么时候生成的？为什么说生成了学案就形成了个性化学习思路呢？

通常在检查预习的基础上，再经历初读感知，才进入学案的生成阶段。"因需生成学案"指的是学案生成是整合需求的结果。这需求，自然包括文本的需求，也包括学生的需求。在展开初读的过程中学生一点儿一点儿清晰文本的内容、主旨，通过习题对编者的意图也能有所揣摩；学生用心阅读文本的过程中也会有意关注一些内容，产生兴趣或者感到疑惑，这就是学生的需求。把这两个方面联系起来思考"进一步我们应该探究什么"就是整合需求，这样就明确了进一步探究的学习目标。探究目标加上达成这一目标的步骤与方法就形成了学习方案。因为文本内涵的丰富性和学生个体的差异性，就决定了不同学生会生成不同角度、不同层次的学习方案，于是班级就出现了个性化的学习思路。

比如学习《鸟的天堂》一课，学生初读之后可以知道："鸟的天堂"指的是"大榕树"，先后两次经过"鸟的天堂"，第一次看到的是美丽的榕树，第二次看到了众鸟纷飞的景象，鸟儿们在这里生活得非常幸福、非常快乐——初步感受到"鸟的天堂"的确是"鸟的天堂"。进一步应该探究什么呢？文章结尾"'鸟的天堂'的确是'鸟的天堂'啊！"含义深刻，是文本的主旨，学生容易关注到；课后习题 2 就是围绕结尾这句话展开的，反映了编者的意图，对学生也是个提示；显而易见，这句话也应该是大部分学生感到疑难的地方。由此看来，探究的目标自然会聚焦到对结尾这句话的理解与感悟，而且会有不同角

度的切入。如课后习题 2：为什么说这棵大榕树是“鸟的天堂”？把理由简要地写出来；或者抓住“的确”一词：为什么说“鸟的天堂”的确是“鸟的天堂”？或者探究大榕树能成为鸟的天堂的原因。由于学生之间的差异，读懂文本一定还有其他的切入点，比如还有的同学关注到了作者离开这里“有点儿留恋”，为什么呢？留恋什么呢？在老师的点拨下，还可能生成言意兼得的学案。

个性化的学习思路是个性化阅读良好的开端。

二、自主落实学案，经历个性化学习过程

自主落实学案使个性化阅读得以展开。

这是一个自主学习的环节，每一个学生按照拟订或者选择的学习方案展开过程、独立探究，并且要追求学习的实效，力争实现叶老所说的“粗略读懂”。因为学案的拟订关注了个性需求，生成的学案可能“丰富多彩”，所以无论从班级的整体来看、还是从学生个体来说，此时的探究必定也是个性化的。可能学习的内容不同，学习速度、学习的效果更是不同。即便使用相同的学案，学生经历的学习过程也一定是个性化的。

比如，同是使用下面的学案学习《鸟的天堂》：为什么说“鸟的天堂”的确是“鸟的天堂”？在文中圈画感受深的语句，读一读，也可以简单写写批注(以下称为“学案一”)。有的学生先整体通读课文，想想有哪些原因：这里的鸟很多，它们生活得很快乐；这里很美，适合鸟生存……再依照原因读相关的语段，圈画、批注——这是由整体到部分，逐步深入。也有的学生直接进入部分来感受，如先想到这里的鸟很多、很快乐，就顺势感受这一部分，一个部分一个部分地研读，最后再整体归纳。在实际学习中有些学生可能只想到了鸟；有些学生可能只想到了“树”；也有些学生可能既想到了“鸟”，又想到了“树”；还可能有些学生能抓住类似“到处都是鸟声，到处都是鸟影”这样的句子，把树与鸟巧妙地联系起来。信息的全面性、理解的深刻性，以及表达的清晰度也会各具特色。

在自主探究的过程中，有的同学始终独立探究，有的同学因探究步骤的展开、探究方法的把握或者是探究结果的表述等，产生求助与交流的欲望，中途自主借助师生的帮助，是有效合作的体现。还有另一种情况，学习速度较快的学生，希望将自己的收获与他人交流，或者再按照别人拟订或者选择的学案来探究一下，这些做法都是值得提倡的。

三、分享交融学案，融汇个性化学习收获

学生因需生成学案，自主落实了学案之后，教师要给学生创造分享的平

台，让不同学案的探究成果得到融汇。

第一，分享时要尽可能让学生把自主探究的成果汇报出来。

分享成果时要让学生整体性汇报，追求全过程学习的交流。比如：按照下面的学案来学习《鸟的天堂》一课："我有一点儿留恋"，都留恋什么呢？读读感受深的地方，简单写写批注(以下称为"学案二")。回答"我留恋什么"，学生应该想到：这美丽的南国的树！这里的鸟儿很多！生活得很快乐、很幸福！有些同学可能还会想到其他方面，或者能够把树、鸟、人联系起来。因为学生是可以粗略读懂课文的。

再如，一位老师执教《一个这样的老师》一课，师生共同形成了这样的学案："我"是怎样逐步认识怀特森老师是一个怎样的老师的呢？画出相关的语句，简要地填写在表格中。

在小组讨论后，有个学生形成如下的学习收获：

相关的语句(简写)	是一个怎样的老师
①……一位博学的老师……	博学
②……闪过狡黠的光芒……	狡猾
③教室里响起了不满的议论声。	让人不满意
④ 他希望我们从这件事上学到点什么。	有目的
⑤……用事实，用科学的方法……	有远见
⑥……不该这样捉弄你们……	捉弄人

虽然这个表格填写得还不够全面、不够准确，但可以看出学生已知道要结合整篇文章完成这一学习过程，来逐步认识怀特森老师，体现了自主探究的收获。

学习成果汇报除去有一定的整体性之外，也要有一定的深度，看得出来学生有所感悟。比如留恋这棵美丽的南国的树，因为它那么大，那么茂盛，那么生机勃勃！突出班级整体共享的深刻性，让不同的学习结果相互补充、完善。

第二，学案交融要有清晰的交流进程。

学习一篇课文可能会出现多个学习方案，这些学习方案，不是简单的先后展示，要按照一定的顺序。比如：《鸟的天堂》一课的交流，顺着课题切入，首先按照学案一交流，体会"'鸟的天堂'的确是'鸟的天堂'啊"，突出重点、难点和关键；再按照学案二交流，感悟"我有一点儿留恋"，顺理成章；最后体验文本表达的精妙，学习语言文字运用。这样整体交流的思路，不仅简约清晰，而且层层深入。学习《顶碗少年》一课，首先交流“这真是一场惊心动魄的拼搏”，之后交流“顶碗少年为什么最终获得了成功”，再顺着文章的脉络继续交流“他是一个强者”，最后来谈“那位少年给我的启迪”，这样的教学思路既顺应了文路，又对这几个均能带动全文学习的方案，进行了简约而不简单的整合，实现了多角度地解读文本。

学案的探究成果交流，并不都是一次性完成的。比如，学习《天鹅的故事》一课在以“感动”为主思路交流感动的两个场景时，可以随时加入对“多么可爱的鸟啊”的交流，最后，两个学案都可以有个整体的梳理，以体现篇章的整体性和学习的完整性。

随着年级的升高，课文的难度加大，还有更复杂一些的学案交融。比如学习《梅花魂》一课，以“外祖父给‘我’留下怎样的印象”为主思路展开学案的交融，在外祖父赠送墨梅图深刻反映他喜爱梅花、热爱祖国的重点处，交流“‘梅花魂’含义”的进一步解读（初读已有一定的理解），随着推进至文章结尾“这不只是花，而是身在异国的华侨老人一颗眷恋祖国的心”再来展开对这句话的体会，“外祖父的印象”贯穿始终，“梅花魂的含义”穿插其间，以“眷恋祖国的心”回到了更高层面的整体。

学案交融融汇个性化学习收获，是共享提升的环节，要凸显整合与提升。在重难点处展开生生交流或者碰撞后的再度探究，追求全面获取信息和深层感悟；学案应有的探究结果要在适当的时机“呈现”给学生。这一环节，要追求在共性目标的实现中进一步整合学生的个性收获，努力实现由尊重“个性”——达成“共性”——凸显“个性”的螺旋发展上升过程，最终发展学生的个性。

四、反思完善学案，梳理个性化学习成果

分享交融学案之后，一定要进行梳理，以完善探究成果和学案。

第一，在共议交流之后，师生要对探究目标的达成（即学习成果）进行总结梳理，即完善探究成果。

这里的梳理包括班级整体进行梳理和学生个体的自我梳理。比如，上面我们谈到的《一个这样的老师》，学生在自主探究时，顺着文章的思路，认识到怀特森老师是一个博学、狡猾……爱捉弄人的老师，经过集体交流，最后一定要立足篇章整体逐步清晰地认识到他是一个与众不同的、教法独特的老师。这个学生在原有基础上修改完善为：

相关的语句(简写)	是一个怎样的老师
①……一位博学的老师…… ②……闪过狡黠的光芒…… ③……算什么老师…… ④他希望我们从这件事上学到点什么。 ⑤……你错了……	博学 机灵 不负责任 用心良苦 教会"我们"新怀疑主义

这是对学生自己的提升，也是班级对自己、老师对自己的提升。

高一层次的梳理不仅仅是梳理探究的成果，也通过反思过程来提炼方法。比如对《鸟的天堂》结尾含义深刻的句子理解的不同角度以及彼此之间的内在联系。《顶碗少年》表演"经过了第一次、第二次、第三次"是一个整体，结尾高难度的表演"一次、再次的失败，最后在剧烈的摇摆中脑袋轻松的一抖就稳住了"，这样的联系也是一个整体；少年三次表演后的状况、观众的前后表现都是一个整体。少年表现带来观众的表现，又或是观众表现与少年表现的联系理解都很可贵，不仅仅是理解有了整体、思维也有了发展，从而促进学习语言文字运用。

第二，追求学案的进一步完善，有助于加速学生个性化阅读的实现。

在学案探究交流后，如果学生经常有意地回顾一下自己是怎么学习的、同学是怎么交流的、教师是怎么点拨的，包括整体的、粗略的回忆，也包括环节、步骤式的思路回想，以及方法与策略的感悟，学生将渐渐养成反思的意识，同时可以感受到学习方案实施是否顺利、有效，哪些步骤或者方法值得坚持，哪些需要改进。比如《珍珠鸟》一课的学案：

"信赖，往往创造出美好的境界。"

①珍珠鸟对"我"的信赖是怎样一步步建立起来的？读课文，完成下表：

"我"是怎样照料、呵护珍珠鸟的	珍珠鸟发生了怎样的变化

②在文中画下感受深的语句，再有感情地读一读，在旁边写写批注。

我们一直认为这个学案拟订得不错，从整体入手，再进入深层感悟，步骤清晰，可行性强。但是，在师生确实进行了成果完善、过程反思、方法提炼后，学案还是得到了进一步的完善：第①步，学生可以填写表格，也可以"用自己的话说说这"美好的境界"是怎样创造出来的"，具有了一定的开放性、自主性；补充了第③步：联系生活实际理解"信赖，往往创造出美好的境界。"

这句话的意思。这样学案探究的目标才真正落到了实处。

当然，完善学案对学生确实有难度，老师可以通过自己事先的研读、课堂的再思考，帮助学生来完成。王瑛玮老师执教《地震中的父与子》时，师生共同生成了这样一个学案：

“不论发生什么，我总会跟你在一起！”这样类似的话分别是在什么情况下出现的？每次出现有什么含义？联系上下文完成下表：

“不论发生什么……在一起！”分别在什么情况下出现	含　义

崔峦老师听后建议可以设计如下的学案：

父亲的表现	体现的心理变化

儿子的表现	心里是怎么想的

这个思路清晰简单，顺应文路。

我把如上列表法解读文本的方法介绍给河北三河的老师后，老师们列举出多个表格，有类似的地方，也各有自己的特点。我们相信，学生在老师的引导下，用心学习、思考、碰撞、反思，也一定会进一步完善学案，使之更科学，更好地促进个性化阅读。

综上，反思完善学案在完善探究成果、反思探究过程、提炼探究方法间得到落实。其实，学案完善贯穿于学习的始终：自拟学案后师生进行了完善；自学中允许学生对学案进行修改；师生交流的过程也一定会是学案得到完善的过程。

五、拓展延伸学案，创造个性化学习空间

“拓展延伸学案，创造个性化学习空间”是阅读延伸环节，课文读懂之后的辐射性阅读，通过学案的进一步拓展与延伸，为学生创造语文实践的机会、个性化学习的空间。

第一，在相似内容的拓展阅读中，可以让学生运用类似的方法，帮助学

生形成阅读的技能。比如王维的《少年行》是一组诗，共四首。教材中的诗是其三，建议学生按照学习《少年行》的方法读一读，初步理解其他三首诗的诗意，感受王维笔下少年的豪情与英勇。

更多的延伸运用学案是运用类似的方法去探究相关的内容。比如：在引导学生学习《理想的风筝》时形成的两个学习方案，同样可以迁移运用到接下来拓展阅读魏巍的《我的老师》。执教《珍珠鸟》一课，高淑会老师让学生阅读了《人狼情》这篇文章，也有不少同学在老师的建议下，阅读了《狼图腾》这本书。在迁移运用过程中，注意到对所使用的学案进行修改完善，可以提高拓展的实效。

第二，阅读相关的内容时，对学习课文使用过的学案，可以进行或是增加内容或是变换角度的拓展，使文本可以得到再度解读，在这样的拓展中进一步培养学生的阅读能力。比如学习《挑山工》一课，学生根据提出的问题“挑山工朴素的话里包蕴着怎样的哲理?”形成了这样的学案：

①自由读挑山工的话，联系“我”的不解之谜和“我”在泰山上遇到的情况理解其中的意思，简单写写批注。

②再读挑山工的话，体会其中包蕴着怎样的哲理。

问题解决之后，进入拓展环节——阅读教材后面的选读课文张玉庭、陶志坚的《黄山挑夫》：你能试着在原有学案后面补充上进一步探究的内容与方法吗？（即补充学案）：

学生补充的内容是多角度的：

阅读《黄山挑夫》，简要记下自己读懂的内容。

阅读《黄山挑夫》，体会“黄山归来总也难忘黄山挑夫”的原因。

阅读《黄山挑夫》，理解“黄山挑夫，你是黄山之母，黄山之灵，黄山之美”。

阅读《黄山挑夫》，比较与《挑山工》的异同。

……

补充的学习内容涉及对《黄山挑夫》一文的内容理解、主旨把握、写法揣摩，是《挑山工》学习基础之上的进一步解读，体现了学案的迁移效果，看到了潜在的阅读技能的发展与强化。尤其是相关内容的比较阅读让学生阅读和探讨的视野开阔了，具有很强的主动性、综合性和发展性。

内容拓展后学案的延伸角度是多方面的，用心设计就可以提高针对性和实效性。比如，学习《理想的风筝》一课，一般会注意结合作者苏叔阳的相关资料来拓展学习内容，我们发现苏叔阳还写过一篇讴歌与礼赞老师的文章《谢谢老师》，与《理想的风筝》表现手法不同：《理想的风筝》主要是讲述了刘老师的几件事，在叙事中抒发感情为主，伴有直接抒情；而《谢谢老师》，则以直接抒情的手法，表达对老师深深的热爱和感谢。在学习课文的基础上，拓展阅读《谢谢老师》，既是同一作者作品再次赏读，又是相同内容的又一角度的补充，是很好的拓展资料。此外，还可以在学生阅读《谢谢老师》后，再从“谢谢老师”的角度解读《理想的风筝》，学生又进入了一轮个性化阅读。

当然，学生是有差异的，我们不仅要尊重学生的个性，更要在阅读中促进学生形成良好的个性，这就需要我们既依靠个性学案的生成、落实、交融、完善与延伸来彰显个性，又不拘泥于确定的学案，能够结合自己的实际、结合学生的实际，进行创造性地运用。

（北京市顺义区教育研究考试中心　孔凡艳）

解说之三：例证阐释解说

【例证阐释 1】《天鹅的故事》课堂教学解说基本模式

“依托学案　实现个性化阅读”是指在学习一篇篇课文的时候，我们以学案作为依托，在引导学生读懂课文的过程中逐步实现学生的个性化阅读，并形成学生良好的个性。

初读生成学案 形成个性化学习思路 → **自探落实学案** 经历个性化学习过程 → **共议交融学案** 融汇个性化学习收获 → **反思完善学案** 梳理个性化学习成果 → **拓展延伸学案** 创造个性化学习空间

经过几年实践探索，我们构想出了“依托学案　实现个性化阅读”的程序，下面以京版第 8 册课文《天鹅的故事》为例，来介绍一下如何在日常教学中落实这个流程：

一、因需生成学案，形成个性化学习思路

首先需要明确两个问题：第一，作为读懂一篇课文依托的学习方案，是以学生为主体生成的，包括学生学习的目标、程序与方法；第二，学习方案生成虽然只是学案导学程序的起始环节，但因为后面学案实施、交融、完善与延伸要依托学案，所以学案生成的质量对实现个性化阅读的效果起着至关重要的作用。

在初读生成学案的环节，我们追求的是“因需生成学案，形成个性化学习思路”。

学案是在初读后生成的，一般经历初读整体感知、再读确定目标和拟订生成学案三个步骤。

第一步，要让学生对课文有整体的初步了解。

执教《天鹅的故事》一课，我没有用“围绕着课题你读懂了什么”这样普遍性的初读提问，而是充分利用了课题——课题是“天鹅的故事”，课文中哪几个自然段讲述了天鹅的故事呢？学生浏览课文简单交流即达成了共识，避免了浅显的答案交流费时状况的出现。接下来我要求学生用两三句话简单说一说天鹅的故事，这样学生就对天鹅的故事有了初步的印象。由了解故事再扩展到知晓文章的思路：课文第3—7自然段讲了天鹅的故事，第1、2自然段和第8自然段又讲了什么呢？这个环节不仅让学生明白了“课文是由斯杰潘老人家墙上的猎枪引出了天鹅的故事，也正是这个故事让老人把枪一直挂在墙上，不再打猎”，还巧妙地引导学生感知了本文连段成篇的特点(自然突破了“故事套故事的结构”这个难点)。

学生对课文的感知不仅包括读懂的内容，也包括学生在阅读中引发的阅读期待。如：斯杰潘老人“这枝猎枪就一直挂在墙上，再也没有用过”到底是因为什么？“天鹅用自己的胸脯和翅膀重重地扑打冰面很痛，为什么还那么欢快呢？”自主读书的疑问，是学生拟订学案时需要着重关注的。

第二步，让学生参与确定探究目标。

学生是学习的主体，不同的学生会有不同的学习需求，这是大家的共识，但是，在绝大多数课堂，学什么还是教师说了算。“依托学案　实现个性化阅读”的教学模式要求我们一定要眼中有学生：我们已经初步了解了天鹅的故事，进一步学习你们觉得应该探究什么呢？学生七嘴八舌：“画下自己感动的地方”——受课后习题的启发，“写下自己的感受”——往日学习经验的利用。虽然这些答案已经不错了，但是我并不满足：再读读文章结尾一段，还有什么发现吗？学生也有所回应：斯杰潘老人深情地说“多么可爱的鸟啊！”我们应该感受一下。教师对文本的深刻解读，悄然影响了学生。

这样，进一步学习的目标就渐渐清晰了，而且有了多个切入点。

第三步，放手让学生设计学习的步骤与方法。

“请你选择一个角度来拟订进一步探究的学案。”经过师生合作，两个学案很快就诞生了：

【学案一】默读天鹅破冰的故事，画下感动的地方，想象当时的情景，简单写写感受，再带着感受读一读。

【学案二】斯杰潘老人深情地说："多么可爱的鸟儿啊!"从哪儿可以体会到，简单写写感受，再带着感受读一读。

四年级的学生，学习一篇课文，有了两个不同的思路，按说已经可以了。但是我想到，我们学习的是"天鹅的故事"，基本的学习方法还是先要抓天鹅的做法，从做法中感受精神。虽然学案一和学案二学生抓的都是天鹅的做法，但是可能没从故事整体上去考虑。于是我又提供了一个学案供学生选择：

【学案三】默读课文第3～7自然段，想一想：为了寻找食物，天鹅们是怎样做的？用曲线画出有关的句子，并把感受批注在旁边。

由此形成了《天鹅的故事》的三个学案：学案一"从个人感动"入手，利用了课后习题，符合文本故事感人的特点，普适性强；学案二"从斯杰潘老人的感受"切入，抓住了关键语句，牵一发而动全身，有一定的深度；学案三"从天鹅的做法"切入，符合文本的特点，利于整体性获取信息，也是习题4(把你读了课文后的感受写下来)的铺垫。教的目标与学的需求得到了整合，个性化学习思路有效生成。

师生共同生成了个性化的学案，奠定了个性化阅读的基础。

二、自主落实学案，经历个性化学习过程

这一环节的实质性落实是关键，要让学生的自主学习真正发生。

(一)落实学案要完成学案的全程"工作"

比如按照学案一学习要完成"在默读天鹅破冰这个故事的过程中画下自己感动的地方，边读边想象所画语句描述的情景，有什么感受简单批注，最后再带着感受读一读所画的语句"这四项"工作"。按照学案二来学习要完成"圈画下体现天鹅可爱的语段，在相关的语句旁批注可爱的缘由，带着这种感受读一读这些语段"这三项"工作"。当然，每一步所用的时间长短，完成的情况等都是由学生自主决定的，也可能其中有些任务的顺序在完成时有所调整，比如，批注感受与朗读相关的语句。我们也允许学生随着学习做一些调整。

在《天鹅的故事》学习中，大家自主学习的内容可能不同，因为班级中有上述三个学习方案共存，完成的进度和层次也有所区别，相同的是每一个人都在独立探究。当然有些学生遇到困难了，就出现了求教于老师或者求助于同学的场景；也有的学生先行完成探究，还能与伙伴分享交流一下。

(二)落实学案要追求经历个性化学习的效果

也就是说，学生按照学案学习，不是简简单单的走马观花、蜻蜓点水，是经历个性化学习的过程，是让学习真正发生。比如按照学案一学习，圈画的确实是自己感动的语句，真的做到了边读边想象，文字变成了画面；按照

学案三学习，要把天鹅为了寻找食物的做法尽量圈画全面；各学案都有批注，但要按照不同学案的具体要求来完成。只有这样，才可能实现叶老所说的“粗略读懂”。

在个人独立探究、因需合作的基础上，我们也倡导有效的小组合作学习，来实现及时快速的成果共享。

教师在此环节除去要提供学生需要的帮助外，还在巡视中了解学情，为共议交流做好“物质”和“精神”准备。

三、分享交融学案，融汇个性化学习收获

“分享成果，融汇收获”是班级授课制下提高教学实效的好办法。

《天鹅的故事》构建的三个学案都体现了篇章的整体性，借助任意一个学案都能引导学生读懂《天鹅的故事》。这三个学案共存，就让不同的孩子从不同的角度展开了对课文的解读，开放的学路，自然给教师引导多角度立体感悟课文增加了难度。但是，我们都知道“无限风光在险峰”的道理！

我们要充分利用课堂生成的资源，让每一个学习方案的探究都有展示的平台。

有序安排学案的交融，有多种策略，常用的是选择一个学习方案作为主思路，其他学习方案的探究在其间相融，对于中年级的学生，也可以按照先后顺序，一一进行。我所执教的《天鹅的故事》，有先后顺序，有彼此融合。

（一）基础性学案交流在先

学案三是基础性学案，“用曲线圈画为了寻找食物天鹅们是怎么做的”是基本的目标，是立足故事整体来圈画语句，准确、全面地获取信息是交流的价值所在。圈画做法交流完成后再交流这些做法带来的感受。即先交流学案三，并且分为圈画、感受两步走。

学生对“为了寻找食物天鹅是怎么做的”这个问题觉得不难：他们在冰上互相呼唤着，好像在讨论：冰封湖面，没有吃的怎么办？接下来是老天鹅腾空而起，用自己的胸脯和翅膀扑打着冰面；然后是几只天鹅来帮忙，整群天鹅都投入了破冰的工作；最后他们胜利了，高兴地捕食着鱼虾。实际上圈画的语句却有的不准、有的不全，经过补充达到了准确、全面。对于天鹅破冰是由老天鹅带领群天鹅的两个场面学生几乎都能清晰地感受到，在谈感受的时候，自然会划分成两个板块。

（二）普适性学案为主思路

一般对主思路的理解是自始至终的，这里从感动入手的学案一具有普适性，是作为继续交流的主思路。感动缘于天鹅的做法，交流学案一的探究结

果，正好是学案三第二步交流感受的另一角度。学生或者在老天鹅腾空而起的无畏与智慧处感动，或者在群天鹅的团结与欢快处感动，在这两个场景处驻足品味一下，也正好是对天鹅故事整体感知后的深入感悟。

(三)提升性学案适时相融

有些难度的学案，或者可能对其他学案探究起到整合、提升作用的学案，被称为提升性学案，如《天鹅的故事》的学案二。在交流学生感动的学案一的过程中，如果相机让学案二的探究成果及时展示，可以更好地张扬学生的个性。我在执教这一课的时候，就在两个场景的精读感悟后加入了学案二探究的汇报，正好是从天鹅可爱的角度进行总结性提升，这样学案二的探究成果也得到了分享。

经过上面的介绍，您的脑海里出现了如下分享交融学案的流程图了吗？

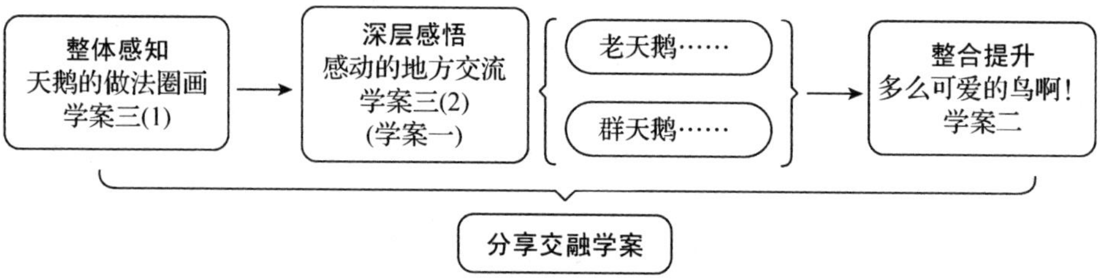

综上，学习《天鹅的故事》每一个学习方案的探究都得到了展示，学案三中天鹅为了寻找食物的做法圈画是故事整体的初步感知，是信息获取能力的培养；让我们每一个读者感动的地方，是学案一探究的展示，也是深入感悟形成解释能力的训练；而适时融入学案二感受天鹅的可爱，使学案三的探究的交流又从局部到整体，提高了学生的评价能力，提升了整体感知和形成解释能力。学生不同角度、不同层面的感受得到融汇，每一个人都在自己初步感悟的基础上，展开了思维的翅膀，在多角度地解读这个美丽的故事。

四、反思完善学案，梳理个性化学习成果

我们提倡教师反思，更提倡学生反思。教师反思是为了学生有更好的学习效果，而学生自我反思效果来得更直接。

(一)反思完善学案需要教师的指导

学案拟订已经很有难度了，经过了生生碰撞或者教师指导的学案再完善谈何容易？但是我们还是要提出反思的要求，因为“取法于上，仅得为中，取法于中，故为其下”。在实际教学中对于不同年段、不同水平的学生也可以有不同要求，也不要求每一个学习方案都必须得到完善。执教《天鹅的故事》一

课，我是这样布置的：

刚才我们从学案三“天鹅的做法”开始交流，然后以学案一“感动的情景”深入交流感受，其间相融了学案二“多么可爱的鸟儿”以及不懂的问题。现在我们回过头再来看看这几个学习方案，回顾一下自己学得怎么样？学习方案有否需要完善的地方，学习记录还有没有需要补充的。

学生们沉默了。

我想起了刚才交流老天鹅、群天鹅破冰场景之后，相机融合了学案二确实起到了总结提升的作用，可是总觉得天鹅的故事是一个完整的故事，在学习中分两次交流似乎整体性体现不够。再结合三十年后斯杰潘老人还是深情地说“多么可爱的鸟儿啊！”，就更感觉这样相融学案、分享收获还不足以表达出斯杰潘老人(也包括作者)的感情。于是点拨道：孔老师给你们开个头，按照学案二学习的同学，三十年后，斯杰潘老人还深情地说“多么可爱的鸟儿啊！”你们能试着完整地说说这些鸟儿的可爱体现在哪儿吗？简短的思考之后，一位学生对前面交流的老天鹅、群天鹅可爱的观点进行了“1＋1”的总结，我点头表示赞许，也还期待着进一步的概括，果然第二位同学进行了进一步的概括和提炼。

我顺势启发：这时再读读学案二，可以进一步完善吗？

学案二完善后变成：

斯杰潘老人深情地说：“多么可爱的鸟儿啊！”从哪儿可以体会到，圈画出相关的语句，读一读，再简单写写感受。

最后总结一下天鹅的可爱体现在：____________________

____

还有的同学完善后的学案二是这样的：

三十年后，斯杰潘老人深情地说：“多么可爱的鸟儿啊！”是因为：________

____

____

读读相关的语句，简单写写批注。

这样的学案就更完整、更深入了，也对学生的交流有了粗略读懂的整体要求。

“其他学案有什么可以完善的吗？”在我的引导下学生进一步思考着。

我提示学生：学案一和学案三都可以再完善，你们可以借助课后习题想一想。

学生明白了：学案一可以将感动的地方抄写下来，与课后习题积累喜欢的语句结合；学案三也可以与课后写感受的习题结合，写出自己读文的感受。

这两个学案如果学生能够整体梳理一下对天鹅的印象更好，真正地认识到天鹅是“多么可爱的鸟”！

长期坚持这样的反思，学生就懂得了感悟、理解、品味都要立足篇章整体。

(二)个性化学习成果的梳理不可忽视

学习成果一般指的是学案目标的探究记录，但不仅仅是这一点，也包括学习过程中的方法、策略。之所以说是个性化的学习成果，是因为不同的学案有不同的成果，不同的学生也有不同的收获。每一位学生都要在自己学案探究方面，对自己的初步探究、再次感悟进行总结，如果能顾及到课堂中实践的几个学案，进行总结摘记，自然更是值得提倡。学生在上面交流之后，对天鹅的可爱或者说对天鹅的印象，以及学习过程中学习方法的启迪归纳一下，提炼一下，是个性化阅读效果的体现。

反思完善学案进行个性化成果梳理是一个环节、一个整体，学案完善和成果梳理可以同时进行，也各具独立性，孰先孰后不是绝对的。

五、拓展延伸学案，创造个性化学习空间

“拓展延伸”遵从了“语文课程是一门学习语言文字运用的综合性、实践性课程”的特点，让我们一下子就想到《语文课程标准》中所说的“语文课程应该是开放而富有创新活力的，要尽可能……开发与之相适应的课程资源”。广大语文教师对于“语文学习不仅凭借课文示例，一定要落实拓展延伸”已经达成共识，对于怎样的拓展延伸，都有一定的思考、一定的策略。

学案拓展延伸可以纵横展开。学案的延伸与内容拓展相伴相生，可以在内容拓展的基础上来构想学案的延伸，因为内容拓展的不同，会带来学案延伸的不同。比如内容拓展相似，学案延伸就可以在迁移运用方面；内容拓展加深，学案延伸就可以在丰富深化方面……

学习《天鹅的故事》，我安排了学生阅读斯杰潘老人讲的另一个让人感动的“天鹅的故事”

是的，这是30年前的事了。那年冬天，我背着猎枪去打野兔，不知不觉来到一个芦苇塘边。忽然看见一只硕大的天鹅在苇塘上空盘旋啼鸣，而在附近的水塘边，另一只天鹅在呼应着。

当时我感到奇怪，这么寒冷的天气，天鹅早就南飞了，为什么这两只不走？我往前走了十几步，只见水塘边的天鹅正扑棱着翅膀，挣扎鸣叫着，长长的颈脖伸向天空，可就是飞不起来。“大概是受伤了！”……见此情景，我想，不如把受伤的天鹅捉回家去，让它养好伤再说。于是一步步向前走去。

受伤的天鹅见有人来就惊慌地叫起来。正当我伸手要把受伤的天鹅抱起来时，突然间一个巨大的黑影在我眼前一闪，重重的一击，把我打了一个趔趄，差点摔倒。原来这是雄天鹅为救自己的伴侣，一时情急，从天而降，用双翼扑击了我……

回家以后，心里总惦记着这两只天鹅。可是一连几天的暴风雪，使我无法出门。暴风雪终于止息了……我惊呆了：两只天鹅已经冻僵。它们紧紧地拥抱在一起，雄天鹅用双翼护着受伤的雌天鹅，为它挡风遮雪，而它们那长长的颈脖，互相偎依着，交叉缠绕在一起，就像它们那不可分割的命运……我抱着一丝希望，小心地把两只天鹅抱回家去，给它们按摩身子，灌药，想尽了一切办法，可它们始终没有苏醒过来。感动于这两只天鹅的真情，我把它们制成标本，留作永久的纪念。两只天鹅被严寒夺去了生命，它们是不幸的；可它们相拥相依永远安眠在一起，它们又是幸福的……

在内容拓展方面应该属于上面讲的第一种情况，所以学生很容易想到迁移运用已有的学案。

个性化空间在开放中创造。内容拓展自然是给学生创造了个性化学习的空间。上面谈到的拓展，大部分学生运用了课文《天鹅的故事》感动的学案，“天鹅的真情”交流得很全面：对话、扑击、相拥相依；斯杰潘老人的做法也注意到了：“好样的！”“一丝希望”“制成标本”。还有的同学是围绕着天鹅的可爱、斯杰潘老人的可敬展开来的……孩子们收获的不仅仅是了解了又一个天鹅的故事，也有学习方法的运用、提炼，思想的净化、启迪，伴随着个性化的阅读，孩子们的个性也得到了尊重、利用与发展。

拓展延伸之后，我还有意安排了学生反思：结合斯杰潘老人讲述的两个故事，回顾学习的过程，记录学习收获（提倡与伙伴合作完成）。让学生课内、课外结合起来，以求得最大化的收获。

我们看到，在《天鹅的故事》的教学中，运用了学案导学的方式，尊重了学生主体的差异性，形成了多个与学生个体相适应的学习方案，在探究成果充分交流、立体感悟的基础上，进行了深入的反思，实在的拓展，给学生搭建了个性化阅读的平台，创造了个性化学习的广阔空间。

让我们在教学实践中尝试更好地运用学案导学的模式，尊重学生的个性，彰显学生的个性，促进学生形成良好的个性。

（北京市顺义区教育研究考试中心　孔凡艳）

【例证阐释 2】《老人与海鸥》课堂教学解说基本模式

个性化阅读是阅读主体与阅读材料的和谐统一。“依托学案 实现个性化阅读”自然是指以学案为依托来帮助学生实现个性化阅读的美好境界。下面我就以《老人与海鸥》一课为例，简要说一说我是怎样践行“依托学案 实现个性化阅读”五大流程的。

一、初读生成学案，形成个性化学习思路

学习《老人与海鸥》这篇课文，学生在初读后，形成了如下三个个性化的学习思路：

【学案一】默读“我们把老人的照片放在了翠湖边，发生了让人意想不到的事情”这一部分，边读边想象。联系全文思考为什么会发生这样的事情？在感受深的地方写下批注，有感情地读一读。

【学案二】“朋友告诉我，十多年了，一到冬天，老人每天必来，和海鸥就像亲人一样。”，从哪些地方可以体会到老人和海鸥像亲人一样？画出有关的句段，用心读一读，写下感受。

【学案三】课文结尾写道：“他的心中，一定牵挂着飞翔的鸥群。”从文中哪些地方可以体会到？读读有关的句段，在感受深的地方写写批注。

学生是怎样初读生成学案，形成个性化学习思路的呢？

第一，读通读顺文本后提出质疑

每一篇课文的学习都要经历初读整体感知。《老人与海鸥》一课，我引导学生从课题读开来，说出自己的阅读期待。接着让学生读课文，通过圈画与题目有关的句子对课题有了进一步的理解。即：老人每天来翠湖与海鸥相伴；老人与海鸥就像亲人；当老人去世的时候海鸥围着老人的遗像翻飞盘旋……进一步理解课题后，学生再读课文，就比较容易地厘清了文章结构，概括出了课文的主要内容。

学生在初读的过程中，教师不仅要关注学生读懂的内容，同时也要让学生围绕课文内容提出不明白的或感兴趣的问题。本课学生从三方面提出了问题：

不理解老人：(1)老人为什么会“每天都步行二十余里”，“只是为了给海鸥送餐，跟海鸥相伴”？(2)“谈起海鸥，老人的眼睛立刻生动起来”，这是为什么？(3)为什么“他的心中，一定牵挂着飞翔的鸥群”？

不理解海鸥：海鸥是一种鸟，当看到老人的遗像时为什么会发生“意想不到的事情”？

不理解朋友的话："朋友告诉我，十多年了，一到冬天，老人每天必来，和海鸥就像亲人一样"，这是为什么？

第二，确定探究目标拟订学案

学生对课文有了整体感知之后，就进入到引导学生思考进一步学习应该探究的目标。有的学生认为课后的习题"安放老人遗像的地方发生了怎样意想不到的事情？为什么会发生这样的事情？"是应该重点探究的；有的学生认为"老人和海鸥像亲人一样的情感"是应该重点探究的；还有的同学认为"为什么'他的心中，一定牵挂着飞翔的鸥群'？"是应该重点探究的……随着学生热烈的交流，进一步探究的目标清晰起来。

"你能选择一个角度拟订进一步要探究的学习方案吗？"随着老师任务的下达，学生开始选择角度，拟订学习方案。经过师生合作就形成了如上的三个学习方案。

学案一由课后习题修改而成，符合学生的认知规律，适合大多数学生学习。学案二围绕课题和重点句拟订而成，立足篇章整体感受老人和海鸥像亲人一样。学案三解决学生的疑难。

第三，尊重学生的个性化学习思路

如上，学生从课后习题、重点句、问题等不同角度拟订了学习方案，即形成了个性化的学习思路。有些时候学生选择的探究目标是一样的，但是在设计学习方案的时候选择学习的切入点可能是不同的。这时，教师尤其要尊重学生的个性。

例如，同样是探究"海鸥是一种鸟，当看到老人的遗像时为什么会发生'意想不到的事情'？"有的学生就拟订了如上文所提到的学习方案一，而有的学生拟订的学案就是：海鸥是一种鸟，当看到老人的遗像时为什么会发生"意想不到的事情"？默读课文，联系上下文想一想，在感受深的地方写写批注。

同样是探究"为什么会发生意想不到的事情？"有的学生就先从后文意想不到的情景学起，再学前文。有的学生则是顺着课文的顺序先学前文后学意想不到的事情。

学生在经历了整体感知提出质疑、确定探究重点拟订学习方案后，个性化的学习思路随即产生。

二、自探落实学案，经历个性化学习过程

学生依据学习方案自探落实的环节，是学生经历个性化学习的过程。

第一，给足学生自主探究的时间和空间

《老人与海鸥》这篇课文学习方案的探究都需要立足篇章整体，只有给足

时间才是真正的学在先。我给学生自主探究的时间是 7 分钟。在这 7 分钟里，学生先是按照选定好的学习方案，静静地自学，经历 5 分钟后，教室开始出现了交流的场景：有的学生遇到了困难与同伴共同探讨解决；有的学生则是在与相同学案的学伴交流收获。

第二，要求学生按照学案步骤扎实展开

选择学案一的学生一般要经历如下的学习过程：第一步，默读“我们把老人的照片放在了翠湖边，发生了让人意想不到的事情”这一部分，边读边想象。学生根据提示默读课文的第 15—18 自然段，在默读的过程中一边读一边想象海鸥面对老人遗像发生的种种意想不到的情景。第二步，联系全文思考为什么会发生这样的事情？学生会结合“老人对海鸥无微不至的照顾，就像对待自己的孩子；老人和海鸥感情很深，就像亲人一样；海鸥是有灵性的动物，非常重情义”等方面感受原因。第三步，在感受深的地方写下批注。《老人与海鸥》这篇课文有很多感人的场景，在学习时，学生在感受深的语句旁边批注下自己读书的感受。有一位学生在“十多年了，一到冬天，老人每天必来”、“每天步行二十余里，从城郊赶到翠湖，只是为了给海鸥送餐，与海鸥相伴。”、“直到太阳偏西，海鸥们回到滇池，他才恋恋不舍地离开翠湖。”的语句旁批注了“老人把所有的时间和精力几乎都用在了与海鸥相伴上”。在老人喂海鸥、唤海鸥、谈海鸥的段落旁批注了“老人待海鸥像对待自己的孩子一样。”在海鸥“意想不到的场景”旁批注了“海鸥也把老人当成了自己的亲人”等。第四步，带着自己的感受有感情地朗读。

选择学案二和学案三的同学也是这样，按照学习方案的步骤一步一步地自主学习。

由此不难想象，此环节的自主探究是把拟订的学案落到实处，是让每一个孩子经历适合自己的学习过程。

三、共议交融学案，融汇个性化学习收获

学生经历个性化阅读后，在共议交流的过程中，他们交流着自己的学习收获，倾听着学伴的发言，此环节是他们融汇更多个性化学习收获的环节。

确定一个主思路进行交流。三条思路共存的学情现状在共议交流时需要确定一个主思路。交流前我对学生说：“老师建议同学们以学习方案一为主思路进行交流。因为在学习本课时，很多同学对课文的最后一部分感受深刻，课后习题中对这一部分的学习也有体现。选择其他学案的同学可以随时参与谈论交流。”

下面是共议交融学案的流程图：

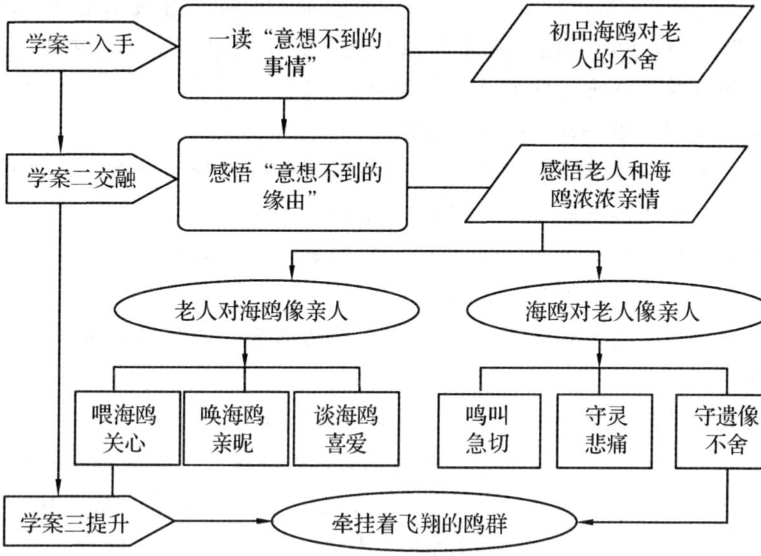

适时融入其他学习方案。从学案一入手首先交流“意想不到的事情”，在“交流意想不到的缘由”时融入学案二。教师此时让选择学案二的同学先发言。

在交流学习方案二时，学生首先从直接描写的语句中感受到老人对待海鸥像对待亲人。“朋友告诉我，十多年了，一到冬天，老人每天必来，和海鸥就像亲人一样”；“每天步行二十余里，从城郊赶到翠湖，只是为了给海鸥送餐，与海鸥相伴”；“直到太阳偏西，海鸥们回到滇池，他才恋恋不舍地离开翠湖”。从这些语句中感受到老人把所有的时间和精力几乎都用在了与海鸥相伴上。“喂海鸥、唤海鸥、谈海鸥”三个感人场景更让人感受到老人待海鸥像对待自己的孩子一样，孩子们抓住自己感受深刻的场景进行了深入交流，由此自然进入到“海鸥也把老人当成了自己的亲人”的交流。“一群海鸥突然飞来，围着老人的遗像翻飞盘旋，连声鸣叫，叫声和姿势与平时大不一样，像是发生了什么大事。”“海鸥们急速扇动翅膀，轮流飞到老人遗像上方，像是前来瞻仰遗容的亲属……过了一会儿，海鸥们纷纷落地，竟在老人遗像前后站成了两行。它们肃立不动，像是为老人守灵的白翼天使。”“海鸥们像炸了营似的朝遗像扑过来。它们大声鸣叫着，翅膀扑得离我们那样近，我们好不容易才从这片飞动的白色旋涡中脱出身来。”从这些语句感受到海鸥面对老人遗像时那种“焦急、悲痛、不舍”。海鸥这些让人意想不到的举动，以及作者对海鸥拟人化的描写让我们感受到海鸥就是老人的亲人，只有亲人去世了，后人才会有这样的举动为亲人送行、悼念。

“是啊，难怪文章结尾这样写道，”随着教师的引读，融入学案三：课文结尾写道：“他的心中，一定牵挂着飞翔的鸥群。”从文中哪些地方可以体会到？读读有关的句段，在感受深的地方写写批注。

下面是学案三整体性汇报后梳理的结果：

十几年来，一到冬天，老人每天必来翠湖——步行二十余里，从城郊赶到翠湖，只是为了给海鸥送餐，跟海鸥相伴；

他穿着褪色的过时布衣，背着褪色的蓝布包，连装鸟食的大塑料袋也用得褪了色，却省下钱来给海鸥准备饼干丁；

他熟悉每一只海鸥，亲昵地呼唤着他们的名字，亲切地和他们说话，他们相依相随；

直到太阳西下，海鸥歇在滇池，他才遗憾地离开；

海鸥就是与他相伴了多少个冬日的儿女，呼之即来，他怎会不牵挂？

至此，完成了三个学习方案的融合。以学习方案一入手，学生从“意想不到的表现”，初步感受到了海鸥对老人的不舍；学案二交融，使学生感悟到了“意想不到的缘由”，深深地领悟到老人与海鸥的亲情；学案三提升，让学生感受到了老人牵挂着飞翔的鸥群，鸥群对老人的不舍。

四、反思完善学案，梳理个性化学习成果

此环节老师要求学生对课上用过的学习方案进行反思，找到不足后修改完善，同时要求学生对个性化的学习成果进行梳理和提升。

（一）要重视梳理个性化学习成果

学生在自主探究学案时，个性化的学习收获可能不够准确、不够全面，因此教师在课上要给学生梳理个性化学习成果的时间。如：学生在自主探究“为什么会发生意想不到的事情”时，有的学生只关注到了老人“喂海鸥、唤海鸥、谈海鸥”三个场景。在共议交流环节，他们倾听了同学们的发言后，对这一学案的答案有一个更为全面、更为准确的理解（上面学案三也是一个例子）。此时给学生一点时间让他们再说说学习收获，或者动笔写写。这样个性化的学习成果就得到了整理和提升。

按照学案二学习的一个同学也说：“刚才我在按照学案二学习的时候只想到了老人对海鸥像亲人一样，没有想到海鸥对老人也像亲人这一方面，我补充了学习记录，也在学习方案上注明‘从老人和海鸥’两方面来思考。”

我不禁为这位学生能从收获和方法两方面来思考感到欣慰！

（二）反思完善学案不容忽视

为了实现叶老所说的“教是为了不需要教”，在语文学习中必须重视学习

方法的习得，这也正是“学案导学”的优势。在共议交流后，我有意安排了学生反思学习过程完善学习方案的环节：“刚刚我们用学习方案学习了这篇课文，你们认为我们的学习方案还有可以改进的地方吗?”听到老师的话语后学生很快发表意见。有个学生说：“学习方案三在程序上可以适当调整一下，把‘读读有关的句段’调整为‘先找到相关的句段再读一读。’”一番思考后，我们把学案三修改为：课文结尾写道：“他的心中，一定牵挂着飞翔的鸥群。”从文中哪些地方可以体会到？找到相关句段，读一读，写下自己读后的感受。

反思完善学案，梳理个性化学习成果环节能够让学生达成学习共性目标，提高个性化阅读能力，同时发展学生的思维和语言。

五、拓展延伸学案，创造个性化学习空间

“拓展延伸学案，创造个性化学习空间”是阅读延伸环节，课文读懂之后的辐射性阅读，通过学案的进一步拓展与延伸，为学生创造语文实践的机会、个性化学习的空间。

在学习完《老人与海鸥》这篇课文后，我推荐学生自主阅读《最后一头战象》。这是一篇悲壮、感人、发人深省的文章，记叙了曾经在抗日战争中幸存下来的最后一头大象嘎羧，自知生命大限已至，便再次佩上象鞍，来到打洛江畔缅怀往事，凭吊战场，最后在埋葬着战友们的“百象冢”旁刨开一个坑，庄严地把自己掩埋的故事。如何让学生在已有学习经验的基础上展开进一步的拓展性学习呢？

(一)迁移运用学案，强化阅读技能

学生在读完《最后一头战象》之后，会感受到与《老人与海鸥》一文有相似之处。于是有的学生便从意想不到的举动入手拟订出来如下学习方案：

嘎羧为什么会有这些让人意想不到的举动？默读课文，联系全文思考，在感受深的地方写下批注，并有感情地读一读。

这个学案从篇章整体出发，学生在自学圈画之后，会先梳理出嘎羧令人意想不到的举动，例如重披破旧的象鞍，伫立江畔悲情嘶吼，在百象冢庄严归去……之后联系全文思考这些举动背后的原因，是因为这头战象怀念自己在战场上死去的战友，要和它们永远在一起。

还有的学生想深入探究，于是从感动的情节入手，拟订了如下学案：

画下文中让你感动的语句，有感情地读一读，并在感受深的地方写写批注。

在这个学案的引领下，学生由整体感知进入深层感悟，抓住感人场景，认识到嘎羧的忠诚、善良及英勇，同时也体会到文章蕴含的真挚情感。

经过以上学案的迁移运用，学生已经能够找到此类文章的阅读切口，并在自主探究、深入研读之后逐步掌握阅读的方法和策略，强化了阅读技能。

(二)拓展对比阅读，提升学习空间

学生的阅读技能需要训练与强化，更需要在不断的拓展创新中得到提升。在对《最后一头战象》的阅读中，不应仅仅停留在模仿学案探究的层面，还应引导学生向更高目标延展。我提示学生把两篇文章进行对比阅读，看看有什么发现。于是，有学生经过思索拟订出如下学案：

阅读两篇文章，比较它们在内容、情感、写法上的相同点和不同点，简单梳理。

学生在潜心阅读的基础上，通过生生补充会明晰：两篇课文的相同点在于同是动物题材，同有感人至深的情节，同样是抓住动作、神态等细节描写来表达真挚的情感，同样是表达了动物是有灵性的这个主题。而不同之处除了体现在篇章结构及写法上，还体现在海鸥的灵性是来自于人类对它们的爱护与关怀，而战象的灵性是来自于对同类的缅怀与忠诚。虽然对象不同，但都感人至深且引人深思。这样的对比阅读，让学生不断从文本内容、结构特点、写法表达等角度丰富自己的认知，学习空间的无限延伸使他们的个性思维得到很好的发展。

拓展延伸这一环节，不是简单的增加阅读材料，在考虑到主题、情感、写法等方面辐射的角度外，还使学生的个性得到了张扬，阅读的方法与技巧得到进一步的完善。

我相信，像《老人与海鸥》一课这样学习语文——以学案为依托，凸显学生主体，促进学生个性化阅读，一定会实现阅读的美好境界，并促进学生形成良好的个性。

（北京市顺义区天竺第二小学　刘　鹏）

第三章 “依托学案 实现个性化阅读”课堂教学的基本环节

第一环节：因需生成学案，形成个性化学习思路

“依托学案 实现个性化阅读”是教师依托学案进行导学、学生依托学案实现个性化阅读的过程，其中最核心，也是最关键的要素就是学案。作为该教学模式的第一环节“因需生成学案，形成个性化学习思路”，拟订好学案是依托学案实现个性化阅读的基础。

一、注重因需生成学习方案

在学习活动中每一个人都会有学习方案伴随，而且随着学习的不断深入，也不断地有新的学习方案产生。这里所说的学习方案指的是在阅读一篇课文时，经过预习和初读后形成的作为进一步探究依托的学习方案，是学生个性化阅读思路的体现，能更好地为实现学生个性化阅读服务。

(一)学案在初读中生成

一般来说，学习方案往往由学习目标、学习程序、学习方法三方面构成。一个好的学习方案需要立足篇章整体，整合教与学的需求，规划出学习的全景。这样的学习方案一定是学生在初读课文后，对课文有了一定了解的基础上生成的。

那么这样的学习方案是如何生成的呢？

1. 初读感知是基础

当然，这里的“初读”应包括课前预习初读和第一课时整体感知、了解大意的初读两部分。在初读的过程中一般要完成两项任务：其一，总结初步读懂的内容，达到整体感知，进一步把握课文的主旨。其二，引导学生提出疑难及感兴趣的问题，并对问题适当进行筛选归并，形成进一步的学习期待。此两者有效整合即为学生进一步探究的内容。

2. 尊重主体重生成

学生是学习的主体，学习方案的生成应在尊重学生主体地位的基础上，由学生初步拟订，师生共同完善。

学生在初读课文后整体感知文本的主旨，提出自己的质疑，教师引导学生归并问题，整合文本与学生的学习需要，由学生依据自己的学习能力和兴趣确定学习的目标，再思考要达到这一目标的过程和方法，也就有了学案的“雏形”。此后，应由师生针对这一方案共同进行完善，从而形成能引领学生个性化阅读的学习方案。

以《军神》一课为例，学生在第一课时整体感知课文内容后会提出疑问：沃克医生为什么称刘伯承为“军神”？这一问题也是课后的习题，它既是学生的阅读期待，也体现了编者的意图。那么探究这一内容可以怎样展开学习呢？学生能说出：应找到描写刘伯承语言、动作、神态的语句，读一读，感受当时的情景，从而体会他为什么堪称“军神”。进一步完善后就初步形成了学案：

课文第 23 自然段写道：“沃克医生惊呆了，大声嚷道：‘你是一个真正的男子汉，一块会说话的钢板！你堪称军神！’”

默读课文思考：从哪些地方可以体会到刘伯承堪称军神？画出描写刘伯承言行神态的语句，读一读，注意结合当时的情景和生活实际体会，在感受深的地方写写批注。

当然也会有学生在初读的过程中关注到课文对沃克医生的描写，再结合课后的习题 3，形成另一个学习的思路：

默读课文，圈画出描写沃克医生神态、情感变化的语句，结合当时的情景思考变化的原因，想想这样写有什么好处？

在这样的初读过程中，学生不仅达到了整体感知课文的要求，而且不同的学生通过独立的、个性化的思考，明确了既遵循文本也适合自己的探究方向，为实现个性化阅读奠定了基础。

(二)注重因需生成的过程

这里所说的“因需”，既包括文本需求、编者的意图，又包括学生从阅读的兴趣、疑问生发的个性化需求，是这两种需求的整合，这就要求在确定学习目标时，教师能在尊重学生个性化需求的同时，将教学的目标自然地转化为学生的学习期待。

例如，《我看见了大海》一课，学生初读课文后能根据课文题目、课后习题等说出应该探究的内容是：结合课文内容感受继父是怎样让“我”一步一步看见“大海”的，体会继父的良苦用心和“我”对继父的感激之情。而在初读课文，整体感知课文内容后，学生也提出了自己的问题：

"我"没有看见大海，结尾为什么说"我"看见了大海？

继父知道自己有过敏性哮喘，必须远离海洋，为什么还要对"我"撒谎，答应带"我"去看大海？

课文最后一自然段说"我突然明白了继父的'看海'的意义"。"看海"的意义指的是什么？

为什么"我"无数次地对着继父的遗像说"我看见了大海"？

……

这些质疑就是学生初读课文后的个性化阅读期待。在确定学习目标时我们就要充分考虑学生个性化的阅读需求与文本需求、编者意图的整合。

联系课文的最后一段：当我穿行于闹市时，当我熟练地做着家务时，当我受邻居的委托替她照看孩子，并得到每月40元的报酬时，我突然明白了继父的"看海"的意义。有无数次，我站在继父的遗像前，悄声对他说："伯伯，我看见了大海，真的，我看见了……"

课文的题目是"我看见了大海"，结尾也说"真的，我看见了……"，同学们也围绕着"看海"提出了问题。"看海的意义"就是要探究的内容。而要理解"看海"的意义，首先要理解：继父是怎样让"我"看见大海的？也可以从"我"的变化中体会。这就是进一步学习的目标。确定目标之后，学生思考：围绕这两个问题怎样展开学习？也就是思考要达到这一目标的过程和方法，这样就初步生成了两个学习方案：

【学案一】默读课文思考：继父是怎样让"我"一步一步看见"大海"的？读一读相关情节，在感受深的地方写写批注。

【学案二】①"看海"使"我"有了哪些变化？在文中画一画，结合相关的情节来理解，在感受深的地方写写批注。

②写出继父所说的"看海"的意义：________________。

当然，因为学生的个体差异，会有同学在自拟学案时感到困难，教师可以在开始时先拿出自己拟订的学习方案当作模板，让学生逐渐体会。学生会由模仿学习方案的形式逐渐领会其中的内涵，在积累经验的同时，自拟学案会变得越来越简单，逐渐实现由学生自己完成。为加快学生的成长，教师也要注意对学生的引领和指导，有时教师也可以在学生参与下给出建议，如：帮助学生体会不同类型的文章有不同的学习方法，根据自己的兴趣及学习能力在学案中体现自己个性化的需求。

如《鲸》一课的学案：

鲸的形体特点、进化过程和生活习性是怎样的？课文是怎样进行说明的呢？选择其中的一个或几个方面探究：可以读读有关的内容，或通过画图、列表、表演等方式来学习，能写写批注更好。

其中，“鲸的形体特点、进化过程和生活习性是怎样的？课文是怎样进行说明的呢？”是本课学习的目标；“课文是怎样进行说明的呢？”——探究说明的方法是学习这类说明文的要求，符合文本的特点。“选择其中的一个或几个方面探究：可以读读有关的内容，通过画图、列表或表演等方式来学习，能写写批注更好。”体现了学生根据自己的兴趣爱好，选择适合自己的方法进行学习。

好的方法是成功的保证。因此在制定学习方案时量身制定出切合实际的方法是关键。

二、凸显学习思路的个性化

形成个性化的学习思路是展开个性化阅读的前提。在生成学案时不同的学生会有各不相同的切入点，但学习目标的确定都应从文本出发，从学生阅读文本的过程中产生的兴趣或感到的疑难等实际学习需求出发，体现文本的内容、主旨、编者的意图，在充分尊重学习主体的基础上，整合教与学两方面的需求，解决“真问题”，为学生个性化的阅读提供保障。

（一）研读文本，多角度切入

一篇文章，可以从多个角度切入读开去，拟订学习方案时，关注切入点的开放性能为实现学生个性化阅读奠定基础。

以《唯一的听众》为例，在生成学案时可以由以下多个角度切入：

从课题读开去。题目是文章的眼睛，是文章内涵的高度浓缩。从课题出发，通过对“唯一的听众”中的“唯一”的理解，突破学生的难点。通过对老人的“听”及“我的变化”的体会，感受老教授的为人又是对完成核心目标的补充和提升，可以说以文题的理解为线索的学习思路整合了学生的困惑与作者的思路，可以形成学案：文中四次写到“唯一的听众”，作为“每天清晨里我唯一的听众”老人是怎样听的？使“我”有了哪些变化？默读课文画出相关的语句，并联系上下文谈谈自己的体会。

抓住文章的线索，有序展开学习也是不错的方法。这篇课文以“我”拉小提琴水准和信心的变化为线索展开，我们也可以此为切入点生成学案：“我”拉小提琴的水平有怎样的变化？为什么会有这些变化？默读课文，画出文中相关的语句，读一读，想象当时的情景，简单写写批注。

抓住重点句往往可以辐射到全篇的解读，能够收到事半功倍的效果。本课可以抓住“我明白了，但是我一直珍藏着这位老人美好的心愿”这句话生成学案：文中写道“我明白了，但是我一直珍藏着这位老人美好的心愿。”默读课文，结合老人的语言神态谈谈“美好的心愿”是什么？结合“我”的情感变化谈谈“我”明白了什么？画出有关语句，把感受批注在文章的空白处。

课后的习题是编者意图的体现，同时又是学生学习的参考。本课的课后3题：为什么“我”面对成百上千的观众演奏小提琴曲时，总是不由得想起那位耳“聋”的老人？这是编者精心的设计，是教的要求，同时也是学生通读全文后的疑问，因此结合学生的思考可以生成学案：默读课文，想一想为什么“我”面对成百上千的观众演奏小提琴曲时，总是不由得想起那位耳“聋”的老人？“我”会想起什么？画出相关的语句读一读，并写一写批注。联系上下文体会老人是个怎样的人。

抓住文章体裁的特点有助于解读文本。同一体裁的文章有许多相同点，这些共同的特征是教师应该教的，也是学生应该学的。如《唯一的听众》这样写人的文章一般要通过人物的言行、心理、神态来体会人物的特点、品格等，本文就可以老教授语言、神态的描写为重点内容，形成学案：画出文中描写老教授语言、神态的句子，说说她是在什么情况下讲的，读一读，并联系上下文谈谈你的体会，简单写写批注。

发现文章的结构、语言特点也能帮助我们从独特的角度切入，深入理解编者的意图。《唯一的听众》一课两次写到“我全力以赴地演奏”，三次写到“老教授平静地望着我”，每一次“演奏”都是不同的心境，每一次“平静”都有不同的含义。据此为入手点可以拟订如下学案：文中两次提到“我全力以赴地演奏”，结合老教授的表现思考“我”全力以赴演奏时的内心感受，画出相关语句，简单批注在文章空白处。

当然对于一些难以完成全篇学习的“点”不一定要形成完整的学习方案，可以融在某个学习方案中完成，如：“老教授平静地望着我”就可以放在重点感悟老教授言行神态的学案中引导学生对比感悟，可以起到整合提升的作用。

选择不同切入点生成学案时，我们除了要关注文本，更应尊重学习主体的个性化的阅读期待。在初读课文整体感知的基础上，学生会产生自己的问题、自己的期待，这些问题、期待，经过师生的筛选可以成为学生进一步学习的探究目标。

(二)凸显主体，解决真问题

学生的阅读过程是学生个性化的体验与文本对话的过程，在这一过程中，不同的学生针对相同的文章也会有不同的思考切入点、形成不同的感悟，因此，在因需确定学习目标之后，应更多地尊重学生个性化的探究体验，从而达到凸显主体、解决“真问题”的目的。

以《唯一的听众》为例：

课文结尾写到："我"面对成百上千的观众演奏小提琴曲时，总是不由得想起那位耳聋的老人。

不少同学抓住了这句话，但因为学生的关注点不同，有的学生想解决的是"为什么想起"，有的想解决的是"想起什么"。针对这两个问题，都可以通过"画出有关语句，联系当时的情景谈谈体会。在感受深的地方简单批注"这样的方法进行学习。

每当"我"面对成百上千的观众演奏小提琴曲时，总是不由得想起那位耳"聋"的老人。学生根据自己的阅读兴趣、关注点展开阅读，就会有不同的收获和体验：

之所以总想起那位老人是因为她给了"我"最无私的帮助，在"我"灰心懊恼时，她用诗一般的语言打动了"我"，使"我"有了信心；在每天的清晨"我"练琴时，她用真诚的话语鼓励"我"，使"我"坚持了下来；老人用一次又一次真诚的话语和平静的眼神给了"我"莫大的鼓励与信心。所以在面对成百上千的观众演奏时"我"总会想起那位老人。

"我"想起的可能是她对"我"说过的话语；可能是她平静的眼神；也可能是第一次见面的情景，以致后来每一次见面的情景……

而且，"联系当时的情景谈体会"时，不同的学生也会有不同的体会，因此学生的批注内容、批注点自然也不相同。

同时，在谈"想起以后每次练习时老教授的话"以及"想起老教授那平静的眼神"时，又能适时融合其他学习方案："作为'每天清晨里我唯一的听众'老人是怎样听的？使'我'有了哪些变化"。

由此可见，这一学案的探究内容充分体现了其开放性的特点，彰显了探究角度的个性化，使学生能从自己的学习情况出发，在与学习其他学案的同学的交流、融合中提升自己对文本的整体、深入的感悟，从而形成个性化的阅读体验。

这样在初读的基础上，从多角度入手，因需生成的学案，凸显了学习思路的个性化，为学生的个性化阅读提供了保障。

（北京市顺义区张镇中心小学　杨梅艳）

【中年段案例解读】

生发疑问　因需引领

——以《马背上的小红军》为例谈学案的“初读生成”

学案是学习探究的凭借，含探究目标、学习程序、学习方法等。中年级学生自我规划、整体设计的意识尚待完善，为此，在学案生成的过程中，要做到放手与引领的统一。仅以《马背上的小红军》为例，谈谈如何在整体感知后生成进一步探究的学案。

一、自主生疑，促探究意向明晰

个性化的学习需求(感兴趣的地方、困惑的问题等)，需要学生将内隐性的思维过程“外显化”，亦即以言语形式将自我的认知、思考过程表述出来。为此，可放手让学生质疑：我们已经读懂了陈赓多次帮助小红军，却被小红军一一拒绝了。你们有什么不懂的问题吗?

生1：老师，我想知道陈赓听了小红军的话骑上马向前走了，可是为什么他的“心情怎么也平静不下来”呢?

生2：我读到“陈赓全明白了”时，特别想知道他到底明白了什么?

生3：课文最后说“陈赓呀陈赓，你怎么对得起这位小兄弟呀!”我想知道这句话是什么意思?

生4：陈赓为什么说“不对！我受骗了!”? ……

教师看到学生的关注点囿于第三部分“陈赓”的表现，引导：“课题是《马背上的小红军》，关于小红军的表现，你们最感兴趣或困惑的是什么?”

“一石激起千层浪。”至此，学生思维的视角全面铺开了——

小红军为什么要倔强地说“你这是要我跟你的马比赛呀……”?

小红军为什么要“轻轻地拍了拍”?

“马背上的小红军”到底是谁? 他后来怎么样了?

课题为什么叫“马背上的小红军”呀?

陈赓找到小红军以后又怎么样了?

……

开启了学生的内部动机，探究的意向益趋清晰，或关注人物表现，或关注人物命运；或关注文本内容，或延伸阅读视野……

二、因势利导，促探究目标聚焦

尊重差异、关注学生的个性化学习需求的同时，必须引领聚焦重难点，关注文本规定的共性目标。

当学生的学习需求存在歧义或学生的理解出现偏颇的时候，教师可顺承纠偏：如，自主发言时——

师：大家都认为“小红军”是在“骗”陈赓吗？

生：不是要骗陈赓，他是不想拖累陈赓，是想说服陈赓别管自己……

师：到底是“骗”还是“说服”呢？读读课后1题，你觉得哪个词更准确？

生(认同地)：是说服。

师：真的同意吗？不必要迷信书本，我们认真地再读一读小红军与陈赓之间发生的故事，相信大家一定能找到答案。

当源自学生的疑问或学生思维的焦点呈散点状态，教师要适时梳理聚焦：如，充分质疑后——

师：我们来梳理一下大家的问题，如果分一下类，该怎样分呢？(分类略)

师：从课题看，本课的主要人物是谁？

师：虽然主要人物是小红军，但小红军一而再、再而三的拒绝，一定与陈赓的一帮再帮有关系，所以我们应重点研读哪部分？(第二部分)想弄清楚“是否对得起”，也应该关注课文的哪部分内容呢？(第二部分)

如此，学生的问题集中在了“小红军是怎样说服(骗)陈赓的”，研读的内容也聚焦到了第二部分。

三、集思广益，促生成学案可操作

明确了探究的目标，尚需师生共同构想学案的重要组成部分——探究的步骤与方法。这时，生生互启、师生完善，会促进生成学案的可操作性。

【片断一】

师：既然我们明确了要研读第二部分，弄清楚小红军是怎样说服陈赓的，那该如何研读这部分内容、思考这些问题呢？大家有什么想法或建议吗？

生1：写人的文章应该抓住小红军的语言、动作、神态、心理去探究。所以，我觉得应该圈画出小红军表现的相关语句，认真地读一读。

生2：我也觉得小红军说的“话”挺有意思的。这篇课文中人物的对话特别多，还可以和小组同学一起练习分角色朗读课文。

【片断二】

师：哪些同学对“陈赓到底对得起还是对不起小红军”感兴趣？

生3：老师，我和××的意见不一致。但我们一起讨论了——画出陈赓的做法，思考陈赓可能在想什么，然后结合着红军长征时的背景资料，来整体思考到底“对不对得起”？

生4：我还想到了可以顺势解决“为什么‘陈赓的心情怎么也平静不下来’”。

师：不错。陈赓一帮再帮，小红军一推再推。所以，教师建议你们对照着思考陈赓与小红军的表现，也就是要“联系上下文”。

很快，个性化的可操作的学案出台了——

【学案一】“陈赓终于被小红军说服了”。默读课文，思考：小红军是怎样说服陈赓的？画出描写小红军语言、神态、动作的语句，在感受深的地方写写批注，体会这是一个怎样的小红军？

【学案二】默读课文，画出描写陈赓帮助小红军的语句，结合上下文和课外资料思考：陈赓到底“对得起”还是“对不起”小红军？并说明理由。

【学案三】默读课文第二部分填写表格。

	陈赓一帮再帮	小红军一推再推	“我”的体会
第1次			
第2次			
第3次			
第4次			

明确的探究目标、可行的程序与方法，可以想见个性探究、个性生成的学习状态，可以预见即时生成的课堂资源的丰富多彩，更可以期待个性化阅读的实现。

（北京市顺义区教育研究考试中心　魏淑媛）

【高年段案例解读】

由《挑山工》一课谈学案生成

学案是学生进行深入学习的方案，它帮助学生明确了学什么和怎么学的问题，是对将要进行的学习过程的初步预想，因此学案的生成对下一步的学习起着至关重要的作用。高年级的学生已具备了一定的独立学习的能力，加之学案生成在低年级时的有意渗透，在中年级时的尝试使用，使学案生成对高年级学生来说是可行的，因此，在学案生成的过程中，教师要把大胆放手与有效引导相机整合。

下面以《挑山工》一课为例，谈一谈学生充分初读后的学案生成。

一、聚焦学路，有效引领

学生是学习的主体，每一个人都是一个鲜活的个体，他们对于学习的内容会产生各自的学习需求，因此，教师要给学生创设述说阅读期待的机会。在教学《挑山工》时，我这样引发学生交流整体感知后的个性阅读需求："继续学习课文，我们还要深入品读哪些内容？"

生1：挑山工挑重物上山，可他却总走在"我们"的前面，是什么原因呢？

师：想想挑山工在哪儿与"我"相遇？又几次走在"我们"的前头？

生2：挑山工登山使"我"心中有什么不解之谜？"我"的谜团解开了吗？

师：你是抓住文中的重点词提出了疑问。

生3：挑山工几句朴素的话，似乎包蕴着意味深长的哲理，使"我"明白了什么深刻的道理？

师：你是着眼文中含义深刻的语句，提出了自己探究的问题。

生4：课文的最后一自然段中，"从泰山回来，我画了一幅画……多年来不曾换掉，因为我需要它。"这句话中的"它"指的是什么？为什么"我"需要"它"？

师：你抓住了作者的感受引发了思考——"我"需要的就是一幅画吗？

生5："我们跟你们不一样"，挑山工和游人有哪些不一样？

师：你是结合主要人物提出的问题。

生6：课题是"挑山工"，通过学习，我想知道挑山工是一个怎样的人？

师：你关注了人物的评价。

生7：我读过语文书后的选读课文《黄山挑夫》，那一课和《挑山工》比较，有什么相同和不同的地方？

师：你能关注到相同主题课文并进行对比，很有价值。但在学习本课之后，再进行对比很值得提倡。

……

以上我们不难感受到，学生的个性差异，使他们产生了不同层次、不同角度的阅读期待，产生了多条学路，似有条条大路通罗马的态势，但并不是每一个阅读需求都要产生一个学案，因为学案的生成不仅要关注个体的需要，还要考虑到文本的共性目标。《挑山工》一课，是通过挑山工登山过程中的所做和所说，体会到挑山工朝着目标坚持不懈攀登的精神，懂得做任何事，要达到目标都要脚踏实地、永不停步地努力！因此，我适时加以引导，聚焦学生的学路，为实现学习目标，形成有价值的学习意向。

师：作者冯骥才在登山过程中三次与挑山工相遇，又三次被超过，使他产生疑惑，最终是挑山工的话使他解开疑惑，并深受启发。大家想一想刚才我们提出的进一步探究的问题，哪些对“我”解决疑惑，启发深思有益呢？

通过生生、师生的相互交流，使探究的方向更加清晰。我们明确了三个深入探究的意向：

挑山工几句朴素的话，似乎包蕴着意味深长的哲理，使“我”明白了什么深刻的道理？

“我们跟你们不一样”，挑山工和游人有哪些不一样？

课文的最后一自然段中，“从泰山回来，我画了一幅画……多年来不曾换掉，因为我需要它。”这句话中的“它”指的是什么？为什么“我”需要“它”？

当然，作为教师我仍然尊重学生有别于共性探究意向的个性问题，鼓励他们形成个性化学案。

二、放手实践，自拟学案

初步的学习意向达成共识后，学生就要着手拟订一个较完整的学习方案，它包括学习的目标、学习的步骤与方法。每节课上，我都会给学生 3—5 分钟试拟学案的时间，每个学生选择一个探究目标，可以独立试拟，也可以合作拟订，还可以寻求教师的帮助。

依据以上三个探究目标，下面是班中三位学生试拟的学案：

【学案一】读读挑山工的话，联系上下文和生活实际想想这句话的意思，再思考他的话使“我”明白了什么深刻的哲理，写下自己的感受。

【学案二】“我们跟你们不一样”，挑山工和游人有哪些不一样？画出相关的语句，批注不同之处。

【学案三】课文的最后一自然段中，“从泰山回来，我画了一幅画……多年来不曾换掉，因为我需要它。”联系上下文想一想，这句话中的“它”指的是什么？为什么“我”需要“它”？

从学生初拟学案的情况看，这些学案都具备了一定的探究方法，如：读相关段落、重点标画、联系上下文；也形成了初步的探究步骤，如学案一：先读句子，再想意思，最后挖掘表层意思背后的深层道理，体现了学习的层次，由浅入深；但也能看出学生拟订的学案有些目标不是很清晰，如“挑山工和游人有哪些不一样？”有些学案表述还不是很明白，如“为什么‘我’需要它？”。因此，就要进行学案的再完善。

三、师生交流，完善学案

学生初拟学案后，要进行集体展示，对学案做进一步完善，使其更加有利于学生对课文的深入解读。

在集体研讨后，大家都觉得学案一是一个拟订得比较成功的学案，它清晰地体现了学习的步骤，也体现了学习的方法“联系上下文和生活实际”，从这一学案中我们能够预想到学生学习的状态。

对于学案二，大家就有了一些想法：

生1：在文中画出挑山工和游人登山的不同之处，很难直接看出不同。

师：那你有什么好办法？

生1：在学习《蝉》这一课拟订学案时，我们就用过画表格的办法，我觉得特别清楚。（随即让这位学生展示他的学案）

	挑山工	游人
不同		

生2：我觉得我们不单要了解挑山工和游人登山不同的地方，还要知道从不同中，可以体会到什么？

师：说得很有道理。这样的学习才是深入的学习，那我们的学案又可以怎样修改呢？

师生共同完善后的学案二如下：

【学案二】“我们跟你们不一样”，挑山工和游人有哪些不一样？画出相关的语句。从这些不一样中可以体会到什么？简单记录在表格中。

	挑山工	游人
不同		
体会		

在展示拟订的学案三时，我问学生：如果按照学案三来学习，你有什么困惑？大部分学生的困惑是“联系上下文想一想”到底应该怎样想？这样的困惑，充分体现了学生能力的差异。为了使不同的学生学习不同的语文，有不同的学习收获，我引导学生细化学习方案。

师：我们就从这句话开始想，“它”表面上指的是什么？你接下来会想什么？

生1：“它”实际上指什么？

生2：“它”的深层意思是什么？

师：下面大家就会想“我”实际需要的是什么？

生 3：“我”为什么需要它？

……

就这样，我和学生像剥笋一样，一环环思考，厘清了学案三的学习步骤，降低了学生学习的难度，形成了如下学案：

【学案三】课文的最后一自然段中，“从泰山回来，我画了一幅画……多年来不曾换掉，因为我需要它。”联系上下文想一想：这句话中的“它”表面上是指__________，实际上是指__________，我需要的是______________。“我”需要“它”是因为：____________________

学案的生成经历了师生探究意向的确定，学生的独立试拟，以及师生的交流修改。再次完善，使探究目标更加明晰，学习方法更趋合理，学习步骤更有层次，从而为学生深入理解文本，自主探究打下坚实的基础。

当然，在读懂课文的过程中或学习基本结束时，是允许修改学案或生成新学案的，这与学案完善与拓展是相通的。

（北京市顺义区李桥中心小学校　康　维）

第二环节：自探落实学案，经历个性化学习过程

“自探落实学案，经历个性化学习过程”是“依托学案　实现个性化阅读”课堂教学的第二环节，即自主学习环节。此环节是在“初读生成学案，形成个性化学习思路”的基础上，学生依据选定的学习方案与文本展开自主阅读、亲历对话的过程。这一过程中，学生要按照初读时选定学习方案的程序和方法，进行 5—7 分钟的自主学习，以达成学习方案所设定的学习目标。因初读时，学案拟订的角度不同、探究问题的程序和方法不同，使得学生的学习思路呈现个性化，再加上学生的个体差异，因而在自探落实学案中，学生必然会经历个性化的学习过程。

一、自探落实学案，开启个性化阅读之门

霍拉勃在《接受美学与接受理论》一书中说：“既定作品的具体化形态由于读者不同便会不同。”这是因为，阅读是一种高度个性化的心智活动，不同的读者阅读相同的文章会产生不同的情感体验，有一千个读者就会有一千个哈姆雷特。就像树上没有两片相同的叶子一样，每个孩子都是独一无二的个体，

可见阅读是学生的个性化行为，而实现个性化阅读的关键是让学生展开与文本对话的探究过程，在探究中形成自己的阅读理解，开启个性化阅读之门。那么教学中如何落实学生的自主学习呢?

(一)独立探究要先行

自探落实学案首先要求学生要独立探究。因为在阅读活动中，阅读主体需要借助自身的生活经验和语文积淀唤回直觉经验，来重构读物的具体化形态。不同主体之间是不可能有完全相同的生活经验和语文积淀，也不可能有完全相同的阅读理解，所以实现个性化阅读，学生首先要独立探究文本，读出自己。所谓独立探究，就是每一个学生个体要按照学习方案的目标、程序、方法进行独立的学习。这一过程学生必须凭借自己的生活经验、情感体验、价值取向等方面潜心阅读，独立探究。在自探5—7分钟的时间内，学生要依据学习方案亲历与文本的对话过程，通过潜心阅读、认真思考，形成个性化的学习成果。应该说独立探究既是学习方案落实的过程，也是学生个性化阅读生成的过程，更为后面全班层面的共议交流进行了个性化的学习储备。

(二)倡导适时的因需合作

独立探究的理想状态是学生个体独自将选定的学习方案学完、学足、学实、学深。然而在实际的教学中，随着自探过程的展开，困难也会伴随其间。

例如，学习《母亲的纯净水》时，学生依据以下学案进行学习。

“那天晚上，她想明白了母亲的话……”联系上下文思考：

①“母亲的话”指的是什么?

②母亲是在什么情况下说这些话的?

③“她想明白了”什么?

对于前两个探究的内容，学生很快就完成了。当探究到第三个内容时，学生虽然画出了小女孩想明白了什么——“穷没什么，它不是一种光荣……用它变幻出绚丽多姿的未来”，但对这段话内涵的探究，学生还是比较困难的。面对困难，这时学生就会产生与同伴、教师交流的欲望，此时因需合作就是解决问题的一个好方法。通过向教师或同学进行请教，利用学习资源的差异性，学生可能会寻找到解决这个问题的办法。比如：可以结合母亲的话进行对比体会；也可以联系现实生活进行感悟、理解；还可以逐句逐层的分层体会小女孩的这些话语……在因需合作中，通过思维的碰撞、思想的交流，学生就会获得解决问题的办法。待困难解决后，学习个体还要回归自己的独立探究中，继续完成学习方案的学习过程，这才是有意义的真探究。另外，因需合作除去困惑处的求助外，还倡导学习后的因需交流。当学生个体学完选定的学习方案后，还有的学生会产生和别人分享学习成果的交流愿望，这时的因需合作就是一种学习成果的即时分享，通过相互间的交流和碰撞，学生会对自己的学生成果进行补充、修改或是完善，这是个体探究成果提升的过程。有时，学生学完自己选定的学习方案后，也会对其他同学的学习方案感兴趣，也想加入到他们的学习中，这些因需合作学习都是值得提倡的。

(三)伴有有效的小组合作学习

班级授课制要充分利用学生差异资源，有效的小组学习能够提高教学实效。教师可以因为探究问题的难度提议或者安排学生进行合作探究，如，“他用那双写了无数个粉笔字的手，放起一架又一架理想的风筝”，这“理想的风筝”的内涵指的是什么呢？虽然之前经过了学生的自主学习，也进行了集体交流，但这依然是学生学习的难点，必要时安排小组合作探究有助于难点的突破。当然课堂上也常常因为学生所凭借的学案相同而自由组合小组，或者在固定的小组内进行个人学习成果的分享。

通过小组合作探究，学生往往会碰撞出火花，形成整体性、趋于完善的学习成果。

二、潜心探究学习，经历个性化学习过程

在自探落实学案这一环节中，通过自主探究，学生经历着与文本对话的过程，但是在潜心探究的过程中，学生也经历着个性化的学习过程。

(一)学案不同，学生的学习过程必然是个性的

学案是学生学习的凭借，也是实现个性化阅读的抓手。因生成学案时，学案拟订的角度不同，有的是从课题入手拟订的，有的是从课后习题入手拟订的，有的是从课文的重点句入手拟订的，还有的是从课文的线索入手拟订的……，再加上探究的方法各异，所以当学生选择不同的学案进行学习时，学生所经历的学习过程必然是个性的。

例如，学习《理想的风筝》一文时，在第一环节学案拟订的基础上，课堂上生成出四个学案。

【学案一】读文中回忆刘老师的四件事，想想刘老师是个怎样的人？从哪些地方感受到的？圈画关键词句并简单批注，并完成表格。

几件事	从哪儿感受到的(摘录关键词语)	是怎样的人
笑谈腿残		
倾情讲课		
倾听回答		
放飞风筝		

【学案二】读读文中“放风筝”这一部分，在感受深的地方简单批注。再联系全文想想“理想的风筝”是什么意思。

【学案三】从文中的哪儿可以感受到“刘老师对生活有着那样纯朴、强烈的爱与追求”，画出相关语句，可以带着自己的感受读一读，也可以写写批注。

【学案四】“已经近30年没见到刘老师了，‘我’还是深深地、深深地思念他”是因为什么呢？从哪些地方感受到的，圈画关键词句并简单批注。

从四个学案拟订的角度来看：学案一指向的是刘老师是怎样的人；学案二指向的是理解课题“理想的风筝”；学案三指向的是刘老师对生活的态度；学案四指向的是“我”对刘老师的思念。

选择学案一的学生，要从文中描写刘老师的四件事入手进行学习，在品读事件的过程中，摘录关键词语，来感悟刘老师这个人物形象。

学案二的学习显然与学案一不同，学生首先是抓住刘老师放风筝的情景来感悟，然后联系全文来体会“理想的风筝”则较为开放，不只是抓住与风筝有关的部分，因为学生之间的差异，关注的部分、感受的角度以及层次都极具个性化。

学案三探究刘老师对生活有着纯朴、强烈的爱与追求，可能最先关注到刘老师亲手放飞风筝这件事，可能会联系他笑谈腿残的情形，也可能从广义“生活”的理解上，会关注到刘老师对待工作、对待学生方面。

学案四探究“我”之所以会深深地、深深地思念刘老师，学生是从刘老师与“我”的关联的角度来学习。可能是会从刘老师给“我”的印象或者是刘老师对“我”的深远影响的角度来感悟。

从上述四个学案学生探究的学路来看，虽然大家同在一个探究的时间和空间内，但因学生个体选择的学习方案不同，其经历的学习过程也是充满个性且异彩纷呈的。

(二)学案相同，学生的学习过程也是个性的

在“自探落实学案”这一环节中，有些学生选择的是同一个学案进行学习，虽然大家的学习目标一样、程序一样、学习方法一样，但因学生个体存在差异，他们的思维方式不同、理解的能力不同、考虑问题的角度也不同等诸多因素的影响，所以在对同一个学案的探究过程中，学生所经历的学习过程也是个性绽放的。

1. 相同的学案探究，不同的探究路径

即便是探究相同的内容，每一个学生个体也会表现出不同的探究路径。

例如学习《梅花魂》一课，在探究“默读课文，结合‘我’对外祖父的回忆，思考：外祖父给‘我’留下了怎样的印象？在感受深的地方简单写写批注，想象当时的情景，有感情地读一读。”这个学案时，学生的探究过程就充满了个性。针对“外祖父给‘我’留下了怎样的印象?”学生要从文中对外祖父的描写中去感知，而作者共回忆了外祖父的五件事，分别是：读思乡诗时落泪；弄脏墨梅图大发脾气；因不能回国而大哭；离别前送“我”墨梅图；船开时又送“我”血色梅花手绢。学生会有怎样的探究路径呢？有的学生会从“我”对外祖父回忆的每一件事中去逐一探究外祖父给“我”留下的印象；有的学生可能会将“弄脏墨梅图”“外祖父送‘我’墨梅图”和“送‘我’血色梅花手绢”这三件与梅花有关的事联系在一起感悟；还有的学生可能就选择自己印象最深的事件去感悟……这些不同的学路探究，完全取决于学生的阅读兴趣、阅读感悟、阅读把握。

有时看起来学生探究路径相同，其实也是有差异的。比如《理想的风筝》一课中，学生对于学案一的学习，虽然都是从事件入手，一般也会按照先后顺序来学，但是具体的探究路径、探究过程仍然是个性化的。

2. 相同的探究内容，个性的理解感知

阅读认知理论认为，阅读主体对于文本中的言语，只有在他的信息贮存中能够找到与文本言语具有相似性的信息组块以后，才能够进行相似匹配、相似激活，从而识别文本中的信息。由于阅读主体头脑里贮存的相似模块各不相同，因而即使是阅读同一部分内容，也会形成各自不同的相似选择与相似匹配，即所谓“仁者见仁，智者见智”。

学习《珍珠鸟》一课，“起先，这小家伙只在笼子四周活动，随后就在屋里飞来飞去。一会儿落在柜顶上；一会儿神气十足地站在书架上，啄着书背上那些大文豪的名字；一会儿把灯绳撞得来回摇动，跟着跳到画框上去了。只要大鸟在笼里生气地叫一声，它立即飞回笼里去。”对这部分内容，有的学生抓住表达先后顺序的词语“起先、随后、一会儿、一会儿、一会儿、跟着”等感受到小珍珠鸟的活动范围越来越广，与“我”越来越亲近；有的学生能够从对小珍珠鸟的描写中感受到小珍珠鸟的可爱；有的学生抓住了“小家伙”“神气十足”等词语感受到了作者对小珍珠鸟的喜爱；有的学生从对珍珠鸟的动作描写“飞”“落”“站”“啄”“撞”“跳”感受到作者用词的准确和精妙；还有的同学关注到了此时大珍珠鸟的表现，单一个“生气”二字，学生就解读出了不同的看法，有的学生认为此时大珍珠鸟生气是因为小鸟过于淘气，怕激怒于“我”，而有的学生则认为大珍珠鸟的生气是怕小鸟的淘气影响“我”的工作，细细读来，这两种理解还是都有道理的。

由此可见，即便是对同一内容的自主探究，学生在探究的点上还是存在差异，就算是同一个探究点，学生的解读也会出现不同，他们的探究过程依然是个性的。

巴班斯基言："教育与个性发展相统一和相互联系是教育过程的规律。"而自探落实学案就是遵循这样的教育规律，以学生的个性发展为出发点，通过个性化的学路探究，使学生走进阅读探究的真境界，在探究中留下自己阅读的足迹，读出自我，学会个性化阅读。

（北京市顺义区东风小学　顾雪莲）

【中年段案例解读】

让学生扎实经历自读自悟的过程

——以《一夜的工作》为例谈学案的"自主探究"

依照学案自主探究的过程是学生直接与文本对话的过程，也是通过自读自悟走进文本的过程。

学生自拟或师生共拟的学习方案是助力学生自能阅读的"学习支架"。学生按学习方案自主探究是学在先的环节，这一环节，也是教师引导学生粗略读懂文本的重要环节。

《一夜的工作》一课记叙了作者陪周总理审阅一篇稿子，亲眼看到了他一夜的工作情形，歌颂了周总理不辞劳苦的工作精神和简单朴素的生活作风，表达了作者对人民总理无限敬仰的深厚感情。课文内容离学生生活较远，学生对周总理知之甚少。学习本文，学生依据课文的中心句和课后习题拟订了这样的学习方案：

【学案一】"他是多么劳苦，多么简朴！"读课文第2—6自然段，画出体现周总理工作劳苦、生活简朴的语句，读一读，把感受简单写在旁边。

【学案二】读课文第7、8自然段，体会这两个自然段表达了作者什么情感？读课文，画出使作者产生这样情感的语句，把感受写在旁边。

一、学生静心学习

自主探究环节伊始，学生依据自己的兴趣、需求选取不同的学案学习。

选择学案一的学生一般先从周总理"工作劳苦"为切入点进行学习。学生圈画描写周总理工作劳苦的句子和简单批注如下：

几乎所有的学生圈画了这句话：总理见了我，指着写字台上厚厚的一叠文件说："我今晚上要批这些文件。你们送来的稿子，我放在最后。你到隔壁值班室去睡一觉，到时候叫你。”

学生甲在“厚厚的一叠文件”处批注：文件很多；学生乙在这句话旁的批注是：非常辛苦；有的学生经过深入思考后在“你到隔壁值班室去睡一觉，到时候叫你”旁的批注是：文件多，需要很长时间。

不少学生圈画了这几句话：他一句一句地审阅，看完一句就用铅笔在那一句的后面画一个小圆圈。他不是普通的浏览，而是一边看一边在思索，有时停笔想一想，有时还问我一两句。夜很静，经过相当长的时间他才审阅完，把稿子交给了我。

有的学生在“他一句一句地审阅，看完一句就用铅笔在那一句的后面画一个小圆圈”旁批注：审阅认真！有的学生抓住“他不是普通的浏览，而是一边看一边在思索，有时停笔想一想，有时还问我一两句”批注：特别细致。

个别学生圈画了这句话：我要去休息了，我上午睡一觉，下午还要参加活动。在旁边批注了：工作了一夜！

选择学案一的学生接下来又圈画了周总理“生活简朴”的语句。

多数学生找到了“室内陈设极其简单，一个不大的写字台，两把小转椅，一盏台灯，如此而已。”和“这时候，值班室的同志送来两杯热腾腾的绿茶，一小碟花生米，放在写字台上。总理让我跟他一起喝茶，吃花生米。花生米并不多，可以数得清颗数。”学生圈画了“一个”“两把”“一盏”并批注：简单！有的学生圈画了句子“两杯热腾腾的绿茶，一小碟花生米”和“花生米并不多，可以数得清颗数”批注：生活简朴。

选择学案二的学生在反复读最后两个自然段之后也有了各自的学习结果：

有的学生圈画了句子：“这就是我们新中国的总理。我看见了他一夜的工作。他是那么劳苦，那么简朴！”批注：骄傲、自豪！有的学生对这句话的批注是：敬佩！有的学生在“看啊，这就是……你们看见过这样的总理吗”旁批注：反问　自豪！

学案的后半部分“读课文，画出使作者产生这样情感的语句，把感受写在旁边。”是和学案一共同的部分，在此不再赘述。

在展开学案学习的过程中，学生的体会是初步的，找到的语句也不是很准确、很全，但他们经历了静心的学习，独立的阅读。

二、学生因需合作

学生经过自己的学习有了初步的收获。有的学生在学习的过程中会有困惑，这时自然而然地就会和同学进行交流了。

学生或和同学互相交流圈画的语句，或将自己的学习体会和同学分享……

有的学生对文中的“我也站了起来，站起来的时候把小转椅带歪了。他过来把我的转椅扶正，然后就走进里屋去了。”这句话有疑问：这句话是对周总理的描写，但体现的不是周总理工作的劳苦，生活的简朴，体现的是什么呢？经过学伴间交流学生最终统一到：这句话体现了周总理的细心，一丝不苟。

在交流中，有的学生提出：作者只是亲眼看到周总理审阅他送去的稿子，并没有亲眼看到周总理一整夜的工作，课题《一夜的工作》不合适。话音刚落，就有学生反驳：作者亲眼看到了周总理是怎样审阅稿件的，再加上周总理扶正作者带歪的转椅可以知道周总理做事一丝不苟，前文说了厚厚一叠文件，那么多文件批阅完就需要一夜了。

学生的因需合作也体现着“你有一种思想，我有一种思想，我们彼此交换，每人可拥有两种思想”。

三、教师参与其中

学生是学习的主体，教师是主导。在自主探究环节，教师要作为学生合作的伙伴解决学生的疑问，引导探究的方向，更重要的是为下一步共议交流学案而全面地了解学生。

学生对于周总理写字台上厚厚的一叠文件到底多厚很感兴趣，我夸赞他读书用心，并鼓励他一会儿交流时可以提出来。

我看到一个学生圈画了周总理办公室陈设简单的语句时提示他思考一下：从“这是高大的宫殿式的房子”体会到什么？学生经过思考后说，高大的宫殿和宫殿内极其简单的陈设形成对比，突出周总理生活的简朴，随后在批注“陈设简单”后加了一个重重的叹号。

看到学生圈画周总理和作者喝茶吃花生米的语句，我让学生再读这一段，看看有没有新的发现。

在关注学生学习的过程中，我注意到，学生没有关注课文第 7、8 自然段中重复的句子，但这样的语句表达了作者强烈的情感，需要在共议交流环节引发学生的关注与思考。

总之，学生借助学案展开学习的过程，重在学生个体的自读自悟。经历这一环节，学生对《一夜的工作》基本实现了粗略读懂，教师适时参与其中，及时把握学情，也为有效组织下一环节的“共议交流”做好了准备。

（北京市顺义区北小营中心小学　高淑会）

【高年段案例解读】

自探落实学案，经历个性化学习过程

——《卖火柴的小女孩》例谈

“自探落实学案，经历个性化学习过程”是学生自主学习的环节。按照学案自主探究，个体学习的角度、方法不同，经历的学习过程也不同，这充分体现了个性化学习的历程。在探究过程中，遇到困难或产生交流的欲望时，就自然形成了学生间的因需合作。

《卖火柴的小女孩》是丹麦作家安徒生的一篇著名童话，讲述了一个小女孩在大年夜的街头卖火柴，最后冻死在街头的故事。重点写了她五次擦燃火柴，在火柴的亮光中看到的种种幻象，直至跟奶奶一起飞走。每一个幻象都牵动着读者的心，使人们对小女孩的悲惨命运产生同情之心。

文章内容学生比较容易读懂，对于最后一段的重点语句，学生不容易理解，两个学案设计如下：

【学案一】默读课文第5—11自然段，思考：小女孩每次擦燃火柴都出现了哪些幻象？为什么会出现这样的幻象？从中体会到了什么？完成下面的表格：

擦火柴	幻象	出现幻象的原因	体会
第1次			
第2次			
第3次			
第4次			
第5次			

【学案二】小女孩在大年夜里冻死了，文中却写道：“谁也不知道她曾经看到过多么美丽的东西，她曾经多么幸福，跟着她的奶奶一起走向新年的幸福中去。”文中两次提到“幸福”，联系上文想一想，这两个“幸福”是什么意思？在感受深的地方写写批注。

学生在给定的5—7分钟时间里，根据所选择的学习方案自主探究。学生选择的学习方案不同，学习的步骤、方法、圈画的内容也不尽相同。

学案一比较容易，学生能够自主探究完成表格。有的学生先在书中用不同的符号圈画出相关的词句，然后再填写表格；有的学生边读边思考后，直接在表格中填写；有的学生横向填写表格，先填第一次擦燃火柴的幻象、渴望和体会，再填写第二次、第三次……；有的学生纵向填写表格，先把每次的幻象填出，再填写每次的渴望是什么、体会是什么，这体现出学生个性化的自主探究过程。

学生能够填写出小女孩擦燃火柴出现的幻象，也能结合文本内容填写出现幻象的原因和自己的体会。由于学生能力水平不同，填写出的表格也存在一定的差异，例如：

生 1：

擦火柴	幻象	出现幻象的原因	体会
第 1 次	大火炉	天冷极了	可怜
第 2 次	烤鹅	这是大年夜	生活苦
第 3 次	圣诞树	想得到礼物	同情
第 4 次	奶奶	想奶奶	难过
第 5 次	奶奶搂着她	想和奶奶在一起	没有人关心

生 2：

擦火柴	幻象	出现幻象的原因	体会
第 1 次	暖烘烘的大火炉	太冷了，手几乎冻僵了	渴望温暖
第 2 次	香喷喷的烤鹅	太饿了，闻到烤鹅的香味	生活悲惨
第 3 次	美丽的圣诞树	今天是大年夜，她也想得到家人的礼物	令人同情
第 4 次	慈祥的奶奶	奶奶是唯一疼爱她的人	无依无靠
第 5 次	奶奶抱着她飞走了	想和奶奶永远在一起	让人难过、同情

从填写的表格中不难看出，学生能够粗略读懂课文，感受到了小女孩擦燃火柴出现的每个幻象都渗透着她悲惨的命运，不由得对她产生了同情之心。只是生 1 填写得比较简单，生 2 填写得比较具体。当学生把自己的学习成果与大家分享，正是学生思维碰撞的过程。在交流过程中，大家互相学习、借鉴。当有异议的时候，可以相互讨论或向老师求助。

学案二对于学生而言，是有一定难度的。它需要结合前文的内容才能更好地理解句子的意思。选择学案二的学生先通读全文，对文本内容能够粗略读懂，对小女孩五次擦燃火柴看到的幻象以及产生幻象的原因也能初步了解。

学生在理解第一个‘幸福’的时候，很自然地联系了小女孩五次擦燃火柴的情景。有的同学用直线画下了“火烧得旺旺的，暖烘烘的，多么舒服啊！”；

“更妙的是，这只鹅从盘子里跳下来……向这个穷苦的小女孩走来”；“翠绿的树枝上……在向她眨眼睛”；“奶奶出现在亮光里，是那么温和，那么慈爱”；“奶奶……这样高大，这样美丽。奶奶把小女孩抱起来，搂在怀里……”。这些语句都是小女孩擦燃火柴的幻象，从中可以感受到小女孩是幸福的；有的同学只圈画出了每次幻象感到幸福的词语，如“暖烘烘、舒服”；“明晃晃”；“温和、慈爱……”；还有的同学在五次幻象的语句旁做了批注，如：“真暖和”“好香”“很多漂亮的礼物”“看见了慈祥的奶奶、躺在奶奶的怀里真好”……学生采用了不同的批画方法，理解了“她曾经多么幸福”的意思，在幻象中小女孩不再寒冷、不再饥饿，躺在奶奶的怀里多幸福呀。

理解第二个“幸福”对学生来说是有一定难度的。小女孩在大年夜冻死是悲惨的，和文中“跟着她的奶奶一起走向新年的幸福中去”是矛盾的，很多学生很困惑。我发现有的学生是紧锁眉头，有的学生东张西望，不知道该怎样来理解这个“幸福”的含义。此时，我提醒道：“可以和同桌讨论讨论，也可以和小组同学交流交流。”这是学生自主探究中遇到的困难，需要和小组同学交流讨论，这就是自主探究中的因需合作。

小组交流中，有的学生认为小女孩和奶奶在一起就是幸福的，有的学生反驳：“奶奶已经死了，她怎么和奶奶在一起呢?”有的同学认为，“小女孩死了，就感觉不到寒冷和饥饿了”；还有的同学认为，“这是在幻象中的幸福”……学生在讨论中对“幸福”有了一定的理解，但还没有更充分理解其含义。此时，学生举手请求老师的帮助，听了同学们的讨论，我给出了这样的建议：“先想想第一个‘幸福’是什么意思，再读读第 12 自然段，想想现实生活又是怎样的？你们再讨论讨论。”

教师参与到每个小组中，发现学生在理解第二个“幸福”的含义时，有的小组理解还比较肤浅，有的小组讨论比较深入，各小组间的认识有一定差异。这是学生自主探究中的真实情况，教师也充分了解了学情，这就为“共议交流”环节做好了铺垫，确定了课堂教学的方向。

（北京市顺义区龙湾屯中心小学　郑玉玲）

第三环节：分享交融学案，融汇个性化学习收获

经过“初读生成学案 形成个性化思路”和“自探落实学案 经历个性化学习过程”两个环节的学习，学生已经对课文整体有所把握，对自探的内容有所发现，初步形成了自己独特的感受。在此基础上进入“分享交融学案，融汇个性化学习收获”这一环节：学生在班级中交流，使按照不同学习方案探究的学习收获能够在此展示、完善，并得到整合与提升。

一、交融学案，尊重个性

每一个学生都是学习的主人，在分享交融的环节中要力求让每一个学生得到适时展示与提升。我们一般可以选择一个学案作为分享交融的主思路，在主思路的进行中适时融合其他学案，为每一个学案创造展示分享的平台。

(一)确定交融学案的主思路

分享交融学案的主思路如何确定呢？作为主思路的学案要遵循教材，体现篇章的整体，突出教学的重点；还要尊重学习的主体——学生，要有一定的开放性、包容性，可以使每一个学生参与其中，可以适时融合其他学案。因此交流的主思路可以由教师来建议。比如《顶碗少年》一课，教师和学生围绕“顶碗”事件共同拟订了如下学案：

【学案一】作者说“这真是一场惊心动魄的拼搏！”从哪儿可以感受到这是一场惊心动魄的拼搏？画出相关语句，读一读，结合上下文想象当时的情景，在感受深的地方写写批注。

【学案二】顶碗少年为什么最终获得了成功？认真默读课文，画出顶碗少年三次顶碗的动作、神态，联系上下文或者联想当时的情景读一读，想一想，完成表格。

成功原因	重点语句摘录	感受

【学案三】顶碗少年带给“我”怎样的的启迪？“山穷水尽的绝境”，“冰天雪地的严寒”指__________；“柳暗花明”，“温暖的春风”是指__________。默读课文，画出有关语句，结合少年的表演、联系生活实际，谈谈自己的感受。

【学案四】作者说“他是一个强者”，作者为什么这样说？从哪儿可以感受到他是一个强者？画出相关语句，读一读，结合上下文想象当时的情景，在感受深的地方写写批注。

这篇文章主要描写了顶碗少年三次表演的过程，紧紧围绕表演的“惊心动魄”展开。“这真是一场惊心动魄的拼搏!”是文章的重点句也是文章的主线，既是作者看了表演发出的感叹，也是文章的题眼所在，表达了作者对顶碗少年不畏艰难、不怕挫折、承受压力、敢于拼搏精神的赞叹。交流时教师建议选择学案一为主思路，容易引起共鸣，可以使每一个学案学习的同学参与进来。因为要解决少年成功原因这个问题也要从三次表演入手，而“他是一个强者”的慨叹和对作者的启迪都源于这场惊心动魄的表演。

(二)有序相融其他学案

确定主思路以后，先按照这个学案交流分享，选择其他学案的同学都要时时参与讨论，相互切磋、碰撞。当谈到自己探究的重点内容时要随时汇报自己的成果，这就是学案相融。

虽然学案体现着学生阅读的不同角度、不同层面，但因为都在学习同一篇课文，学案之间必然存在着一定的联系，这就使以某一个学案为主思路的分享交流中相机融合其他学案成为可能。

《顶碗少年》一课，教师首先以学案一“这真是一场惊心动魄的拼搏”为主思路充分展开交流，之后顺势交流“顶碗少年为什么最终获得了成功?”再相机交流“他是一个强者”，最后共同来谈“那位少年给我的启迪”。这样的教学思路既顺应了文路，又对这几个均能带动全文学习的方案，进行了简约而不简单的整合，实现了多角度地解读文本。

交融学案并不都是一次性完成的，如《军神》一课，主要记叙了青年时代的刘伯承在治疗眼伤的手术中拒绝使用麻醉剂，强忍剧痛并准确数清刀数，被沃克医生称为“军神”的故事。全文通过刘伯承和沃克医生两条线索展开叙述，结合正侧面描写感悟“军神”形象是学习的重点，体会侧面描写的作用是教与学的难点，师生共同拟订了两个学习方案：

【学案一】默读课文，思考：沃克医生为什么称刘伯承为“军神”？画出相关语句并写写批注，也可以结合资料理解。

【学案二】找出描写沃克医生态度、情感的句子，联系上下文想想他为什么会有这样的变化，能够写写批注更好。

课堂上围绕“沃克医生为什么称刘伯承为‘军神’”这一主思路交流，当学生谈到手术前刘伯承拒绝使用麻醉剂时可以融入沃克医生态度、情感变化的交流，体会刘伯承的勇气超人，引导学生初步了解侧面描写，体会其好处；

当学生谈到刘伯承手术中一声不吭、数清刀数时，再次融入沃克医生态度、情感变化的交流，体会刘伯承意志超乎常人，体会侧面描写对表现人物的作用。学案一为主，学案二相伴而行，最后整体梳理两个学案，整合全文信息，深入理解“军神”含义，以体现篇章整体性和学习的完整性。

需要注意的是主思路的完整交流和其他思路有序相融，追求的目标是篇章整体的体现和主体的积极参与。

二、融汇收获，张扬个性

《课程标准》明确指出“阅读是学生的个性化行为”，每一个学生对学习内容、学习方法、学习过程的领悟能力与思考方法都是充满个性特征的，但也避免不了阅读的片面性，如：学生的认识可能会出现不全、不准、不深的现象，多学案的形成体现了学生个性化的阅读，因此，分享交流的环节中要将学生多角度、多层面的阅读进行修正、整合、提升，融汇个性化收获，张扬其个性，促进其发展。

（一）整体性汇报，展现个性

阅读的过程是读者先前获得的经验和文字符号相互交流的过程，学案的交融共享是学生自主阅读后成果呈现与分享的过程。学生自主探究后收获是丰厚的，交流时要让学生先整体汇报，给学生展示的机会，因为学生是可以“粗略读懂”课文的。这样使交流与自学紧密结合，力求整体全面展现学生思维过程。

例如，高淑会老师执教《珍珠鸟》一课时，师生共同拟订了如下两个学习方案：

【学案一】“信赖，往往可以创造出美好的境界。”

①珍珠鸟对我的信赖是怎样一步步建立起来的？（也可以用自己的话说说这“美好的境界”是怎样创造出来的？）读课文，完成下表：

“我”是怎样照料、呵护珍珠鸟的	珍珠鸟发生了怎样的变化

②在文中画下感受深的语句，再有感情地读一读，在旁边写写批注。

【学案二】原本怕人的珍珠鸟竟然在“我”的肩头睡着了，这是什么原因呢？在文中圈画相关的语句。再选择文中感受深的语句读一读，写写批注。

交流汇报时老师首先引导学生感知信赖的原因：原本怕人的珍珠鸟竟然在“我”的肩头睡着了，这是什么原因？结合你圈画的句子说一说。学生圈画的句子有的有遗漏，有的不准确，互相补充后，再让学生有序地回答。在整体感知的基础上，自主解疑，培养了学生全面获取信息能力。

接着感知信赖的建立：珍珠鸟对“我”的信赖是怎样一步步建立起来的？按照学案一学习的学生利用表格说一说信赖建立的过程。学生表格填写得不完整，可以和选择学案一的同学互相补充，也可以借助上面的交流把表格填完整，随即出示学生表格，结合表格说一说信赖一步步建立的过程。在感知了信赖建立过程的同时也训练了学生的概括能力。

最后感知“美好境界”的创造：我们都知道“美好的境界”指的是小珍珠鸟趴在“我”的肩头睡着了，请用自己的话说说这“美好的境界”是怎样创造的？此时学生的个性化成果汇报不断完善：

“我”给珍珠鸟设置了一个安全、温暖的巢，且不去打扰它们，它们有了安全感，渐渐和“我”熟悉了。小鸟在屋子里飞来飞去，“我”不管它，它来到“我”的书桌前。“我”不伤害它，它蹦到“我”的杯子上喝茶。“我”只是微微一笑，继续写东西，它绕着“我”的笔尖蹦来蹦去。“我”不动声色地写，它啄“我”颤动的笔尖。“我”抚一抚它细腻的绒毛，它完全放心了，反而啄两下“我”的手指。就这样，“我”一点点赢得了小珍珠鸟的信赖。有一天，小珍珠鸟竟然在“我”的肩头睡着了，创造出了人鸟相依、自然融洽的美好境界。

学生的表达有序、完整、简练，从结合圈画的语句了解珍珠鸟在“我”肩头睡着的原因，到结合表格探究信赖一步步建立的过程，再到用自己的话说说美好境界的创造，尊重了学生的需求、遵循了文本的特点、关注了不同学案的展示与交流。不论是睡着的原因、信赖的建立，还是美好境界的创造，都是立足篇章整体来完成的。

（二）多角度交流，凸显个性

在语言解读中，无论是语言形象的构建、语言意义的理解、语言情感的感悟，还是语言艺术的品味，答案都不是唯一的，而是丰富的。即使答案唯一，其答案的展示形式也是多样的。因此在学生整体汇报感知后，重难点处要展开生生交流或者碰撞后的再度探究，同时相机引导学习其他学案的学生参与交流，追求全面获取信息和深层感悟，在多角度、多层面的交流中凸显学生个性。

《顶碗少年》一课构建的四个学案，都体现了篇章的整体性，借助任意一个学习方案都能引导学生读懂《顶碗少年》。这四个学案共存，就让不同的孩子从不同的角度展开了对课文的解读。以学案一为主思路，整体汇报学习收获之后，学生深入文本，按照事情发展顺序，抓住重点词句，从三个方面展开交流：从少年一系列各种各样令人惊羡的动作，感受到顶碗动作难度大，是惊心动魄的拼搏；从少年失败后由歉疚、沉着、重新表演到不知所措再到镇静的神态变化感受到惊心动魄的拼搏；抓住观众的表现“惊呆—陶醉—大声哦—捂住眼—掌声爆发”，体会人物的情感，这是对教材纵向的整合，从侧面描写中感悟少年面对失败不放弃、顶住了压力，最终获得了成功，感受到这场表演惊心动魄。之后顺势相融学案二，概括顶碗少年最终获得成功的原因。一名学生首先谈到少年坚持不懈的努力拼搏，然后谈到老者的鼓励、小姑娘扫走了碎片。这时其他学生纷纷举手：“少年能够取得成功仅有努力拼搏还不够，少年技术高超，老者指点之后他很快找到了问题，轻抖了一下脑袋，把碗稳住了。”……学案二的同学又从不同角度对学案一的学习进行了有意的补充。“那他怎么就是一个强者呢?”此时融合自拟学案，少年技艺高强、意志坚强的形象在学生心中逐渐丰满起来。最后，共同感悟“顶碗少年带给‘我’怎样的启迪?”这是重点也是学生理解的难点，学生结合少年的表演、联系生活实际，联系上下文谈自己的感受：顶碗少年遇到困难时是怎样做的，由失败到成功的心路历程是怎样的，即他是怎样在山穷水尽的绝境里看到柳暗花明，是怎样在冰天雪地的严寒中迎来温暖的春风。那拼搏的情景又一次在学生脑海中呈现，顶碗少年不仅带给作者深深的启迪，也启迪着每一个孩子。

在《顶碗少年》的学习过程中，每一个学案的探究都得到了展示，学案一感受“这是一场惊心动魄的拼搏”相关语句的圈画是整体的初步感知，是信息获取能力的培养；顺势融入顶碗少年最终获得成功的原因，是学案二探究的展示，也是深入感悟、形成解释能力和归纳概括能力的训练；而感悟学案三“顶碗少年带给‘我’怎样的启迪，学案四“作者为什么说他是一个强者”，使学生的分享交流从局部到整体，提高了学生的评价能力，提升了整体感知和形成解释能力。这是一个螺旋式的探究过程，师生对文本内容、文章情感、文章表达方法的认识逐级提升，这种充满个性的阅读感悟，使学生获得思想的飞翔和个性的张扬。

再如：《买小狗的小孩》一课，教师和学生共同拟订了如下三个学案：

【学案一】默读课文，思考：小男孩为什么坚持用同样多的钱买一只小瘸狗？找到相关的句子读一读，联系上下文想一想，也可以写写批注。

【学案二】老板说“这只小狗不值得买”，而小男孩却说“这只小狗和其他小狗一样值一百块钱”，读读有关的句子，想想为什么？

【学案三】小男孩用一百块钱买下这只小瘸狗，你认为值吗？找到支持自己观点的句子，在旁边写写批注。

课堂上围绕着课文的主要内容，以“小男孩为什么坚持用同样多的钱买一只小瘸狗?”这个问题为主思路交流，当学生谈到“这只小狗和其他小狗一样值一百块钱”的时候，教师相机融合学案二：“老板说‘这只小狗不值得买’，而小男孩却说‘这只小狗和其他小狗一样值一百块钱，’读读有关小狗的句子，想想为什么?”使学生立足篇章整体，从多个角度解读小男孩这样说的原因；当学生谈到小男孩认为"这只小狗需要的是一个能理解他的主人"时，引导学生讨论学案三："小男孩坚持用同样多的一百块钱来买一只一辈子也不会像其他狗那样又跑又跳的小瘸狗，你认为值得吗?"孩子们在自己的思路之外，倾听着、思考着其他思路对课文的解读，相融、补充、完善……时时联系课文内容，联系生活实际，在多角度的交流和个性体验的补充发言中感悟真情，提升了对买小狗的小孩的认识，加深了对文本的认识和思想内涵的领悟。

综上，学案交融，融汇个性化学习收获，是共享提升的环节，要凸显整合与提升。在重难点处展开生生交流或者碰撞后的再度探究，追求全面获取信息和深层感悟；学习方案应有的探究结果要在适当的时机"呈现"给学生。这一环节，要追求在共性目标的实现中进一步整合学生的个性收获，努力实现由尊重"个性"——达成"共性"——凸显"个性"的螺旋发展上升过程，最终发展学生的个性。

（北京市顺义区杨镇中心小学　刘占红）

【中年段案例解读】

个性是火种　相击生灵光

——以《给予树》为例谈学案的"共议交融"

如果说"自探落实学案"环节给学生提供了走进文本，充分挖掘自主阅读潜能的路径，那么接下来的"共议交融学案"环节则给学生搭建了自我展示、交流共享、深化提升的平台。下面以京版教材第七册《给予树》为例，谈一谈具体的操作过程。

《给予树》一课以"我"(文中的母亲)的心情变化为行文主线，穿插对金吉娅语言、神态的直接描写，讲述了在圣诞节前夕，金吉娅用应该给家人买礼物的钱买了一个洋娃娃，送给了一个素不相识的女孩的故事，表现了金吉娅的善良之心、仁爱之情、体贴之意。

第一课时，学生依据文本特点、课后习题以及学生疑问，生成了两个学案。

【学案一】默读课文，思考并梳理出"我"的心情变化，同时想一想变化的原因。

【学案二】默读课文，画出描写金吉娅语言、神态的句子，读一读，思考：金吉娅是个怎样的孩子?

学生自由选择学案进行 5—7 分钟的独立探究之后，进入共议交融的环节。学案一是贯穿全文的情感线，在这条情感线的衬托下，小女孩的善良、仁爱更显得尤为可贵，而且在学案一的探究中，自然会融合学案二的内容，建立篇章整体性，因此教师建议以学案一为主思路进行汇报。

一、自我平面展示，彰显个性化思维能力

叶老说过，一篇文章学生也能粗略地读懂。学生自探结果的平面展示，充分表明他们具备一定的自能阅读水平。尽管有时在认识和理解上欠准确、欠深入，却彰显了个性化的思维能力。

依照教师建议，先汇报“我”的心情有哪些变化。这个问题学生很容易地就梳理出来：担心——生气——激动。“为什么会有这些变化呢?”学生在文本中也找到了答案：

“担心”是因为家里并不宽裕，“我”担心孩子们买不到很多很好的圣诞节礼物；“生气”是因为“我”发现金吉娅只买了一些 50 美分一大把的棒棒糖，不知道她到底用 20 美元干了什么；“激动”是因为“我”了解了事情的真相：原来金吉娅买了一个洋娃娃送给素不相识的小女孩，满足了一个小女孩梦寐以求的愿望，她的善良和爱心让“我”激动不已。

接下来，教师用“‘我’的心情最初是担心，后来由生气转为激动，这样的变化和谁有关呢?”这个问题引导学生关注金吉娅的行为表现，进而转入对学案二的交流：有学生说“我圈画了金吉娅的语言——妈妈，我拿着钱到处逛，……送到了援助中心的礼品区”，从中体会到金吉娅的善良和爱心；有学生说“我从‘沉默不语、声音很低、难过’等神态描写体会到金吉娅对家人的歉意、关爱和体贴”；还有学生直接结合课文结尾“善良、仁爱、同情和体贴”这几个词语，谈出对金吉娅的感受。

从以上两个学案的汇报结果看，学生在与文本的独立对话中，已初步感知文章脉络，初识小女孩形象，也初步掌握了“抓重点词句”解读人物的方法。

二、生生碰撞交流，丰富个性化思维体验

学生的思维是灵动充满个性的，相同的学习目标，相同的语言文字，但学生探究的角度和方法等会有不同，这就会使课堂上涌现出个性化的差异性资源。这时，教师要促成生生之间的思维碰撞，让差异性资源互促互补。

例如在谈到“我”生气的原因时，有学生补充说：“我”生气不仅仅是因为金吉娅用 20 美元只买了些棒棒糖，还应联系上文中家里并不宽裕和其他孩子兴高采烈的状态来理解“我”此时生气的原因，这样也更能展现出金吉娅在如此的情况下还能坚持为小女孩买洋娃娃的举动是多么的难能可贵。

又如，有学生从金吉娅的这句话“……可是妈妈，我们有这么多人，已经能得到许多礼物了，而那个小女孩却什么都没有。”中不仅体会到金吉娅的善良，还体会出她在买洋娃娃前肯定经过了左思右想，考虑得很周全。

学伴的分享与补充，丰富了学生对人物形象的认知，也进一步习得了用“联系上下文”理解文本的方法。对文本的多元解读，还利于引发学生间的思辨，使自己今后的阅读更开放、更自主，更好地表达个性化体验。

三、教师立体提升，延展个性化思维空间

从上述内容可以看出，通过自探和交流，学生已基本完成了学习目标：理解了内容，感悟了形象。但语文课程的综合性和实践性决定语文阅读必须要“言意兼得”。因此教师应进一步开发利用学案，将文本与学生已形成的认知有意整合，适度提升学生个性化思维空间，全面提高学生阅读能力。

课堂上，教师注意到学生对金吉娅的认识虽然比较全面，但并不深入，于是利用“沉默不语”这个词，引导学生探寻人物的内心世界。“对比着哥哥姐姐们的表现，展开想象，此时的金吉娅沉默不语，她可能在想些什么呢？”经过启发，学生的思维之门逐渐开启：有的想到了金吉娅对哥哥姐姐的满怀愧疚，有的想到了金吉娅对妈妈的无法交代，还有的想到了金吉娅在家人和小女孩之间的艰难抉择……在丰富的想象中，学生体会到在金吉娅沉默不语的外表下内心是多么的不平静。这种沉默表象与内心矛盾的冲突对比，使得人物形象更加真实，也更能凸显金吉娅的善良与美好的本质。

两个学案立体交融之后，教师引导学生回归整体：小女孩的做法让我们感动，更使文中的妈妈感动，你能用“因为金吉娅__________，所以‘我’紧紧地拥抱着她”这样的句式来说一段话吗？可以用文中的语句，也可以用自己的语言，力求说全面，说具体。此环节的设置，使两个学案再度交融，不仅提升了学生整体感知能力、评价能力、总结概括能力，还训练了学生运用语言文字的能力，可谓一举多得。之后，教师进一步追问：“课文塑造这样一个富有美好心灵的小女孩形象，为什么还要描写妈妈的心情变化呢？”使学生明晰这样表达的好处：课文之所以这样行文，更能突出小女孩的善良、仁爱。

综上，“水尝无华，相荡乃成涟漪；石本无火，相击而生灵光。”在学案共议交融环节，学生经历了与文本、与学伴、与教师的多元对话，在对话中不断地修正、丰富自己的认知，使个性化思维空间得到开阔和延展。我们看到，课堂因多元对话而充满生成，学生因多元对话而步入不断发现的新境界。

（北京市顺义区马坡中心小学　王瑛玮）

【高年段案例解读】

共议交融 绽放个性化学习成果

——《深山风雪路》例谈

《深山风雪路》是京版教材第十册中的一篇课文。课文以“深山风雪路”为题，运用对话的形式，记叙了援朝英雄老吕，冒着风雪在险峻的山间邮路上，默默无闻为人民送信的事迹。文中用特定的时间和环境，从一个侧面赞扬了邮递员老吕二十五年如一日，为国家、为人民、为工作而无私奉献的高尚品质。

在自探落实学案，经历个性化学习的过程中，学生围绕探究目标“体会老吕是怎样的一个人?”从四个不同的角度对文本进行了自主探究，形成了个性化的探究成果。

【学案一】默读课文，画出描写老吕语言、动作、神态的语句，体会老吕是一个怎样的人？读一读，在感受深的语句旁简单写写批注。

【学案二】默读课文，画出描写“我”情感变化的语句，结合上下文体会“我”为什么有这样的变化，从中体会老吕是一个怎样的人。

【学案三】文中写道：“我被老吕的朴实话语和火一般的热情深深地感动了。”

默读课文，思考：“老吕的朴实话语”指的是什么？从哪儿可以体会到他对工作有着火一般的热情？画出感受深的语句进行简单批注。

【学案四】①默读课文并联系上下文思考：文中三次写到“清晰的脚印”，这三次脚印是老吕分别在什么情况下留下的？从中可以感受老吕是一个怎样的人？在感受深刻的地方简单批注。

②结合老吕的表现谈谈对“这山间小路上的脚印默默无闻又放着光彩”这句话的理解。

如何在课堂上共议交融，绽放学生个性化的学习成果呢?

一、找准共议交流的主学案，在个性学习中寻找共性

面对多角度的个性化探究学习，教师在课堂教学中要引导学生在个性学习中寻找共性，使每个学生都能参与到课堂的学习交流中。

师：老吕是怎样的一个人呢？刚才我们从自己拟订或者选择的学习方案的角度进行了自主探究，下面我们以哪个学习方案为主思路进行交流呢?

（生跃跃欲试，都想以自己的学习方案为主思路进行交流。作为教师要依

据文本及学情选择最适合的主学案来引导学生进行共议交流）

师：本文是一篇写人叙事的文章，学习这类文章我们要抓住什么来体会老吕的人物品质？

生：（异口同声）要抓主老吕的言行、神态来体会。

师：对！这是学习写人叙事文章的一般方法，所以在交流时，我们就以学案一为主思路进行交流。选择其他学习方案的同学，你们在探究时无论是解读"'我'的情感变化"，还是体会"老吕朴实的话语和火一般的工作热情"又或是对"三次清晰的脚印"的感悟和对"这山间小路上的脚印为何默默无闻又放着光彩"的理解，都离不开对老吕这个人物言行、神态的品读。因此交流时大家随时参与到课堂的学习中，发表你们的看法和见解。

二、以主学案为主兼顾其他学案，在共性学习中融汇个性

交流共议时，需要兼顾到各个学案，实现共性学习中融汇个性，我们还追求对学习成果有整体性呈现。

师：我们请选择学案一的同学先进行交流，汇报时先整体说一说老吕是怎样的一个人，然后再进行具体说明。

生：文中对老吕言行的描写有两个板块，一个是谈伤疤时，一个是谈工作时。从对这两方面的描写中，我们感受到老吕是个不炫耀自己，对工作默默无闻、无私奉献的人。

师：为什么说老吕是个这样的人呢？下面我们进行具体探究。

接下来的具体探究既是对主学案探究过程的一个展开，也是融汇个性化学习收获的一个过程。

当学案一的学生从老吕"平静地谈起"在朝鲜战场上留下的深深的伤疤时，教师顺势引导相融学案二（体会"我"情感变化）——

师：谈到深深的伤疤，老吕心里是那么的平静，而我呢？

生：我心中一动，想到那炮火连天、冰天雪地的朝鲜战场上也曾留下老吕清晰的脚印，我不由得肃然起敬。

师："我心中一动""不由得肃然起敬"是因为什么呢？

生 1：没想到这个送信的老吕竟然是朝鲜战场上的英雄。

生 2：这样一个战斗英雄，却在深山里默默为人民送信。

生 3：当老吕谈到他当年的丰功伟绩时，他竟然如此平静。

……

通过融汇学案二，学生从对"我"的情感体会中更深刻地感受到了老吕不计个人得失、不炫耀自己的高尚品质。

融合学案二之后，课堂继续以学案一为主思路进行交流着。学生从伤疤说到了工作，从老吕不想换工作中感受到老吕是个对工作非常热爱且高度负责的人。

师：就是这样的一条邮路，就是这样的一份工作，老吕一干就是 25 年，从没间歇，他的一言一行着实令我们钦佩，那对于文中的“我”呢？

生：我被老吕的朴实话语和对工作火一般的热情深深地感动了。

师：为什么这么说呢？这也是学案三的探究内容，结合刚才的自学成果与大家交流一下。（是再次相融学案二，也是自然交融学案三）

……

就在学案二和学案三的融汇交流中，学生对老吕工作高度热情、无私奉献的品质得到了更深层次的体会。

师：（继续）老吕就是这样一个对工作有着高度热情，且不计个人得失、不炫耀自己的人。

师：你们看（出示课文插图），去冷风口的小路上，又留下老吕一串清晰的脚印。文中共三次写到“清晰的脚印”。选择学案四的同学，你们说一说老吕这三次脚印分别是在什么情况下留下的？

至此，水到渠成融汇了学案四的学习。

通过以学案一为主思路进行交流，适时相融其他学案，不仅为每个学案提供了交流的平台，更为多角度、立体解读文本实现学生个性化阅读提供了阅读的空间。

三、在多学案立体交融中，激发学生的个性化解读

当共议交流时，课堂会围绕主学案进行，这样对主学案的探究就有了更完整、清晰的认识。其他学案的学习也会在学案相融中得到及时的交流与不断完善。因此，不论是选择哪个学案学习的同学，都会对自己的探究学习有一个整体的、深入的梳理，这也是多学案共议交融时教师所关注的。

另外，多学案立体交融的另一个优势就是通过不同学习思路的碰撞，学生生发出新的感受和理解，激起学生对同一内容的个性化理解，这也是实现个性化阅读的另一个追求——读出自己。

当课堂交流进行到最后，在对“这山间小路上的脚印默默无闻又放着光彩”这句话的理解时，用不同学案学习的同学通过相互碰撞，老吕的人物形象就更立体起来。

师：课文学到这儿，现在能说说这山间小路上的脚印为什么这样默默无闻而又放着光彩吗？这是学案四学习的内容，我们先请选择学案四的同学来

回答。

生：老吕是个抗战英雄，而今他却甘愿在深山老林中送信。他的工作虽然默默无闻，但他这种不计个人得失的行为，却闪烁着光彩。

生：我选择的也是学案四，我进行一下补充。这样的一个大雪天，对于上了年纪的老吕来说，还要爬山路去送信，可以说是一件非常艰难的事情，可老吕为了完成工作，默默地行走在山间小路上，他的这种行为是默默无闻的，可他对工作的高度负责精神是放着光彩的。

师：这是学习学案四的同学的理解，选择其他学案学习的同学，你们是怎样理解这句话的呢？

生：倘若不是文中的“我”无意中的一个发现，或许没有人知道这个常年为大家送信的邮递员是个抗美援朝的英雄。他谈伤疤时的平静，送信时的坚持，是一般人做不到的。

生：我选择的是学案三，从我的学习中我感受到老吕的行为就如同他朴实的话语一般，只是默默地干，哪儿需要他，他就到哪儿去，不炫耀、不张狂，默默工作。然而他对工作的这种热情和激情，却深深感动着我。

……

学生的回答让我们对老吕、对课文内容又有了新的认识和提升，这就是个性化解读文本的再创造，让每个学生读出新的自己。通过个性化解读使每个学生在自己原有的认知基础上获得新的感悟点，既提升了自己，也提升了别人！

（北京市顺义区东风小学　顾雪莲）

第四环节：反思完善学案，梳理个性化学习成果

“反思完善学案”是“依托学案　实现学生个性化阅读”流程的第四环节，是学生经历了自主探究落实学案、共议分享交融学案后的反思优化环节。学案反思与完善贯穿语文学习全过程，其形式包括学生个体的及时性完善与学生群体的总结性完善；其方法既有对学习结果、学习方法的总结与提升，也有对学案本身的适切性调整；其结果指向学生个性化学习成果的梳理。

一、反思完善学案，从意识走向习惯

反思完善学案包括学生个体在学案导学全过程依据学习需求进行的及时

性反思，也包括学生群体在共议交流后对学习结果与学习过程的整体性回顾。前者是对学生个性化学习需求与个性化学习过程的最大尊重，后者则是集体对个性化学习收获的梳理，意在多角度提升学生的个性化学习能力。

(一)学生个体的及时性调整实现自我反思

1. 自探过程调整学案，尊重文本与学生个性特点

学生在自主学习过程中发现备选学案有局限性或发现学案的目标、程序与方法与真实的学习过程有差距，于是就调整学案。学习《军神》一课，学生依据正侧面描写相结合刻画人物形象的文本特点拟订了两个角度的学案：一个是结合刘伯承语言、动作、神态描写感受其“军神”形象；一个是在探究沃克医生情感变化原因的过程中体会刘伯承为什么堪称“军神”。自主探究过程，学生发现无论选择哪个角度学习都对“军神”认识有局限，于是他们把学案进行了局部融合，从两个角度感受“军神”形象，立体而丰满。

这样的学案反思完善过程是学生与文本对话逐渐加深的过程，不是一蹴而就的，是随着学习进程的不断深入逐渐完成的。

2. 交流共议梳理整合，深化文本引发个性化思考

小组与全班交流过程更多指向学生对学习收获与学习方法的反思与完善，在组内与组间交流中，有对同一学案不同角度与不同深度的学习收获展现，也有不同学案学习过程与学习收获的交流；在这种碰撞与交流中学生可能会对自己既有学习收获进行补充与完善，也可能会提出与他人相反的意见或质疑别人的看法，还可能从别人的体会中受到启发。学习《一个这样的老师》，学生在自主探究过程中对“怀特森老师是一个怎样的老师”的认识是各种各样的：博学的、戏弄学生的、狡黠的、说到做到的、教会我们“新怀疑主义”的、教会我们探索的、教学方法独特的……这些认识的角度和深度显然不同。在交流中，有的学生说：“博学、戏弄学生、狡黠、说到做到、教会我们‘新怀疑主义’都是从‘凯蒂旺普斯’事件中获得的，怀特森老师想通过这次事件教会我们新怀疑主义。综合这些感受，怀特森老师是一个教会我们‘新怀疑主义’的老师。”按照这样的思路，学生又将“教会我们‘新怀疑主义’”与“教会我们探索”梳理为“教学方法独特”。

这是一种理想的学生依据自己的个性化需求主动汲取的状态。但这需要一个从意识走向习惯的过程，教师需要不断提醒学生补充、完善、修改自己的学习结果，总结自己的学习方法，适度调整自己的学习方案。强化学案反思意识，梳理学案反思方法、培养学案反思习惯，必要时可以分享学生自我完善的过程，示范引领。

（二）学生群体的整体性提升实现集体完善

学生群体学习收获完善是在学案导学的反思完善环节完成的，是建立在个体反思基础上的，可以是学生对学习结果的整合，对学习方法的提炼，对学习过程的回顾抑或是对学案本身的调整。

教学冰心先生的《一只小鸟》，在以“你认为这是一只怎样的小鸟?”为探究目标进行共议交流后，教师引导学生梳理个性化学习收获：

有的学生说：“最初我认为这是一只幸福的小鸟，有爸爸、妈妈的陪伴，生活在美好的自然环境中，还有‘人’天天来欣赏自己的歌声。交流中有人结合小鸟最后被弹弓伤害的结果感受这是一只悲惨的小鸟，我觉得自己的感受不够全面，于是我就把批注修改成‘幸福又悲惨’。”还有的同学说：“一开始我认为造成小鸟悲惨命运的罪魁祸首就是那几个坏孩子，后来老师的一句追问‘你们觉得小孩子爱小鸟吗?’再次引发了我的思考，于是我结合前文小孩子们天天来欣赏小鸟的歌声以及下文他们仰望着再也听不到小鸟歌声了，感受孩子们是爱小鸟的，只不过他们爱的方式是错误的，如果爱小鸟就应该给它自由。”

也有的同学结合学习过程中的一些感受谈道：“如果在学案表述上能够明确提出，在理解‘这是一只怎样的小鸟?’基础上谈谈感受，就更容易理解冰心先生‘爱的哲学’了。”

这样的过程体现着学生对自主学习收获，以及与同伴、老师交流后获得新体验的一种管理。这种管理不是与生俱来的，需要教师在教学实践中不断提醒与强化。教师要在学习的全过程，尤其是在课题实践初期，将这种反思完善学案的意识作为重要的教学内容加以实施。同时还要关注学案反思的方法，在不断的磨合中让每一个学生找到适合自己的阅读模式。久而久之，学案反思完善将成为学生的一种学习方式，一种学习习惯，影响一生。

二、梳理学习成果，从个体走向个性

前面谈“个性化阅读”的文本阅读，下面谈谈“个性化阅读”的生本阅读，即立足学生发展阐述梳理个性化学习收获对学生个性化发展的作用。

（一）学习结果的个性化梳理，从简单走向深刻

学习收获的个性化梳理是指学生在与文本、同伴、教师等多元对话过程中补充、完善、修正学案学习结果，从而丰富自己的阅读体验，拓展自己的阅读思路，提高阅读的深度与广度。

如王瑛玮老师讲《军神》，学生在理解“为什么称刘伯承为军神”的共议交流后对学习结果进行反思梳理：

有的学生在自主学习过程中结合刘伯承术前拒绝使用麻醉剂，术中一声不吭并数清沃克医生的刀数感受他坚强、勇敢、有着钢铁般的意志。结合沃克医生情感的前后变化以及与“胆小鬼”态度的对比感受沃克医生对刘伯承的敬仰，从而理解沃克医生称刘伯承为军神的原因。在共议交流过程中，有的同学结合刘伯承语言“眼睛离脑子太近，而我今后需要一个清醒的大脑”谈刘伯承坚强与勇敢的背后是为了中国解放事业不惜强忍剧痛的爱国心，从而深化对“军神”的理解。还有的学生结合刘伯承的资料即刘伯承在中国革命史上的丰功伟绩感受他卓越的军事指挥才能，深化了对“军神”的理解，丰满了对刘伯承的认识。这是学生从不同的角度认识“军神”，全面而深刻地感悟人物形象的有益尝试，这种尝试的累积与规律性探索将使学生的思维由简单走向深刻。

(二)学习方法的个性化梳理，从感性走向理性

学习方法的个性化梳理既指提炼理解语言的一般性方法，如某一知识点的解决策略，也包括总结学习过程中探索与创造出的不同角度、不同层面的学习思路与过程。

如学习《梅花魂》一课，学生以探究“梅花魂”含义为主体思路自学、交流、共议进行到反思完善的学法提炼环节。通过对学习过程的回顾，大家梳理出“梅花魂”含义理解的学习方法：

【方法一】立足整体求解局部。很多学生谈到他们是这样理解“梅花魂“含义的：在自学中结合“*旁的花……有骨气的呢!*”理解了“梅花魂”就是梅花精神；在小组交流过程中结合别人对“*几千年来……总要有梅花的秉性才好*”的理解与感悟，体会“梅花魂”还是民族精神。至于“梅花魂”是寄托着华侨老人对祖国的爱与思念，是赤子之魂的理解，大多数学生是在集体完成对“*每当我看到这幅梅花图和给我的手绢，就想到这不只是花，而是身在异国的华侨老人一颗眷恋祖国的心*”的理解后实现的。

【方法二】选材剖析法。还有学生谈到结合第 13 自然段对梅花的描写理解“梅花魂”就是那不畏严寒、不怕风欺雪压的梅花精神。纵观这一自然段不仅写花还写有气节的中国人、写每一个中国人，引发了对“花”与“人”关系的思考，于是梅花精神就是民族精神的象征就不难理解了。立足全文材料选择来看，除了三件与梅花有关的事件，还两次描写外祖父落泪。每一次落泪都与外祖父思乡恋国有关，外祖父把这种思乡爱国情寄托在梅花身上的情怀可见一斑。所以，“梅花魂”还寄托着一位华侨老人对祖国的爱与眷恋。通过对材料选择与组合的深刻感悟理解了“梅花魂”的含义。

【方法三】资料介入法。在反思完善过程中有的学生还提到课外资料的补充也可以帮助我们更好地理解文本。比如“1998 年洪镜湖与洪耀裕联合捐资30 万元，为家乡建设 1.05 公里长的村道——“仙侨路”及村口的碑亭。2002 年洪镜湖又和乡亲洪嘉华联合出资 15 万元协助村里建设改水工程。”资料的补充，可以更为深刻地理解外祖父对祖国的热爱与眷恋。

纵观上述例子，我们不难发现很多学法提炼都是在教学过程中完成的，是师生共同探索的结果。也正是在这样的过程中学生和教师有了对自己思考方式、思考过程的思考。在学习方法的个性化梳理上不断推陈出新，将感性的学习过程理性化，使得语文学习越来越符合自我发展特点，越来越接近语文学习规律。

(三)学案本身的个性化梳理，从预设走向生成

学案本身的个性化梳理，首先指学生个体的个性化调整，包括对探究目标的调整、探究方式的取舍、探究过程的变序等；也包括教师对学案思路与方式的整体调整。这样的过程更接近学生真实的学习过程，更符合学生认知特点。

如学习《鼎湖山听泉》一课，学生在初读课文基础上拟订了如下学案：

课文结尾写道：“蒙眬中，那滋润着鼎湖山万木、孕育出蓬勃生机的清泉，仿佛汩汩地流进了我的心田。”默读课文，联系课文内容谈谈对这句话的理解。(提示：可先重点结合课文内容体会加点字的含义再理解这句话的意思)

在学案修改交流中，有的学生提出这个学案的方向可行，但是操作性差，看起来有步骤，但难于实施。于是他们就在学习的过程中进行符合自身探究过程的个性化修改。在学案反思完善交流中，有的学生说：“这个学案没有明确提出学习步骤，可以用序号标明。”有的学生说：“结合课文内容的表述不明确，应该明确指出是结合文中对‘树木’的描写。”还有学生说：“‘汩汩流进我的心田’的一定不止是泉水，所以要结合全文来理解。”汇集大家的意见，我们提出这样的修改建议：

课文结尾写道：“蒙眬中，那滋润着鼎湖山万木、孕育出蓬勃生机的清泉，仿佛汩汩地流进了我的心田。”

①默读课文，思考：为什么说鼎湖山的清泉是滋润万木、孕育蓬勃生机的清泉呢？画下有关语句，简单写写批注。

②结合上下文理解清泉“汩汩地流进我的心田”的深刻含义。

修改后的学案有清晰的学习步骤与方法，易于操作。

但是学案修改完善并没有结束，当学生结合原文“鼎湖山的树，种类实在太多。据说，在地球的同一纬度线上，鼎湖山是现存植物品种最多的一个点，已辟为自然保护区，并被联合国教科文组织选作生态观测站。”加深了对清泉“滋润”万木与“孕育”生机的理解后，又在学案表述上加入了“结合上下文和课外资料”的提示。

关于“反思完善学案，梳理学生的个性化学习成果”，我们可以从两个层面理解：一个层面是以文本为依托的个性化学习收获的梳理，但这不是学习结果的简单累计与叠加，其间伴随着学生对语文学习方法与规律的理解与深化；另一个层面是立足学生全面发展与终身发展的生本个性化学习方式、思考方式，甚至是生活方式的发展与完善。

（北京市顺义区马坡中心小学　张　杰）

【中年段案例解读】

在熟悉的地方发现新风景

——以《鱼游到了纸上》为例谈学案的“反思完善”

“反思完善学案，梳理个性化学习成果”是反思优化的环节，在“依托学案　实现个性化阅读”教学流程实施过程中是重要的一环。学生在经历自主探究、共议交融学案后，为进一步梳理、提升认知成果的水平，获得规律性的学习方法，引导学生朝着“会学、善学、富有个性化地学习”目标发展，我们有必要在课堂教学中落实学案的“反思完善”环节。

对于中年级学生来说，除去落实环节反思完善之外，也要重视过程中的完善。下面就以《鱼游到了纸上》为例来谈一谈。

《鱼游到了纸上》是一篇写人的文章。作者通过写一个聋哑青年是怎样观察鱼、怎样画鱼以及作者与他之间的“谈话”，把一个热爱生活的残疾青年形象生动地勾画出来了。我和孩子们整合学习需求后，拟订了如下的三个学案：

【学案一】这是一个怎样的青年？默读课文，圈画相关词、句，简单批注感受。

【学案二】“‘哟，金鱼游到了他的纸上来啦！’一个女孩惊奇地叫起来。”鱼是怎么游到他的纸上的？默读课文，画出相关语句，读一读。在感受深的地方写下感受。

【学案三】鱼“游到了纸上”与“游到了心里”之间有什么关系？默读课文，画下相关语句，和同学说一说自己的理解。

在交流时，我们先交流学案一，感受文中的聋哑青年是个怎样的人；再来交流学案二，理解鱼是怎么游到纸上的；在学生(或经教师点拨)谈到“鱼先游到了心里时”适时与学案三相融，感悟鱼“游到纸上”与“游到心里”之间的关系。

一、在学案交流后梳理——达成目标

“聋哑青年是个怎样的人?”共议交流时的情景是：学生A结合“我认识了一位举止特别的青年”“他老是一个人呆呆地站在金鱼缸边”等语句感受到“这是个举止特别的青年”。学生B结合“他有时工笔细描……有时又挥笔速写……”感受到“这是个画技高超的青年”。学生C结合“每个星期天都到玉泉来，一看就是一整天，常常忘了吃饭，忘了回家”感受到“这是个做事勤奋、专注的青年”……从学生的发言中不难看出，学生在自主探究之后对青年有自己的认识，但不够全面。此时，教师就要提醒学生及时记录下新的学习收获，最后安排一下对学案一的达成进行总结。以下是学生A经过同学的交流和教师的点拨后完善的探究成果：

所画语句	批注的感受
……我认识了一位举止特别的青年…… ……呆呆地……静静地看着……从来不说一句话。	举止特别
……他有时工笔细描……有时又挥笔速写……	画技高超
……每个星期天……	持之以恒
一看就是一整天，常常忘了吃饭，忘了回家…… ……他似乎忘记了时间，也忘记了自己……	勤奋专注

经过学生及时补充和必要总结，就获得了对学案一探究的理想效果。

二、在学案的交融中提升——发展思维

在探究“鱼是怎么游到纸上”这个学案时，学生能抓住青年“看鱼看得忘我”和“画鱼画得忘我”两方面的相关语句来感受，都没注意到课文最后一个自然段青年说的话——“先游到了我的心里”，这正好与中年级学生的思维特点呈现一致性，孩子们还做不到立足篇章整体，从多个角度来深刻阐述一个问题。于是，教师适时引导学生关注结尾来发现关联，并相机融合学案三的探究汇报，使学生的探究成果得到补充与完善。

至此，教师还不满足于学生弄清了“鱼是怎么游到纸上的”，及时安排了学生进行反思归纳：你能完整地说说为什么鱼游到了纸上吗？经过梳理，孩子们明白了因为青年“看鱼忘我”，所以“胸有成鱼”，再加上“画鱼专注”，“技艺高超”，所以“鱼游到了纸上”。这样的反思完善让学生的语言与思维得到同

步发展。

三、在学案的反思中完善——总结方法

在共议交流结束之后，我引导学生结合探究过程对之前拟订好的学案进行反思。以下是对学案三进行完善的一个片段：

师：选择学习方案三学习的同学，你们在自主学习的时候，遇到了什么困难？

生1：刚开始的时候，我们只能回答“游到心里”与“游到纸上”是什么关系，却不知道应该圈画什么语句。

其他学生：是啊，我们也是。

师：想想刚才我们是怎样一步一步完成的？

生1：先理解了青年说“先游到了我的心里”这句话的意思。

生2：又结合课文内容理解了是“先游到了心里”，再“游到纸上”。

生3：最后老师还让我们说出明白了什么，悟出了什么。

师：真了不起！是这样的。结合我们刚才的学习能把学案三修改一下吗？

在师生对学案三进行反思和交流后，学案得到了进一步的完善：

鱼“游到了纸上”与“游到了心里”之间有什么关系？

①读一读课文的结尾部分，先想一想“鱼游到了心里”是什么意思。

②读一读“游到心里”和“游到纸上”的相关语句，讨论他们之间的关系。

③说说我们明白了什么。

不要小看每一课这样的反思和完善，在老师的有意设计和学生的用心反思中，不仅仅是达成了学习目标，也发展了学生的语言与思维，尤其可贵的是渐渐地教会学生怎样学。

（北京市顺义区天竺第二小学　刘　鹏）

【高年段案例解读】

学案在完善中绽放“美丽”色彩

——《跨越百年的美丽》教学例谈

《跨越百年的美丽》是一篇人物传记，作者梁衡将居里夫人的人格魅力与发现提炼镭元素过程巧妙整合，通过具体事例展现了一位科学巨匠对科学理想的锲而不舍与全力以赴，面对科学荣耀的从容淡定与宁静致远的伟大品格。

学生在初读课文后拟订了三个角度的学案：

【学案一】默读课文，想一想，课题中的“美丽”表现在哪些方面，画出有关语句，结合上下文和课外资料批注“美丽”的内涵。

【学案二】理解“这种可贵的性格与高远的追求，使玛丽·居里几乎在完成这项伟大自然发现的同时，也完成了对人生意义的发现”的深刻含义。

默读课文，思考：玛丽·居里在完成这项伟大自然发现的过程中，有哪些可贵的性格与高远的追求？画下有关语句，简单写写批注。（提示：可先理解“可贵的性格”与“高远的追求”本身之意，再理解语境之意。）

【学案三】默读课文，思考：居里夫人是一个怎样的人？画出描写居里夫人的语句，简单批注。

学生依据自己的探究兴趣选择喜欢的学案经历自主学习，因需合作，共议交流过程，其间伴随着学生个体对学习结果的完善、学习方法的尝试、学案内容的调整。而后还要经历学生群体对整个学习过程的反思完善，梳理学生个性化学习成果。

一、个体反思，进入“自读自悟”的最佳境界

个体反思在自探与小组交流过程中表现得最为充分，学生个体在与文本、学伴或是老师的对话中调整、修正甚至是颠覆自己的学习收获。一位选择学案三学习的同学经历了这样的自我反思完善过程：

最初按照学案三的要求，他圈画了所有描写居里夫人的语句，发现几乎画满全文，重点不突出。后来就删去了一些下划线，留下了类似“……而她那美丽、庄重的形象也就从此定格在历史上，定格在每个人的心中。”“为了提炼纯净的镭，居里夫妇搞到……留下了酸碱的点点烧伤”“……镭射线也在无声地侵蚀着她的肌体。她美丽健康的容貌在悄悄地隐退……”“著名科学家爱因斯坦说过……”等语句。

后来发现他用的下划线有直线也有曲线，我向他询问原因，他说：“画直线的语句是对居里夫人的直接描写，画曲线的语句是间接描写。”

正是基于学习过程中对学案要求的调整，在学案反思完善环节他提出了对学案本身的完善，得到了老师和同学的认可，于是将最初拟订的学案三做了如下调整。

【学案三】默读课文，思考居里夫人是一个怎样的人？画出描写居里夫人以及他人评价的重点语句，结合上下文和课外资料简单批注。

个体反思更接近学生的阅读起点与阅读习惯，是阅读不断深入的表现，这样的意识与习惯将有助于每个学生进入“自读自悟”的最佳境界，是对学生

个性化阅读的最大尊重。

二、群体完善，实现“个性发展”的最佳状态

学生在共议交流学习收获后，就进入了群体的学案反思完善环节。教师先引导学生对学习收获进行自我反思完善：孩子们有的补充完善圈画的语句，有的修改批注，有的修改学习方案。有的一个人独立完成，有的两三个学生小声交流。总之每一个人都用自己喜欢或适合的方式梳理自己的学习收获。

接下来是集体交流环节，首先引导孩子们对学案学习结果进行梳理：

生 1：在自主学习过程中，我结合文中对居里夫人外貌的描写认识到“美丽”指居里夫人美丽的外表。从居里夫人发现提炼镭元素的过程感受“美丽”还指她为了科学事业锲而不舍的科学精神。在小组交流中，我看到有人圈画了“……她视名利如粪土，她将奖金捐赠给科研事业和战争中的法国……”这句话，提醒了我，这不正是居里夫人淡泊名利的美好品格吗？不正是“美丽”的另一层含义吗？于是我对自己的学习收获进行了补充完善。

生 2：我对“这种可贵的性格与高远的追求，使玛丽居里几乎在完成这项伟大自然发现的同时，也完成了对人生意义的发现。”中“人生意义”的理解最初只局限于居里夫人对科学的执着追求与坚定不移。后来在共议交流中，李同学搜集的资料——“镭放出的射线广泛应用于人们的生产与生活。镭射线能通过破坏、杀死细胞和细菌来治疗癌症；镭盐与铍粉的混合制剂，可作中子放射源，用来探测石油资源、岩石组成等。”打开了我的思路，我觉得居里夫人对“人生意义”的定位远不止我理解的那样，应该是更为高远的造福全世界与全人类的崇高追求。

生 3：我还要补充。当老师将这张表展现在我们面前时，深深震撼了我，我觉得“人生意义”还指居里夫人用生命完成科学梦想的人格魅力。

居里夫人取得伟大成就与身体状况对照表	
居里夫人一生取得的伟大成就	居里夫人的身体状况简述
1898 年，居里夫人发现钋的放射性，做关于发现新元素镭的报告；1899 年，发现在射线作用下空气有臭氧生成，将研究成果应用于科学界、医学界；1902 年，经过三年又九个月从数吨残渣中分离出微量（一分克）氯化镭 $RaCl_2$；1903 年，获诺贝尔物理学奖；1911 年，获诺贝尔化学奖；1922 年，当选为巴黎医学科学院院士。	1912 年，居里夫人因病住院疗养；1913 年，接受肾手术；1923 年，患白内障，手术，未痊愈，后于 1924 年，1930 年，又接受三次手术；1933 年，患胆结石；1934 年，因恶性贫血症（由镭引起）逝世。

这样不同层次、不同角度的反思完善不得不令我们叹服，学生通过对学习结果的反思完善，再一次展现了个性化阅读的魅力。

在学法提炼过程中，大家一致认为“课外资料”的介入对于这一课学习很重要。还有学生总结重点语句“这种可贵的性格与高远的追求，使玛丽·居里几乎在完成这项伟大自然发现的同时，也完成了对人生意义的发现”的学习方法时，提炼了“立足语句—回归事件—整合全文—联系资料”四步法学习过程。

教师要做足群体完善之功，既要心中有学生，又要胸中有目标。要将学生“自读自悟”的程度通过学习活动引导到目标达成的轨道上来，这样才能让不同的学生都能在自己的最近发展区得到发展，才能实现学生个体与群体阅读的纷至佳境，才能绽放个性化阅读的美丽。

（北京市顺义区马坡中心小学　张　杰）

第五环节：拓展延伸学案，创造个性化学习空间

《语文课程标准》指出：“语文课程是实践性课程，应着重培养学生的语文实践能力，而培养这种能力的主要途径也应是语文实践……在大量的语文实践中体会、把握运用语文的规律。”而“拓展延伸学案，创造个性化学习空间”作为“依托学案　实现个性化阅读”课堂教学模式的拓展延伸环节，是学生在课上经历了学案生成、自主探究、共议交流、反思完善之后，将学案拓展延伸到辐射性阅读，能够让学生亲历大量的言语实践，为学生创造个性化的学习空间。

一、在学案的拓展延伸中助力自能阅读能力的培养

学案的拓展延伸是指课文读懂之后，将课上运用的学习方案迁移运用到辐射性阅读中，深入探究相关内容。“教材无非是个例子。”学生在每一篇课文的学习中感受学法，在每一篇课文学习后举一反三、训练技能是不可或缺的，因为“凡是技能，唯有在实践中才能练就”。

（一）学案横向拓展，加速形成阅读技能

学案横向拓展，是指学生运用在课堂上学习课文使用的学案，自学和课上所学课文相似的文章。如教学《珍珠鸟》一文，我就向学生推荐了在内容和写作方法上非常类似的《人狼情》一文。

《珍珠鸟》是大作家冯骥才写的一篇散文。课文讲述了朋友送“我”一对珍珠鸟，三个月后有了雏儿，在“我”的呵护下，怕人的珍珠鸟儿一点点儿亲近“我”，居然在“我”的肩上睡着了。让“我”感受到：“信赖，往往创造出美好的境界!”文章中“我”对珍珠鸟的呵护，以及珍珠鸟的表现两条线索互相交融，字里行间洋溢着喜爱之情。

教学《珍珠鸟》一课，我和学生共同拟订了如下两个学案：

【学案一】“信赖，往往可以创造出美好的境界。”

①珍珠鸟对我的信赖是怎样一步步建立起来的？(也可以用自己的话说说这“美好的境界”是怎样创造出来的?)读课文，完成下表：

“我”是怎样照料、呵护珍珠鸟的	珍珠鸟发生了怎样的变化

②在文中画下感受深的语句，再有感情地读一读，在旁边写写批注。

【学案二】原本怕人的珍珠鸟竟然在“我”的肩头睡着了，这是什么原因呢？在文中圈画相关的语句。再选择文中感受深的语句读一读，写写批注。

在备课过程中，我发现《人狼情》这篇文章和《珍珠鸟》有着很多相似之处，不管是“我”和珍珠鸟还是“我们”和狼群，都是由陌生到一点点接近，都是两条线索互相交融，都是最后创造出了让人难以置信的美好境界。这也是我推荐学生拓展阅读尝试迁移运用学案的原因。

学生依托“学案”亲历课堂上的学习过程，此时又有“方案”在手，自然急于小试牛刀了：

有的学生抓住“人与狼之间关系的变化”，迁移并修改了《珍珠鸟》的学案二，拟订了学习《人狼情》的学案：

在人们心目中原本凶残的狼，为什么“我们”认为是可爱的，这是什么原因？画出相关语句，写写批注，再写出原因。

有的学生发现了《人狼情》也如《珍珠鸟》一般，写出了“人狼情”是怎样一步步建立起来的。于是修改《珍珠鸟》的学案一，拟订并完成了如下学案：

“我们”是怎么做的	狼的表现
向车下扔肉	大吼着扑向食物，迅速吃光
再次向车下扔肉	吃的速度慢了，把肉吃完

续表

“我们”是怎么做的	狼的表现
把车上的食物全部扔下去，包括饼干	没吃饼干，目光里没有敌意，叼来树枝
在车上观察狼	帮我们打眼，扒雪，反复着这些行为
泪眼滚动，为狼鼓掌	目送我们到山顶然后离开

由于《珍珠鸟》的两个学案存在着内在的联系，学生也发现了《人狼情》的两个学案同样存在着内在联系：前面的学案使学生认识到人认为狼可爱的原因，后面的学案通过填写表格，将人认为狼可爱的原因、人与狼建立起感情的过程展现得一清二楚。在迁移运用过程中，学生对所使用的学案进行修改完善，自然提高了拓展阅读的实效。此时，学生的收获不仅有知识层面的，还有思维与方法层面的。长此以往，学生的阅读技能必将加速形成。

（二）学案纵向延伸，助力自能阅读能力培养

教材中有不少课文是从名篇佳作中节选的，如《用奇谋孔明借箭》选自《三国演义》，《景阳冈武松打虎》选自《水浒传》，《猴王出世》选自《西游记》。课文的学习可以作为例子，勾起学生阅读佳作的兴趣，这时学案的纵向延伸就能够帮助学生阅读相关的文学佳作，引领学生走进广阔的阅读空间，进而助力学生自能阅读能力的培养。

《冬阳·童年·骆驼队》是著名作家林海音为自传体小说《城南旧事》写的序言，这是学习这篇课文时张海鹏老师和学生共同拟订的学案：

【学案一】骆驼队给作者的童年生活留下了怎样的印象？默读课文想一想，填写下表。

骆驼队	“我”的举动	体会

【学案二】课文结尾写道：“我是多么想念童年住在北京城南的那些景色和人物啊！”那些“景色和人物”指的是什么呢？圈画相关的语句，体会其中蕴含的情感，简单写写批注。

《城南旧事》这本小说包括作者五个童年时期的故事：《惠安馆》、《我们看海去》、《兰姨娘》、《驴打滚儿》和《爸爸的花儿落了，我也不再是小孩子》，是作者对自己在北京生活的童年时代的回忆，写的是童年时自己眼中的世界，这和它的序言是完全一致的，所以，将《冬阳·童年·骆驼队》的学案延伸到《城南旧事》这本书的阅读中也是顺理成章的，对学生理解这本书也有指导作用。在教学实践中，张老师依学生的兴趣，将五个故事分配给不同的学生进行了交流：

A. 阅读《惠安馆》故事的学生将两个学案延伸如下：

【学案一】《惠安馆》中的秀贞给作者留下了怎样的印象，其他人怎么看秀贞，读文后可以口头填表。

"我"眼中的秀贞	成人眼中的秀贞	体会

【学案二】课文结尾写道："我是多么想念童年住在北京城南的那些景色和人物啊！"在《惠安馆》这个故事中，那些"景色和人物"指的是什么呢？读文，体会其中蕴含的情感，给作者留下了怎样的印象？

通过读文、交流，学生们在各自的脑海中想象出了英子所住胡同的样子；英子家院子的布局；惠安馆那黑洞洞的大门……成人眼中的疯子秀贞，在英子眼中就是一个渴望找到自己的孩子和丈夫，一家人过普通日子的正常女人；在成人眼里被忽略的小姑娘妞儿，在英子眼中是一个日夜想念自己亲妈、渴望母爱的可怜孩子。最终在英子的帮助下，这对可怜的母女相聚了……

B. 阅读《我们看海去》的学生将学案延伸如下：

【学案一】英子的大朋友给作者的童年生活留下了怎样的印象？读文后想一想，口头填写下表。

大朋友	"我"的举动	体会

【学案二】课文结尾写道："我是多么想念童年住在北京城南的那些景色和人物啊！"《我们看海去》故事中，那些"景色和人物"指的是什么呢？读文，体会其中的情感，给作者留下怎样的印象？

自学后学生们认识到英子的大朋友其实是个小偷，但这个小偷在英子眼中是自己的朋友，是一个为了弟弟可以做任何事的好哥哥。

C.《兰姨娘》《驴打滚儿》这两个故事和《我们看海去》在学案的延伸应用上，有着很多的相似之处，这里就不再赘述。

D.《爸爸的花儿落了，我也不再是小孩子》是英子童年时代的结束语，是对自己童年的告别。爸爸的去世使身为家中长女的英子长大了，所以将学案修改延伸为：故事的结尾说"爸爸的花落了，我也不再是小孩子"，你是从哪些地方体会到英子长大了的？读文后和同伴交流。

可见，学生延伸《冬阳·童年·骆驼队》的学案，对读懂《城南旧事》起到了事半功倍的效果。同时，学生对英子的童年有了更丰富的认识，更重要是学生亲历了大量的语言实践，有助于学生形成自能阅读能力。

当然，学案的纵向延伸不仅适用于从课外阅读的名篇佳作中节选来的课文，或者存在从属关系的文章，如《冬阳·童年·骆驼队》和《城南旧事》，教师还可以引导学生延伸至同一作者不同时期不同作品的阅读，相同主题不同作者的对比阅读，等等。

二、在学案的拓展延伸中创造学生个性化的学习空间

课上学案的拟订是个性化的，自主学习是个性化的，共议交流有个性化的碰撞，学案的完善因学习收获的不同也彰显着个性化，学案的拓展延伸自然有着更大的个性化空间。

(一)相同的拓展内容，不同的学习方案

在学习《钱学森归国》这篇课文时，师生共同拟订了学习方案：钱学森是个怎样的人？读文并圈画相关语句，在旁边简单写写批注。通过学习，学生对钱学森这个“抵得上五个师”的人产生了浓厚的兴趣，我因势利导建议学生结合搜集到的《钱学森的故事》来进一步认识钱学森。学生拓展延伸课上的学案，拟订出如下个性化的学案。

A. 对钱学森的学生时代感兴趣的学生选择读《会玩飞镖的少年》或《有志气的大学生》并拟订了学案：

少年时期的钱学森是个怎样的孩子？读文并圈画相关的语句，在旁边简单写写批注。

从哪些地方能够体会到钱学森是个有志气的人？读文并圈画出相关的语句，简单写写批注。

B. 对钱学森在航天、导弹方面的研究感兴趣的学生选择读《火箭专家》和《发射卫星》并拟订了学案：

钱学森在研制火箭的进程中是怎样做的？读文找到相关的内容，思考钱学森是个怎样的人？

钱学森在研制人造卫星的进程中是怎样做的？读文找到相关的内容，思考钱学森是个怎样的人？

C. 有的学生对钱学森回国的经历很感兴趣，选择读《回国风波》拟订了学案：钱学森在回国的过程中哪些地方令你感动，读文圈画出感动的语句，把自己的感受批注在旁边。

D. 有的学生对美国人评价钱学森“抵得上五个师”感兴趣，选读《全心研究》拟订了学案：钱学森说：“一方面是喷气式飞机，一方面是导弹，没有这两种技术，就没有现代的航空，就没有现代的国防。”钱学森在导弹的研制方

面为祖国做出了哪些贡献，读文并圈画出相关语句，把自己的感受写在旁边。

E. 还有的学生非常钦佩第一个获得“国家杰出贡献奖的科学家”钱学森，同时也非常钦佩被誉为“世界杂交水稻之父”的袁隆平，学习《钱学森归国》后，自然将两位科学家联系到了一起，拟订了进一步学习的学案：再读《世界杂交水稻之父》和《钱学森归国》，思考袁隆平和钱学森在哪些方面有着相同的特点，圈画文中相关的语句，在旁边写写批注。

学习的内容是相同的，但学生因兴趣不同，需求不同，根据各自选择的学习角度，拟订了不同的学习方案，学生在分享个人的学习感受时也共享了学习感受，对钱学森的爱国情怀和对科学研究的执着精神有了一个立体的再认识。

(二)相同的拓展延伸方案，个性化的收获

“有一千个读者就有一千个哈姆雷特”，对于同一篇文章或同一本书，学生的认识、收获也是不尽相同的。

读《城南旧事》，每个学生心中有各自的英子、秀贞、妞儿、宋妈……对英子这个人物，有的孩子认为英子是个慢性子的孩子，有的孩子认为英子是个急性子。面对这个问题，张老师没有急于给出答案，而是巧妙地利用了这一差异，追问学生：“你眼中的英子是急性子还是慢性子?”马上有学生以《城南旧事》中英子喝汤时，因汤凉得慢而着急的内容为依据来说明英子是个急性子的孩子，说得是有理有据，令持不同意见的同学点头称是。

三年级学生学习《自相矛盾》这则寓言运用的学案是：卖矛和盾的人可笑吗？你是从哪些地方体会到的？他为什么可笑？说说你的想法。在共同学习交流后，将《自相矛盾》的学案迁移运用到第二则寓言《掩耳盗铃》：偷铃铛的人可笑吗？你是从哪些地方体会到的？他为什么可笑？说说你的想法。在学习时，教师将《掩耳盗铃》的文言文形式也推荐给学生，使学生可以对照学习，也可以选择文言文或白话文中的其一学习。

学生发现《自相矛盾》中卖矛和盾的人的语言非常可笑，《掩耳盗铃》中偷铃铛人的想法和做法非常可笑，不管是人物的语言可笑，还是想法、动作可笑，都是为了说明道理服务的。能力强的学生选择了文言文进行学习，在理解寓意的同时还感受到了文言文的言简义丰。

京版六年级教材古诗四首中有王安石的《泊船瓜洲》，在学生学习后，教师向学生推荐了《语文读本》中的《王安石三难苏东坡》，同时也推荐了李国文先生《中国文人的另类面孔》中《话说苏轼》和《素描王安石》，学生可以根据自己的能力和时间去阅读，从而对这两个人以及这两个人之间的关系有了相对客观的认识：苏轼不仅是一个有才华的大诗人，还是一个胸襟博大的人，是个真名士；王安石是个大诗人，同时也是个政治家。有的学生有更深刻的认识：苏轼和王安石在当时是有名望的人，但他们之间是有矛盾的。

学案的拓展延伸能够帮助学生更好地阅读理解课外读物，使学生对课外读物有比较深入的认识，正是因为学生课外阅读增加了，学生对教材中的人有了更丰富、更客观的认识；对教材中描写的事件有了更深刻、更全面的了解，从而对文本有了自己的认识、感受、见解。

在《在困难(或挫折)面前》习作练习中，有学生在描写自己遇到困难(挫折)时不由自主联想到了袁隆平、钱学森等人是怎样克服困难的，这些对比、联想有的是幼稚的，但它是学生发自内心的想法，这是可贵的。

语文教学绝不会是止步于课堂，语文课堂是广阔的。学案的拓展延伸成为与“大语文”学习观结合的有力凭借，学生们的学习内容与方法更加自主和开放，这必将引领着学生走向更广阔的语文学习的天地。

（北京市顺义区北小营中心小学　高淑会）

【中年段案例解读】

迁移拓展，辐射延伸，开启个性阅读时空

——以《小蝴蝶花》为例谈学案的“拓展延伸”

“依托学案　实现个性化阅读”课题研究，尤其“拓展延伸学案，创造个性化学习空间”环节，旨在引领学生提升阅读能力，丰富并发展个性，进而走进阅读世界。而中年级学生受到自身的年龄特点、阅读能力、认知水平等影响，在落实这一环节时更需精心设计、巧妙引领。

《小蝴蝶花》是一篇生动有趣的童话故事。教学本文时，教师先利用初读后回顾的环节，再现了故事的内容，梳理了小蝴蝶花的情感变化：小蝴蝶花生长在(草丛里)，它很(高兴、骄傲)，觉得自己(最了不起，感到没有“出头之日”)；后来被移植到(百花园)，它变得(自馁)，觉得自己(是百花中最寒碜的花了)；听了孩子们的话，它心情(舒畅极了)。随后引导学生依学案展开学习：默读课文思考，小蝴蝶花的情感为什么会有这样的变化？用横线画出有关语句，然后带着自己的感受读一读。

学生通过自主探究、圈画词句、交流共议等，既喜欢上了这朵外表美丽、能正确认识自己的可爱的小蝴蝶花，也感悟到了这个浅显通俗的故事中所蕴含的深刻道理：每一个人都拥有一份独特的美；既不以自己的长处而骄傲，

也不因自己的短处而失去自信。课后，教师安排了拓展延伸环节，引领学生走进个性化的阅读空间：

一、横向拓展，灵活迁移运用学案

“得法于课内，增益于课外”。学生在运用学案学习、共议之后，不仅认识上有了提高，更重要的是在方法上也有了一定的积累——可以围绕童话故事中角色的内心情感变化、并探究变化的原因来读懂故事。为此，教师向学生推荐了自己精心准备的“一带一”阅读材料《金花茶和依兰香》。

(一)抓相同，迁移运用

这篇文章在内容和写作方法上，与本文均有相似之处，其中，金花茶的情感变化与小蝴蝶花如出一辙：当人们对它的样子赞不绝口时，它兴奋地高昂着头，炫耀着自己；当它发现人们纷纷赞叹依兰香不仅气味香甜而且是名贵的香料植物时，它有些意外；当它看到依兰香听到赞赏，只是谦逊地低着头，还不时默默地洒落几片花瓣时，它不好意思地低下了头。此时，横向拓展运用课堂上习得的方法阅读相似内容成为学生巩固课内习得的必需。于是，学生迁移运用了本节课的学案：默读课文思考，金花茶的情感为什么会发生这样的变化？用横线画出有关语句，然后带着自己的感受读一读。学生自然而然地在迁移运用中慢慢积累并逐步形成阅读的技能。

(二)重差异，补充完善

因为《金花茶与依兰香》中有两个角色，这是它与《小蝴蝶花》一文的差异所在。因此，教师没有生硬地照搬学案，而是在原有学案的基础上做了适当补充：金花茶、依兰香与小蝴蝶花，你更喜欢谁？说说理由。

看似简单的补充，不仅建立了课文与拓展文之间的联系，更为学生的个性认知提供了广阔的空间。金花茶、依兰香与小蝴蝶花均有自己独特的美，都很惹人喜爱：但金花茶胜在“稀有”、色泽漂亮——在深绿闪亮的叶丛中，金花茶展开了金黄鲜润的花瓣，依兰香赢在芬芳浓郁、名贵有用，而小蝴蝶花则是形似蝴蝶、独特美丽。学生无论喜欢哪一种花，在迁移运用学案、拓展阅读的过程中，举一反三、灵活运用，学生的阅读技能、认知水平必将逐步提升。

二、纵向延伸，开启个性化阅读时空

《语文课程标准》“提倡少做题，多读书，好读书，读好书，读整本的书”，指出要“日积月累，在大量的语文实践中体会、把握运用语文的规律”，这也是语文课程所具有的实践性的体现。而纵向延伸学案，培养学生广泛的阅读兴趣，扩大阅读面，增加阅读量，提高阅读品味，就成为教师义不容辞的责任。

(一)类比学习，感受童话故事的特点

童话具有“情节丰富、道理深刻”的特点。《小蝴蝶花》一文的学习之后，根据童话特点以及学生认知水平发展的实际，教师安排如下的阅读指导：尝试运用《小蝴蝶花》一文学习的方法，自主学习《巨人的花园》。这也是一篇优美的童话故事，运用对比的方法展开故事情节：一个巨人看到孩子们在自己的花园里玩耍，很生气，他在花园周围筑起了高墙，将孩子们拒于墙外。从此，园里花不开，鸟不语，一片荒凉，春、夏、秋都不肯光临，只有冬天永远留在这里。后来，在小男孩的启发下，巨人醒悟了，随即拆除了围墙，花园成了孩子们的乐园，巨人生活在漂亮的花园和孩子们中间，感到无比的幸福。故事语言生动易懂、情节跌宕起伏，揭示了“能和大家一起分享的快乐才是真正的快乐”这一深刻的道理。

这样，紧扣花园变化这条主线，对比变化、探究原因，继而明晰道理，无形中强化了童话故事特点，也让学生进一步感受到了童话故事的魅力所在。

(二)推荐阅读，走进童话故事的世界

“教材无非是一个例子”，旨在培养学生“自能阅读”的能力。作为教师有必要为学生打开一扇通往阅读世界的大门。此时，引导学生关注作者，关注同类作品，能够让学生的阅读有的放矢，提升学生的语文素养。

《小蝴蝶花》原载《少年文艺》1977 年第 10 期，作者申均之是我国当代寓言作家，其作品《高山和洼地》《西郭先生》等，均是适宜学生阅读的材料。为此，教师可简单介绍其中的精彩片断，将作品引入学生的视野，还可顺势推荐《王尔德童话选》，相信《快乐王子》《夜莺与玫瑰》《自私的巨人》《忠实的朋友》《神奇的火箭》《少年国王》等作品，一定也会像《巨人的花园》一样成为学生最喜欢的童话故事。

如此，学生由课内走向课外，从国内走向国外，从一篇童话走进了童话的世界。可以说，遵循学生的年龄、心理特点及认知规律，纵向拓展、辐射延伸，能打开学生的阅读视野，开启个性化阅读时空，从而使阅读教学的实效增值。

（北京市顺义区教育研究考试中心　魏淑媛）

以“学案拓展延伸”之功，创“学生个性阅读”之效

——《“钢琴之王”的微笑》例谈

从生成、落实、交融再到反思，“学案”就像一个航标，引领学生读懂了一篇又一篇课文。在此基础上还要进行辐射性阅读，为学生创造语文实践的机会，开创更为广阔的个性化学习空间。

如何继续发挥学案的领航作用，带领学生“向青草更青处漫溯”呢？这就需要对学案进行拓展延伸。下面以京版教材第 11 册《“钢琴之王”的微笑》为例，谈一谈具体实施过程。

一、模仿内化学案，训练阅读技能

语文学习具有开放性与实践性的特点。一篇课文所涵盖的信息并非只是外显的几百或上千个文字，其背后有着丰富的内涵；学生要想提高阅读水平，须亲历语文实践的过程。教师应充分对文本的信息点进行适度、适当地挖掘，来开阔学生视野，提高阅读技能。为达到训练目的，可先让学生模仿教材所拟学案，迁移运用到新材料的阅读中，从而强化阅读技能。

《“钢琴之王”的微笑》一课，紧紧围绕“钢琴之王”李斯特的三次微笑展开，记叙了他热情帮助身处困境的姑娘的感人故事，展现了李斯特宽容、善良、真诚助人的高尚品格。

课上，师生共同拟订了如下学习方案。

【学案一】默读课文思考：“钢琴之王”的三次微笑，分别是在什么情况下出现的？联系上下文体会它的含义，在感受深的地方写写批注。再有感情地读一读。

【学案二】为什么姑娘说“李斯特是最伟大、最可敬的老师，有颗金子般善良的心?”默读课文，画出相关语句，在感受深的地方写写批注。

【学案三】默读课文思考：李斯特是怎样一个人？结合李斯特的语言、神态、行为和结尾段姑娘所说的话来体会。

交流时，学生在理解三次微笑的基础上，逐步体会到李斯特金子般善良的心；深入理解结尾段深刻含义之后，总结出“钢琴之王”是一个怎样的人。

“钢琴之王”李斯特在大多数学生的认知领域中是遥远而陌生的，因此在

拓展环节，我推荐学生阅读《李斯特巧荐肖邦》这篇文章。

有《“钢琴之王”的微笑》学案做基础，学生在拓展文章的学路构建上似乎不费吹灰之力。几分钟后，几个“模仿式”学案跃然纸上：

【学案一】李斯特巧荐肖邦的“巧”体现在哪里？默读课文，画出相关内容并简单批注。同时思考李斯特为什么要这样做？

【学案二】文中两次出现描写掌声的词语，联系上下文体会这两次掌声的含义，简单批注自己的感受。

【学案三】李斯特是一个怎样的人？默读课文，画出相关语句简单批注，再结合课文内容完整地说一说。

统观这三个学案，我们发现：学生在学案拟订的结构、句式、角度上的模仿功力可见一斑。深入分析，我们还发现，学生在模仿的基础上，更有自己的内化提升：学案一抓住题目中的题眼拟订，并由此生发开来；学案二关注到了文中重点词句的比较；学案三虽然和《“钢琴之王”的微笑》的学案三相仿，但却加入了篇章整体的意识。这样的学案意味着学生渐渐地从“学会”到“会学”的转变，意味着学生个性化阅读之门已悄然开启。

在自学时，大多数学生先从“巧”字着手学习，初步了解了李斯特的做法：原来他是巧妙地利用人们的规矩，让观众真实地感受肖邦的音乐，被其高超绝伦的音乐才能折服，真正地从心理上接受肖邦。这远比空洞无力的口头推荐更有说服力。

在学案二的学习中，学生不仅发现两次掌声的不同，还体会到对观众的反响描写更能表现出李斯特高超的琴艺及伟大的人格。

最后学生联系李斯特的做法和观众的反应，自然而然地总结出学案三的学习收获：李斯特是一个智慧、真诚而无私助人的伟大的艺术家。

二、创新提升学案，形成阅读能力

学生在模仿前提下能够进一步内化，这样的学习能力激发出我更深入的想法：能否让学生对两篇文章加以对比阅读，从而拟订出具有综合性和创造性的学案？

于是我引导学生：对于两篇相对独立又互有联系的文章，我们还可以综合起来，进行比较阅读。你们能否拟订出同时学习两篇文章的学案？

短暂的沉默之后，有学生发言：这两篇文章看似相同，但实际上还是有不同之处的。我拟订的学案是“阅读这两篇文章，从内容、语言、结构、表达等角度比较它们的异同。”

还有学生在读文比较后发现《“钢琴之王”的微笑》一课结尾有姑娘说的含义深刻的话，而《李斯特巧荐肖邦》一文却没有这样的情节，于是拟订出这样的学案：经过李斯特的巧荐，肖邦得以举世瞩目。如果此时肖邦和李斯特同时在台上，肖邦会对李斯特做些什么、说些什么呢？结合当时情景说一说。

这样富有综合性、创造性的学案，再一次点燃学生个性化阅读的欲望。在课堂上，我们甚至听到了这样深入的个性化阅读感受：

通过比较阅读，我对李斯特的认识更深了。虽然这两篇文章都写的是李斯特对他人的帮助，但一个是遭遇困境的平常人，另一个是怀才不遇的艺术家。李斯特帮助姑娘展现的是他对劳苦人民的同情，帮助肖邦展现的却是对人才和艺术的尊重。我觉得他既是一个真实善良的普通人，又是一个超凡脱俗的艺术家！

毋庸置疑，对学案创新、提升式的拓展所带来的效果，已远远超出了我的想象。随着学案导学的深入，随着对学案拟订的不断完善与反思，学生必能把握阅读同类文章的规律，掌握阅读同类文章的方法，从而提高阅读能力。这也正是学案导学模式所追求的最大价值。

当然，学案的拓展延伸还可以由课上延伸到课下，由一篇课文延伸到一本书，由一个人延伸到一个群体，由一个事件延伸到一段历史。“既见树木，又见森林”，这也正是众多语文教师追求的“大语文观”教学思想的体现。我们相信，学案的拓展延伸，必将引领学生走向更广阔的语文学习天地。

（北京市顺义区马坡中心小学　王瑛玮）

SHI JIAN PIAN

实践篇

【导读提示】

德国哲学家康德曾说："凡是在理论上正确的，在实践上也必定有效。"几年的教学实践证明，"依托学案　实现个性化阅读"教学模式日臻成熟和完善，众多的语文执教者在实践中思考，在思考中前行，积累了丰富而宝贵的经验。

"实践篇"的第一章呈现了 14 篇教学设计，涵盖不同版本、不同学段、不同文体、不同课型、不同课时。每篇教学设计，都以学案为抓手，在其生成、实施、完善及延伸的过程中，充分展现学生个性化的阅读体验和收获，助力学生形成良好个性。

第二章的内容是课题研究团队针对"依托学案　实现个性化阅读"的思考。"过程型"研究论文体现的是学生依托学案进行学习的整个流程或是某些环节的操作过程，包括学生学习、教师引导的场景或者是阅读能力的提升，彰显出各环节在向着实现个性化阅读努力；"策略型"研究论文关注到了生成学案、自主研读、立体感悟、拓展延伸各环节以及学案引领下的少教多学、深层感悟、发展个性的策略与方法，并且有共性与个性和谐统一的策略指引；"经验型"研究论文包含了学案引领个性化阅读、学生的个性批注是生成的教学资源、学案导学与小组合作学习、个性化拓展作业的设计，以及教师在实现个性化阅读中的作用发挥等方面的经验分享。这些研究成果立足学案导学，以实现学生个性化阅读为核心，是研究团队的老师们在教学实践中的智慧结晶，可谓异彩纷呈。

读者在阅读这一部分时，务求在吸纳研究者精华的基础上融入自己的真知灼见，这样才会在语文教学的道路上越走越远。

第一章 “依托学案 实现个性化阅读”教学设计

《笋芽儿》教学设计(第二课时)

(北京市义务教育课程改革实验教材第6册)

【教学内容分析】

《笋芽儿》是一篇富有情趣的童话故事，记叙了笋芽儿克服重重困难通过自身努力终于长成一株强壮竹子的故事。其间有春雨姑姑、雷公公和小草弟弟的鼓励，也有竹妈妈的再三阻拦。多条线索交织推动情节发展，表达对笋芽儿在艰苦环境中努力成长的赞美。

全文语言亲切、生动，人物角色鲜明，用拟人化手法通过对笋芽儿神态、动作、语言的描写展现了它从胆怯懦弱到坚强勇敢的心理变化过程。

【学生情况分析】

三年级学生已经初步具备把握自然段内容的能力，但是本文篇幅较长，自然段较多，笋芽儿的成长过程相对复杂，厘清文章脉络把握笋芽儿成长过程有一定难度。加之学生处于北方地区，笋芽儿长成竹子的过程学生不了解，这就要求学生在课前搜集文字、图片等资料拉近与“笋芽儿”的距离。同时在学习的过程中，教师要充分引导学生质疑、发现，在解决问题与发现规律的过程中逐渐厘清笋芽儿的成长过程，感受笋芽儿心理的成熟历程。

【教学目标】

1. 运用表格式“学案”梳理笋芽儿的成长过程，在读中感悟笋芽儿克服重重困难的勇气并体会其成长后的喜悦与自豪。

2. 厘清笋芽儿成长过程中的种种“遭遇”，初步懂得从小要在艰苦的环境中锻炼的道理。

3. 初步感受童话的写作特点，练习有感情地朗读课文。

【教学重点、难点】

1. 教学重点：运用表格式“学案”梳理笋芽儿的成长过程，在读中感悟笋芽儿克服重重困难的勇气并体会其成长后的喜悦与自豪。

2. 教学难点：厘清笋芽儿成长过程中的种种“遭遇”，初步懂得从小要在艰苦的环境中锻炼的道理。

【教学过程】

一、再现回顾，生成学案

1. 同学们，还记得这位朋友吗？(出示笋芽儿图片)我们一起和她打个招呼。笋芽儿长大后就成了一株竹子(出示竹子图片)，她是怎么成长的呢？还记得我们上节课一起完成的填空吗？有困难的同学可以看看书。

沉睡→(　　　　)→(　　　　)→长成竹子

【设计意图：建立一二课时的联系，整体回顾笋芽儿的成长过程。】

2. 在笋芽儿的成长过程中还得到了三位朋友的帮助，我们也把他们请出来，好不好？

(1)出示：“沙沙沙 沙沙沙”“轰隆隆 轰隆隆”“吱吱吱”

(2)加上标点，你们能读好吗？(“沙沙沙，沙沙沙。”语气正常、匀速，这是温柔的春雨姑姑。“轰隆隆！轰隆隆！”声音洪亮，这是声音粗重的雷公公。“吱——吱——吱”语速缓慢，这是正在生长的小草弟弟。相机出示表格中的三位朋友。)

3. 在三位朋友的帮助下，笋芽儿终于长成了一株强壮的竹子，她站在山冈上……投影出示：“她站在山冈上，迎风跳起优美的舞，自豪地喊着：‘我长大啦！’”师生一起读，引导质疑。

[预设]笋芽儿为什么感到那么自豪呢？

笋芽儿为什么会跳起优美的舞？

笋芽儿是怎么长大的？

笋芽儿为什么站在山冈上？

……

这节课我们就来解决这些问题，要想知道笋芽儿为什么自豪地喊“我长大啦！”就要先弄明白笋芽儿是怎样成长的，我们可以通过一个表格来厘清笋芽儿的成长过程。

【设计意图：通过象声词复习厘清“人物”，初步感受“人物”特点，结合结

尾段质疑认定本课学习目标，确定学习思路。】

二、根据学案，自主探究

【学案】笋芽儿为什么自豪地喊："我长大啦"？

默读课文，简单填写表格，思考：从笋芽儿的成长过程中你发现了什么？

春雨姑姑呼唤	笋芽儿从沉睡中醒来
竹妈妈（ ）	笋芽儿（ ）
雷公公呼唤	笋芽儿（ ）
竹妈妈（ ）	笋芽儿（ ）
小草弟弟启发	笋芽儿（ ）
竹妈妈（ ）	笋芽儿（ ）
终于，笋芽儿长成了一株强壮的竹子。	

三、品读课文，共议交流

（一）梳理表格，整体感知笋芽儿的成长过程（通过师生间与生生间的交流完成表格交流。）

春雨姑姑呼唤	笋芽儿从沉睡中醒来
竹妈妈（摇头 ）	笋芽儿（瑟缩着身子）
雷公公呼唤	笋芽儿（沉不住气）
竹妈妈（阻拦 ）	笋芽儿（钻出地面）
小草弟弟启发	笋芽儿（想快快长大）
竹妈妈（裹得紧紧的 ）	笋芽儿（脱下小衣服）
终于，笋芽儿长成了一株强壮的竹子。	

（二）引导发现：你从笋芽儿的成长过程中发现了什么？

依学生发言顺序交流：笋芽儿在成长过程中得到了三位朋友的帮助；受到了竹妈妈的阻拦；笋芽儿自身很努力……如果学生有困难，可以通过字体变色来提示。

【设计意图：尊重学生对表格的个性化感悟：学生可能横向关注笋芽儿在不同情况下的态度，可能纵向厘清笋芽儿的成长过程，可能整合三位朋友的帮助，也可能体会竹妈妈一次又一次的阻拦……培养学生的发现能力。】

1. 预计学生会先谈到笋芽儿在成长过程中得到了春雨姑姑的帮助。

(1)引导学生进入角色：如果你是春雨姑姑，怎么呼唤沉睡中的笋芽儿呢？重点品读描写笋芽儿的语句感受其变化。

当学生谈到“笋芽儿醒过来。她揉揉眼睛，看见四周仍然是黑糊糊的，便扭动着小小的身子，撒娇地说：‘谁叫我呀？我还没睡醒呢。’”引导学生圈出表示笋芽儿动作的词语谈体会，初步体会笋芽儿是胆小的(慵懒、柔弱、可爱、娇小、娇气……)，读出不同的感受。

当学生谈到“笋芽儿听了春雨姑姑的话，便央求竹妈妈快让她到地面上去”时追问：如果你是笋芽儿，听了春雨姑姑的话会怎样央求妈妈呢？

(2)竹妈妈同意了吗？读读文中的句子，想象并感受笋芽儿矛盾的心理。

笋芽儿被吓住了，瑟缩着身子，低下了头，说：“那我还是待在这儿吧。”

(3)你觉得这是怎样的一个笋芽儿？(胆小、懦弱……)

[过渡]孩子们，笋芽儿是一直这样瑟缩着待在那儿吗？我们快请出雷公公和小草弟弟。

2. 整合雷公公和小草弟弟的帮助感受笋芽儿自身的努力成长。

(1)谁愿意做雷公公呼唤一下笋芽儿。哎呀！你这棵笋芽儿听到了，怎么做的呀？

笋芽儿再也沉不住气了。她扭动着身子，一个劲儿地向上钻，不住地说：“我不怕，我要出去！”

适时理解“一个劲儿”的意思(不停、使劲儿、努力等)。通过对“我不怕，我要出去！”的品读，体会省略号与感叹号区别，感受笋芽儿想要钻出地面的决心。

[过渡]在笋芽儿的努力下，她终于钻出了地面。我想采访一下你们这些笋芽儿，此时是什么心情？(学生可能谈到：看到了外面的世界很美丽；挣脱了妈妈的阻拦；经过时间长，不容易等。)

如学生谈到看到了外面的美丽世界，则可顺势进行语言表达训练：她都看到什么了？还可能看到谁怎样呢？你能用这样的句式说说吗？

桃花笑红了脸，

柳枝摇动着绿色的长辫儿，

小燕子唧唧喳喳地叫着

……

(2)钻出地面的笋芽儿又认识了一位新朋友。小草弟弟怎么说？笋芽儿呢？谁来读一读。

笋芽儿听了心里暖烘烘的，她对自己说："我也要趁着这美好的时光，快快长大！"

引导学生读出笋芽儿急切的心情并追问：你为什么这么读？（急切想长大）

还能从哪儿感受笋芽儿急切想长大的心情？（补充出示）

笋芽儿急得大叫："我不怕冷！我要赶快长大！"

笋芽儿为什么急得大叫？（当学生谈到有竹妈妈的阻拦时，追问竹妈妈是怎么阻拦她的？引导学生读读文中的句子，顺势整合竹妈妈的三次阻拦。）

[小结过渡]竹妈妈从摇头到阻拦直到把她裹得紧紧的，总是放心不下，而小笋芽儿还是挣脱了妈妈的阻拦，此时你觉得这还是从前那个胆小的小笋芽儿吗？（勇敢、坚强……）

（3）我们再来观察表格，你们还发现了什么？（引导学生感受笋芽儿由软弱到勇敢坚强的变化过程，如果学生谈不到则通过表格中笋芽儿成长变化的前两行和后四行变成不同的颜色来引导。）

[过渡]正因为如此，笋芽儿终于长成了一株强壮的竹子：

终于，笋芽儿脱下了一件件阻碍她长大的衣服，把它们抛在脚下，长成了一株强壮的竹子。

读一读这句话，"阻碍她长大的衣服"指的是什么？从"一件件"这个词中你知道了什么？阻碍她长大的还可能有什么？（引导学生体会笋芽儿长成竹子非常不容易，克服了很多困难。）此时的笋芽儿还仅仅是勇敢吗？（自立、自强……）

是呀！笋芽儿就是经历了这样一个从胆小到勇敢再到自强的过程，最后她终于站在山冈上，自豪地喊着："我长大啦！"现在你能结合笋芽儿的成长过程说一说，她为什么自豪吗？（学生可能谈到笋芽儿自豪的原因：笋芽儿长成了一株强壮的竹子；挣脱了妈妈的保护；得到了朋友的帮助；看到了美丽的世界；突破重重困难，战胜了自我……）

【设计意图：首先在整合雷公公和小草弟弟帮助的过程中感受笋芽儿的变化，其次关注笋芽儿自身的努力成长，最后全面深刻感受笋芽儿的变化过程，体现篇章整体，深化学案学习。】

四、总结全文，回归整体

(一)总结学法

我们再来一起回顾一下，我们是怎样解决“笋芽儿为什么自豪地喊‘我长大啦!’”这个问题的。首先我们通过表格理清了笋芽儿的成长过程，随后在她的成长过程中了解了笋芽儿由胆小到勇敢再到自强的心理变化，最后才体会到了小笋芽儿自豪的原因。

(二)拓展练笔

不知不觉中，我们更加喜欢这个勇敢自强的笋芽儿了。如果你是笋芽儿，你最想对谁说些什么？请选择一个角度写一写。

如果我是笋芽儿，我想对春雨姑姑、雷公公和小草弟弟说……

如果我是笋芽儿，我想对竹妈妈说……

如果我是笋芽儿，我想对自己说……

【设计意图：学法梳理展现学生个性化学习过程，读写结合实现个性化表达。】

五、布置作业

选择8—10段中的两段背诵并选择自己喜欢的两句话抄写。

附：板书设计

23　笋芽儿

胆小 → 勇敢 → 自强

（北京市顺义区马坡中心小学　李金梅）

《围魏救赵》教学设计

（北京市义务教育课程改革实验教材第7册）

【教学内容分析】

《围魏救赵》是北京市义务教育课程改革实验教材第7册第6单元的一篇略读课文。本单元安排了4篇具有不同文体特征的课文，涉及古诗、寓言、京剧和历史故事，目的是使学生从不同的文学样式作品中感受到祖国传统文化的艺术魅力。

本课属于历史故事，展现了孙膑善于用兵的兵家形象。在塑造人物形象的方法上，通过对话形式设置人物对比，反衬出孙膑用兵的独树一帜；通过运用褒贬感情色彩极强的四字词语，使作者对孙膑的赞誉之情流露于字里行间。

【学生情况分析】

课文的可读性比较强，学生可能会比较喜欢阅读，也能粗略读懂故事内容，因此复述故事并不会太困难。教师只需帮助学生厘清思路、运用相关词语进行清楚表达。学生结合课文，容易读懂“围魏救赵”计策的内容，但对成语的广义含义以及在不同情境中的灵活运用不易把握，尤其对其中蕴含的孙膑的思想与智慧不易体察。因此，可借助相关资料引领学生深入理解成语的内涵，同时增进对孙膑善于用兵的智者形象的深入领悟。

【教学目标】

1. 读准 9 个认读字(含一个多音字“奔 bèn”)的字音。

2. 能复述课文。复述时能用上“迷惑不解、恍然大悟、猝不及防、以逸待劳、落花流水”等词语。

3. 结合“围魏救赵”计策的内涵、妙处及课外资料，感受孙膑是个善于用兵的军事家。

【教学重点、难点】

1. 教学重点：理解“围魏救赵”计策的内涵及其蕴含的智慧，能详细复述故事。

2. 教学难点：能结合课文内容和课外资料建立起孙膑是个善于智慧用兵的兵家形象。

【教学过程】

一、从题入手寻思路，有序复述故事

1. 读课题，说说“围魏救赵”的意思。

结合学生交流，教师顺势在题目之前补充“齐国”的“齐”，以此揭示此故事涉及的三个国家。出示战国地图，找到三个国家。

2. 用上地名和人名的词语，说说“围魏救赵”讲了一个怎样的故事。

(1)出示“地名”词语(邯郸　大梁　桂陵)，读准字音后，课件将三个词语放入地图中。

(2)出示“人名”词语(庞涓　孙膑　田忌)，结合自己搜集的资料，说说你对孙膑的了解；然后简要说说三人的关系，最后用课件将三个词语送入地图相应的国家中。

(3)用上含有地名和人名的6个词语，讲一讲“围魏救赵”的故事。

[预设]“桂陵”这个词出现在战争实际展开之时，由此可区分出故事的经过分为“定计”和“施计”两个小部分。

3. 按照事情发展的顺序，小组合作讲述“围魏救赵”的故事。

其他小组听后评价：是否讲清了故事的起因、经过、结果？

学生复述之后，教师出示下列词句，纠正易错字的读音：

A. 易错字音：立即、军械、召集

B. 多音字“奔”据词定音：

“于是，齐国的军队不去邯郸而直奔魏国的首都大梁。”

“魏军长期在外奔波作战，眼下又是急行军回防大梁，十分疲劳。”

4. 读一读下列成语，然后用上这些成语讲述“围魏救赵”的故事。

提示：能用上这些词语把故事讲明白即可，词语出现的位置可灵活多样。

迷惑不解　恍然大悟　猝不及防　以逸待劳　落花流水

【设计意图：由题目入手对文章内容整体感知，在厘清线索的基础上，逐步达到能较为详细地复述故事。这其中以词语的认读、理解为暗线，相机引入文章背景知识，同时将词语的理解与运用融于复述课文之中。】

二、聚焦重点品计策，感悟人物智慧

(一)默读课文，提出不懂的问题

[问题预设]

第一类：从田忌的角度提出问题：

①“田忌一听，恍然大悟，连叫：‘好计！好计！’”——田忌悟到了什么，说这是“好计”？或者说，这个计策到底好在哪儿？

第二类：从孙膑的角度提出问题：

学生主要会针对第11自然段中孙膑的话提出疑问，如：

②我们直捣大梁，庞涓为什么“必然”会回师自救？

③我们在魏军回防大梁的路上攻打，魏军为什么会“猝不及防”？

……

第三类：有关词语理解的问题(及时处理，重点处理“以逸待劳”的含义)。

(二)整合教与学的需求形成学习方案

1. 整合学生的质疑，提炼核心问题形成学案一。

师：大家的质疑都与“围魏救赵”计策的内容有关，核心问题是理解计策之妙。若想深入理解计策好在哪儿就离不开对计策内容的具体揣摩，由此同学们可以按照学案一来深入学习。

【学案一】“围魏救赵”计策的具体内容是什么？田忌说这是个“好计”，你同意吗？可结合“孙膑定计”和“计策实施”两部分内容探寻理由。

2. 结合课后习题，整合编者的意图形成学案二。

师：读一读课后第1题，然后说一说，学习这课我们还需完成什么任务？

课后第1题：默读课文。结合课文内容和课外资料说说孙膑是个怎样的人？

师：桂陵之战与马陵之战是孙膑指导的两场重要战役。这两场战役，对于结束魏国在中原地区的霸权具有决定性的意义，对战国整个战略格局的变化，也产生了深远的影响。因此老师建议大家阅读“马陵战役”资料，与课文展开对比阅读，从而深入把握孙膑人物特征。大家可以选择学案二来学习。

【学案二】先默读课文，然后对比阅读《马陵之战》，想一想：这场战役与“桂陵之战”用的计策一样吗？从这两场战役中可以看出孙膑是个怎样的人？

【设计意图：整合教与学的需求形成学生深入学习的方案：学案一较容易，侧重于理解课文的核心内容；学案二是在理解“围魏救赵”内涵基础上，通过对比阅读、迁移运用实现对成语内涵的深入理解，并在此基础上走向对人物特征的深入认识与评价。】

(三)学生自主选择其中一个学习方案，进行初步的自主探究

教师走入学生中间，了解学生的学习情况，及时把握学情。

(四)全班共议交流，在信息多维碰撞中提升认识

1. 请按“学案一”学习的同学交流自学成果。

(1)教师整体调控：引导学生结合“定计”和“施计”这两步，讨论计策好在哪儿？(“反围大梁”——蕴含孙膑的作战思想：攻其必救、调虎离山、避实击虚；“半路伏击”——蕴含孙膑的作战思想：主动进攻、攻其不备、出奇制胜。)

若学生理解不够深入，教师只需追问：“孙膑为什么要这样定计?”孙膑的作战思想与智慧就会被学生发现。带着感受读一读进一步体会。

(2)询问质疑问题的同学：此时问题解决了吗？

(3)请学习学案二的同学说一说，从“围魏救赵”这场战役中，你认为孙膑是个怎样的人？

[预设]主要是“足智多谋、善于用兵”。对学生从局部出发产生的认识也应给予鼓励，如：善于独立思考、逆向思维；考虑问题周密，最大限度地减少战争的成本，即以逸待劳等。

2. 请按“学案二”学习的同学交流自学成果。

教师整体调控：

第一，比较马陵之战与桂陵之战的相同之处：总体来说均采用了“围魏救赵”的策略(鼓励学生展开说一说)

第二，说一说“围魏救赵”成语的含义：

(1)师反向激思：马陵之战齐国不是“围魏救韩”吗？你们怎么说这场战役用的是“围魏救赵”的计策？

(2)出示“围魏救赵”成语的含义：

围魏救赵：指袭击敌人的后方据点，以迫使敌人撤回兵力并歼敌于运动之中的一种战术。

第三，马陵之战与桂陵之战所用计策的不同之处(如其中还运用“减灶计”来诱敌深入等)

第四，说一说孙膑是个怎样的人？

[预设]在初步建立孙膑是个善于用兵的军事家形象的基础上，通过两场战役对比，学生对孙膑的认识会更加深入而细腻，如：在不同的情况下他能“灵活设计”、“综合运用”各种计策，可谓知己知彼、用兵如神、变化莫测，对手很难猜透，可谓军事大家！

【设计意图：共议交流先从学案一开始，是从理解的重点和基础起步。按学案二学习的同学，通过倾听及参与学案一的交流，会增进对课文本身的深入理解，因此会为更好地展开对比阅读、认识孙膑人物形象奠定良好基础。而“学案二”学习成果的交流和汇报，也会对“学案一”同学学习结果及认识进行有效提升。】

三、纵观计策之影响，感受千古智慧

(一)纵向拓展

我们的伟大领袖毛主席这样评价孙膑：“围魏救赵，因败魏军，千古高手。”孙膑创造了中国军事史上著名的“围魏救赵”战法，成为后世两千多年中外军事史上诱敌就范的常用手段，影响深远。如：(课件出示)

中国历史上“围魏救战”的著名战役

时间	战役名称	运用者	结果
楚汉战争时期 （公元前205—203年）	成皋之战	姓辕的书生	刘邦的荥阳之围得解，项羽最终惨败。
三国时期 （210年）	围曹救吴	诸葛亮	曹操北上，东吴得救，刘备占领了西川。
唐朝 （801年）	维州之战	韦皋 （唐朝剑南节度使）	吐蕃溃败。此战彻底扭转了唐朝在战略防御上的被动局面。
太平天国时期 （1857年）	太平军二破 江南大营	洪仁轩 李秀成	清军溃逃，江南大营被毁，天京之围得解。
第二次国内革命战争时期 （1929年）	大柏地之战	毛泽东	国民党兵败。此战创造了“红军成立以来最有荣誉之战争”。毛主席创造“游击战”战术，是对“围魏救赵”的完善和发扬。
……	……	……	……

（二）横向拓展

“围魏救赵”的战法不仅在军事广泛应用，还在管理甚至日常生活各个方面有灵活运用的案例。请学生说一说知道的案例。

【设计意图：通过资料的纵横拓展，使学生认识到“围魏救赵”战法的深远影响，从中更为深刻地感受到孙膑用兵智慧的伟大。同时，站在广义的高度理解“围魏救赵”的含义，为学生在生活中运用创造了灵活迁移的可能。】

四、布置作业

1. 把“围魏救赵”的故事讲给家人或朋友听。
2. 阅读《中华古典文学文库·三十六计》。

附：板书设计

24　围魏救赵

反围大梁 —被迫撤军→ 半路伏击

（攻其必救、调虎离山、避实击虚）　（主动出击、攻其不备、出奇制胜）

以逸待劳

（北京市顺义区教育研究考试中心　杨雪莲）

《小珊迪》教学设计（第二课时）

（北京市义务教育课程改革实验教材第 8 册）

【教材内容分析】

故事发生在英国爱丁堡，饥寒交迫的珊迪在卖火柴换完零钱跑过马路时，不幸被马车轧断双腿；在身受重伤即将死去的时候，他叮嘱弟弟把应找给“我”的零钱还给“我”；临死前，他还牵挂着自己年幼的弟弟。文本以地点变化为序（旅馆前—旅馆内—珊迪家）记叙了一个完整的故事，赞扬了珊迪诚实、善良的可贵品质。

作者以第一人称娓娓道来，其间贯穿了“我”丰富的情感变化，由最初的冷漠，到不知不觉的信任，再到最后的由衷感动、郑重承诺，从侧面写出了珊迪带给“我”、带给读者的强烈震撼。这是文本学习的难点之一。

【学生情况分析】

初读课文，学生能基本把握主要事件，并结合人物言行等关键语句初步把握文章主旨。但这一故事发生在英国爱丁堡，跨越国界，年代久远，这给学生的学习带来了困难：第一，时代不同，一百多年前的英国，社会贫富悬殊，穷人缺衣少食。第二，生活环境不同，珊迪是孤儿，和弟弟相依为命，仅靠卖火柴为生。第三，观念不同，珊迪重伤临死之际首先想到的不是为自己看病，而是完成自己的承诺。在他小小的心灵中，诚信比自己吃饭看病，甚至比自己的生命还要重要。这些场景，很容易引发学生的感动，但他们难以真正走进珊迪崇高的精神世界。为此，引导学生结合时代背景与文化，抓住人物言行神态感受形象、揣摩心理，进而感受理解珊迪诚实、善良的高贵品质，既是学生学习的重点，也是学习的难点之一。

【教学目标】

1. 结合“乞求”“跑”等关键词句，理解珊迪卖火柴、换零钱以及执意还钱的表现，感受珊迪诚实守信的优秀品质，初步领会“我”的情感变化。

2. 品读旅馆前卖火柴时人物的对话，学习人物语言描写的方法，练习仿写补白珊迪叮嘱弟弟还钱的场景。

3. 有感情地朗读课文。

【教学重点、难点】

1. 教学重点：结合人物表现，理解珊迪是一个诚实守信善良的孩子。

2. 教学难点：学习卖火柴时人物对话描写的方法，初步练习仿写补白；初步领会“我”的情感变化。

【教学过程】

一、再现词句，回顾内容

(一)分类听写词语

又薄又破 又红又肿——人物外貌描写

纠缠 乞求 换零钱 撞倒 轧断腿——珊迪的表现与遭遇

(二)难句导读，再现珊迪外貌

导语：你的眼前仿佛出现了一个怎样的孩子？(出示)

这时走过来一个小男孩，身上只穿着一件又薄又破的单衣，瘦瘦的小脸冻得发青，一双赤脚又红又肿。

指名朗读后交流，初步体会“珊迪”的困境——冷极了，很可怜。

(三)回顾课文内容

[指名交流]谁还记得在这个小男孩身上发生了哪些事？

[明确目标]你的眼前又出现了一个怎样的珊迪？(家穷、诚实守信，善良等)他的哪些表现令你感动？“我”为什么答应永远照顾小利比？这节课我们就围绕这些问题来深入学习课文。

【设计意图：结合初读后学生对人物形象的感知，再现故事内容；提示学生按地点变化的顺序，即“旅馆前—旅馆内—珊迪家”来概括课文主要内容的方法；通过追问“故事的结尾如何”引出“我”收养利比的做法，自然衔接第一二课时。】

二、自主探究，初步感受人物形象

【学案一】认真默读课文，用“——”画出你是从哪些地方感受到珊迪（可怜、诚实、善良……）的，在感受深的地方写写批注。

【学案二】默读课文，珊迪的哪些表现令人感动？画出相关的语句，练习有感情地朗读。

【设计意图：学案一紧扣课题，抓住学生对人物形象的初步印象，切入探究；学案二从学生初读这篇写人叙事类文本的阅读感受入手，易引发共鸣，并巧妙地落实了课后习题，体现编者意图。】

三、共议交流，立体感悟人物形象

[导语]通过刚才的学习，无论是诚实的珊迪，还是可怜的珊迪，一定让你的印象更为深刻，也一定深深打动了你。珊迪的哪些表现让你感动呢？

[预计]学生最容易从“被撞伤后仍执意还钱”或“临死前还牵挂弟弟”的表现，谈到珊迪的表现令人感动；学生不容易从“卖火柴、换零钱”处感受到一个小男孩承担着照顾弟弟的责任而千方百计卖火柴的场景中受到感动。教师相机引导提示学生关注旅馆前卖火柴的场景。以学案二为主，融合学案一，围绕“感动”走近珊迪，引导学生按文本顺序从“卖火柴，换零钱”、“执意还钱”、“牵挂弟弟”等表现，结合具体的语句说出自己的感受。

(一)卖火柴、换零钱，珊迪的责任与担当令人感动

1. 指名交流圈画的语句，并带着自己的感受朗读这几句话。

2. 评价读，进一步体会珊迪卖火柴时的急切心情，理解急切原因。

相机处理如下重点：

“啊！请您现在就买吧！先生，我饿极了！”男孩子乞求说，“我可以去给您换零钱。”

(1)联系上文对珊迪外貌的描写理解（通过又冷又饿、又红又肿、瘦瘦的小脸等词语，感受珊迪可能已经饿了很久了。）

(2)联系下文对珊迪临死前牵挂弟弟的情景理解（珊迪还有一个年幼的弟弟，他的弟弟也正饿着肚子在家等着他。）

(3)追问：“乞求”是什么意思？（乞，向人讨、要、求）此时，珊迪向人讨、要、求的是什么？

(4)如果将提示语“男孩子乞求说”前置，对比思考：哪种表达更符合当时的情景，更能表现珊迪的急切？

> 但是，当我掏钱的时候，却发现没有零钱，于是对他说："我明天再买吧……"
>
> ①"啊！请您现在就买吧！先生，我饿极了！"男孩子乞求说，"我可以去给您换零钱。"
>
> ②男孩子乞求说："啊！请您现在就买吧！先生，我饿极了！我可以去给您换零钱。"

【设计意图：通过对比，引导学生感受，珊迪说的话是不等"我"说完便脱口而出将"我"打断的，体会珊迪等了很久，终于等到一位先生想买火柴，珊迪当时心情的急切。】

3. 再读"卖火柴"情景，体会珊迪在卖火柴过程中越来越急切的情感变化。

[导语]珊迪为了自己和弟弟的饱暖，这样乞求"我"买他的火柴，这一点将我们打动了。让我们一起来回顾珊迪卖火柴的整个过程，想一想，珊迪是如何向"我"卖火柴的。

出示珊迪卖火柴过程中语言：

> 他对我们说："先生，请买盒火柴吧！"
>
> "买一盒火柴只要一个便士啊！"孩子可怜地请求着。
>
> 小男孩想了一会儿，说："我可以一便士卖给你们两盒。"
>
> "啊！请您现在就买吧！先生，我饿极了！"男孩子乞求说，"我可以去给您换零钱。"

(1)联系资料了解"一便士"，体会此时"一便士"的重要。

学生可能理解到表面上是"一便士"，可引导学生联系上下文理解，珊迪乞求的"一便士"，实际是自己在极度饥寒的情形下的饱暖，是与自己相依为命的弟弟的饱暖。

(2)想象：由原来的"买一盒火柴只要一个便士"到后来的"我可以一便士卖给你们两盒"，"小男孩想了一会儿"，珊迪可能在想什么？（主动降价，意味着收入减少；但宁愿减少收入也要低价卖出，体会他此时的急切。）

(3)你还从哪儿也能感受到他急切的心情？出示"我给了他一先令，他转身跑开了。"从这一"跑"中你感受到了什么？（着急，冷极了，饿极了）

[小结]从"一盒火柴只要一个便士"(强调价钱便宜)到"我可以一便士卖两盒"(主动降价)再到"我可以去给您换零钱"(不怕麻烦)，体会珊迪"想方设法"

卖火柴的心理。

4. 师生配合朗读，升华感动，再现情景。

虽然珊迪在乞求着“我”，但他不是一个乞丐，他靠自己双手养活自己和弟弟。由此我们可以看出，珊迪虽然贫困，但是他身上的哪些品质更值得我们尊敬？（自立、有担当、关爱弟弟等）

（二）重伤仍执意还钱，珊迪的诚实与守信令人感动

［导语］如果是你，等了很久不见珊迪回来，你会认为自己上当受骗了，还是相信这样一个孩子是值得人信任的？

出示：“但是，当我想到孩子那诚恳的面容，想到他那使人信任的神情，我断定，他不是那种人。”

1. 从小利比的话中，感受珊迪的诚实。

算一算：“当时的英国1先令是等于12个便士，小利比还回4个便士，丢了7个便士”，珊迪只留下了自己卖火柴的1个便士。

2. 从珊迪的话中，感受珊迪的诚实守信。

“先生。我换好零钱往回跑的时候，被马车撞了，我的两条腿全断了，就要死的。”

交流：此时珊迪为什么跑？（着急还钱、诚实守信）

3. 展开想象写话，进一步感受珊迪的诚实守信。

珊迪完全可以用这些钱去医院，也许还可以挽救自己的生命，但是他并没有这么做，在活命和做一个诚实守信的人面前，他选择了后者。在病床上，珊迪会怎样交代弟弟还钱呢？弟弟又会怎样劝哥哥呢？想象当时的场景，写一段人物之间的对话。

（三）临死牵挂弟弟，珊迪的善良令人感动（略）

［过渡］珊迪身受重伤、执意还钱的举动，深深地感动我们，那珊迪“牵挂弟弟”部分，又有哪些地方让我们感动呢？指名读珊迪临死前“交代”，体会善良。

（四）总结人物品质，突显人物形象

1. 请按学案一学习的同学说一说，此时，你认为珊迪是一个怎样的孩子？给你印象最深的是什么？（珊迪虽然贫穷可怜，但他身上却有着诚实、善良的高贵品质。）

2. 解决上节课疑问：是啊，就是这样一个贫穷、普通的小男孩，在生命垂危之际仍不忘完成承诺，他身上散发出来的诚实与善良，感动了你们，也感动了我。现在，你们理解为什么“我”会对一个素不相识的人，许下永远照顾他的弟弟这样一个承诺了吗？

四、总结课文，提升情感

出示：我握着珊迪的手，对他说：“我会永远照顾小利比的。”

1. 想一想，在整个事件过程中，“我”的情感发生了哪些变化？

2. 填空：我断定他不是那种人，而是一个________的人。

3. 理解课题的深刻含义——珊迪不“小”：虽然珊迪的年龄“小”，虽然几个便士的数量“小”，虽然珊迪只是个不起眼的“小”人物，但他那颗金子般闪光的心，却深深地感动了我们，感动了作者，也为当时人情冷漠的英国社会送来了一抹温暖、一股人性的力量。

五、拓展延伸，布置作业

1. 对照注释①作者简介，推荐阅读丹麦作家安徒生的童话故事《卖火柴的小女孩》，建议学生运用学案二，抓住自己最受感动的地方，深入阅读。

2. 将这个故事讲给家人或朋友。

附：板书设计

6. 小珊迪

冷极了	饿极了	“跑”	可怜
			善良
执意还钱	（牵挂弟弟）	“跑”	诚实守信

（北京市顺义区教育研究考试中心　魏淑媛）

《永生的眼睛》教学设计

（义务教育课程标准实验教科书第8册）

【教学内容分析】

《永生的眼睛》是人教版四年级下册第五单元中的一篇略读课文。课文按照时间顺序讲述了琳达一家为了能让盲人重见光明，妈妈、爸爸去世后捐献角膜和女儿也决定死后捐赠角膜的事迹，再现了琳达当年对父亲捐赠母亲角膜的不理解和成年后为女儿的主动捐献角膜而感到骄傲的情感变化。文中人物的语言富有个性，含义深刻，人物的情感也深深地打动着每个人的心，以“永生的眼睛”为题，富有深意。

【学生情况分析】

新颖的题目能够激发学生的阅读期待，凭借自读自悟学生可以厘清琳达一家人为了让盲人重见光明是怎样做的，但要表述清楚可能会因为人称角度等问题而感到困难。课文所谈到的器官捐赠问题对于学生来说比较陌生，由于受传统观念的影响，学生接受起来也比较困难。文章的题目、含义深刻的句子学生都不容易理解。

【教学目标】

1. 认识 6 个生字。
2. 能结合人物的言行，理解含有“骄傲”的语句，体会人物的思想感情。
3. 能有感情朗读课文，感受抓住人物言行表现人物品质的写作方法。

【教学重点、难点】

1. 教学重点：抓住重点语句，体会人物的思想感情。
2. 教学难点：理解器官捐献的意义，体会题目和重点词句的含义。

【教学过程】

一、检查预习，初读课文

(一)题目导入，激发期待

当你读到“永生的眼睛”这个题目你想知道什么？(“眼睛”怎么会永生呢……)

(二)认读字词，了解内容

认读字都会读了吗？读一读：遵从 捐赠 盲童 搂住 屡屡获奖 夺眶而出

读到这些词语的时候，要想到文中记叙的内容。请你选择其中两个词语来说一两句与课文内容相关的话。(在父亲与世长辞后，琳达遵从父亲的遗愿，捐赠了他的眼角膜……)

交流所查词语。相机点拨“捐赠”“遵从”。

发现文中有不少四字词语了吗？圈画出来。

【设计意图：结合认读字词进行相关联想和说话训练，有助于了解内容，促进了个性化表达，也发展了学生的思维，实现积累与理解、运用的结合。】

(三)借助导读，理清内容

小组检查朗读课文，说说琳达一家为了让盲人重见光明，他们是怎样做的，然后全班交流。

二、再读课文，明确目标

(一)交流再读收获

1. 结合预习和刚才读书，你还读懂了什么？（课文的顺序，琳达对捐献角膜的态度变化，等等。）

2. 有什么感兴趣的或者是疑难的问题？

为什么说是“永生的眼睛”？

“在这一刻，我真正领悟到了父亲留下的远非一副角膜！”这句话是什么意思？（父亲留下的还有什么？）

……

【设计意图：更多地关注学情，落实“阅读是学生个性化的行为”。】

(二)明确探究方向

我们读懂了这么多内容，也提出了问题，能再试着说说进一步学习课文我们应该探究什么吗？

师生一起结合导读提示和学生的提问进行梳理：

(1)出示含有“骄傲”的句子，看看从中体会到什么？

(2)理解课题的含义。

(3)解决疑难——父亲留下的还有什么？

……

(三)师生共拟学案

1. 修改导读提示，形成学案一。

【学案一】画出文中含有“骄傲”的句子，想象当时的情景，再联系上下文说说从中体会到了什么？能写写批注更好。再有感情地读一读。

2. 理解含义深刻的句子，形成学案二。

【学案二】文中说“在这一刻，我真正领悟到了父亲留下的远非一副角膜！”联系上下文思考这句话是什么意思？想想父亲还留下了什么？

在文中圈出相关的语句，在感受深的地方写写批注，练习有感情地朗读。

3. 理解课题，形成学案三。

【学案三】读课文，边读边圈画与课题“永生的眼睛”有关的语句，想想为什么这样说？

【设计意图：让学生参与学习目标、学习内容、学习方法的确定，体现了课堂是学堂。】

三、自主探究，交流共享

学生选择上面的一个学习方案自读自悟，有什么不明白的问题，请教老师或者与同学讨论。

交流时先回答导读提示的问题，在其间会结合难句理解相融学案二，最后理解课题的深刻含义。

(一)感悟“骄傲”

学生很容易抓住含有“骄傲”的三句话来谈自己的感受，以文本的顺序组织教学。

1. 温迪为外公和妈妈骄傲。

(1)“妈妈，我真为你、为外公所做的一切感到骄傲。”

学生能够理解到这句话是说温迪为外公和妈妈骄傲(自豪)，但可能说得不具体，(变色“所做的一切”)引导：能具体说说吗？(外公主动捐赠自己的角膜、妈妈遵从遗愿捐献外公角膜。如果学生说到外公捐献外婆角膜也可以)

师生合作朗读(连同第8自然段，教师读琳达的相关语句，学生读温迪的相关语句)，点拨：你还体会到了什么？(温迪为外公、为妈妈对他人的关爱精神而自豪，温迪非常善良……)

【设计意图：抓住关键词句，展现学生个性化解读成果，引导形成正确的解释。】

(2)“这令你骄傲吗？”

学生容易忽视这句话。引导学生再读发现。(可以有个性化的理解，妈妈不理解或者妈妈有些疑问。如，“我”和外公做的这些令你骄傲吗？值得你骄傲吗？你为什么骄傲？)

读读妈妈的话，边读边想：妈妈有这样的疑问，你能从文中找出原因吗？(学生可能会从第4自然段联系妈妈以前的态度。)

温迪是怎么回答的，读一读，你明白了什么？(很骄傲；同情盲人；不仅骄傲，还要效仿；温迪骄傲是外公和妈妈的行为为盲人解除了痛苦，温迪跟妈妈的态度不同等。)

【设计意图：引导学生自主发现，并创设学生个性化理解的平台，提升学生的认识。】

师生共读：在这一刻，我真正领悟到了父亲留下的远非一副角膜！我紧紧地搂住温迪，激动的泪水夺眶而出。(顺势出示第三次骄傲的语句)

2. “我”为温迪骄傲。

“这次，我为自己的女儿——14岁的温迪而骄傲！”谁来谈谈你对骄傲的理解或体会？（学生能联系温迪的语言理解到“我”为女儿的高尚情操而骄傲——对盲人的同情、要捐献的无私。可能体会到女儿与自己相当的年龄时态度却是天壤之别。）

再读，你从“我”这句话中还体会到了什么？（“我”曾经难以理解爸爸捐献妈妈的眼角膜，现在却为女儿要主动捐献而骄傲，顺势梳理“我”态度的变化，并追问“我”态度变化的原因——简单处理。）

（二）感知“影响”

1. 对“我”的影响。

整体、角色朗读：

父亲答应捐献母亲的眼角膜时我痛苦难忍，在《永生的眼睛》原文中作者说，父亲那平静的话语“震耳发聩”“给我上了人生中最重要的一课”。（男生读——）

父亲告诉我去世后要捐献眼角膜，父亲又说（男生读——）

当我遵从遗愿，捐献了父亲的眼角膜后，温迪告诉我（女生读——）

【设计意图：父亲和温迪的话语也将荡涤学生的心灵，也为理解难句、体会课题奠定基础。】

2. 对温迪的影响。

“在这一刻，我真正领悟到了父亲留下的远非一副角膜！”这个句子理解了吗？（相融学案二）

学生可能会说出“这一刻”“真正领悟”的意思，重点理解“留下的远非一副角膜”。（结合相关内容让盲人重见天日，对家人产生影响，留下的是植根于后代的精神财富……）

学生感觉困难，可补充资料：作者在《永生的眼睛》原文中这样写道：“这一刻，我真正领悟到了父亲留下的远非一副角膜，他所遗留的仍辉映在我女儿的眼里——怎样的一种骄傲！”

【设计意图：在考虑文本规定性目标的同时满足学生的阅读期待，并调动学生主体的力量解决问题，有助于培养学生个性化阅读的能力。】

（三）理解“永生的眼睛”

课文学习到这，你理解课题“永生的眼睛”了吗？（简单交融学案三，引导结合捐献的事件，体会角膜的作用，体会精神的影响，提倡结合相关语句。）

四、回归生活，延伸情感

1. 结合课前调查的资料，谈谈你学习课文后的感受。

2. 阅读一位老师签署捐献同意书的日志《丰台》。

五、自选作业，个性表达

作者在美国《读者文摘》上发表的这篇文章上还写道：

没有想到的是，仅仅两周之后，我再一次为器官捐献组织签署了同意书。我的可爱的小女儿，才华横溢的小温迪，在一次交通事故中丧生，一辆卡车无情地碾过了正在马路边策马扬鞭的她。当我签字时，她的话儿萦绕在耳际：你想过什么也看不见会有多么痛苦吗？

温迪去世三周后，我们收到了一封来自奥列根勇敢者角膜银行的一封信。

亲爱的里弗斯先生和太太：

角膜移植非常成功。现在，两位昔日的盲人已重见天日，他们成为您女儿——一位极其热爱生命的女孩的活的纪念，并有幸终生分享她的美丽。

你觉得这样结尾好还是课文的结尾好？

【设计意图：引用原文，让学生在拓展中与作者的情感相碰撞，并在读中学写。】

附：板书设计

18* 永生的眼睛

骄傲！

父亲(善良、乐于助人、无私……)

“我”态度的变化：

不理解——遵从遗愿——以此为傲

爱—— 传递

骄傲！

（河北省三河市东营小学 李金兰）

《鸟的天堂》教学设计

（北京市义务教育课程改革实验教材第10册）

【教学内容分析】

《鸟的天堂》是著名作家巴金先生的作品，全文按游览顺序记叙了作者和朋友两次经过“鸟的天堂”时所见到的不同景象：第一次经过鸟的天堂是在傍晚，作者通过对茂盛的大榕树的描写，不仅写出了鸟儿栖息的环境，还引发了读者的兴趣——鸟的天堂里怎么没有一只鸟？第二次经过是在早晨，作者通过对众鸟纷飞的壮观场景的描写，让人慨叹“鸟的天堂”的确是鸟的天堂！

文章语言质朴，内容构思巧妙，作者以两次经过鸟的天堂所看到的不同景象为线索，巧妙地建构起了树与鸟的联系，向我们展示了鸟的天堂不同角度的美。从写作特点来看，作者抓住景物特点，在静态与动态的描写中向我们展示了鸟的天堂的美景，又借景抒情，表达了作者对鸟的天堂的喜爱以及对大自然的热爱与赞美之情。

【学生情况分析】

本文是一篇略读课文，从阅读能力来看，五年级的学生多具备了初步的自能阅读能力。初读课文学生能基本把握文章的内容、结构，初步感知文章表达的情感。但对于作者写法上的特点，以及为什么称这里为“鸟的天堂”学生感知起来还是有困难的。再加上，鸟的天堂位于广东省新会城区，绝大部分学生没有去过那里，因此对榕树的大和美缺乏感性认识，了解不多，很难想象作者所描绘的大榕树的美丽与众鸟纷飞的壮观景象，需要借助图片等资料帮助学生进行理解。

【教学目标】

1. 能正确、流利地朗读课文，了解课文的主要内容，感受到作者两次去“鸟的天堂”所看到的不同景象。

2. 结合重点句段了解大榕树的奇特美丽和众鸟纷飞的幸福场景，感受其为鸟的天堂的原因，体会作者对鸟的天堂的热爱、赞美之情。

【教学重点、难点】

1. 教学重点：结合重点句段了解大榕树的奇特美丽和众鸟纷飞的幸福场

景，感受“鸟的天堂”的确是鸟的天堂。

2. 教学难点：了解称大榕树为鸟的天堂的原因，体会作者对鸟的天堂的热爱、赞美之情。

【教学过程】

一、揭示课题，初步解题

1. 理解“天堂”的含义。

通过预习，你们知道“天堂”指的是什么吗？（预计学生能理解到天堂是个快乐、幸福的地方）

如果有困难，可出示《现代汉语词典》中的解释帮助学生理解。（天堂在这里指：幸福美好的生活环境）

2. 初步理解课题“鸟的天堂”的含义。

现在能说说“鸟的天堂”指的是什么吗？（鸟儿们幸福美好的生活环境）

【设计意图：题目是文章的眼睛。通过解题初步感知，为后面的感悟做好铺垫。】

[过渡]这幸福美好的生活环境是什么样呢？下面就让我们一起走进这篇课文，去了解这鸟的天堂。

二、初读课文，检查预习

1. 开火车朗读课文(顺势订正错误读音)，其余同学边听边思考围绕“鸟的天堂”你读懂了什么？有哪些不懂的问题？

2. 交流初读后的收获。

(1)通过预习和初读，交流读懂的内容

预计学生能够读懂：鸟的天堂里有一棵大榕树，这棵大榕树很茂盛，上面有很多鸟，那里环境很美……

还有些学生能够读懂：作者第一次去鸟的天堂没有看到一只鸟，第二次去鸟的天堂看到了很多只鸟。（如果学生说到此，顺势处理文章的结构和作者的写作顺序；如果不能说出则引导说出后再处理。）

(2)依据读懂的内容，说说课文的主要内容

注意说清要点：第一次经过看到的景象，第二次经过看到的景象，作者最后的感受。

(3)交流读懂或者感兴趣的问题

［预设］

(1)为什么说“鸟的天堂”的确是鸟的天堂？

(2)“翠绿的颜色在我们的眼前明亮地闪耀着，似乎每一片树叶上都有一个新的生命在颤动”，这“新的生命”指的是什么？

……

【设计意图：学贵有疑，不懂问题的提出既是学生学习的需要，又是形成个性化学习思路的前提。】

三、拟订学案，自主探究

1. 依据教学目标及学习需求拟订学习方案。

(1)拟订学案一

课题是“鸟的天堂”，学习这篇课文我们应该弄懂什么？要想解决这个问题我们可以怎么学？由此形成学案一：

【学案一】默读课文，想一想从哪儿可以感受到“鸟的天堂”的确是鸟的天堂，画出相关语句，带着感受读一读，也可以在感受深的地方写下自己的感受。

(2)拟订学案二

学习这篇课文我们除去要弄懂“鸟的天堂”的确是鸟的天堂外，还应该弄懂什么？——作者的感受(如果学生不能说出，可引导学生读读课文的结尾进行发现。)

作者为什么会留恋“鸟的天堂”呢？要想解决这个问题，可以怎样学？(预计学生会说先画出表现鸟多、大榕树美的语句——让作者留恋的原因；然后带着感受读一读……)

由此形成学案二：

【学案二】作者为什么会留恋“鸟的天堂”呢？

默读课文，画出“鸟的天堂”让作者留恋的地方，然后带着感受读一读，边读边体会作者的思想感情。

【设计意图：学案拟订的过程其实也是个性化学习思路设计和形成的过程，此环节是引导学生在学案的拟订中明晰学文的方法和学路的构建。】

2. 依据学习方案自主探究、因需交流。

要求：从两个学习方案中选择一个适合自己的学习方案先进行独立学习，学的过程中有了困难或者收获可随时请教学习伙伴或者教师。

四、共议交流，完善学习

课题是“鸟的天堂”，就以学案一为主思路进行学习，同时也请选择学案二的同学随时参与到交流中来。

(一)交流：为什么说“鸟的天堂”的确是鸟的天堂

1. 整体交流“鸟的天堂”的确是鸟的天堂。

学生能够结合第 11、12 自然段“到处都是鸟声，到处都是鸟影”、“大的，小的，花的，黑的，有的……有的……有的……”、“我的眼睛真是应接不暇，看清楚这只，又看漏了那只，看见了那只，第三只又飞走了”等语句谈出因为“鸟的天堂”里鸟很多，所以说这里是鸟的天堂。

有些同学还能够抓住“枝叶繁茂、一簇另一簇、不留一点儿缝隙……”对大榕树描写的语句感受到茂盛的榕树为鸟提供了舒适的生活环境，所以称这里为鸟的天堂。

2. 重点感悟“鸟的天堂”里鸟儿快乐、幸福的生活。

这么多的鸟儿生活在这棵大榕树上，它们生活的怎样呢？还从哪儿可以感受到“鸟的天堂”的确是鸟的天堂。

学生能够抓住第 11、12 自然段的内容感受到虽然这棵大榕树上的鸟儿很多，但它们生活得很幸福、很和谐。

(1)出示第 11、12 自然段，引导展开想象：“鸟的天堂”里到处都是鸟声，到处都是鸟影，它们可能在做什么呢？

(2)顺势引导发现鸟与树的联系：这到处都是鸟声、到处都是鸟影，这“到处”是指哪儿呢？(整个“鸟的天堂”也就是大榕树所覆盖的面积——结合第 5、6、7 自然段、图片和文字资料感受榕树的大。)

重点理解“堆”的含义及榕树茂盛的生命力。

结合资料：它的树冠大得出奇，浓荫覆盖着天马河心上的 1 公顷土地，相当于 100 个 100 平方米的房子那么大。

[过渡]独木成林、枝叶繁茂的大榕树为鸟的生活提供了美丽、舒适的环境，使得这里鸟儿众多，且幸福、快乐地生活。

(3)现在我们再来读读第 11、12 自然段，在感受鸟儿幸福、快乐地生活的同时，想一想作者是怎样把鸟多表达具体的？(体会作者表达上的有序；写法上的动静结合、情景交融)

【设计意图：引导学生体会作者的表达方法，在读中学写，渗透写法。】

(4)现在你能完整地说一说为什么“鸟的天堂”的确是鸟的天堂？

学生能够从“鸟的天堂”里鸟很多，榕树很大，它们生活在这样的环境里很快乐、很幸福几方面进行完整阐述。

可引导深入：鸟儿们之所以能够这样幸福、快乐地生活，你们认为还因为什么呢？（感受当地人对环境的保护，对鸟儿的呵护。）

（二）交流：为什么作者会留恋“鸟的天堂”（处理学案二）

现在能说说为什么作者会留恋“鸟的天堂”呢？

借助表格展示学生的学习结果：

关键词句	作者感受
一簇簇绿叶、伸	树叶绿得可爱 第一次见这样大的榕树
数不清丫枝、枝上生根、垂、伸	像一棵大树斜躺
全部生命力、堆、明亮地闪耀、新的生命	这美丽的南国的树
应接不暇、兴奋地唱	它的歌声真好听

五、拓展延伸，再次感悟

1. 借助资料，加深对鸟的天堂的了解。

其实这美丽的鸟的天堂，又名“小鸟天堂”。是全国最大的天然赏鸟乐园，也是著名的国际级生态旅游景点。岛上这株500多年历史的大榕树，随着时间的推移竟独木成林，成为覆盖面积达一公顷的“独木林”，林中栖息着成千上万只鸟雀，尤以白鹭和灰鹭最多。现已形成“独木成林、百鸟出巢、百鸟归巢”三大自然奇观。几百年来，天马人一直用“爱树护鸟，爱护自己，爱护子孙”的祖训教育着一代又一代的后人，用各种各样方式保护这个赖以生存的环境，使这处自然奇观完好无损地保存至今。

2. 著名作家巴金先生游玩后于1933年写下了《鸟的天堂》这篇散文。1962年著名剧作家田汉游小鸟天堂后写下了《游小鸟天堂》。读一读，看看鸟的天堂带给田汉先生的又是怎样的感受？

出示：

游小鸟天堂

田汉

三百年来榕一章，
浓荫十亩鸟千双。
并肩只许木棉树，

立脚长依天马江。
新枝还比旧枝壮，
白鹤能眠灰鹤床。
历难经灾从不犯，
人间毕竟有天堂。

3. 学完课文，鸟的天堂带给你怎样的感受呢？可以用一句话、一首诗，或者一段文字来表达你此时的感受。

六、布置作业

1. 推荐阅读巴金先生的《鸟的天堂》的原文。

2. 上网查阅有关“鸟的天堂”的其他相关资料。

附：板书设计

鸟的天堂

树鸟相依
- 到处：鸟声　鸟影——多、快乐
- 榕树：大　茂盛——舒适的环境

（舒适的环境↑多、快乐）——留恋

（北京市顺义区东风小学　顾雪莲）

《游园不值》教学设计

（北京市义务教育课程改革实验教材第 10 册）

【教学内容分析】

《游园不值》是京版实验教材第 10 册《古诗四首》中的最后一首，作者是宋代诗人叶绍翁。诗的前两句写作者去游园而主人不在，是叙事；后两句写景并蕴含着深刻哲理，成为脍炙人口的千古名句。整首诗在内容上浅显易懂，表达了诗人对春天的喜爱和赞美之情。在写法上构思新颖，曲折生动。“取景小而含意深”，通过春天的一枝红杏表达了深刻的意蕴。在遣词用字上字斟句酌，一个“怜”字尽显情致；“一枝”对“满园”给人留下了无限的遐想空间；“关”与“出”的对比更彰显了春天勃勃的生命力。

【学生情况分析】

学生有前期学习古诗的基础，能够通过自学大致理解诗句的意思，初步体会诗中之景、诗中之事、诗中之情。但是本诗意蕴深刻，诗中之哲理、诗中之表达等学生感悟起来会有一定的困难。可以在反复诵读的基础上，引导学生通过想象、对读以及组学交流中逐步领悟。另外，还可在与现代文的对接中引导学生体会诗中的表达技法，在情境创设中实际运用诗句。

【教学目标】

1. 学会生字“屐”。

2. 朗读古诗，理解诗句的意思，想象描绘的景象，体会诗人的思想感情。

3. 感受诗中景与情的基础上进一步体会现代文中的景与情；练习在情境中运用古诗。

4. 能背诵并默写这首诗。

【教学重点、难点】

1. 教学重点：在诵读中想象情景，体会诗人的思想感情。

2. 教学难点：感悟古诗表达情感的方法，并在情境中简单运用古诗。

【教学过程】

一、读诗题，了解诗人，回顾学法

1. 齐读诗题。

2. 了解诗人。

3. 梳理学法。结合以前学习古诗的方法，谁能说说我们应该按照怎样的步骤学习这首古诗？（读通读顺、了解诗意、体会情感、学习表达、背诵积累、情境运用。若学生感到困难用课后习题提示，“运用”若没说到可在后续补充。）

【设计意图：掌握、运用学法，是语文教学的重要内容，回顾、迁移学法为学习本诗提供路径和策略。】

二、读古诗，了解诗意，体悟诗情

(一)初读，朗读学字

1. 自由朗读，读准字音。

2. 朗读展示，定音学字。根据学情点拨：语境中确定多音字“应”的读音，学习生字“屐”(在学生交流字形字义的基础上讲解字理)。

(二)再读，尝试理解，拟订学案

1. 小组交流，初解诗意。

(1)小组交流，展示预习收获。

(2)小组完成，检测自学效果。

“怜”的意思是：________________。

“小扣柴扉久不开”是因为________________。

“游园不值”诗题的意思是________________。

2. 全班反馈，初感诗景。

在小组反馈中，教师点拨。

(1)了解诗中之事：通过读题，我们知道了诗中写了游园未遇主人这样的事。

(2)了解诗中之景：诗人遇到了什么呢？(苍苔、柴扉、一枝红杏)

3. 根据古诗学习的步骤和方法，我们还需要探究什么呢？师生共同拟订进一步探究的学习方案。

【学案】①诵读全诗，边读边想象：这首诗描绘了怎样的画面？表达了诗人怎样的情感？

②这首诗哪里写得好呢？品读、体会。

学生根据学案自读探究，也可以和学伴展开交流。

【设计意图：让学生“试去揣摩”“试去理解”，实现学生个体的“粗略读懂”，在点拨中读出诗中之事，了解诗中之景。学案的进一步拟订，为后续的深入学习提供了路径。】

(三)想象，体会情感(交流学案1)

1. 读诗，想象诗中所绘画面。

轻声读这首诗，边读边想象：脑海中出现了怎样的画面？希望在生生相互补充中达到：

诗人叶绍翁穿着木屐，来到朋友家。他轻轻地敲打柴门，等了好久也没有人来开。他心想，大概是园主人爱惜苍苔，怕我的屐齿印在上面吧！他猛然抬头，看到一枝粉红色的杏花伸出墙外，由此想到春色满园是关不住的。

[预设]学生在说画面时可能会说得零散，引导学生把画面说完整；还可能有学生解释诗句，引导学生展开想象，用自己的语言描述。

[小结]这首诗仅仅28个字，却蕴含着如此丰富的画面，这就是古诗的魅力！

2. 想象，体悟诗人起伏情感。

结合想象到的画面，想想应该怎样读呢？自由练读、指名读、评读。

学生可能会从前两句读出对苍苔的怜惜、从后两句读出对春天的喜爱之情。如果学生没有读出诗人未进园内的失望之情，教师可从“久不开”引导学生感悟朗读。

3. 对读，感受寓情于景(景语、情语)。(师和生对读——师读前两句，生读后两句。

师：我读的前两句是说我游园没有见到要访的人，你们呢？见到了什么？

师：我读的前两句是说我没有见到要访的人，我真失望啊！你们呢？

师：我读的前两句是说我没有遇到要访的人，此次游园“不值”啊！你们呢？

[小结]同学们，通过反复地读、思考着读，我们发现了这首诗从“游园不值”事中，看到了“苍苔、柴扉、一枝红杏”之景；又从对景物的描写中，触摸到了诗人之情。这真是“一切景语皆情语”啊！

【设计意图：学生在想象中感受诗境，在品读中体悟诗情，在诵读中感受“一切景语皆情语”，将理解内容、体会情感、学习表达结合起来。】

(四)品诗，感受表达(交流学案 2)

[导语]读诗就是这样，只有不断地去品味，才会有更多的发现。再品一品这首诗，哪里写得好呢？

学生可能抓住“怜”字，结合课外资料最初诗人用的是“嫌”字，对比体会出“怜”字的情致；也有学生可能会从“印”字的表达体会出诗人的怜爱之情。也有学生可能会结合诗的后两句来谈，如果学生没有提到，引导学生聚焦后两句。

1. 结合诗句，质疑问难。

[预设]为什么只写“一枝红杏”？(想象的空间、发现的欣喜……)

为什么说“春色满园关不住”？(联系“久不开”“出墙来”……)

……

2. 讨论点拨，感受表达。

[点拨 1]园中的景象会是怎样的呢？(在学生自主想象后，出示画面，启发学生联系已学过的诗文进行补白。)

[点拨 2]从这一“关”一“出”的对比中你体会到了什么？(春意盎然；不值中的“值得”；新生事物阻挡不住的哲理……)

[小结]你们的发现正是诗人的独具匠心之处，也正因为如此，这两句成为千古名句。现代著名学者吴熊和也非常欣赏这两句诗，请快速浏览这段话，

看看他欣赏的是什么呢？

相机出示：现代著名学者吴熊和说：“叶绍翁写园的一角，取景小而含意深。一个‘关’字，突出了春意的活跃，使‘出’字更有精神。‘一枝红杏’与‘满园春色’相对，又显出春光的洋溢……”(《唐宋诗词探胜》)

【设计意图：在提出问题、解决问题中彰显学生的个性化阅读理解，揣摩表达的精妙；想象、补白诗中景色，既是情境中运用诗文的过程，也是感受诗人给读者带来遐想和美好体验的过程。借助资料感受表达，旨在引导学生初步学习鉴赏古诗。】

(五)诵读，积累古诗

1. 进入角色，配乐吟诵：这首诗，诗中有事、有景、有情、有理，如果你是叶绍翁，会怎样吟诵呢？

2. 默写古诗，评价书写

【设计意图：吟诵中感受古诗的意韵，默写中落实诗文积累与正确书写。】

三、拓展读，学用古诗，感受文化

(一)阅读现代文，感受“景语、情语”

1. 浏览片段，感受景语、情语。

同样是写春，叶绍翁是借一枝红杏之景来传达自己喜爱春天的情感，而现代散文家朱自清是通过什么样的景物抒发了怎样的情感呢？

> 桃树、杏树、梨树，你不让我，我不让你，都开满了花赶趟儿。红的像火，粉的像霞，白的像雪。花里带着甜味，闭了眼，树上仿佛已经满是桃儿、杏儿、梨儿。
>
> ——朱自清《春》

(通过写桃树、杏树、梨树的花开得绚烂、鲜艳，表达了作者对春天的喜爱和赞美之情；还可能发现本段采用了拟人、比喻、排比的修辞手法。)

[小结]古人、现代人都是借助景物、通过一定的表达方式来抒发情感。这再一次让我们感受到“一切景语皆情语”！

2. 再读续文，感受诗文运用。

朱自清在《春》中还写到春风来表达对春天的喜爱和赞美之情(补充出示)，作家描写时还引用了古人的诗句，你又从中感受到什么？(概括了春风的特点，表达了对春风的感受，给文章增添了几分诗情画意……)

> “吹面不寒杨柳风”，不错的，像母亲的手抚摸着你，风里带着些新翻的泥土的气息，混着青草味儿，还有各种花的香，都在微微润湿的空气里酝酿。
>
> ——朱自清《春》

[导语]这样的例子还有很多！冯剑华在散文《雨》中，就引用杜甫的“随风潜入夜，润物细无声”，写出了春雨的特点，表达了对春雨的喜爱之情。

> 春三月的雨，是少女，正值豆蔻(kòu)年华。
>
> 她文静、温柔、清新、羞涩。她轻轻悄悄地走来，“随风潜入夜，润物细无声”。她如纱如雾，沾衣不湿，拂面不寒。
>
> ——冯剑华《雨》

【设计意图：无论是古诗还是现代文，都是作者触景生情、情动而辞发的产物。小学高年级应致力于培养学生学会感受作品表达方法的能力，体会“一切景语皆情语”的技法；同时，引用古诗文表情达意意蕴深刻，也需教师引导学生发现、学习。】

(二)情境中“引用”，情动辞发悟文化

1. 创设情境，学以致用练表达。

[导语]生活中，当你看到了怎样的景象时，能用上《游园不值》中的后两句呢？

如：春游时，我们来到了植物园，还没走进大门，远远就看到伸出墙头的杏花在向我们招手呢！这可真是“____________________，____________________。”

[点拨引申]李红是杏坛(教师队伍)中出类拔萃的一名教师，取得了骄人的成绩。《教育动态》报道李老师的先进事迹时选用了叶绍翁《游园不值》中的一句诗作为标题，你知道选用的是哪一句吗？说说理由。

2. 结合习作，推敲语境悟文化。

[导语]在习作中，如果恰当地引用诗句，也能给文章增色。如：

“____________________，____________________”，每当看到八月十五的月亮升起的时候，爸爸的眼中总会泛起点点泪光。我知道，背井离乡六年的爸爸又在思念他的家乡了！(独在异乡为异客，每逢佳节倍思亲；举头望明月，低头思故乡；露从今夜白，月是故乡明……)

3. 拓展延伸：希望课下继续在生活中运用《游园不值》这首诗的名句，也希望同学们能更多的积累古诗佳句，创设情境或在习作中运用。

【设计意图：创设情境运用诗句，学生会不知不觉中感受经典诗文的魅力——利用“景语”传达“情语”，提高语言材料的运用能力。】

四、布置作业

课下继续搜集、阅读经典古诗，也可以尝试在习作中运用。

附：板书设计

游园不值

叶绍翁

苍苔	怜爱	
一枝红杏	喜爱	关
（满园春色）		出
景	情	

（北京市顺义区马坡中心小学 王瑛玮）

《冬阳·童年·骆驼队》教学设计（第二课时）

（义务课程标准实验教科书第10册）

【教学内容分析】

《冬阳·童年·骆驼队》是五年级下册第二单元的第二篇课文，本单元的主题是感受童年生活的乐趣，懂得珍惜童年、珍惜时光。本文是台湾著名女作家林海音为自传体小说《城南旧事》写的序言。课题“冬阳·童年·骆驼队”是全文的文眼，“冬阳”为文章创设了一种感伤与温暖交织的情绪基调，“童年”揭示了本文的内容主旨，而“骆驼队”则是贯穿全文的一条线索。三个词语的结合，勾画出一幅记忆深处的童年印象，营造出了一种深沉广阔的意象空间和情感空间。全文语言平实质朴，通过怀想童年趣事，使我们在感受到童心、童真、童趣的同时，也感受到了那份蕴藏在字里行间的深情。

学习本篇课文要把握课文主要内容；学会抓住重点词句，体会文章表达的思想感情；领悟作者围绕“骆驼队”，表达真情实感的写作方法。

【学生情况分析】

本文是一篇叙事性散文，所描述的生活背景离学生很远，理清本文的结构、体会其中蕴含的情感对于学生都有一定的难度。可以通过朗读课文、搜集相关的资料、读《城南旧事》这本书、看《城南旧事》这部电影等，引导学生走近课文，充分展开主体的探究与合作，逐步达成目标。

【教学目标】

1. 结合重点词句体会作者童年时对骆驼的喜爱，想象课文描写的童年生活画面，感受童年生活的天真、童趣。

2. 体会作者对童年生活的怀念之情，并揣摩这种感情是怎样表达出来的。

3. 能正确、流利、有感情地朗读课文。

【教学重点、难点】

1. 教学重点：能结合重点词句体会作者怀念童年的思想感情，感受童年生活的天真、童趣。

2. 教学难点：体会作者对童年生活的怀念之情，并揣摩这种感情是怎样表达出来的。

【教学过程】

一、导入新课，认定目标

今天，我们继续学习《冬阳・童年・骆驼队》这篇文章，读过课题，联系上节课的学习，说一说你的眼前浮现出怎样的画面？（暖暖的冬阳下，骆驼队来了，停在英子家的门前，小英子又出来看骆驼了；小英子看骆驼咀嚼；想给骆驼剪毛……）

下面我们就跟随作者林海音走进她的童年，深入体会骆驼给作者带来了怎样的回忆？字里行间又表达了作者怎样的情感？上节课我们拟订了学习方案，一起来回顾一下。

【设计意图：建立一二课时的联系，认定学习目标。】

二、结合学案，自主学习

按照自己拟订或者选择其中的一个学案学习。

【学案一】骆驼给“我”留下了怎样的印象？默读课文，完成下面的表格：

	骆驼	“我”
摘记		
体会		

【学案二】课文结尾写道：“我是多么想念童年住在北京城南的那些景色和人物啊!”那些“景色和人物”指的是什么呢？读读感受深刻的场景，体会其中蕴含的情感，简单写写批注。

学生选择不同的学案，自主学习6分钟，因需交流，教师巡视，随机指导。

【设计意图：学生整合需求后按照适合自己或自己喜欢的角度自主学习，经历个性化阅读过程。】

三、共议交流，体会情感

(一)从骆驼给“我”的印象中初步体会情感

文章的题目是《冬阳·童年·骆驼队》，我们就先来交流一下骆驼给“我”留下了怎样的印象？

学生能够抓住描写“骆驼”和“我”的语句来体会，摘录重点词语，写出自己的体会。下面的表格是学生学习成果的理想状态。

	骆驼	“我”
摘记	排成一长串 沉默 脸丑　牙长　咀嚼	看呆了，牙齿也动起来
	打头骆驼系着铃铛	问爸爸用途 想法不同
	脱毛，毛太不整齐了	想拿剪刀剪一剪
	夏天看不到骆驼	问妈妈它们去哪里
体会	安静　慢慢地……	喜欢骆驼 爱问问题 天真……

学生先读一读自己所圈画的描写“骆驼”和“我”的句子及重点词语，然后再交流自己对“骆驼”和“我”的体会。

[预设]对于“打头的骆驼为什么系铃铛?”作者和爸爸的看法不同，学生不容易体会到。还有小英子对骆驼的看法，学生体会不统一。

交流后提示学生完善自学成果。

[小结]刚才我们和林海音一起回到了她的童年，回顾了骆驼给“我”留下的印象，体会到了骆驼对童年的“我”产生的影响，初步体会到了她童年的天真、幼稚，也感受到她对骆驼的喜爱。

【设计意图：利用学习方案一的表格进行整体性交流，展示自学的过程与结果，训练学生抓住关键词句有所感悟，初步感受骆驼给作者留下的印象及影响，体会作者童年的天真，对骆驼的喜爱。】

(二)从童年景色人物的想念中深入体会情感

1. 了解童年住在北京城南的那些景色和人物。

林海音说“我是多么想念童年住在北京城南的那些景色和人物啊!”那些“景色和人物”指的是什么呢？按照学案二学习的同学来汇报一下自学的收获。

预计学生很容易按照景色和人物来说：可能说到骆驼队；可能说到拉骆驼的人，自己的爸爸妈妈；如果学生说到林海音自己也可以。

学生不容易体会到那些景色和人物，也可以是具体的场景。

教师引导学生：刚才我们说的都是具体的人和物。想一想“景色和人物”还可以指什么呢？(自己站在骆驼面前，看骆驼咀嚼；老师教她，要学骆驼；自己曾经和爸爸争论铃铛的用途；剪驼毛；……)

【设计意图：培养学生信息提取的全面性，对学生的逻辑思维进行训练。】

2. 抓住感受深刻的场景体会其中的情感。

(1)集体交流学“咀嚼”。

学生可能对“我”站在骆驼面前观察骆驼咀嚼的语句体会深刻，相机出示：

> 我站在骆驼面前，看它们咀嚼的样子：那样丑的脸，那样长的牙，那样安静的态度。它们咀嚼的时候，上牙和下牙交错地磨来磨去，大鼻孔里冒着热气，白沫子沾在胡须上。我看呆了，自己的牙齿也动起来。

交流批注：可能圈画“安静”、“看呆了”；可能批注“喜欢看”、“看得仔细”、“看呆了”；“天真”、“幼稚”……

读出情景：请你边读边想象当时的情景，并读出自己的体会。

揣摩写法：在你的眼前呈现这一情景了吗？为什么？(看得仔细，写得细腻……)

勾连引申：“我”不仅仅是学咀嚼，老师还让“我”学骆驼呢。文中哪儿写到了？

老师教给我，要学骆驼，沉得住气。看它从不着急，慢慢地走，总会到的；慢慢地嚼，总会吃饱的。

从这儿你体会到了什么呢？(可能小英子性子急，所以老师让她学骆驼沉得住气；可能小英子做事慌慌张张的，所以老师让她学习骆驼不着急，慢慢地；还可以联系书中的内容谈谈老师为什么让她学习骆驼……)

【设计意图：抓住感受深的场景，展开个性化阅读，品味语言特点，学习表达。】

(2)小组交流其他场景。

还有哪个场景给你的印象深呢？进行小组交流。组长负责组织大家交流感受深刻的场景，可以按照顺序，一一交流，也可以选择一两个感受深的场景交流。要注意把批注的感受汇总，读出感受深刻的场景，如果能发现一下写法更好。

最后选择一个场景，合作汇报。

按照小组汇报次序交流后面的三个场景：

①问铃铛

容易体会到不懂就问、丰富的想象。谈到充满情趣也可。

学生未说到时，可进行如下点拨：

[点拨 1]这一场景主要是通过什么方法来写的？分角色朗读。

[点拨 2]爸爸笑笑说："也许，你的想法更美些"是什么意思？(称赞想法好；认为想象力丰富；觉得童心可贵；想法很有意思……)

②想剪毛

冬天快过完了，春天就要来了，太阳特别暖和，这一场景你们有什么感受，有什么发现？("我"很天真；拉骆驼的人心情不错；冬阳温暖，骆驼也脱掉旧驼绒袍子)

自己读一读，眼前呈现这一场景。

③问去处

容易体会到：喜欢骆驼　想念骆驼。

[点拨]从妈妈的问话中你读出了什么？("我"太爱问问题了，妈妈"不耐烦"了)

【设计意图：小组内交流，使所有的学生都充分发表自己的观点；每个小组选择自己学习最深刻的场景集体汇报，不但展示了小组学习的成果，还使交流的方式不重复。】

(3)梳理学案二学习成果。

刚才我们抓住感受深的场景又一次走近“我”的童年，你能总结一下这一个一个的场景包含着“我”怎样的情感吗？(对童年的怀念……)

【设计意图：交流完学案一，学生初步体会骆驼给作者童年留下的印象，感受到作者童年的可爱；交流完学案二后，更深刻、更全面感受到作者童年的天真可爱，感受到她的童年的乐趣。】

(三)从“默默地想，慢慢地写”中提升情感

“我”想念童年住在北京城南的那些景色和人物，默默地想，慢慢地写，童年重临于我的心头。

“夏天过去，秋天过去，冬天又来了，骆驼队又来了，童年却一去不还了……”朗读最后两个自然段，你还体会到了什么？(学生可能说到怀念、悲伤，也可能说到品味……)

是啊，不能忘怀的童年，不能忘怀的北平，林海音曾在她的文章中这样写道：

> 不能忘怀的北平！那里我住得太久了，像树生了根一样。童年，少女，妇人，一生的一半生命都在那里度过。快乐与悲哀，欢笑和哭泣，那个古城曾倾泻我所有的感情，春来秋往，我是如何熟悉那里的季节啊！

四、总结提升，深化阅读

1. 再读课题，加深理解。

再读一读课题《冬阳·童年·骆驼队》，你对课题又有什么理解？(“冬阳”代表着温暖，作者以“冬阳”为题，想表达回忆起童年作者就感到温暖；文章主要写骆驼队在作者的童年生活中留下了深刻的印象，所以以骆驼队为题；骆驼象征着社会底层的劳动者，作者以它开篇，实际书中也是写了一个个社会底层的人物……)

【设计意图：上课伊始学生对课题的理解，是一个个场景，而深入理解课文后对课题的理解能够帮助学生更深入地从不同的角度去理解课文，例如从作者的情感，冬阳的意义……】

2. 拓展阅读，丰满收获。

[过渡]是啊，作者就是这样默默地想，慢慢地写……(出示)

> 我默默地想，慢慢地写，又看见冬阳下的骆驼队走过来，又听见缓缓悦耳的驼铃声。童年重临于我的心头。

师：作者写了《城南旧事》这本书，对于童年，《冬阳·童年·骆驼队》原文里有这样一句话“让实际的童年过去，心灵的童年永存下来。”请你再读读资料袋的内容，结合你对课文的理解、结合你读过的《城南旧事》这本书，交流一下你的感受。

【设计意图：感悟课文与《城南旧事》的关系，进一步体会情感，激发阅读期待。】

3. 背一背自己喜欢的段落。

五、布置作业，拓展延伸

《冬阳·童年·骆驼队》引发了你哪些联想？可以写写你的童年趣事，也可以再读一读林海音的其他作品。

附：板书设计

6　冬阳·童年·骆驼队

看咀嚼

问驼铃　天真

剪驼毛　幼稚　　温暖的怀念

问去处　好问

（北京市顺义区双兴小学　张海鹏）

《鼎湖山听泉》教学设计(第二课时)

（北京市义务教育课程改革实验教材第 11 册）

【教学内容分析】

《鼎湖山听泉》是一篇游记，全文按游览线路的先后顺序，记叙了在景区的所见、所闻、所感。文章在第二、四自然段两次写听泉，所不同的是：第一次是在黄昏，看泉听泉；第二次是在夜晚，是对黄昏听泉的一种回味，是用心听泉。表面上看感受泉声变幻莫测、悦耳动听是本课的教学重点，其实我们要通过泉声去感受鼎湖山泉的特点，感悟作者对鼎湖山泉滋润万木，孕育生机的感慨。读读原文还将感受作者谢大光对历史变迁与生命由弱渐强的思考，这些都是本课的教学难点。

从表达手法上看，作者不仅写泉，还用大量笔墨描写鼎湖山富有蓬勃生机的树木，这与文章的表达主旨相得益彰。值得一提的是作者借助排比与比喻手法形象生动地写出了夜晚泉声富有音乐的美感与变化，这也是作者游记类文章的写作特点。

【学生情况分析】

《鼎湖山听泉》一课所描绘的变幻莫测、悦耳动听的泉声对于学生来说是陌生而抽象的，他们更多的是从文字本身感受泉声的特点，难以理解作者看泉、听泉、想泉、思泉的心路历程，尤其作者从泉想到滋润万木、孕育生机，想到岁月流逝、历史变迁、生命由弱到强、渐渐展开的思考更是学习的难点。因此要准确把握作者的情感，需引导学生结合原文来学习。

【教学目标】

1. 在品读黄昏与夜晚听泉的过程中体会鼎湖山泉声的特点，感受作者对鼎湖山泉滋润万物、孕育生机的赞美。

2. 理解结尾段的含义，初步感受作者借助泉声表达对历史与生命的思考。

3. 能有感情地朗读课文，背诵课文第 4 自然段。

【教学重点、难点】

1. 教学重点：体会鼎湖山泉声的特点，感受作者对鼎湖山泉滋润万物、孕育生机的赞美。

2. 教学难点：理解结尾段含义，感受作者对鼎湖山泉滋润万物，孕育生机的赞美。

【教学过程】

一、复习导入　整体回顾

1. 今天我们继续学习 14 课《鼎湖山听泉》，通过上节课的学习，谁来说说课文在哪些自然段具体写听泉？（第 2 自然段写黄昏听泉，第 4 自然段写夜晚听泉）

2. 作者在黄昏和夜晚各听到了怎样的泉声？带给我们怎样的感受？是上节课我们共同认定的学习目标与学习重点，据此我们拟订了学案一：

【学案一】作者在黄昏和夜晚各听到了怎样的泉声？默读课文，画出相关的语句，联系上下文体会，简单写写批注，再练习读出自己的感受。

课后 3 题是理解结尾段的含义，也是大家学习的难点，据此我们拟订了学案二。

【学案二】课文结尾写道："蒙眬中，那滋润着鼎湖山万木，孕育出蓬勃生机的清泉，仿佛汩汩地流进了我的心田。"

1. 默读课文，思考：为什么说鼎湖山的清泉是滋润万木，孕育蓬勃生机的清泉呢？画下有关语句，简单写写批注。

2. 结合上下文理解清泉"汩汩地流进我的心田"的深刻含义。

下面请同学们按照自己拟订或选择的学习方案自主学习。

【设计意图：建立一二课时的联系，整体回顾学习方案，确定个人学习方向。】

二、自主探究　因需合作

学生依据个人选择的学习方案自主探究，因需合作。自学后小组交流，梳理学习收获，准备小组汇报。

【设计意图：学生整合需求后按照适合自己或自己喜欢的角度自主学习，经历个性化阅读过程。】

三、共议交流　整合提升

文章题目是"鼎湖山听泉"，那我们就以"听泉"为主思路进行交流，哪个小组愿意分享你们的学习收获。请一组同学先来汇报，其他小组可以补充、完善或质疑。

(一)黄昏听泉

预计学生会抓住"淙淙""不绝于耳""清纯悦耳""欢快活泼"等词语来谈泉声的特点，引导学生读出自己的感受。

1. 当学生谈到"泉水隐到了浓荫深处，而泉声却更加清纯悦耳"时追问："清纯悦耳"是什么意思？"清纯悦耳"的泉声带给你怎样的感觉？读一读。

[引导深入]从"更加"一词你感受到了什么？(引导学生联系上文体会"过了寒翠桥就听到的那淙淙的泉声"是清纯悦耳的；一路上"不绝于耳"的泉声是清纯悦耳的……)如果学生感到困难，进行如下对比：

泉水隐到了浓荫深处，而泉声却更加清纯悦耳。 泉水隐到了浓荫深处，而泉声却清纯悦耳。

2. 当学生谈到"汇成一片美妙的音响"时出示：

> 安详厚重的钟声和欢快活泼的泉声，在雨后宁静的暮色中，汇成一片美妙的音响。

你从"汇成一片美妙的音响"体会到了什么？学生可能结合本句话体会到安详厚重的钟声和欢快活泼的泉声融合在一起很好听。读出自己的感受

（点击"一片"变色）引导深入：为什么说是汇成"一片"美妙的音响呢？结合上文谈一谈。学生可能体会到：淙淙的泉声，不绝于耳的泉声，清纯悦耳的泉声都是美妙的音响。如果能结合"到处涌流着清凉的泉水"，泉水"绕过树根，拍打卵石，穿越草丛，流连花间……"来体会就更好。

3. 想象作者黄昏时听泉、看泉的情景整体回读第2自然段。

【设计意图：在尊重学生个性化感悟的基础上，抓住关键词句，上勾下连，在体会泉声特点的同时感悟连句成段的方法。】

[小结过渡]作者在黄昏听到了清纯悦耳、欢快活泼的泉声，看到了到处涌流的清泉。当晚，借宿庆云寺，山中万籁俱寂，又听到了怎样的泉声呢？

（二）夜晚听泉

1. 学生通过小组汇报和组间补充能够体会夜晚的泉声是轻柔的、清脆的、厚重回响的、雄浑磅礴的，忽高忽低、忽急忽缓、忽清忽浊、忽扬忽抑；引导学生读出语句，相机出示：

> 那像小提琴一样轻柔的，是在草丛中流淌的小溪的声音；那像琵琶一样清脆的，是在石缝间跌落的涧水的声音；那像大提琴一样厚重回响的，是无数道细流汇聚于空谷的声音；那像铜管齐鸣一样雄浑磅礴的，是飞瀑急流跌入深潭的声音。还有一些泉声忽高忽低，忽急忽缓，忽清忽浊，忽扬忽抑，是泉水正在绕过树根，拍打卵石，穿越草丛，流连花间……

[引导深入]请你们把这些描写泉声的词语圈画下来，尝试着用一个词语概括夜晚泉声的特点。（各种各样、富于变化、变幻莫测……）并引导学生读出泉声的不同与变化。

【设计意图：个性化品读语言，体会夜晚泉声特点。】

2. 这么美妙富于变化的泉声作者是怎么表达的呢？（学生很容易发现排比与比喻的修辞手法，语感好的学生还可能发现作者把所有的泉声比作乐器的声音，这也是作者谢大光的写作特色，如有困难，可用下面文字引导发现。如果学生能谈到作者对泉声的描写是由弱渐强的更好，谈不到则略。）

古典散文中，对于游记文学，我是偏爱的。记得初习古文时，喜大声诵读，山川之美尚未相识，语词间声调的抑扬顿挫，长久缭绕于心，以至日后每遇山水佳妙处，会油然生出音乐感……

——谢大光《〈人在旅途〉序》

指导朗读：自由练读——指名读第 4 自然段。让我们也将山川之美寄予语词间声调的抑扬顿挫。

【设计意图：揣摩表达，通过个性化朗读促进学生个性化思维的发展。】

3. 作者用这么优美的语言描写变幻莫测的、美妙的泉声，我们试着积累下来，有困难可借助提示。

那像小提琴一样……；那像琵琶一样……；那像大提琴一样……；那像铜管齐鸣一样……。还有一些泉声……，是泉水正在……

[过渡]这变幻的、美妙的泉声，作者是怎么听到的呢？

4. 在联系中读懂“用心细细地聆听、辨识、品味”。

学生可能谈到鼎湖山“草丛石缝，到处涌流着清凉的泉水”，一路上泉声“不绝于耳”；可能谈到“用心”；如果能够谈到听泉实则是作者对黄昏听泉的一种回味更好。

相机出示：“一路上听到的各种泉声，这时候躺在床上，可以用心细细地聆听、辨识、品味。”引导学生感受由于作者在黄昏听到了各种泉声，夜晚回味才会聆听到那变幻莫测、优美动听的泉声，辨识、品味出清泉涌流的情景，体会作者心随泉走的愉快心情。

[引导深入]作者用心品味到的仅仅是那变幻莫测，优美动听的泉声吗？读读原文中的这段话，作者还品味到了什么？（初步感受作者表达生命本身的由弱到强，表达对历史与生命的思考。）

在这泉水的交响之中，仿佛能够听到岁月的流逝，历史的变迁，生命在诞生、成长、繁衍、死亡，新陈代谢的声部，由弱到强，渐渐展开，升腾而成为主旋律。

[小结过渡]从这段描写我们可以清晰地感受作者对历史与生命的思考。

(三)心灵听泉

蒙眬中，那滋润着鼎湖山万木，孕育出蓬勃生机的清泉，仿佛汩汩地流进了我的心田。

请选择学案二学习的同学来谈体会。

1. 鼎湖山的清泉是滋润万木、孕育蓬勃生机的清泉。

学生能够结合“草丛石缝，到处都涌流着清凉的泉水，草丰林茂……”“泉水绕过……”体会清泉“滋润草木”；可能也会结合描写树木的语句体会，但体会到孕育生机比较难。

当学生谈到从“愈往上走树愈密，绿荫愈浓。湿漉漉的绿叶，犹如大海的波浪，一层一层涌向山顶……”体会清泉“滋润万木”时追问：你从“涌”向山顶的“涌”字感受到了什么？学生可能谈草木茂盛，也可能谈草木充满活力进而体会孕育生机。

如果学生谈不到庆云寺“繁花似锦，古树参天……”引导学生读第 3 自然段。

鼎湖山的树，种类实在太多，正像作者在原文中写到的一段（出示），读到这份资料你又有什么感受呢？（一定与鼎湖山清泉的滋润和孕育有关）

> 鼎湖山的树，种类实在太多。据说，在地球的同一纬度线上，鼎湖山是现存植物品种最多的一个点，已辟为自然保护区，并被联合国教科文组织选作生态观测站。

2. 理解清泉“仿佛汩汩地流进了我的心田”的含义。

（1）鼎湖山的清泉给作者留下了深刻的印象；（2）是在用心聆听、辨识、品味清泉；（3）因为鼎湖山的清泉滋润万木，孕育蓬勃生机所以作者由衷地赞美这清泉，也表达了作者愉快的心情；（4）引发了作者对历史与生命的思考。

【设计意图：关注不同学生的个性化学习收获，分层次理解结尾段的含义，感受作者赋予清泉与树木的深刻内涵，突破教学难点。】

四、总结全文、回归整体

鼎湖山被誉为“北回归线上的绿色明珠”，作者选择了“听”这一独特的视角，黄昏夜晚两次听泉，为我们展现鼎湖山的生命之美、变化之奇，请你用自己的话来赞美鼎湖山的泉。

作者谢大光这样赞美鼎湖山的泉：孕育生机，滋润万木，泉水就是鼎湖山的灵魂。

【设计意图：读写结合，整体回归课文。】

五、布置作业

1. 回顾学习过程，梳理游记类文章学习方法。

2. 读读谢大光的其他作品，如散文集《落花》。

附：板书设计

14　鼎湖山听泉

黄昏　　清纯悦耳

夜晚　　变幻莫测

由弱渐强

（北京市顺义区马坡中心小学　张　杰）

《珍珠鸟》教学设计（第二课时）

（北京市义务教育课程改革实验教材第11册）

【教学内容分析】

《珍珠鸟》记叙了“我”和珍珠鸟从相识、熟悉、亲近，到相依相伴的过程。“我”为怕人的珍珠鸟提供了一个宽松、自由的空间，它们和“我”友好相处，十分融洽，使“我”感到“信赖，往往可以创造出美好的境界”，表达了作者对小鸟的喜爱之情。表面上，小鸟从“离我较远”，到“一点点挨近”，到“淘气地陪伴我”，到最后“居然落到我的肩上睡着了”，是小鸟一点点来亲近我；实际上，小鸟每靠近一步都是以“我”的某种举动为前提条件的。全文有两条线索：一条是“我”对珍珠鸟一家的悉心照顾，一条是珍珠鸟的表现，两条线索互相交融，清晰地表达出了鸟儿对“我”由陌生到完全信赖的过程，字里行间充满了对珍珠鸟的喜爱之情。

【学生情况分析】

关于描写人与动物和谐相处的文章学生学过多篇，如《鸟的天堂》《金色的脚印》《老人与海鸥》等，因此在学生学习《珍珠鸟》一课时，感受人与动物和谐相处的美好境界并不难。另外，学生们虽没有亲眼见过珍珠鸟，但他们对小动物固有的喜爱之情，会让他们对文本产生浓厚的兴趣。但理解“信赖，往往创造出美好的境界”含义，学生会有困难，需要教师引导学生联系文章内容和生活实际去体会。

【教学目标】

1. 了解原本怕人的珍珠鸟竟然在“我”肩头睡着了的原因，想象人与小鸟友好相处的情景。

2. 联系上下文和生活实际理解“信赖，往往创造出美好的境界”这句话的含义。

3. 体会作者是怎样把珍珠鸟和“我”友好相处的情景写具体的。

4. 正确、流利、有感情地朗读课文。

【教学重点、难点】

1. 教学重点：了解原本怕人的小鸟竟然在“我”肩头睡着了的原因，想象人与小鸟友好相处的情景，体会作者是怎样写的。

2. 教学难点：联系上下文和生活实际理解“信赖，往往创造出美好的境界”这句话的含义。

【教学过程】

一、复习导入

回顾课文主要内容，顺势认定本节课目标。

二、自主探究

依照共拟后选定的学案自主学习(因需合作交流)。

【学案一】“信赖，往往可以创造出美好的境界。”

①珍珠鸟对我的信赖是怎样一步步建立起来的？(也可以用自己的话说说这“美好的境界”是怎样创造出来的？)读课文，完成下表：

“我”是怎样照料、呵护珍珠鸟的	珍珠鸟发生了怎样的变化

②在文中画下感受深的语句，再有感情地读一读，在旁边写写批注。

【学案二】原本怕人的珍珠鸟竟然在“我”的肩头睡着了，这是什么原因呢？在文中圈画相关的语句。再选择文中感受深的语句读一读，写写批注。

【设计意图：学在先，经历扎扎实实个性化阅读的过程，倡导因需合作。】

三、共议交流

建议交流思路：我们从解决学习方案二“原本怕人的珍珠鸟竟然在‘我’的肩头睡着了，这是什么原因”这个问题入手，再结合学习方案一“说说珍珠鸟对‘我’的信赖是怎样一步步建立起来的”，最后交流对课文中感受深的语句的理解——这也是两个学案共同的部分。同学们要注意随时参与进来。

【设计意图：从解疑入手，关注不同学案，让学生明确课堂行走路径。】

（一）感知信赖的建立

1. 感知信赖的原因。

原本怕人的珍珠鸟竟然在“我”的肩头睡着了，这是什么原因？结合你圈画的句子说一说。

学生圈画的句子可能有遗漏，可能不准确，学生互相补充后，再有序地回答。

【设计意图：整体感知，自主解疑，培养学生全面获取信息的能力。】

2. 感知信赖的建立。

珍珠鸟对“我”的信赖是怎样一步步建立起来的？利用学习方案一的表格说一说信赖建立的过程。

学生表格填写的可能不完整，可以和选择学习方案一的同学互相补充，也可以借助上面的交流把表格填完整，条件允许的情况下出示学生表格，结合表格说一说信赖一步步建立的过程。

希望学生达到：

“我”是怎样照料、呵护珍珠鸟的	珍珠鸟的表现
用吊兰的垂蔓蒙盖鸟笼	轻松自在
很少扒开叶蔓瞧它们	瞅瞅我，熟悉了
不管它	由屋里飞来飞去到落在书桌上
不去伤害它	蹦到杯子上，喝茶
依旧写东西	绕着笔尖蹦来蹦去
不动声色地写	啄颤动的笔尖
抚一抚绒毛	啄两下手指
伏案写作时停笔 、抬肩	趴在肩头睡得好熟

【设计意图：在纵横联系中帮助学生厘清课文的两条线索，感知了信赖建立过程的同时也训练了学生的概括能力。】

3. 感知“美好境界”的创造

我们都知道“美好的境界”指的是小珍珠鸟趴在“我”的肩头睡着了，请用自己的话说说这“美好的境界”是怎样创造的？

【设计意图：培养学生有序、完整的表达能力，发展学生的思维。】

(二)感受美好的境界

珍珠鸟是一种怕人的鸟，在“我”的呵护与照料下，我们不仅熟悉了，而且创造出了美好的境界。哪些情景感动了你，读一读，谈谈你的体会。(学生可能会“在屋子里飞来飞去”、“落在书桌上”、“趴在肩上”几处感动，顺序处理。)

1. 小珍珠鸟在屋子里自由自在地活动。

相机出示：

> 起先，这小家伙只在笼子四周活动，随后就在屋里飞来飞去。一会儿落在柜顶上；一会儿神气十足地站在书架上，啄着书背上那些大文豪的名字；一会儿把灯绳撞得来回摇动，跟着跳到画框上去了。只要大鸟在笼里生气地叫一声，它立即飞回笼里去。

(1)学生容易结合前两句话体会到小珍珠鸟开始有些害怕——“只在笼子四周活动”，后来胆子大了——“在屋子里飞来飞去……”。可能抓住“一会儿……”体会小家伙淘气、可爱。

(2)再读或者范读引导：你还发现了什么？从“落”、“站”、“跳”等动词和“神气十足”进一步体会小珍珠鸟的活跃以及作者用词的准确、丰富。

(3)说说这一段是怎样连句成段的？(第一句写小鸟活动范围从笼子四周扩大到屋子，第二句具体写小鸟在屋子里飞来飞去，第三句写小鸟虽然淘气，但是听到大鸟叫，立即飞回笼里去。)如学生体会不到第三句与前两句关系，再读引导。

(4)同桌合作朗读，体会作者连句成段的巧妙和小家伙的淘气可爱。

【设计意图：依学生个性化学习结果顺学而导，得意得言。】

2. 小珍珠鸟来到“我”书桌上和“我”亲近。

“我”不管它，渐渐它胆子大了，就落在“我”书桌上。学生可能独立体会第11、12自然段，注意引导情景整合。

相机出示(或补充后出示)：

它先是离我较远，见我不去伤害它，便一点点挨近，然后蹦到我的杯子上，俯下头来喝茶，再偏过脸瞧瞧我的反应。我只是微微一笑，依旧写东西。它就放开胆子跑到我的稿纸上，绕着我的笔尖蹦来蹦去，跳动的小红爪子踏在纸上发出嚓嚓的响声。

我不动声色地写，默默享受着小家伙亲近的情意。这样，它完全放心了。索性用那涂了蜡似的、角质的小红嘴，嗒嗒啄着我颤动的笔尖。我用手抚一抚它细腻的绒毛，它也不怕，反而友好地啄两下我的手指。

(1)学生容易结合"一点点挨近"(或者"放开胆子"、"亲近的情意"、"完全放心了")谈体会，可顺学而导，展开整个情景的进一步体会：如怎样"一点点挨近的"？(先是离"我"较远，然后蹦到杯子上，……)再如："亲近的情意"指的是什么？(俯下头喝"我"的茶，绕着"我"的笔尖蹦来蹦去……)适时展示学生自学的批注。

可能结合"我"的做法谈体会(否则教师点拨)，引导比较描写"我"的三句话，体会到"我"不管它→默默享受→和小家伙交流，小家伙才一点点和"我"亲近起来的，想象情景。

(2)自由读体会：作者是怎样描写小家伙亲近"我"的情景的？(有顺序，写出过程，细节描写……)

师生合作读第11、12自然段(学生读小鸟的表现，老师读"我"的做法)：你发现了什么？(小鸟是神气十足，"我"是不动声色……)

【设计意图：深层感悟内容，进一步学习表达，发展学生语言与思维。】

教师读第13自然段后追问：你从"天色入暮，它就在父母的再三呼唤声中，飞向笼子"体会到什么？(小鸟……；大鸟……；"我"……不同角度)

结合交流，修改自己的批注。

(3)变换人称(将小珍珠鸟换做第一人称"我"，文中的"我"换做第三人称"他")整体读第8～13自然段。

【设计意图：进入角色，整体回归，体会情感。】

[过渡]这可爱的小珍珠鸟一点点接近"我"，亲近"我"，信赖"我"，最后它趴在"我"的肩上睡着了。让我们再重温这美好的时刻……

3. 小珍珠鸟趴在"我"的肩头睡得好熟。

有一天，我伏案写作时，它居然落到我的肩上。我手中的笔不觉停了，生怕惊跑它。待一会儿，扭头看，这小家伙竟趴在我的肩头睡着了，银灰色的眼睑盖住眸子，小红脚刚好被胸前长长的绒毛盖住。我轻轻抬一抬肩，它没醒，睡得好熟！还咂咂嘴，难道在做梦？

(1)圈画了哪些词句？写下了什么批注？

[预计]学生能从“居然”、“竟”……体会到出乎意料，从“睡得好熟”、“难道在做梦”……体会到放心。

可能注意不到“趴”，引导：还有个词语传神地写出了小鸟对“我”的信赖，你注意到了吗？

现在，在你的眼前出现了这只小珍珠鸟了吗？(红嘴红脚　灰蓝色的毛　银灰色的眼睑……)

【设计意图：想象小珍珠鸟的样子，体会作者的语言特点。】

(2)让我们一起来读读，共同感受这美好的境界。

四、回顾提升

(一)结合板书，回顾全文

珍珠鸟是一种怕人的鸟，可小珍珠鸟却像一个可爱的孩子在“我”的肩头睡着了，这源于(希望学生能够回应)——对“我”的信赖，而这信赖来源于(希望学生能够回应)——“我”对它们悉心的照顾，来源于“我”用心给它们营造的宽松自由的生活空间。这信赖，创造出了人鸟相亲的美好境界！

(二)借助资料，提升认识

1. 借助冯骥才对散文的见解把握主旨。

《珍珠鸟》是冯骥才的一篇散文。作者认为“散文，就是写平常生活中那些最值得写下来的东西。不使劲，不刻意，不娇情，不营造，更无须‘绞尽脑汁’。散文最终写一点感受，一点情境，一点滋味罢了。”作者在这篇散文里写的“一点感受，一点情境，一点滋味”是什么？

联系生活实际理解：“信赖，往往创造美好的境界”这句话的意思。(可以小组讨论完成)

2. 借助冰心对这篇散文的评价学习表达。

这篇散文也打动了大作家冰心，冰心说“这是一篇抒情叙事的好散文，‘头’起得‘带劲’，这‘劲’中有着无限的喜乐；收得有‘味’，‘味’中有深邀的哲理。”你理解冰心的评价吗？

开头的“真好！”让我们体会到作家冯骥才对珍珠鸟的喜爱，这种喜爱洋溢在文章的字里行间中。课文学完了，你还感受到什么“真好”？

结尾作家流泻下一时的感受：“信赖，往往创造出美好的境界”发自肺腑，确实是“真好”！我们把课文的开头和结尾连在一起读一读：

真好！信赖，往往创造出美好的境界。

信赖，往往创造出美好的境界。真好！

【设计意图：引用作家冯骥才的话和作家冰心的评价，实现由文到人，再由人到文，加深理解，学习表达。】

五、拓展延伸

1. 学完课文，你想到了哪些我们曾经学习过、阅读过的，讲述人与动物、人与人之间美好境界的课文或文章？

在生活中，也有许许多多因信赖而产生的美好境界，这美好的境界存在于人与人之间，也存在于人与动物之间，同学们用眼睛去发现，用心去感受吧！

2.《语文读本》中有篇《人狼情》。请你借鉴《珍珠鸟》的学习方案，自己试着拟订学习方案，努力读懂。（可从人狼情的建立、感动交流及读后感受三个方面组织交流）

【设计意图：课内延伸到课外，学一篇带一篇，培养学生阅读技能。】

六、布置作业

1. 完成课后第 2、3、4 题。

2. 有兴趣的同学可以读读小说《狼图腾》。

附：板书设计

17　珍珠鸟

怕人　　　我　　　熟悉

→

笼子四周　　　悉心照顾　　　肩头睡觉

信赖　　美好境界

（北京市顺义区北小营中心小学　高淑会）

《将相和》教学设计（第一课时）

（北京市义务教育课程改革实验教材第 11 册）

【教学内容分析】

《将相和》是根据《史记》中《廉颇蔺相如列传》改写的历史故事。课文通过记叙“完璧归赵”、“渑池之会”、“负荆请罪”这三个小故事，写出了蔺相如在秦赵两国矛盾冲突中为赵国立下的功劳，以及将相之间由不和到和的过程。赞扬了蔺相如机智勇敢、不畏强暴、顾全大局的品质，以及廉颇勇于改过的精神，从而凸显他们以国家利益为重的美德。

本文结构独特，构思新颖：三个小故事各有完整的情节，故事与故事之间又紧密相联，通过简洁而又巧妙的过渡，构成“将相和”这一更加完整曲折的大故事。

与本单元及以前写人文章不同，本文是围绕着“将相和”这个题目，通过三个彼此关联的故事塑造蔺相如和廉颇两个人物形象的。

【学生情况分析】

六年级的学生具有一定的自学能力，能通过预习独立学习生字、新词；通过初读感知，学生基本能够读懂故事的意思；借助课后习题，厘清文章结构不难，但是准确、完整、简洁地归纳每个故事的内容并不容易；课文事件历史久远，真正读懂还需要搜集一些必要的资料。

【教学目标】

1. 通过独立预习和小组交流学会本课 14 个生字及新词。
2. 能正确、流利地朗读课文，了解课文的主要内容。
3. 能厘清文章脉络，为每一个部分拟合适的小标题。
4. 整合学习需求，拟订进一步探究的学习方案。

【教学重点、难点】

1. 教学重点：掌握本课生字、新词；厘清文章的结构，给每个故事拟合适的小标题；整合学习需求，形成学习方案。

2. 教学难点：立足整体了解课文内容；形成学习方案。

【教学过程】

一、揭题导入

板书并齐读课题。通过预习说说你对课题有了哪些了解？（“将”“相”所指；“将相和”的意思……）

相机出示：《将相和》这个故事出自司马迁的《史记·廉颇蔺相如列传》。

二、检查预习

(一)预习交流

1. 小组交流后集体共议。

以“预习单”为凭借，填写“小组汇报单”；一个小组主要汇报，其他小组进行补充。

音：①容易注意到“削弱”的“削(xuē)”和多音字“答(dā)”，用多音字的另一读音组词。

②可能谈到课文中易读错的字，如“上大(dà)夫”、“侮(wǔ)辱”等。

形：可能谈到一些易错字，如：“蔺”“御”，“璧”和“渑”可能会有同音字、形近字的联想，相机完成练习：

bì（　　）绿　躲（　　）　墙（　　）　和氏（　　）

“lián”也可以进行同音字联想，课下完成填空：

lián（　　）接（　　）花（　　）价　春（　　）　可（　　）　门（　　）

义：估计学生会交流“瑟”、“缶”“渑池”“完璧归赵”等。

根据文本能基本理解“和氏璧”“抵御”“诸位”等，容易忽略对它们的深入理解，引导关注：

①“和氏璧”中“氏”与“璧”都是本课的生字，文中写道“有一回，赵王得了一块宝玉——和氏璧”，秦王也说“愿意拿15座城换这块宝玉”，我们应该对“和氏璧”有进一步的了解。

学生汇报搜集到的相关资料：（没有的话教师出示）

相传在春秋时期的楚国，有个叫卞和的人，在楚山中拾到一块玉璞。卞和曾先后把它献给楚厉王和武王，均被宫中玉工说是石头。卞和被以欺君之罪砍掉了左、右脚。武王死后，文王即位。卞和抱着玉璞到楚山下大哭，一直哭了三天三夜。眼泪哭干了，最后哭出了血。文王听说后，就派人询问并命人对这块玉璞进行加工，见果然是一块罕见的宝玉，命名为“和氏璧”。

由于这块宝玉的珍奇，加之来历的不平凡，因此，便成了世间所公认的至宝，价值连城。这也是秦王不惜以十五座城为诱饵来骗取“和氏璧”的原因所在。

②“抵御”“诸位”，引导学生结合文中的语句理解后，追问：“御”？“诸”？

③“上大夫”“上卿”，哪些同学预习时查了？相机由学生或者老师出示：

上大(dà)夫：大夫是一种官职，分为上、中、下三级，“上大夫”是最高的一级。

上卿：“卿”是一种官职，分为上卿、中卿、下卿。

廉颇在赵惠文王16年时，因伐齐有功，被提升为上卿。如今蔺相如也封了上卿。由于是文官，上朝集会时，位置站在廉颇的右边。秦汉以前，以右为尊。所以说蔺相如的职位比廉颇高。

【设计意图：汉字是音形义的结合体，学生按照音形义几方面预习，形成习惯；字词义的理解是学生学习的难点，引导预习策略：关注字词义；有些意会的字词还需问个究竟；课文中不懂的，尤其是生僻的字词，要结合语境、查找工具书来解决。】

[积累]预计学生能主动积累本课的四字词语，若没有可以让学生在书上画一画，自己读一读，想想这些词语的意思。

【设计意图：引导根据文本特点主动积累词语的习惯。】

2. 听写字词，完成检测2题。

鼓瑟、抵御、推荐、廉颇、和氏璧、蔺相如

根据意思写成语：统一认识，共同努力。(同心协力)

3. 你还做了哪些预习？与同学交流。

如：思考课后习题、提出不懂的问题、查找相关资料等。

【设计意图：叶老说“预习”是“练习阅读最主要的阶段”，交流预习内容可以引领更好的预习。】

(二)检查读书

分小组朗读课文：根据朗读情况及时纠正读错的字音，注意做到正确、流利。边读边思考：课文主要写了将相之间的几个小故事？

三、初读感知

(一)厘清结构

1. 浏览课文，按不同的故事给课文分段。

对于第1、第15等自然段的归属可能会有争议，可以读一读上下文，共议交流简单说说分段的依据。

[点拨]第 15 自然段首先是对“渑池之会”的总结，也呼应了“完璧归赵”的结果，又引发了“负荆请罪”，在连段成篇上起到了重要的作用，使文章结构更严谨。

【设计意图：分段知其然，也知其所以然；关注连段成篇的方法，注重篇章整体。】

2. 试着说说每个小故事的主要内容。

预计学生归纳第一个故事的内容最困难，可以让学生再浏览课文，结合理解“完璧归赵”的意思，再来说一说。当学生不能做到语言简练时，出示提示——

> 第一部分(1—10 自然段)：秦王仗势要骗取赵国的宝玉……

课下完成检测题第 3 题。

3. 用简单的语句给课文加小标题。

学生如果摘记文中出现的词语“完璧归赵”、“渑池之会”、“负荆请罪”来概括当然可以，若学生用其他语言来概括，只要基本符合故事内容，也应该肯定。

(二)感知、质疑

1. 再读课题，请同学们浏览课文，说说围绕“将相和”你读懂了什么？

预计学生会谈到将相之间发生的故事，也可能会说到因为蔺相如职位比廉颇高，廉颇不服导致了将相不和，又由于廉颇“负荆请罪”所以将相和好。

学生感到困难时，引导学生注意文中点明课题“将相和”的句子。相机出示：

> “我廉颇攻无不克，战无不胜，立下许多大功。他蔺相如有什么能耐，就靠一张嘴，反而爬到我头上去了。我碰见他，非得给他难堪不可！”

【设计意图：渗透从课题入手，抓住重点句段，整体感知课文的读书方法。】

2. 你还有哪些不懂的问题？

预计学生会问到：①课文为什么以“将相和”为题？②有很多种认错的方式，廉将军为什么要“负荆”请罪？……

也可能结合上段话质疑：蔺相如靠的是什么职位比廉颇高？

四、拟订学案

1. 进一步学习这篇课文我们应该探究什么？

学生可能会答道：理解课题“将相和”的含义；体会廉颇和蔺相如各是一

个怎样的人等。

【设计意图：以学生为主体来整合学习需求，确定需深入探究的内容，为进一步学习指明方向。】

2. 请你选择一个方面，拟订一个继续探究的学习方案。

3. 交流完善。

学生展示自己拟订的学习方案，师生共同修改、完善。

可能出现的学案有：

(1)从课题出发。

预计自拟学案大致如下：

【学案一】将相之间为什么不和？又是怎样和好的？默读课文，画出相关的语句，在感受深的地方写写批注。

依此学案学习时容易只抓住第三个小故事来学习，引导学生联系上下文关注到篇章的整体，再结合理解课题“将相和”的含义进行补充，深化理解，可完善如下：

【学案一】①读读将相不和的相关语段，联系上下文体会其中的意思。

②读读体现将相和好的相关语段，在感受深的地方写写批注。

③从“将相和”中你体会到了什么？

(2)体会人物形象。

学生一般知道探究廉颇和蔺相如各是怎样的人，可以抓住文中人物的语言、动作、神态描写来体会。自拟学案大致如下：

【学案二】廉颇和蔺相如各是怎样的人？抓住人物的语言、动作、神态描写，有感情地读一读，在感受深的地方写写批注。

[点拨]这篇文章涉及了三个故事，两个人物，能再具体说说怎么来学习吗？

在学生的学案后补充出示：

(依故事推进；按人物整合；从整体评价) 最后写出你对这两个人物的评价。

(3)从学生的问题出发。

如果学生在不懂的问题中谈到廉颇的话“他蔺相如有什么能耐，就靠一张嘴，反而爬到我头上去了。我碰见他，非得给他难堪不可！”也可以引导学生自主解决问题，即时生成学案三：

【学案三】①廉颇说“他蔺相如有什么能耐，就靠一张嘴……”默读“完璧归赵”和“渑池之会”两个小故事，思考：蔺相如到底有什么能耐？他职位比廉颇高靠的是什么？画出相关的语句，在感受深的地方写写批注。

再结合“负荆请罪”进一步认识蔺相如是一个怎样的人。

②你是怎样评价廉颇的，简要阐明理由。

【设计意图：尊重学习主体对学习内容、学习方法的选择，师生完善形成个性化学习思路，为学生的个性化阅读提供了保证。】

五、布置作业

1. 抄写本课的生字词2—3遍。

2. 练习复述文中你最喜欢的一个小故事，给同桌讲一讲。

3. 完善自己的学习方案自学，或选择一个学习方案自主学习，记下不懂的问题。

4. 继续搜集与本课相关的文章、资料。

附：板书设计

29 将相和

学习方案：

不和？	完璧归赵 渑池之会	联系上下文体会
和？	负荆请罪	

（北京市顺义区张镇中心小学　杨梅艳）

《为学》教学设计（第二课时）

（北京市义务教育课程改革实验教材第12册）

【教学内容分析】

本课是北京版教材第12册第三单元的讲读课文。本单元的主题是“弘扬我国优秀的传统文化”。《为学》是一篇经典古文，原题是“为学一首示子侄”，是作者彭端淑写给子侄们看的。全文共4个自然段，第1自然段提出全文的主要观点，说明为学难易的转化，即“学则易，不学则难”；第2自然段讲道理，说明持之以恒可令昏庸与聪敏置换；第3自然段用蜀鄙二僧的故事做论据，说明主观努力的重要性；第4自然段以立志为学收束全文，深化文章论点。编者选编这样一篇标准的论说文，一是在阅读经典中学语言学做人，二是为了让学生在小初衔接的阶段初步接触这类文体，了解论证方法。

【学生情况分析】

对于古文学习，学生普遍感到困难——读准字音、读好停顿不是轻而易举的，更不用说理解意思、体会主旨。本文篇幅长，第2、4自然段的论说比较深刻，就更增加了难度。可通过课前的预习、课上的多种形式的读的检查、练习、展示，实现学生正确、流利地朗读课文；通过借助注释、工具书逐段理解意思来了解全文的内容；在教师的引领下感悟文中蕴含的道理，懂得作者对“为学”的观点，初步感悟论证方法还是可以实现的。

【教学目标】

1. 学会12个生字，能借助注释了解词语、句子的意思。

2. 理解课文内容，懂得办好事情或搞好学习起决定作用的条件是自己坚定的志向和坚持不懈的努力，“有志者事竟成”。

3. 正确流利地朗读课文。背诵第1、3自然段。

【教学重点、难点】

1. 教学重点：能借助注释了解重点字词句的意思，体会“学则易，不学则难”的道理，激发立志为学的欲望。

2. 教学难点：理解重点词句的意思。

【教学过程】

一、回顾引入新课

指名读课文，说一说每个自然段主要讲了什么内容。

【设计意图：以上节课内容的回顾引入新课的学习，为进一步学习奠定基础。】

二、明确目标，拟订学案

学习古文，做到理解字面意思还不够，像读现代文一样，要再读，揣摩一下作者想表达什么意思。这篇课文的原题是《为学一首示子侄》，彭端淑想告诉子侄们什么道理呢？这是我们应该读懂的内容，课后习题也提出了要求。

1. 要了解其中的道理，我们可以怎样学习？（边读边想，也可以从整篇课文去思考，多读书、结合上下文等。）

【学案一】①学习目标：从文章中读懂了什么道理？

②步骤与方法：通读全文思考或者按照自然段边读边想。可以在原文中画出相关的句子，也可以用自己的话来概括，简单批注在书上。

2. 课文的题目是“为学”，我们应该能够结合课文的内容理解作者提出的观点，初步懂得文章是怎样证明这个观点的。我们可以根据课题拟订这样的学习方案：

【学案二】①学习目标：作者对“为学”是怎样的观点？又是怎样证明自己的观点的？

②步骤与方法：先通读全文，思考作者对“为学”提出了怎样的观点？再根据文章所讲的内容和相关的资料来感受。注意在读中思考，把所读的内容与为学的观点联系起来。能写写批注更好。

【设计意图：两个学案分别从文章主题和题目入手展开学习，体现阅读方法的指导，同时整合了学生学习和编者目标的需求，为不同的学生从不同的角度展开学习提供了可能。】

三、选择学习方案，展开自学，因需交流

选择学习方案后，自然进入了自主阅读依疑探究阶段，教学中学生利用七分钟时间展开充分地自学后师生、生生间因需交流。

四、共议交流

（以学案一为主思路，用学案二提升或者根据学情适时相融）

[预设]学生可能提到第1自然段全文的主要观点，即“学则易，不学则难”；也可能提到懂得学而不怠可令昏庸与聪敏置换；或是从蜀鄙二僧的故事懂得说明主观努力的重要性，有志者事竟成；还可能读懂希望子侄们要力学不倦。交流依学生汇报的顺序展开。

[导入]你从这篇文章中读懂了什么道理，先读出相关的语句，再谈谈读懂的道理。

(一)“学则易，不学则难”……

1. 学生容易从文章开头懂得：天下事为之则易不为则难……学生谈后读一读，大家都读一读。

[引导]“天下事”是这样的，那“为学”呢？

2. 师生合作朗读：师读问句生回答；同桌合作读：还可以怎么分工？从

而理解先问后答的表达顺序。

[教师小结]作者从天下事引入，从一般情况谈到为学这件事，道理是一样的：学之则易不学则难。

[引导]你还从哪儿明白了什么道理？

(二)昏庸聪敏是可以置换的……

1. 学生可能先谈到资材昏庸，旦旦而学之，迄乎成不知昏庸……指名读相关句子，谈谈理解。

[引导]你还能从这部分读懂什么道理？谈谈你的理解。

联系第2自然段，学生可能明白：

(1)资材聪敏“弃而不用，无异昏庸”。

(2)曾子“鲁”传承圣人之道。此时相机指导学生交流曾子的资料。

(3)昏庸聪敏“岂有常哉”。此时引导联系上文深入感悟：你是从哪儿读懂的？

[小结]由此我们可以看到资材昏庸聪敏之用没有固定不变的，关键看你怎样对待它。

2. 联系下文说说作者对资材昏庸聪敏还有怎样的认识？(整合文本相关内容)

联系第4自然段可能懂得：(1)昏庸可限而不可限，力学不倦，则可自力……(2)聪敏可恃而不可恃，自恃不学，则可自败……

【设计意图：联系下文谈读懂的内容，这样实现整合文本相关内容，渗透从文章的整体性入手进行思考的阅读方法，同时学生的个性化认识可以形成。】

3. 从资财的置换到成功与失败的关系，这些都说明了什么问题？(学之则易，不学则难)

如果学生先谈到第4自然段，讲到昏庸可限而不可限……聪敏可恃而不可恃……引导思考联系上文：资材聪敏怎样是不可依靠的？昏庸又是怎样不可限制的？从而引入第2自然段的学习，整合文本。

[引导]你还从哪儿读懂了什么？

(三)贫僧为之则至而富僧不为则不至……

学生读懂的可能是一般的道理——为之则至、不为则不至，也可能结合课文的事实——贫僧为之则至而富僧不为则不至，因学情结合文本深入感悟，顺序因生而定。

相机出示：

贫者语于富者曰："吾欲之南海，何如？"富者曰："子何恃而往？"曰："吾一瓶一钵足矣。"富者曰："吾数年来欲买舟而下，犹未能也；子何恃而往？"

1. 富僧不为则不至。

(1)你是从哪儿读懂的？("吾欲之南海""吾数年来欲买舟而下，犹未能也")结合句子谈谈感受或者读出来。

(2)适时点拨：富和尚曾两次说："子何恃而往？"意思是否一样？(第一次主要问贫和尚凭什么去，第二次则有骄傲、瞧不起穷和尚、嘲笑穷和尚做白日梦等含义。)

(3)把感受到的读出来(自由读、指名读)

2. 贫僧为之则至。

(1)你是从哪儿读懂的？("吾一瓶一钵足矣"、"越明年，贫者自南海还")

(2)深入感悟"吾一瓶一钵足矣"

[讨论]结合资料和课文内容说说，凭借这两样东西从西蜀去南海真的就"足矣"了吗？

①结合下文"西蜀之去南海，不知几千里也"和"蜀道难……"等想象可能遇到的困难(从四川到南海要经历5省，路途遥远；风餐露宿、大雪漫天等)。

请你们想象，在这长路漫漫中他还可能遇到哪些困难？

②读一读贫僧的话，能感受到什么？("一瓶一钵"，这只是外在的条件，其实是他内心无比巨大的力量支持他，也有坚定的决心、战胜一切困难的勇气和坚强的毅力。虽然只有"一瓶一钵"，但是他有信心、有决心……)

带着感受读一读(自由读、指名读)

(3)创设情境，师生对读。老师描述穷和尚可能遇到的困难，同学们扮演穷和尚回答"吾一瓶一钵足矣"。

师：穷和尚，长路漫漫，千难万险，你恐怕有去无回啊！子何恃而往？——

风餐露宿，饥寒交迫，子何恃而往？——

大雪漫天，酷暑难耐，穷和尚，你行吗？——

[引导]从这件事我们看到在客观困难面前，决定的因素，不是物质条件，而是人的主观努力，人们常说有志者事竟成。越明年，贫和尚——

【设计意图：通过三次引读，创设情境，同时实现深刻理解"吾一瓶一钵足矣"的信心和决心，为学生对文本深刻而个性化鲜明的内化理解提供条件。】

3. 读写结合深化认识。

出示：

越明年，贫者自南海还，以告富者，富者有惭色。

想象课文中的空白：贫者会告诉富者什么呢？富者有惭色，富僧又会想些什么呢？写下来。

要求：任选贫者或富者写两三句话；可以是白话，也可以试着写文言文；要注意符合贫者或富者的身份。

交流学生的收获，适时出示教师的“下水”—— 吾限于买舟，止于想法，故未成行；汝志之南海，为之则至，岂有难哉！

【设计意图：这样的训练为不同层次的学生创设了表达的情境，充分调动了水平较高学生的积极性，同时稍逊些的学生也有话可写，为个性化的表达提供了可能。】

4. 结合上文想一想，这件事有力地证明了文中的哪句话？（天下事有难易乎？为之…不为…）这样的方法就叫以事喻理。

（四）再读全文，感悟道理，总结写法（融合学案二）

1. 作者对“为学”提出了怎样的观点？（人之为学，学之，则难者亦易矣；不学，则易者亦难矣。）

2. 文章的内容是怎样来证明这一观点的？（开篇从天下事引出为学，提出观点；然后讲道理、举实例论证昏庸聪敏在为学中是可以置换的，接着以事喻理，最后总结结论。）

五、诵读古文，积累语言

1. 你们愿意把第 1、3 两个自然段背诵下来吗？练习背诵课文第 3 自然段。

2. 指名背、齐背。

六、交流资料，拓展延伸

1. 你还收集了哪些关于为学方面的资料？（如：西汉刘向在《说苑建本》中说“为者常成，行者常至。”彭端淑曾写过一首懊恼词，“盛年懒读书，头白方知悔。千卷列我前，浩瀚同沧海。寄语后来人，慎勿歌懊恼。”以自己晚年学习、又觉为时过晚的亲身体会，教育青年抓紧时间为学。）

2. 老师建议同学们读一读这几篇论“为学”的著作：孔子《论语》、荀子《劝学》、弗朗西斯·培根《论学习》。

【设计意图：课堂学习不能以句号结束，而是学生下一轮学习的开始；拓展阅读也是深化文本认识、提升语文素养的重要方式。】

七、布置作业

1. 必做：继续完成背诵。

2. 选做：

(1)收集整理学过的古今词义不同的字。

(2)彭端淑亲眼看见过这样一件事，眉州一个僧人，随缘募化，行经千山万水，到京城找巧匠雕刻韦驮像，自己背负着一步一步走回眉山。这一苦行求法的行动使彭端淑深受感动，所以他曾写下一首赠僧诗："有僧远自蜀中至，赤足峰头向我鸣。欲刻韦驮镇佛寺，为求巧匠到京城。一瓶一钵随缘募，千山千水背负行。志士苦行能若此，人间何事尚难成!"思考：在《为学》中为什么没有选用这件事？

附：板书设计

8　为学

一、提出观点　　天下事——→为学　　学之，难→易

　　　　　　　　　　　　　　　　　　不学，易→难

二、讲道理

　　举实例　　　　　　　　　　　　　昏庸聪敏岂有常

三、以事喻理　　为之　→　至

　　　　　　　　不为　→　不至

四、总结结论　　　　　　　　　　力学不倦

（北京市顺义区西辛小学　刘学红）

《穷人》教学设计(第二课时)

（北京市义务教育课程改革实验教材第 12 册）

【教学内容分析】

《穷人》是俄国著名作家列夫·托尔斯泰写的短篇小说。课文记叙了一个

寒风呼啸的夜晚，桑娜和渔夫不顾自家的困苦，主动收养已故邻居西蒙的两个孩子的故事。文章真实地反映了沙俄专制统治下渔民的悲惨生活，赞美了桑娜和渔夫等穷人宁可自己吃苦也要帮助别人的美好品质。课文写作上特色鲜明，通过对环境和人物心理、对话的描写，刻画了栩栩如生的人物形象，特别是用多种方式细腻地刻画人物的心理活动，既有直接心理描写，又有间接心理描写；既有错觉、幻觉的运用，又有景物描写衬托人物心理。

本单元共安排了《穷人》《母亲》《争画》3 篇叙事写人的课文，共同谱写了一组真情雅趣的美好乐章。在阅读中理解、评价人物，体会人世间的真情真意，学习课文的写作手法是本单元的重点要求。

【学生情况分析】

六年级的学生已初备一定的自学、感悟能力，能基本把握课文的主要内容，体会文章表达的思想感情，能对课文中不理解的地方提出疑问，初步感受作品的生动形象，关心作品中人物的命运和喜怒哀乐。《穷人》在写作上特色鲜明：通过环境和人物心理、对话的描写，刻画人物形象、抒发真情。作者这种高超的艺术技巧需要学生去揣摩，对于六年级学生要想真正理解还是有一定难度的。因此，学习、理解和运用刻画人物的方法是本课教学的重点和难点。

【教学目标】

1. 能结合桑娜夫妇的言行神态、心理活动等词语联系上下文感悟桑娜忐忑不安的心理以及他们善良、宁可自己受苦也要帮助他人的高尚品质。

2. 根据课文内容，展开合理的想象，学习作者通过环境、心理和人物对话的描写表现人物品质的写法。

3. 能有感情地朗读课文，通过朗读走进人物的内心，体会桑娜夫妇的美好心灵。

【教学重点、难点】

1. 教学重点：能结合桑娜夫妇的心理、言行和神态感受穷人善良、宁可自己受苦也要帮助他人的高尚品质。

2. 教学难点：理解桑娜忐忑不安的心理，体会省略号的不同作用。

【教学过程】

一、回顾内容，建立联系

这节课，我们继续学习《穷人》一课。通过上节课的学习谁来说说课文的主要内容？

今天就让我们再次走进文本，走进这个一贫如洗的家庭，一同感悟桑娜夫妇那美好的心灵。

【设计意图：回顾内容，建立一二课时的联系，明确学习目标。】

二、自主探究，因需合作

上节课我们共同梳理问题，生成了两个学案：

【学案一】默读课文，思考：桑娜和渔夫是怎样的人？从哪些语句中体会到的？画出相关的语句，在感受深的地方写写批注。

我认为桑娜是________________________的人。

渔夫是________________________的人。

【学案二】桑娜和渔夫面对西蒙死后的情景各有怎样的表现，画出相关的句段读一读，在感受深的地方写写批注，并按要求简要完成下面的表格。

<table>
<tr><th rowspan="2">项目
人物　表现</th><th rowspan="2">桑娜和渔夫面对西蒙死后情景的表现(提示：可摘录关键的词语)</th><th colspan="2">二人表现的异同</th><th rowspan="2">我对人物的评价</th></tr>
<tr><th>不同点</th><th>相同点</th></tr>
<tr><td>桑娜</td><td></td><td></td><td rowspan="2"></td><td></td></tr>
<tr><td>渔夫</td><td></td><td></td><td></td></tr>
</table>

接下来大家按照选定的方案自主学习，学习后与选择同一学案的伙伴交流。

【设计意图：依学案自主探究，经历自读自悟的个性化学习过程，初步感受人物的形象。】

三、共议交流，深入感悟

(一)初步感知人物形象

先请选择学案二的同学汇报学习成果，整体介绍一下表格的填写。

教师希望学生完成的程度：

项目 人物　表现	桑娜和渔夫面对西蒙死后情景的表现(提示：可摘录关键的词语)。	二人表现的异同		我对人物的评价
		不同点	相同点	
桑娜	裹住孩子　抱回家 同自己的孩子睡在一起 神情激动　忐忑不安	想都没想就抱回孩子，到家后变得忐忑不安	都是主动收养孩子	善良 宁可自己受苦也要帮助他人
渔夫	皱起眉　严肃　忧虑 搔搔后脑勺　得抱来 熬过去　快去	思索片刻后决定把孩子抱回家		善良 宁可自己受苦也要帮助他人

[预设]学生在填“不同点”时可能会丢掉“桑娜到家后变得忐忑不安”，请同学补充；在填“我对人物的评价”时很难评价出夫妇俩“宁可自己受苦也要帮助他人 ”，这时教师不必刻意让学生去补充，在“深入体会人物形象”时再完善。

【设计意图：在自读自悟中发现、比较、提炼，是学生粗略读懂课文的表现。】

(二)深入体会人物形象

通过自学我们认为桑娜和渔夫都是善良的人，接下来我们交流从哪些语句体会到的，这也是学案一和学案二的共同部分，我们先来交流桑娜的善良体现在哪里。

1. 走近桑娜。

(1)从桑娜的行为中感受她的善良。

学生容易通过第 8 自然段“桑娜用头巾裹住睡着的孩子，把他们抱回家。”和第 9 自然段“回到家里，她把这两个熟睡的孩子放在床上，让他们同她自己的孩子睡在一起。”来理解。

如果学生没有联系事情发生的背景，可引导学生：联系上文想想桑娜是在什么情况下抱回两个孩子的？读读相关的语句。

[预设]学生可能会忽略“她自己也不知道为什么要这样做，但是她觉得非这样做不可”，点拨：注意到这句话了吗？谁能说说这句话的意思。然后结合上文理解一下桑娜“非这样做不可”是因为什么？

【设计意图：顺着学情引导，层层深入，整合、提升学生个性化阅读的成果。】

(2)从桑娜忐忑不安的心理中感受她的善良。

①先谈谈“忐忑不安”的意思。

②再说说从哪儿看出此刻桑娜忐忑不安？

学生可能读桑娜忐忑不安的语句回答，要求学生具体说说。相机出示：

> 她忐忑不安地想：他会说什么呢？这是闹着玩的吗？自己的5个孩子已经够他受的了……是他来啦？……不，还没来！……为什么把他们抱过来啊？……他会揍我的！那也活该，我自作自受……嗯，揍我一顿也好！

如果学生感到困难，让学生自由读体会。（想得很多；对话闪烁其词；省略号比较多。如果学生还不能体会可以通过把相关语句或者标点变色来启发。）

相机处理省略号的用法：这些省略号分别表示什么呢？大家再来读一读体会一下，也可以同桌商量一下。

【设计意图：结合学生疑难，引导深思，通过再读发现和彼此碰撞，实现对教学难点的突破。】

③追问桑娜忐忑不安的原因。

A. 他会说什么呢？——不知道丈夫同意不同意

结合“这是闹着玩的吗？”谈体会

B. 为什么把他们抱过来啊？——不知怎么跟丈夫说

如果能够结合“是他来啦？……不，还没来！”和第10、11自然段来体会桑娜此时盼望丈夫归来又怕丈夫回来的心情更好。

C. 他会揍我的！——揍我一顿也好

读读相关的语句，体会桑娜的心情。

【设计意图：必要的追问，引导学生形成正确的、全面的解释，也帮助学生体会课文是怎样连句成段的。】

④整体读，感悟桑娜“宁可自己受苦也要收养两个孩子”的高贵品质。

桑娜看到西蒙死后的场景，她不知道为什么要把两个孩子抱回来，但是她觉得非这样做不可，可此时又变得非常忐忑不安，她是不是后悔了呢？我们再来读一读这段话，体会一下。（学生容易理解到桑娜宁可自己挨揍也要收养两个孩子。如果学案二对桑娜的评价没涉及，这时应提醒学生完善。）

⑤桑娜的忐忑不安还体现在哪儿？（第13、18、23自然段）如果学生发现不了，让学生快速浏览第三部分来发现。

最后桑娜是怎样跟丈夫说的呢？指名有感情地朗读。

【设计意图：通过联系上下文理解桑娜的忐忑不安，引导学生感悟篇章的内在联系。】

2. 走近渔夫。

(1)渔夫的表现作者只用了非常少的笔墨，却让我们如见其人，是因为什么？

[预设]学生会结合人物的神态、动作、语言方面来回答。引导发现细节描写，并点明这正是作者写作的一个特点。

(2)在这段话中，你写了哪些批注？

[预设]学生会写“善良”“果断”“坚决”，如果能结合“熬”字写出“宁可自己受苦也要帮助他人”更好(如果学案二对渔夫的评价没涉及到，这时应提醒学生完善。)……

(3)有感情地朗读。

多么善良、淳朴的渔夫啊！让我们想象当时的情景，再来读读这段话吧！

【设计意图：在略写的精彩处引导学生发现作家语言的特点，体会语言的精妙，通过个性化批注丰满渔夫的形象。】

3. 小结补充。

刚才我们深入感悟了桑娜和渔夫的善良，按照学案一学习的同学，你还认为桑娜或渔夫是怎样的人？

【设计意图：学生根据自己个性化学习的收获，结合前面的交流情况对桑娜和渔夫的人物形象进行丰满。】

四、总结拓展，学习表达

(一)再读课题，深化理解

第一课时我们已经知道这篇课文写的是穷人，也感受到了穷人有多穷，现在让我们再读读课题，谈谈你有什么新的认识？

(学生可能谈到：桑娜夫妇虽然很穷，但他们有着高尚的道德品质。可能谈不到穷人虽然生活很穷但他们的心是不穷的。必要时教师可出示文章的写作背景。)

【设计意图：阅读教学是学生、教师、教科书编者、文本之间对话的过程。了解编者、作者意图对学生道德情操进行引领，是对教学目标的再落实。】

(二)读写结合，拓展延伸

文章只写到了桑娜夫妇收养了邻居西蒙的两个孩子，并没有提及今后的事情，他们的五个孩子发现抱回的两个孩子后又会怎么想，怎么说，怎么做呢？这个一贫如洗却又充满爱意的大家庭今后会怎样呢？请同学们尝试着写一写。

教师在学生书写3分钟后组织学生交流。预计学生会写到今后的艰难或者渡过难关后的美好，合理即可。

教师出示《穷人》原文的结尾部分，让学生快速浏览了解。

【设计意图：续写文章的结尾不仅是对文本的拓展，也是对学生个性化思维空间的拓展，把原文的结尾部分让学生读一读是对作家写作特点的进一步感知。】

（三）对比发现，强化发展（机动）

《穷人》这篇文章是根据法国作家维克多·雨果的长诗《贫苦人》改写的，课前让大家读了这首长诗，不知大家在对比阅读中或发现或体会到了什么？（这个环节是有难度的，因此只要学生说出自己的发现或体会即可。）

【设计意图：学生的阅读不应囿于课堂，教师应帮助学生拓展阅读视野。在对这两篇体裁不同却颇有渊源的文章的阅读中，学生或有所发现或有所感悟，丰富了学生的实践，加强了对经典作品的品味。】

五、回归整体，总结全文

桑娜和渔夫虽然生活在社会的最底层，但正是这样的穷人，却有着高尚、淳朴的道德情操。他们善良、助人为乐，甚至是宁可自己受苦也要收养两个可怜的孤儿，这是多么令人感动啊！最后，让我们共同祝福桑娜和渔夫以及像他们一样善良、助人为乐，宁可自己受苦也要帮助他人的人幸福、快乐，好人有好报！

六、布置作业，达标测评

1. 有感情地朗读课文。

2. 除了课上我们解决的省略号外，文中用到省略号的句子还有很多，课后把它们都找出来，体会它们在句子中分别起了什么作用。

附：板书设计：

10　穷人

桑娜：非这样不可　揍我一顿也好

↓

一贫如洗　收养两个孤儿　　善良　宁可自己受苦　也要帮助他人

↑

渔夫：得抱过来　总能熬过去的

（北京市顺义区北务中心小学　李学波）

《母亲》教学设计

（北京市义务教育课程改革实验教材第 12 册）

【学习内容分析】

《母亲》是北京版六年级下册第四单元的一篇略读课文。课文以回忆的方式，重点叙述了继母关爱孩子的三件事，展示了一位不是亲娘胜似亲娘的继母形象，表达了作者对继母的无限感激和永久的愧疚。本文的特点一是选取典型事例突出主题，表现人物品质；二是表达上使用直接抒情和叙事抒情相结合的方式，抒发作者的思想感情。人物特点和“我”的情感变化两条线索相呼应，感人至深。

【学生情况分析】

六年级的学生已经具备了一定的自主阅读能力，能够粗略地读懂文章的内容，了解人物特点，感知文章表达的情感。学生具有理解和评价人物的基础，对于“不是亲娘胜似亲娘”的感知可能不够，要借助自主读文，教师的适时点拨达成。文章首尾呼应的句子含义深刻，学生感悟有一定的困难。

【教学目标】

1. 认读本课 2 个生字，正确流利地朗读课文。
2. 默读课文，了解文中的母亲，简要写出对她的评价。
3. 理解课文内容，体会“我”对继母的情感历程，感受继母的无私伟大。

【教学重点、难点】

1. 教学重点：理解课文内容，体会“我”对继母的情感历程，感受继母的无私伟大。
2. 教学难点：理解含义深刻语句的意思，体会继母的无私伟大。

【教学过程】

一、检查预习，整体感知

1. 小组交流预习成果。

(1)读一读。

闺女　撞倒　晕过去　落下病根　给予

(强调多音字“晕”，如何区分不同读音?)

(2)整体感知。

哪个小组来说一说文章重点回忆了哪几件事？文章的主要内容是什么？

根据文章的记叙顺序学生能理清重点回忆了三件事：继母经常擦拭“我”生母照片、继母背“我”治疗、继母忍痛将亲生女儿远嫁内蒙古。主要内容概括可能不全面——丢掉“父亲去世后照顾关爱我们，以及‘我’对继母产生了深深地感激怀念之情。”

2. 提出不懂的问题。

[预设]①“我”的情感为什么有这么大的波动？②为什么作者说“世上有一部永远写不完的书，那便是母亲……”

【设计意图：落实预习检查，体现略读味道，实现初步的整体感知。】

二、明确目标、重点探究

1. 明确探究方向。

这节课我们应重点学习什么呢?(学生容易结合课题和课后习题确定自主探究的目标)

2. 落实目标，共拟学案。

自主拟订、小组修改、全班共议，形成以下学案：

【学案一】默读课文，思考：母亲是一个怎样的人？结合文中介绍继母的几件事，抓住继母的言行、神态简单批注。再写出对继母的评价。

【学案二】默读课文，想一想“我”对母亲的情感有怎样的变化，为什么有这样的变化？写出自己的理解。

【设计意图：遵循文本要求与学生期待，形成个性化学习思路，体现以学定教。】

三、合作探究、共议交流

学生组内选择学习方案学习，有能力的可以都学。

依据文本特点先交流学案一，再交流学案二。交流时以小组为单位做整体汇报，其他小组及时补充或提出意见。

1. 重点交流，继母是怎样的母亲。

(1)学生交流，认知继母的人物特点。

①学生能够结合三件事来谈感受。

“宽容，善良，善解人意”、“关心关爱孩子，有责任感”容易感受到，“不是亲娘胜似亲娘”的体会较难达到。

②重点感悟“远嫁女儿”这件事。

[引导]文中哪件事最感人？读读让你感动的语句，交流批注内容。

学生容易结合“世上竟有这样的后娘?”“‘妈妈!’我第一次这样称呼了她。”“多少年的酸甜苦辣，多少年的委屈，全都在这一声‘妈妈’中融解了。”等语句体会到“不是亲娘胜似亲娘”“感动至极”“母爱的伟大”等。

[点拨]你怎样理解“多少年的酸甜苦辣，多少年的委屈”？联系上下文和《母亲》原文谈一谈。(一直的苦、太多的委屈，如“我”硬是在学校门口截住母亲不让她去开家长会，在母亲没钱的情况下故意刁难母亲，非要买这买那……)

合作读文，感受母亲的伟大。

(2)学习写人记事文章的写作方法。

这样一位母亲深入人心，那么作者都用了什么写作方法让我们感受到了继母的品质呢？(相互补充后，学生可以体会到：选取典型事例，对人物的语言、动作、神态、外貌描写，侧面描写，自然环境描写等这些写法)

【设计意图：结合文本的行文特点整体交流对母亲的认识，再抓住重点事件深入体会，联系《母亲》原文丰厚人物特点。既遵循文本又尊重学生，在联系中阅读发展了学生的思维，揣摩表达落实了学习语言文字运用。】

[过渡]那么，面对这样一位伟大无私的继母，“我”的情感变化又是怎样的呢？哪个小组来汇报一下。

2. 整体感悟，体会作者的情感变化 。

(1)学生以小组为单位汇报，感悟“我”的情感变化历程：

学生经过合作可以梳理出：反感—好感—感激—感动—愧疚—怀念

(2)提升感悟，理解“我”为什么有这样的情感变化？

学生不难从整体上感悟情感变化的原因，教师可以适时点拨提升学生情感体验：

①当学生说到被妈妈“远嫁女儿”的所作所为深深打动时。教师引导感受“我”的两次流泪和母亲的哭有什么不同？相机出示：

> “还疼吗?”她立刻紧张地问我。我摇摇头，眼泪却止不住地流。
>
> 世上竟有这样的后娘？望着她那已经隆起的后背，我的眼泪一个劲儿往外涌。“妈妈!”我第一次这样称呼了她。
>
> 我又叫了一声“妈妈”，她竟“呜”的一声哭了，哭得像个孩子。

[引导]“我”第一次流的是感激的泪，第二次流的是感动、愧疚的泪；“母

亲”的哭中既有对亲生女儿远嫁的伤感之情，又有被不是亲生儿子理解的欣慰之意。

带着感受读一读感动的语句。

②当学生谈到继母去世后“我”对母亲的愧疚和怀念之情时，教师引导学生回归整体，感受作者的思母之痛：联系课文和《母亲》原文谈谈继母在父亲去世后都为我们做了什么？给予作者的都是什么？

师生合作朗读第12～14自然段，理解结尾含义深刻的句子(感到困难也可以组织讨论)。

(3)继续发现、学习写人记事文章的表达方法。

浏览课文，看看作者的情感变化是怎样记叙的呢？

①叙事与抒情相结合——通过叙事，表达情感，叙事要为表达情感服务。让学生围绕“远嫁女儿”事件朗读第10自然段体会写法。②直接抒情，指导学生有感情朗读第13自然段体会写法。

3. 结合板书，小结学习收获。

从事件，到人物，到情感，到表达。

【设计意图：相融情感变化的学案，有效落实了课后习题；在作者情动辞发处驻足品味，突出重点、突破难点；进一步学习作者的表达方法，并注重梳理学习过程与学习方法。】

四、拓展阅读，积累能力

1. 拓展阅读语文读本中的《童心与母爱》。

(1)从题目、内容、主旨或者是重点语句确定探究内容，自学后再小组交流。

(2)在学生交流基础上引导对比两篇文章的异同。

2. 深化“母爱”，继续体会“世上有一部永远写不完的书，那便是母亲……”

(1)欣赏历代文人叙写母爱的佳句。

(2)走进“母亲”：肖复兴《母亲》原文中既写了母爱又写了爱母，让我们也写一写自己的母亲吧！

【设计意图：依托学案提高拓展阅读的实效，体现高年段学生的特点，从不同的角度感受母爱。】

五、布置作业，强化发展

1. 用喜欢的方式写写自己的母亲。

2. 潜心阅读一篇叙写母爱的文章或者读一本与母亲有关的书，写出自己的读后感。

附：板书设计

11　母亲

擦拭照片	宽容善良	反感	
	善解人意	好感	选取典型事例
背“我”治疗	关爱孩子	感激	
	有责任感	感动	
远嫁女儿	不是亲娘胜似亲娘	愧疚	叙事抒情结合

（北京市顺义区教育研究考试中心　孔凡艳）

《理想的风筝》教学设计（第二课时）

（北京市义务教育课程改革实验教材第 12 册）

【教学内容分析】

《理想的风筝》这篇课文是当代作家苏叔阳所写，文章由春天放飞风筝写起，回忆了已年过 50，身有残疾的刘老师，笑谈自己的残腿、讲课极好、倾听回答、亲手放飞风筝的情景。结尾呼应开头，抒发了对刘老师深深的思念之情。全文以“风筝”为线索，生动地展现了刘老师的乐观、坚强，对工作和生活强烈的爱与追求，文章字里行间洋溢着作者对老师的深深怀念和感激之情。

【学生情况分析】

刘老师笑谈自己的残疾，用心用情讲课的情景以及亲手放飞风筝的情景很感人，学生阅读会有浓厚的兴趣；文章的结构清晰，学生比较容易从整体上来把握；对于刘老师是一个怎样的人，学生并不感觉困难，但是要全面评价刘老师、准确理解课题“理想的风筝”，还是有一定的难度。可以通过静心读悟、交流碰撞来逐步达成。

【教学目标】

1. 从回忆刘老师的四件事中感受刘老师的乐观、坚强，对工作、对生活强烈的爱与追求，体会作者对他深深的思念之情。

2. 理解“理想的风筝”的含义，并能回答课文为什么以“理想的风筝”为题。

3. 能有感情地朗读课文，背诵课文第5自然段。

【教学重点、难点】

1. 教学重点：感受刘老师乐观、坚强，对工作、对生活强烈的爱与追求，体会作者对他深深的思念之情。

2. 教学难点：理解课题“理想的风筝”的含义。

【教学过程】

一、复习导入、认定目标

1. 联系开头复习导入。

春天又到了，蓝天上一架架风筝在同白云戏耍(出示图片)。每逢这时候，作家苏叔阳就会不由自主地想起曾经教他的刘老师，想起他放入天空的风筝。课文回忆了刘老师的哪几件事?

2. 联系结尾认定目标。

作者苏叔阳说“已经近30年没见到他了。然而他永远在我的记忆里行走，微笑”，而且结尾深情地呼唤“刘老师啊，你在哪里？我深深地、深深地思念你……”。这节课，我们就跟随着作者的回忆，感受刘老师是个怎样的人，同时体会文中的思想感情，理解课题“理想的风筝”的深刻含义。

【设计意图：建立一二课时的联系，自然认定目标。】

二、自主探究、因需合作

上节课，我们共同拟订了学案(出示)，请大家按照自己拟订或者选择的学案进行学习，相同学案的同学也可以交流一下。

【学案一】读文中回忆刘老师的四件事，想想刘老师是个怎样的人？从哪些地方感受到的，圈画关键词句并简单批注，然后完成表格。

回忆的事件	从哪些地方感受到的(摘录关键词语)	是怎样的人
笑谈腿残		
倾情讲课		
倾听回答		
放飞风筝		

【学案二】“已经近30年没见到刘老师了，我还是深深地、深深地思念他”是因为什么呢？从哪些地方感受到的，圈画关键词句并简单批注。

【学案三】读读文中“放风筝”这一部分，在感受深的地方简单批注。再联系全文想想“理想的风筝”是什么意思。

【设计意图：学生整合需求后按照适合自己或自己喜欢的角度自主学习，经历个性化阅读过程。】

三、共议交流，立体感悟

(一)整体交流刘老师是怎样一个人

1. 交流学案一的表格。

指名学生在展台展示学习结果。（展示过程预想：以个体学生的整体交流为主，其他同学发现问题会有适时穿插，教师根据情况适时引导生生互动或者进一步读书发现；展示结果预计：概括刘老师是怎样一个人并不难，从哪些地方感受到的，不求统一，有道理即可。）

希望学生达到的学习程度：

回忆的事件	从哪些地方感受到的(摘录关键词语)	是怎样的人
笑谈残腿	笑着	乐观 幽默
倾情讲课	站上好几个小时 慷慨激昂(落泪)；哽咽(低下头)	热爱工作 热爱祖国，讲课极好
倾听回答	品味；关切	欣赏 耐心 热爱学生
放飞风筝	当……便…… 亲手制作　各式各样 亲手送入 故意撒手	喜欢放风筝 心灵手巧 热爱生活 挑战自我

“倾听回答”这件事描写细腻，学生摘录的词语往往很多，也会有相当一部分学生注意不到这一段的结构与写法，通过利用课堂生成的资源及有意引导学生发现，来突破这一难点，并落实体会写法的目标，为仿写做好铺垫。

2. 简单总结一下刘老师是怎样一个人。（还可以结合文中直接写刘老师是怎样一个人的语句总结：慈祥、忠厚、乐观、幽默；热爱工作，讲课极好，热爱每一个学生；非常热爱生活，有追求）

【设计意图：利用学案一的表格进行整体性交流，展示自学的过程与结果，训练学生抓住关键词句有所感悟，逐步认识刘老师是怎样一个人。】

(二)重点感悟“放风筝”，理解“理想的风筝”

留给作者印象最深的，还是刘老师每年春天的放风筝。刚才同学们按照学案，在这件事感受深刻的地方做了简单批注，现在，请大家想一想这件事给作者的感受是什么呢？

1. 体会刘老师对生活的热爱与追求。

现在我们再跟随作者好好地品读一下“放飞风筝”这件事。在小组中讨论：你从哪些地方感受到了刘老师对生活有着强烈的爱与追求？

(1)小组汇报，整体交流。

经过小组合作，学生基本上能够抓住“故意撒手再追赶线拐，绝不肯放弃亲手送入蓝天的欢乐，制作的风筝各式各样，以及当没有大风的课余便去放风筝”这几方面来感受刘老师对生活的强烈的爱与追求。

小组汇报注意整体性、全面性、全员性，“谈”与“读”结合。

(2)重点部分，点拨引导。

①故意撒手再追赶线拐

这部分学生最感动，也能够抓住刘老师的言行神态等关键词句来谈感受，以有感情地朗读、想象情景为主。

②绝不肯放弃亲手送入蓝天的欢乐

相机出示对比句感受：

他的腿自然不便于奔跑，然而，他却不肯放弃亲手把风筝送入蓝天。

他的腿自然不便于奔跑，然而，他却绝不肯放弃亲手把风筝送入蓝天的欢乐。

师生合作朗读刘老师亲手放风筝的句子，和他一起感受一下放风筝的快乐。

适时完成填空：

这时候，他最幸福，因为______________________________。

这时候，他最幸福，笑声朗朗，指着天上的风筝，同看风筝的同学们说笑：“______________________________________。”

(3)整体朗读，提升认识。

同桌合作朗读：

“当没有大风，而且晴朗的日子，刘老师课余便在校园的操场上，放起他亲手制作的风筝。”这时，他一定______________________________。

“他的腿自然不便于奔跑，然而，他却绝不肯放弃亲手把风筝送上蓝天的欢乐……他仰望白云，看那青黑的小燕在风中翱翔盘旋，仿佛他的心也一齐跃上了蓝天。”这时候，____。

“有一次，他故意撒手，让天上飞舞的纸燕带动长长的线和线拐在地上一蹦一跳地向前飞跑。他笑着，叫着……他终于气喘吁吁地抓住线拐，脸上飘起得意和满足的稚气。”那天，他一定过得____________，因为____________。

【设计意图：从作者感受的角度再次品读“放飞风筝”，不仅仅是整体感知后的有所感悟，也不只是对学生已有学习的梳理与提升，是更充分发挥了文本示例的作用，也体现了篇章的整体性和高年段的特点。】

(4)联系作者，辐射全篇。

再读第9自然段，你有什么新的感受？

[预设]学生可能会说：年过50身有残疾的刘老师，对生活有着那样淳朴、强烈的爱与追求，我们活泼泼的少年更应该这样；我要做一个像刘老师那样对生活有着强烈的爱与追求的人……

还从哪儿看出他对生活的热爱？(笑谈腿残，也可能谈到拄着拐杖站几个小时、认真工作等)历史课上的刘老师呢？(对工作有着强烈的爱与追求)

【设计意图：抓住关键语句深层感悟，牵一发而动全身，刘老师的形象逐步在学生心中树立起来。】

2. 理解“理想的风筝”。

难怪，30年没见到刘老师了，他永远在“我”的记忆里行走微笑：

已经近30年没见到他了，然而他永远在我的记忆里行走、微笑。他用那双写了无数个粉笔字的手，放起一架又一架理想的风筝。那些风筝将陪伴我的心，永远在祖国的蓝天上翱翔。

现在你们能读懂“理想的风筝”指的是什么了吗？(这是学案三的继续交流，也是大家疑难问题的解决：刘老师放飞的是自己充满理想与乐观精神的风筝，他用自己的言行深深影响着他的学生，在学生的心中播下了一颗颗理想的种子，学生成长了、成才了……)

(三)体会对刘老师的思念之情

作者用饱含深情的语言向我们表达了他对刘老师无比思念之情。齐读最后一段：刘老师啊，你在哪里？我深深地、深深地思念你……

1. 是什么原因让我常常不由自主地想起刘老师并深深地思念他呢？

学生能够结合刘老师给“我”留下清晰的印象和深远的影响来谈原因，通过其他同学的补充，实现对学案二的学习理想效果的整体呈现。

2. 能结合搜集的资料来谈一谈吗？

学生没有适合的资料时教师出示：

苏叔阳曾遭受过不公正的待遇，也曾身患绝症：1993 年不幸身患肾癌，1994 年切除左肾，2001 年癌细胞转移到肺部，又切除了一叶左肺，后又发现脾脏内有一块肿瘤……但是，他依然笑对生活，顽强、乐观地与命运抗争，不仅创造了人类战胜病魔的奇迹，而且依旧笔耕不辍，为人民奉献了大量的优秀作品，写作 300 多万字，出书 7 本。

刘老师对苏叔阳的影响是深远的，是一生的影响！所以，刘老师永远在他的记忆里行走、微笑。

四、回归整体，揣摩写法

1. 浏览全文，说说这篇文章表达了作者怎样的思想感情？

学生容易结合首尾及文中抒发情感的语句感受到对刘老师深深的思念和无限的感激(尊敬、敬佩、爱戴)之情。

2. 再读课题，为什么课文以“理想的风筝”为题？(学生容易谈到“以风筝为线索”，“新颖，吸引读者往下读”。“是对刘老师是一个怎样的人的高度概括”和“表达了学生对老师深深的感激之情”预计需要点拨)

五、拓展阅读，发展能力

阅读苏叔阳写的《谢谢老师》，然后再读《理想的风筝》，你会有新的收获，写写你读文后的感受。

背诵课文第 1～5 自然段，仿照第 5 自然段的写法，写一段话。

附：板书设计

20　理想的风筝	笑谈残腿	尊敬	
	讲课	影响	对工作、对生活
	倾听	亲切	强烈的爱与追求
	放风筝	感动	

(北京市顺义区教育研究考试中心　孔凡艳
北京市顺义区双兴小学　吴凤荣)

第二章 “依托学案 实现个性化阅读”教学思考

一、“过程型”研究论文

学案导学，呈现个性化的生本课堂

——《永生的眼睛》例谈

“生本课堂”是一种高度尊重学生的教学形态。尊重学生既要尊重他们的主体地位，更要尊重他们的真实感受。因为学生的生活积淀、文化底蕴、审美情趣千差万别，所以每个学生在阅读中获取的信息、产生的疑问、思考的角度都存在着个体差异，阅读的感受也是具有个性特征的。学案导学立足于学，提倡以学定教，更有利于呈现个性化的生本课堂。下面，以李金兰老师执教的人教版第八册第 18 课《永生的眼睛》为例进行说明：

一、前置小学案——引发思辨，增强学习主动性

在学生阅读文本前，李老师让他们先自主研读导读提示，从这个小学案入手，尝试从中提炼出学习要求。阅读提示的内容是这样的：上篇文章盲姑娘只能用手触摸春天，用心感受生命的美好。如果她有一双明亮的眼睛，那有多好啊。默读这篇课文，说说琳达一家人为了让盲人重见光明，他们是怎样做的。从课文中找出含有“骄傲”的句子，有感情地读一读，再联系上下文，讨论讨论从中体会到了什么。学生通过阅读思考，可以提取出学习要求，然后进行有目的地初读文本。

在这个环节，李老师充分运用文本，让学生自主提取信息，在接下来的自由阅读中，学生有了不同的收获：有的学生提取出主要事件——在琳达母亲去世后，父亲将她的眼角膜捐赠给了盲人；在父亲与世长辞后，琳达遵从遗愿又捐献了父亲的眼角膜；受琳达和父亲的影响，14 岁的温迪也决定死后捐赠自己的眼角膜。有的学生感知到对于捐眼角膜这件事，琳达的态度是有所变化的；有的学生则对含有“骄傲”的句子有了初步感受……这样的学习过程成为学生自主建构知识的过程，有利于学生自我体验阅读的快乐，将教师

的“要我学”转化为“我要学”，增强了学生参与学习的主动性，这样的学习是有效的学习。

二、生成新学案——关注差异，发展思维多向性

通过初读，学生解决了“琳达一家人为了让盲人重见光明，他们是怎样做的”这一问题，了解了文章的主要内容，但是对于这几个“骄傲”的理解还需要再读思考。

“除此之外，你还有哪些没有读懂的或是感兴趣的问题呢?”李老师的一句话激起了千层浪，有的学生关注到了课题，提出问题——“‘眼睛’怎么能‘永生’，《永生的眼睛》这个题目到底是什么意思?”有的学生对课文中的重点句“在这一刻，我真正领悟到了父亲所留下的远非一副角膜”产生了质疑——父亲还留下了什么？有的学生则是对琳达的态度产生了兴趣——是什么让她的态度发生了变化……由于学生的个体差异，他们关注问题的角度有所不同，思考问题的层次也有所不同。

李老师充分肯定学生这些不同的发现，并相机引导学生针对自己感兴趣的问题，结合自己的学习经验谈一谈解决这些问题的步骤和方法，从而形成自己独特的学习方案。有的学生针对三个含有“骄傲”的句子制定了这样的学案：画出含有“骄傲”的句子，联系上下文，简单批注对于“骄傲”的理解，并读出自己的感受。有几个学生都关注了文本的题目《永生的眼睛》，但由于个体差异性，有的学生在学案中提出先找出文中与“眼睛”相关的事件，再联系上下文理解“永生”的含义；有的学生则是在学案中提出先利用工具书理解“永生”的意思，再联系课文内容找到与“永生”相关的语句进行体会。在这里，李老师允许学生根据自己的理解，从不同角度去思考，形成个性化的学习方案，并在交流自己的方案时，听听别人的想法，拓宽思路，完善自己的学案，发展多向思维的能力。

在这样的个性化学案生成环节能满足不同学生的自我实现、自我提高的需要。只有这样，才会有学生高高举起小手来分享他们的学案探究，因为他们觉得自己的视角是最独特的，自己的学法是最得意的。就像一位学生说到：“老师，我特别想好好研究我发现的这个问题。”学生有了“心理安全”和“心理自由”的感觉，才能积极地思考。依托个性化的学习方案进行阅读，更有利于在探究感悟中形成自己独特的阅读感受。

三、交融各学案——以学定教，整合阅读目标性

因为学案生成过程突出了学生的阅读主体地位，保证了学生自由、开放

的阅读空间，通过无压阅读、无忧阅读，学生产生了独特的体验。他们便会生成和别人交流的欲望，就会产生向别人倾吐的冲动，就会渴望自己的体验得到别人的认可。

此时，由于大多数学生关注的是含有“骄傲”的句子，而这也是阅读提示中的第二个问题。李老师顺应学生的需求，整合阅读目标，以学定教，引导学生以学案一“画出文中出现“骄傲”的句子，想象当时的情景，简单批注对于“骄傲”的理解或感受，再带着你的感受读一读。”为主思路来进行交流分享。

学生交流找到含有“骄傲”的三个句子：

“妈妈，我真为你、为外公所做的一切感到骄傲。”

“这令你骄傲吗?”

“这次，我为自己的女儿——14 岁的温迪而骄傲。”

在此环节大多数学生把目光放到了第一句和第三句，对于第一句“妈妈，我真为你、为外公所做的一切感到骄傲。”中“骄傲”一词的理解，学生根据“一切”一词，提取出外公和琳达所做的具体事件，体会到了他们的不凡之举。

对于第三句，学生则有着不同的理解，有的学生读出来是因为小温迪理解外公的做法，琳达为她感到骄傲；有的学生读出来是因为小温迪决定自己也要像外公一样死后捐赠眼角膜，琳达为她感到骄傲。此时教师适时融合学案二：文中说：“这一刻，我真正领悟到了父亲留下的远非一副角膜!”那父亲还留下了什么？联系上下文思考，在感受深的地方写写批注，练习有感情地朗读。学生们纷纷交流自己的感悟：父亲还留下了对温迪的影响，对盲人的帮助，留下了乐于助人的品质，给无数人的启迪……学生在交流中解决了对于文本中重点语句的理解，更体会到了文本的主旨。他们也在交流中碰撞出了新的火花：我想对捐赠眼角膜的人说……

而第二句看起来似乎是个很简单的问句，让很多学生在自主学习时忽略了对它的学习，李老师通过提问引导“在问这个问题时，琳达是什么样的语气?”“老师，我觉得是疑惑，她在问温迪为什么觉得骄傲。”“老师，我觉得是惊讶!”“为什么你觉得是惊讶?”这样，李老师引导学生关注琳达的态度变化，自然而然地融合另一个“研究琳达态度变化”的学案。这样在尊重学生独特学习收获的同时，又巧妙地整合了文本的学习目标。

学案的融合超越了文本，发展了学生的思维，强化了学生的整体感知能力。学案交融中，有个性化的发现，也有教学目标性的融合，教学真正成为生命的课堂，创造的活力源源不断地在学生的身上奔涌而出。这时，怎能不说学生才是课堂真正的主人？怎能不说这样依托学案进行的自主阅读的过程也是富有创造性的学习过程？

《永生的眼睛》，精彩的课堂。学案导学，允许学生提出自己独特的见解，为学生创设了一种“心理自由和安全”的课堂教学环境，让学生的心智和心灵在阅读的天空自由自在地放飞。

（河北省三河市第六小学 杨雅楠）

学案导学，培养学生自能阅读能力
——《珍珠鸟》教学案例

真正的教学是以课堂教学为平台，以教学内容为载体，教给学生学习方法，培养学生能力的活动。《语文课程标准》明确指出：“学生是学习的主体……倡导自主、合作、探究的学习方式。”“学案导学”正是将这二者结合的一种形式，这里以《珍珠鸟》一课为例，谈谈我是怎样运用学案导学培养学生自能阅读能力的。

第一课时，学生充分初读后提出了进一步探究的问题，师生共同拟订了两个学习方案。第一个学案从课文结尾的中心句“信赖，往往可以创造出美好的境界”切入，感知信赖是怎样一步步建立起来的。第二个学案解决学生的疑问，“原本怕人的珍珠鸟竟然在“我”的肩头睡着了，这是什么原因呢?”两个学习方案的后半部分相同：选择文中感受深的语句读一读，写写批注。

一、在学案完成中亲历学习过程

第二课时导入环节后，是学生依据选择的学案进行 6 分钟的自学，这是学生展开学案的全过程。依学案二学习的过程是这样的：第一步，学生整体读书，认识到小珍珠鸟在“我”肩头睡着了，是因为“我”细心地照顾它，不去打扰它，珍珠鸟快乐地成长，渐渐地信赖“我”。然后圈画出描写“我”的语句。第二步，选择感受深的语句做批注。有的学生在“一会儿……一会儿……一会儿……”批注“活泼可爱”；有的学生在“蹦到我的杯子上，俯下头来喝茶，再偏过脸瞧瞧我的反应”批注“像个淘气的小孩子”；有的学生在“这小家伙竟趴在我的肩头睡着了”批注“睡得好熟”“完全信赖我”……

这个环节，学生从篇章整体感知全文，用自己的话回答了睡着的原因，交流了圈画的语句，问题回答得有理有据，学生自己经历了学习过程并自主解疑。

二、在学案交融中共享智慧

共议交流的时候，首先是解决学习方案二中的疑问，如上，然后交流“珍珠鸟对“我”的信赖是怎样一步步建立起来的”理解，这是学案一的落实，先展示学生填写的表格，然后补充、完善，形成如下：

“我”是怎样照料、呵护珍珠鸟的	珍珠鸟的表现
用吊兰的垂蔓蒙盖鸟笼	轻松自在
很少扒开叶蔓瞧它们	瞅瞅我，熟悉了
不管它	由屋里飞来飞去到落在书桌上
不去伤害它	蹦到杯子上，喝茶
依旧写东西	绕着笔尖蹦来蹦去
不动声色地写	啄颤动的笔尖
抚一抚绒毛	啄两下手指
伏案写作时停笔 、抬肩	趴在肩头睡得好熟

睡着原因的解答，信赖建立的梳理，不仅是不同学案的交融，还是两个学案的彼此互补，学案一又是学案二的发展。

结合表格的填写，学生们发现：伴随着“我”的呵护，怕人的珍珠鸟渐渐地亲近“我”，文章就是这样一边写“我”的做法，一边写小珍珠鸟的表现。交流时学生发现了文本内在的纵横联系，发展了思维。

明晰文本线索后，我再次让学生用自己的话说说这“美好的境界”是怎样创造出来的？这是对学案一与学案二的提升：有的将学案二圈画的语句或将学案一表格中的词句连起来叙述得很完整，有的学生进一步概括得比较简练，充分体现了学习的个性化。

交流两个学案的共同部分，学生抓住了小珍珠鸟在屋子里飞、来到书桌上、在“我”肩头睡着三个场景顺序交流，学生个性化阅读感受得到充分展示。在交流小珍珠鸟在“我”肩头睡着的场景时，珍珠鸟对作者的信赖，有的学生是从“居然”体会到的，有的学生从“呷呷嘴”体会，还有的学生从小家伙睡着的样子体会到的，最后从“趴”体会到珍珠鸟对作者的完全信赖，学生在个性化感悟的碰撞中还感受到了作者用词的准确、丰富，语言如诗如画。

三、在学案延伸中提升能力

在本节课最后，我建议学生迁移运用了《珍珠鸟》的两个学习方案自学《人狼情》。

下面是学生根据学案二拟订的学案，并自学完成：

在人们心目中原本凶残的狼，为什么“我们”认为是可爱的，这是什么原因？画出相关语句，写写批注。

从自学结果看到，学生立足全文，顺序找出描写狼的语句，圈画的语句明显全面、准确了。学生自读自悟后写出了狼可爱的原因：

我们的车因积雪无法前行，被恶狼包围。我们被迫把所有食物扔给狼吃，我们喂饱了狼，狼心怀感激，它们帮我们打眼，扒雪开路，让我们脱离险境。看到默默消失在松林中的狼，心想狼会感恩，顿时觉得它们可爱。

看得出，学生在相似内容的阅读中举一反三，形成了阅读技能。

我们相信，在学生亲历学习过程、相互碰撞的交流和学案的拓展延伸中，会加快自能阅读能力的形成。

（北京市顺义区北小营中心小学　高淑会）

学案导学，促进学生个性化阅读

——《自己的花是让别人看的》教学案例

《语文课程标准》指出：“阅读是学生的个性化行为。阅读教学应引导学生钻研文本，在主动积极的思维和情感活动中，加深理解和体验，有所感悟和思考，受到情感熏陶，获得思想启迪，享受审美乐趣。”因此，在教学中，教师应注重培养学生感受、理解、欣赏和评价的能力，立足年段特点，更好地落实阅读的个性化。

在学案导学的模式下，学生自主建构学案，并运用独特的方式落实学案，切实促进学生个性化阅读。以《自己的花是让别人看的》一课为例，谈谈我是怎样利用学案导学，使阅读成为学生个性化行为的。

一、自主探究——彰显学生个性化的体验

实践学案的过程是自主探究的过程，也是亲历文本，有所思、有所感的过程，这一过程的粗略读懂，是体现学生个性化阅读的重要阶段。

在学习《自己的花是让别人看的》这篇课文时，学生初读课文后进行质疑，根据学生提出的疑问以及文章的重、难点，师生共同拟订了两个学案：

【学案一】作者四五十年后到德国故地重游发出赞叹“多么奇丽的景色！多么奇特的民族！”默读课文，画出相关语句，在感受深的地方简单作批注，练习有感情地读一读。

【学案二】课文中写到“人人为我，我为人人。我觉得这一种境界是颇耐人寻味的”。通读全文，圈画出具体描写“人人为我，我为人人”的语句，联系上下文进行理解，也可以结合生活实际谈谈感受。

学生选择一个学案进行5～7分钟的自主学习。按照学案一进行学习的学生首先要从整体上把握文本，通读课文。学生学文切入点不同，开始圈画相关的句子也就不同。有的从“奇丽的景色”入手：走过任何一条街，抬头向上看，家家户户的窗子前都是花团锦簇，姹紫嫣红。许多窗子连在一起，汇成了一个花的海洋。有的圈画“德国人的具体做法”：家家户户都在养花。他们的花不像在中国那样养在屋子里，他们是把花都栽种在临街窗户的外面，花朵都朝外开，在屋子里只能看到花的脊梁。还有的站在“总结全文”的角度：在屋子里的时候，自己的花是让别人看的；走在街上的时候，自己又看别人的花。人人为我，我为人人。我觉得这种境界是耐人寻味的……

随着对文本细细品读的过程，可能学生找到的句子会慢慢相同起来，但是心中的感受和批注的角度有所区别。

同样的一句话：家家户户都在养花，他们的花不像在中国那样养在屋子里，他们是把花都栽种在临街窗户的外面，花朵都朝外开，自己只能看到花的脊梁。有的学生圈画词语“家家户户”、“脊梁”；有的学生批注“心中有爱”、“与众不同”；还有的学生联系下文写道：人美景美、景美人美！

莎士比亚说：“一千个读者就有一千个哈姆雷特。”这样，在同一时间和同一空间内，学生自主探究的角度、过程、结果虽然不尽相同，但相同的是大家都在依托学案，努力实现自己的阅读期待。

二、共议交流——深化学生个性化的认识

学生在共议交流时主动参与，并对自己所学的内容进行了整合，在倾听中适时加入，也在倾听中拓展了思路，深化个性化阅读的认识。

在共议交融环节中，我们把学案一作为主思路展开交流。首先学生结合具体语句由奇丽的景色到德国人的养花方式悟出作者的感慨“多么奇丽的景色！多么奇特的民族”，并能结合语句（“在屋子里的时候，自己的花是让别人看的；走在街上的时候，自己又看别人的花。”）谈出这个民族奇特的一面，也

就是“人人为我，我为人人”的美好品质，把文章由景到人再到理的顺序层层展开。此时融合学案二，把感悟引向深处：德国街头之所以有这样奇丽的景色，是缘于这个民族“人人为我，我为人人”的美好境界。“这一种境界”具体指的是什么？怎样理解这“一种境界是颇耐人寻味的。”

生1：这种境界指的就是在屋子里的时候，自己的花是让别人看的；走在街上的时候，自己又看别人的花。这也是“人人为我，我为人人”的具体表现。

生2：季先生问房东：“你这样养花是给别人看的吧！”她莞尔一笑，说：“正是这样。”我觉得应该是先有“我为人人”，我们每个人只有心中时刻想着他人，多为他人做事，自然才会“人人为我”。

生3：没有任何人规定与要求，是哥廷根人自发的行为，并且传承下来。所以说这种境界耐人寻味。

生4：德国人养花，自己的花是让别人看的，而各自又看别人的花，这是“人人为我，我为人人”；我们轮流值日打扫卫生，在干净整洁的教室里学习，这是“人人为我，我为人人”；我们每人都捐献图书，建立图书角，大家会有更多的书看，这也是“人人为我，我为人人”。

共议交流的环节是学生依托学案，对文本呈现多角度开放的解读状态，通过展示、交流、讨论，实现学生对课文的深化理解。

三、拓展延伸——提升学生个性化的感悟

学习语文的过程是生成、实施、交融、完善与延伸学案的过程，也是学生对于文本不断深入感悟的过程。在具体学习的过程中，适时拓展延伸可以提升学生个性化的感悟，促进学生落实学案。

在融合学案二时，学生谈出对德国这个民族的认识。为了进一步提升学生个性化的感悟，我再次追问：没有任何人的规定与要求，德国人为什么要这样做呢？让我们通过课外资料，寻找答案。

> 德国战后民生凋敝，城市满目疮痍。人们只能用大片的植物掩盖城市创伤，也藉此来抚慰心灵的创伤。
>
> 战后重建，经济冲上快速道后，各种社会问题接踵而来。很多人心灵苦闷，无处派遣，于是养花种草就更进一步传播开来。这种奇特的现象，造就了德国无论大小城市都有连片的绿茵草地，家家都花草繁盛的景象。
>
> 初来乍到的外国人看后都惊叹并赞赏不已，但老一辈的德国人都知道，这满目繁盛背后的辛酸与无奈。说到底，这是一个自强不息的民族。

生1：德国人在战争后栽花种草，既转移了自己的注意力，又影响了身边人，这种互相鼓励度过难关的精神也是“人人为我，我为人人”的体现。

生2：德国人在这样残酷的现实面前，还能这样乐观的生活，就像结尾处所说：这是一个自强不息的民族！这是一个奇特的民族！

生3：德国是世界强国，读了这个资料我知道了，他们骨子里有坚韧不拔的品质！

叶圣陶先生认为，阅读教学的终极目标是使学生“自能读书，不待老师讲”。依托学案，尊重学生主体地位，有利于让学生在个性的阅读体验中享受学习的快乐，促进美好境界的达成！

（河北省三河市第三小学　卢　静）

以学定教话尊重

——《穷人》教学例谈

每次看到“以学定教”，我都会想到尊重。“以学定教”的“学”包含两种尊重：对学习载体——文本的尊重，指明了“教”的目标与方向；对学习主体——学生的尊重，决定着“教”的起点与路径。“以学定教”的“学”包含两种状态：一种是基于文本与学生的准确认识——“以学定教”；一种是基于预设与生成的恰当调控——“顺学而导”。“以学定教”包含两种关系：教师主导与学生主体。教师主导下学生主体最大化是以学定教的高境界，教师主导下每个学生主体最大化是以学定教的最高境界。现以《穷人》教学为例，谈一点不成熟的做法。

一、尊重认知起点—— 确立多起点学习入口

一篇文章学生能粗略读懂，粗略的程度是学生认知的起点。《穷人》一课，学生在初读基础上，有了桑娜勤劳、善良、有同情心、有爱心的整体认识。传统教学一般会引导学生结合文本语言说理由谈感受，表面上看是“顺学而导”，其实是学生原有认知的简单重复，禁锢了学生思维的深度与广度。最近一次教学《穷人》，我尝试在尊重学生认知起点的基础上设计大开口学案，以“结合文本语言或资料体会桑娜内心的善良……”为学习入口，引导学生先关注省略号的含义。语文能力较强的学生立刻意识到，这省略号表示在学习的过程中我们还可能体会到桑娜的其他品质。于是就形成了一个建立在尊重学生认知起点基础上相对较开放的学案：

【学案】学习目标：结合文本语言或资料体会桑娜内心的善良……

学习方法：默读课文，思考从文中的哪些语句可以感受桑娜的善良或其他品质，选择感受深的一两处画下来，将自己的感受简单批注。并练习有感情地朗读。

在学习过程中学生不仅可以更深一步感受桑娜的善良，还会不断丰富和完善对桑娜这个人物的认识。多入口学习方案架起了不同学生起点与文本目标之间的桥梁，是对不同学生学习不同语文的有益尝试。

二、尊重认知规律——设计渐进性学习过程

一直以来很多教师都会在初读课文后引导学生概括课文主要内容，也包括我，但学生往往出现要点不全或语言不简练的问题。教学《穷人》一课我设计了三度概括课文主要内容的环节：首先在初读感知后引导学生抓住事件梗概概括：桑娜等待丈夫捕鱼归来，发现邻居西蒙死了，便把两个可怜的孤儿抱回了家，渔夫回来同意收养。这是第一个回合。接下来在学生体会环境描写作用，感受桑娜善良以及其他品质后引导学生修改完善课文主要内容，加入环境状况以及桑娜的心理：（在海风呼啸的深夜，）桑娜（焦急地）等待丈夫捕鱼归来，发现邻居西蒙死了，便把两个可怜的孤儿抱回了家，（心中忐忑不安，）渔夫回来同意收养。这是第二个回合。第三回合建立在学生“了解”渔夫的基础上，加深对渔夫的认识：在海风呼啸的深夜，桑娜焦急地等待丈夫捕鱼归来，发现邻居西蒙死了，便把两个可怜的孤儿抱回了家，心中忐忑不安，渔夫回来虽然觉得未来的生活会更加艰难，但还是坚决地收养了这两个孩子。这是学生对文本认识逐渐加深的过程，符合学生的认知特点，同时也为同类文本学习提供范例。

再如体会桑娜“忐忑不安”的心理历程，首先结合第1、2自然段丈夫在恶劣的天气还要出海捕鱼，但全家还只能勉强填饱肚子，感受今天生活的艰难，结合下文对天气的描写体会未来生活不可预测，感受“这是闹着玩的吗？自己的五个孩子已经够他受得了”，体会桑娜对未来生活的担心。其次从桑娜既盼望丈夫归来，又害怕丈夫归来的矛盾心理，体会真正让桑娜害怕的是丈夫不能和自己共同面对未来更加艰难的生活。最后“揍我一顿也好”强有力地表达了桑娜宁愿自己挨揍也要收养两个孩子的坚定决心。于是一个宁愿自己受苦也要帮助别人的桑娜形象便展现在学生面前。这样的教学过程符合学生结合人物心理活动描写，感悟人物品质的习惯与规律，同时也遵循了在联系中读懂文本的语文学习方法。

三、尊重文本特点——开发拓展性学习资源

适度拓展可以更好地把教材当作例子，不仅是内容的补充更是思维的延伸。《穷人》选入教材时有删减，删去的内容是最好的拓展源，但要把握拓展的时机，选择合适的拓展内容。

在学生体会桑娜对未来担心，感受桑娜一家未来更加艰难的生活后，原文中的一段话引发了学生新的思考：

> 由于一连几天的海风暴，渔夫出海不但艰辛，而且一点收获也没有，家里已经快断炊了……

短短几十个字，学生一下子就感受到桑娜的担心并不是没有道理，感受桑娜一家更为艰难的生活。这样的拓展不仅让学生更深刻地认识了桑娜，还体会到环境描写的衬托作用。

《穷人》的结尾也很有深意，依据教材学生感受桑娜的善良以及宁愿自己受苦也要帮助别人的品质就可以了，但读了原文的结尾学生有了新认识：

> 上帝保佑，明天，不，明天的明天以及所有的以后的日子都会像现在这样！西蒙，你可以放心了！我们的日子会好起来的，一切都会好起来的！

桑娜生活艰难却对未来充满希望。这样的拓展丰富了学生对桑娜的认识。是建立在逐步认识人物，更为准确把握文章主旨基础上实现的。

“以学定教”是一种教学理念，一种教学意识，最终外化为一种教学行为，需要“教”者精心，“学”者尽心。教与学的完美契合才是真正意义的“以学定教”。

（北京市顺义区马坡中心小学　张　杰）

依托文本，实现学生个性化阅读

——《用奇谋孔明借箭》例谈

《语文课程标准》指出：“阅读是学生的个性化行为。阅读教学应引导学生钻研文本，在主动积极的思维和情感活动中，加深理解和体验，有所感悟和思考，受到情感熏陶，获得思想启迪，享受审美乐趣。”

阅读是经验的融入，学生带着自己的生活、学习语文的经验走入文本，已知促未知，未知佐已知，这种碰撞与融合，有利于生成学生的个性化阅读；

阅读是感悟体验的经历，学生在阅读过程中，遵循认知规律和语文学习规律，依据经验与文本对话，经过积极情感的参与，体验文本语言；阅读是感悟体认的获得，通过与文本的晤面，联系学生的已知，必然有整体的获取或局部的感受，这才是个性化的获得。

《用奇谋孔明借箭》是一篇半文半白的小说，节选自我国最早一部长篇章回体历史小说《三国演义》的第四十六回《用奇谋孔明借箭　献密计黄盖受刑》的前半部分。课文写周瑜由于妒忌诸葛亮的才干，要诸葛亮在十天内造好十万支箭，以此陷害他。诸葛亮同周瑜斗智，用妙计向曹操"借箭"，挫败了周瑜的暗算，表现了诸葛亮有胆有识、足智多谋、才智超群。

本文课后共有两道习题，此为课堂教学的重点目标。

1. 读课文，看注释，了解故事。

2. 你认为孔明借箭能够成功的条件是什么？先写出来，再与同学交流。

《语文课程标准》倡导个性化阅读，如何实现学生的个性化阅读呢？应依据课后习题及本课的重点内容，从教与学两个角度设计教学，引领学生实现个性化阅读。

一、学案设计，生成个性化阅读的收获

学案导学是实现学生个性化阅读的主要途径。我们都知道，学案是学生自主学习的凭借，它集方法、途径、目标于一身，能引领学生遨游于文本这方广阔的天地。但是要注意的是，学案一定要为学生创设更为广阔的空间。因为学生是异质的，在学习的过程中，他们都应找到自己学习的内容，并在原有的基础上有所收获。如果学案设计的过高，超出大多数学生的能力范围，其结果会使一部分学生成为课堂的"看客"；如果学案设计的过低，大多数学生没能经历努力思考与探究过程，其结果会使一部分学生失去学习的兴趣。所以说，设计开放而有操作性的学案尤为重要。

在设计《用奇谋孔明借箭》时，考虑到这是一篇半文半白的小说，又是一篇略读课文，需要在一课时完成，既要读通读顺，又要对文本有一定的认识，所以设计了两个板块的学习：

第一个板块是预习课文。

我们研制了以下预习单，并通过预习建立课前与课中的联系。

《24* 用奇谋孔明借箭》预习单

1. 思考课题

读到课题《用奇谋孔明借箭》你想到了什么？

2. 读通课文

(1)借助拼音和工具书初读课文。

【要求：读准字音、不添字、不漏字、把课文读熟；方法可以是朗读、默读、浏览等。】

自评：□非常流利、熟读无误 □比较流利、通顺 □基本通顺

□读错多、不太通顺

(2)在课文中圈出本课的认读字。将认读字所在的词语工工整整地抄写在下面。

(3)我理解的词语有：

【要求：结合上下文，通过查字典理解文中生词。】

(4)我还不能理解的词语有：

3. 初步感知

(1)读课文、看注释，写写课文的主要内容。

(2)围绕课题和课文内容，你又能读懂什么？写在下面的横线上。

(3)你有什么不懂的问题，记录在下面。

4. 查找资料

5. 其他预习

在课堂的前半部分，是通过检查单的形式，检查学生的预习效果的，这样做会达到省时而高效的结果。

《24* 用奇谋孔明借箭》检查单

1. 正确读出下面词语。

省悟　隐讳　允诺　呐喊　酌酒

布幔　束草　翎毛　胶漆

两胁生翅　神机妙算

2. 选取恰当的解释，说说词语的意思。

只消三日，便可拜纳十万支箭。

拜：①表示敬意的礼节。②恭敬地。③行礼祝贺。

④一定的礼节授与某种名义或职位，或结成某种关系。

纳：①收入，放进。②接受。③上交，缴付。④缝补；现多指密密地缝。

3. 根据词典中的义项选择字义。

(1)若彼知之，吾计败矣。(　　)

①那；那个。②对方；他。

(2)径来舟中相探孔明。(　　)

①狭窄的道路。②径直。③直径的简称。

4. 正确读出下面句子。

①这条计只好弄蒋干，曹操虽被一时瞒过，必然便省悟，只是不肯认错耳。

②但今军中正缺箭用，敢烦先生监造十万支箭，以为应敌之具。此系公事，先生幸勿推却。

③今明白对众要了文书，他便两胁生翅，也飞不去。

④遂命将二十只船，用长索相连，径望北岸进发。

第二板块是通过学案深化学生对文本的认识。

这样一篇半文半白的小说，对于六年级的学生来说，虽然他们具备一定的阅读能力，但即使就是完成将文本读通读顺这样的目标也会有一定的困难，更不用说完成深化文本认识、实现个性化阅读这样的目标了，所以设计学文的学案就不能随意为之。

在检查预习环节之后，教师提出进一步学习的过渡性问题：现在我们要进一步学习，你能说说这节课我们应该弄懂什么吗？

此时，有的学生提出要明确人物的性格特点，有的学生想从重点词“神机妙算”入手学习，也有的学生想从课题“借箭”入手弄明白成功的原因。教师顺势出示以下建议性学案：

默读课文，思考：孔明借箭成功的条件是什么？自己先在文中画出相关语句，简单概括地写写批注。然后小组内交流讨论、统一意见，将孔明借箭成功的条件概括地写在纸条上，准备在全班展示交流。

在这个学案中，其中活动是研究孔明借箭的成功条件；组织形式是小组合作；操作形式是将总结的内容写在纸条上，以备全班交流。这三个内容合在一起，其目的是要学生在深悟文本的基础上，进行高度概括。更为重要的是，每一个学生在自学起点的基础上，都会有所收获。只有这样的学习，他们才更愿意参与，为后续可持续学习打下了坚实的基础。

二、集体交流，深化个性化阅读的认识

集体交流环节是学案导学教学模式中的重要环节，也是学生深化认识、提升能力的重要环节。此环节是对学生在自主探究和小组合作中的个性化认识的深化和拓展。

(一)小组互助交流，尽显共性中个性

“变教为学”是学案导学的重要理念。心理学研究表明，学生是通过多次的“试误”自主建构知识体系的，误读文本不可怕，他们就是在不断修正错误

的过程中，由模糊而清晰，由片面而全面，由表面而实质，由肤浅而深化。

集体交流的形式一般分为两种，一种是学生个体的交流，一种是学生集体的交流。第一种已经广泛被大多数课堂所采用，而第二种还是实验的初始阶段。随着实验的不断深化，第二种交流形式会被越来越多的课堂所采用，因为这种交流是在学生自主探究的基础上，产生了与人交流的愿望，在小组成员的相互启发下，得到了小组范围内的共识。每个人都有学习的收获，每个人都深化了对方的认识，这是小组共同研究的结果，这结果更应该由全体成员所分享。

《用奇谋孔明借箭》一课的汇报采用的是小组互助交流的形式：

小组长：我们小组一共总结了四条成功的条件，下面由各位组员分别介绍。

组员一：我找到的第一条是：鲁肃的大力帮助。大家跟我看第3自然段(生读相关内容)，孔明深知鲁肃为人忠厚，和他借20条船，是一定能得到的。

组员二：我介绍的是成功的第二个条件：孔明精通天文，利用了雾天。请大家跟我看第四自然段(生读相关内容)，孔明知道曹操生性多疑，他又不熟悉水战，所以利用雾天向曹操借箭。只有这样才能借箭成功。

组员三：我来说第三条：利用了曹操多疑的性格。请大家跟我看第6自然段(生读相关内容)，这时大雾漫天，鼓声很大，曹操怕敌军有埋伏。从这里可以看出，曹操是一个多疑的人，这也是孔明借箭成功的条件之一。

组员四：我来介绍第四条：充分利用了地理位置。请大家跟我看第4自然段(生读相关内容)，曹操在北岸，20只船的一侧插满箭之后，孔明让船转过来，再让船的另一侧插满箭。这时正好顺风顺水地离开曹营。

组员五：我来补充，鲁肃是个忠厚的人，课文的第1自然段中，孔明知道了蒋干的事，并将这个告诉了周瑜。孔明知道鲁肃一定不会将借船之事告诉周瑜。所以说，鲁肃的帮助还是很大的。

此教学环节学生的交流有理有据，融读书与说理于一体，提升了学生的概括能力。为了发挥小组互助的作用，其他小组进行了适时的补充“水的流向和流速”这个成功条件，第一小组并没有总结到，是由其他学生补充的。至此，学生将全部的条件都总结于黑板之上。

此教学环节将学生置于主体地位，课堂成为交流的场所，是他们在学习文本，是他们在总结条目，教师完全退到了台后，这就是“变教为学”理念的体现。

(二)教师适度点拨，共享个性中共性

课堂是学生的，这里是他们尽显风采的天地。当然，课堂也是教师的，教师同样要发挥主导作用，让学生学得更多，学得更深。当学生遇到困难时，教师要扶一把；当学生遇到疑惑时，教师要点一下。学生的认识可能会出现不全、不齐、不深的漏洞，教师要想办法跟进，当然不能代替学生。

在本课的教学中，当学生提出五条成功的条件时，教师适度地深化了学生的认识，将以上五个条件进行归类：

师：黑板上是大家总结的孔明借箭成功的五个条件，如果让你们给这五个条件分一下类，你怎样分？

生：鲁肃的帮助和曹操的多疑应该是人力条件，而其他应该是物力上的因素。

以上教学环节是教师引导学生总结基础上的高度概括，从人力和物力两个角度进行了总结，这就是教师的作用。虽然教师不再是课堂的主宰，但教师依然是课堂“平等中的首席”。

三、拓展延伸，延展个性化阅读的成果

学生的探究活动无处不在，不仅在课堂教学中要培养学生的探究能力，这种活动一定要向课外拓展，让学生在课堂中习得的方法，在课外进一步熟识，完成由消极方法向积极方法的转化。

在本课的教学中，当学生谈到“船”这个物力条件后，教师引导学生找出课文中关于写“船”的语句，并将写“船”的语句出示在大屏幕上：

孔明曰：“望子敬借我二十只船，每船要军士三十人，船上皆用青布为幔，各束草千余个，分布两边。吾别有妙用。第三日包管有十万支箭。只不可又教公瑾得知。若彼知之，吾计败矣。”

二十只船两边束草上排满箭支。

每船上箭约五六千矣，不费江东半分之力，已得十万余箭。

通过“对比”，学生加深了理解，孔明真是神机妙算！船只的安排竟算到了如此精细的地步，不但深化了文本的认识，同时对“对比”的写作方法有了更深入的理解。但课堂不能止于课堂，应适当向课外拓展。教师在课堂即将结束时，出示了下面一段从网络上下载的对《三国演义》的评价：

《三国演义》这部小说采用浅近的文言，明快流畅，雅俗共赏；笔法富于变化，对比映衬，旁冗侧出，波澜曲折，摇曳多姿。又以宏伟的结构，把百年左右头绪纷繁、错综复杂的事件和众多的人物组织得完整严密，叙述得有条不紊，彼此关联，环环紧扣，层层推进。

在这段评价中，不仅有在课堂中采用的教学方法——对比映衬，而且还有其他的写作手法的评价，例如明快流畅、旁冗侧出等，教师引导学生在课

外可以继续从这几个角度研究文本，这种多角度研究文本的方法对学生的研究能力是大有助益的。

下面是学生从“旁冗侧出”这个角度继续研究课文之后写的一段话：

课文结构非常严谨，本课按事情发展顺序进行叙述，先写了借箭的原因；接着写了诸葛亮做草船借箭的准备；然后重点写了借箭的经过；最后写了事情的结果——箭如期如数交付，周瑜自叹不如。

课文的第1自然段，我觉得写的特别有意思。本来草船借箭是从立军令状开始，但是故事却从鲁肃相探孔明写起。其实，这个自然段是很有用的，我觉得有以下几个好处：一是引起了周瑜的嫉恨；二是孔明探得了鲁肃的性格，为后面的“果然不提起借箭之事”做好准备。

实现学生的个性化阅读，是语文教学的追求，也是语文“表现与存在”教学理念的体现。要实现之，首先需要教师有这样的意识，并在课堂教学中，根据学生的实际，适度进退，逐步为学生创造更为广阔的空间，让学生先于师生对话做独立与文本对话，在不断“试误”中提升能力；在集体交流环节，不能用教师的认识代替学生的感悟，要保护学生的个性化认识。愿在“以学定教”的理念指导下，语文教学将有更多维的方法引发学生的个性化阅读。

（北京市顺义区空港小学　杜永全）

立足文本与学生，设计教与学

——《争画》例谈

设计教与学要立足文本和学生，因为文本既是教本也是学本，而学生是学习和发展的主体。北小营中小陈颖秋老师执教的《争画》一课，就充分体现了这一点，给每一位听课的老师以深刻的启迪。

一、遵循略读课文特点设计主思路

《语文课程标准》在“评价建议”部分指出：“评价略读，重在考察能否把握阅读材料的大意”。从“重在”两个字我们既可以读出略读课文要重视对文本的整体感知，又可以读出略读课文也不能忽视重点部分的精读。

陈老师的《争画》一课安排了三个环节：第一，初读课文，整体感知；第二，重点精读，感悟人物；第三，回归整体，感悟写法。这样的设计符合《课标》对略读课文的要求，也充分考虑了文本通过“争画”这件事刻画了三个既有共性又有个性的人物形象的写作特点。

二、立足文本特点展开重难点

每一篇文章都有其主旨，编入教材的文章还承载着落实教学目标的任务，再加上学生学习课文会存在这样那样的疑难问题，因此，在教学设计、教学实施中要展开重难点的突破过程。

(一)通读课文，整体感知

对于略读课文来说，整体感知显得格外重要，《争画》课文篇幅很长，共40个自然段，近3000个字，对于这么长的课文学生不容易理清文章的脉络，实现真正的整体感知确实需要展开过程。

陈老师分为两步走：

第一步，默读课文，适当归并内容相关的自然段，简要标注围绕课题“争画”读懂了哪些内容。课堂上孩子们基本能够读懂围绕“争画”记叙的内容，但对于毛泽东和郭沫若争画的起止存在争议，有的学生认为从第20到第27自然段，因为这部分写的正是齐白石、郭沫若两人争画时，毛泽东也来争画的过程，而忽略了第28、29自然段是郭沫若对齐白石解释画作署主席大名的原因，应该把这两个自然段同上面的内容归并在一起。在老师的指导下，学生对于各部分内容的表述也由模糊到清晰，比如学生把起初概括的“郭沫若争画”修改为“郭沫若与齐白石、毛泽东争画”，还有的同学能概括为“郭沫若以‘画中之鸟’与齐白石、毛泽东争画”，经过这个环节学生就把长文读“短”了。

第二步，通过归并段意来概括课文的主要内容。陈老师先让学生试着说一说，学生能够说清事情的起因和结果，但是，对于中间争画的过程说得过于简单，陈老师引导学生利用刚才归并自然段的学习结果展开争画的过程，当学生说得比较完整了，再进一步要求简练，最后让全班同学自由说一说，落实到了每一个学生。

通过这样的过程展开初读，《争画》这篇长文的脉络就在学生的头脑中清晰起来了。

(二)抓住特点，走进人物

《争画》这篇文章通过齐白石、毛泽东、郭沫若三人为一幅“废画”巧言争辩、互不相让的故事，反映了他们学养之深厚、情趣之高雅、才思之敏捷，展示了这三位画坛、政坛、文坛的泰山北斗各自的风采。课后习题正是要求体会故事中的三个人物给你留下了怎样的印象？作为一般老师会直接从人物的言行、神态入手，作为六年级的学生也基本掌握了抓住人物言行、神态感受人物的方法，但是陈老师还注意到这篇课文是通过“争画”这样一件事描写了三个人物的特点，所以关注到的是与人物有关的句子。陈老师的学案是这样设计的：

人物	摘记感受深的句段	留下了怎样的印象
齐白石		
毛泽东		
郭沫若		

学生们也正是这样去学习的，比如大部分学生能够抓住对齐白石老人画作的描写以及毛泽东对他画作的评价，感受到齐白石老人的才华过人；抓住齐白石与毛泽东争画中一系列的言行感受到齐白石老人的诚恳执着，在交流中陈老师注意了引导整合课文、完善学习的记录；在老师的启发下，学生们还从齐白石老人让毛泽东和郭沫若两人题字从而巧妙地把这幅画又拿回手中体会到他的机智。

教研员孔凡艳老师在评课中又结合对文本的深入解读，从文本特点的角度提出一条新的思路：课文围绕着“争画”写了一件具体的事，伴随着事件的展开，三个人物的特点也鲜明地展现出来，是不是可以在初读厘清文章脉络的基础上，进一步体会人物呢？如下表：

人物 / 争画过程	齐白石	郭沫若	毛泽东
齐白石与毛泽东争画			
郭沫若与齐白石、毛泽东争画			
毛泽东与郭沫若争画			
齐白石让郭沫若、毛泽东题字争得画			

这样经过事件展开每一过程中对相关人物体会做基础，再按照人物纵向梳理，就对每个人物有了“争画”这个事件中表现出来的整体印象，如果在其间有相关的资料恰当引用就会更客观、更全面，学生的思维能力同时得到了训练和发展。孔老师还建议交流时要注意完整体现学生汇报的自学收获，并且注意各部分交流的详略安排——“争画”争的是齐白石的画作，最后也是齐白石争得画作，所以第一、四部分是重点，以此来体现略读课文和高年级年段的特点。老师们感觉颇有道理，我也由此对以学定教有了更深刻的体会。

（三）学习表达，刻画人物

《争画》这篇课文在刻画人物上与以往所学的课文不同，它借“争画”这一独特而典型的事件一举刻画出了几个人物。学生学习过程中，更多关注的是文本的内容，往往忽略了文章在表达上的特点。

学习进入尾声时，陈老师这样引导："通过刚才的学习，我们了解到毛泽东、郭沫若、齐白石这三个人物的特点，你发现这三个人物有共同的特点了吗?"同学们结合板书很容易地说出了他们都非常珍爱艺术、才思敏捷、相互敬重、学养深厚。但是，陈老师并不满足于此，继续引导学生思考，"文章在刻画人物方面又有什么特点呢?"学生感到困难时陈老师安排了小组讨论，同学们明白了本文通过对"争画"的具体描述及对人物语言、神态、动作的生动描写，既写出了他们的共同特点，又表现了他们鲜明的个性。

通过这节研究课的观摩和思考，进一步认识到设计教与学要做到以学定教，既包括尊重文本，也包括关注即时的学情，如果能够关注到学生未来的发展，这才是真正的实效。

（北京市顺义区龙湾屯中心小学　郑玉玲）

依托学案学习，促进学生自主探究

——《金色的鱼钩》例谈

《语文课程标准》指出："学生是学习和发展的主体。语文课程必须根据学生身心发展和语文学习的特点，关注学生的个体差异和不同的学习需求，爱护学生的好奇心、求知欲，充分激发学生的主动意识和进取精神，倡导自主、合作、探究的学习方式。"依托学案的学习，从学案的拟订、学案的实施、学案的交融落实了《语文课程标准》的要求，真正促进了学生的自主学习。

一、生成学案，整合需求

学案是学生学习的方案，所以要以学生为主体，注意整合学生的需求来生成。一般要在预习和初读的基础上了解课文的内容，对文章获得整体的感知后，让学生思考应该探究什么，还有什么不懂的问题，然后整合文本的需求和学生的期待，并在教师的引导下由学生或师生共同生成学习的方案。

我在执教《金色的鱼钩》这一课时，读通课文后，让学生围绕"金色的鱼钩"初读课文，学生能够读懂"在饥饿的威胁下，老班长钓鱼给"我们"吃；老班长在奄奄一息的时候，还是把鱼汤留给了"我们"；老班长牺牲了，"我们"把鱼钩保存了下来等内容，在此基础上学生比较顺利地总结出课文的主要内容，实现了对文本的整体感知。然后，我让学生再读课文，想一想读懂这篇课文我们应该探究什么？你还有什么不懂的问题？结果：学生由课题和结尾的含义深刻的句子提出了“为什么‘长满红锈的鱼钩上还闪烁着灿烂的金色的光芒’?”需要探究(与质疑统一)，形成目标 1；“文章主要写的是老班长，体会他是怎样的一个人?”也应该是本篇课文应该学习的重点，形成目标 2 。有了目标，如何来学习呢？学生群策群力，生成了如下两个学习方案：

【学案一】①选择课文中令人感动的情节读一读，边读边想象当时的情景，在感受深的地方写写批注。

②理解“在这个长满了红锈的鱼钩上，闪烁着灿烂的金色的光芒”这句话的含义。

【学案二】默读课文，抓住老班长的言行神态细致地读一读，感受他是一个怎样的人，在感受深的地方写写批注。

二、实施学案，自主探究

师生共同拟订学案后，学生要按照学案的要求去落实，展开自主学习的过程。这时，教师要给足学生自主学习的时间，一般要 6—8 分钟，因为好的学习方案都涉及篇章整体的读懂，学生一步步落实，以实现真正的自主探究。在同一时间内，班级内的同学因为拟订或者选择的学案不同，呈现的学习过程和学习的结果也是个性化的，体现了课标中所说的“阅读是学生个性化的学习”。学生在自学的过程中，遇到困难时，可以和老师、同学进行交流，寻求帮助。在帮助与交流中体现了学生与学生之间、学生与老师之间的合作。

按照学案一学习的同学会经历这样的步骤：首先是通读全文找出感动的情节(老班长吃草根鱼骨头、老班长命令战士喝鱼汤、老班长在奄奄一息的时候让给我们鱼汤……)；接下来再读这些情节，边读边想象当时的情景，在感受深的地方写写批注。比如学生在学习“吃草根鱼骨头”这个情节时，能抓住“皱紧眉头”“硬咽”等神态描写体会出老班长给我们吃的是鲜鱼野菜汤，而自己吃草根鱼骨头，他一心想的是我们。还可能联系上文“他总能端来热气腾腾的鲜鱼野菜汤”“可是我从来没见过他吃过一点鱼。”从而和老班长只吃草根鱼骨头对比，进行深入的体会。学生通过对感动情节深入的学习，第三步再来体会“在这个长满了红锈的鱼钩上，闪烁着灿烂的金色的光芒”这句话的含义。“鱼钩包含着老班长对我们的照顾”，“这金色的光芒象征着老班长舍己为人的精神”这些都是学生层层深入学习的结果。

按照学案二学习的同学，一般是通读课文的过程中注意到老班长言行神态的语句，在重点的语段处会“驻足”品味，感受他是一个怎样的人，完成文本主旨的体会。比如第 8 自然段老班长“硬咽草根鱼骨头”的神态描写，以及第 15 自然段老班长告诉小梁，“弄点吃的不容易”的语言描写，体会老班长“关心战士”、“一心为他人着想”的品质。一般能抓住第 28 和 30 自然段“老班长在奄奄一息的时候，还是把鱼汤留给了我们，还是想到让我们走出草地”体会老班长舍己为人、忠于革命的品质。如果学生能立足篇章的整体写出老班长是一个怎样的人就更好了。

我们期盼着学生在这一步竭尽所能，力求粗略读懂，当然这中间可以有教师的点拨，但不能越位。

三、交融学案，深入感悟

学生自学后还需要教师引导下的共议交流：班集体这么多学生，每个学生体会的角度可能不同，学习的程度也不同，所以教师要利用这宝贵的差异资源，使学生的认识互补；教师是学生的导师，自然要真正发挥主导的作用，使学生得到提升。比如：在交流“命令战士喝鱼汤”这个情节时，有的学生抓住了“看到‘我们’不吃，老班长眉头拧成了疙瘩”，感受老班长对我们的关心；而有的学生能联系到下文“命令‘我们’吃下以后，眉头又舒展开了”感受老班长对我们的关心。在此处我小结到：老班长端来鱼汤笑着让“我们”吃，看到“我们”不吃眉头拧成了疙瘩，命令“我们”吃下以后，眉头又舒展开了。这一系列神态的变化让我们感受到老班长一心想的是“我们”，是革命。这样学生对课文的理解，由原来认识的简单而变得丰满，零散而变得系统，能够纵向联系，从整体上去把握课文，同时达到了渗透外貌描写对表达人物品质的作用。

更重要的是不同学案的交融，不仅仅是学生汇报自学收获、相互补充的过程，也会因为适时交融不同学案实现学生多角度感悟课文，促进自主学习的深化。比如：以学案一为主思路交流，在学习完“硬咽草根鱼骨头”这个情节后，我引导交融学案二：老班长接受了照顾“我们”走出草地的任务，但是弄点吃的太难了，他把能吃的都给了“我们”，你能说一说老班长是一个怎样的人吗？学生认识到老班长是一个对工作负责，一心为别人着想的人。待学习到“老班长奄奄一息让鱼汤”这个环节后，我引导深入：同学们，老班长说他没完成任务，没有把“我们”照顾好，是不是这样呢？这是立足整体的深层体会，我只是引导方向，让每一个学生整体阅读、思考，并结合上文来总结。这既是对学生的信任和尊重，是自主的体现，也是教师主导作用的发挥，整合文本，提升认识——学生在原有认识的基础上进一步认识到老班长把吃的都给了我们，瘦得只剩皮包骨头；现在已经走到草地的边了……他是一个舍己为人、忠于革命的人。这个环节既是学案二的深入，也让学案一的学生及时深度思考，巧妙地实现了两种学案的交融。

总之，学案在学生初读中生成，在学生自学中落实，并在共议交流中达成学习的目标。学案是教师教学的载体，成为学生学习的引导者，依托学案的学习，实现了学生学习方式的改变，促进了学生的自主学习，学生在自主、合作、探究的学习实践中，形成语文能力，受到情感熏陶。

（北京市顺义区双兴小学　张海鹏）

关注学情需要，引领学案生成

——《桂花雨》学案生成记

“依托学案　实现个性化阅读”是指利用学习方案的引领，帮助学生实现个性化阅读的学习活动。其中，学案导学的基础和关键是形成有助于学生自主学习的学案。下面就以《桂花雨》为例，谈一谈如何关注学情需要来引领学案生成。

一、了解学情现状，梳理学案方向

了解学情是教学的起点。

在检查预习后，引导学生初读课文时，我首先引导学生关注本课的导读提示：傲雪而立的梅花寄托着外祖父对祖国的无尽思念，香气迷人的桂花又让我想起了什么呢？有感情地朗读下面的课文，说说桂花给“我”带来了哪些快乐？再和同学交流读了“这里的桂花再香，也比不上家乡院子里的桂花”这句话的体会。阅读后学生清晰了本课的三项学习任务。在初读中，达成了“香气迷人的桂花让我想起了什么”这一目标，对“桂花带来的欢乐”也有所了解，形成了对课文的初步感知。

质疑环节学生提出的问题是：

文中描写桂花香时写道：“桂花盛开的时候，不说香飘十里，至少前后十几家邻居，没有不浸在桂花香里的。”而写杭州的桂花香时却说“那才是香飘十里”，为什么呢？

为什么妈妈说“这里的桂花再香，也比不上家乡院子里的桂花”？

接下来我提示学生对应该探究的问题进行发现和梳理：请同学们认真观察并思考一下，你们提的问题与导读提示的问题有关吗？学生很快发现了质疑的两个问题都与结尾要理解的句子有关。

教师进一步点拨："那么进一步探究，我们确立的学案研究方向是哪两个方面？"

生：一个是"桂花带来的快乐"，一个是理解妈妈说的话"这里的桂花再香，也比不上家乡院子里的桂花"。

此时，看似回到了导读提示，实则对学生感兴趣的问题做到了心中有数，更明确了进一步探究的方向，也为学案形成奠定了基础。

二、尊重学情需要，引领学案生成

理想的学案要有明确的目标、严谨的过程和适合的方法，这样的学案才能充分激发学生的学习动机。如果说明确的目标是黑暗中的灯塔，严谨的过程是清晰的航线，那么适合的学习方法则是能够乘风破浪、直达目标的航船。教师要像操纵航船的舵手，引导学生利用已有的学习经验，选择恰当的学习途径生成学案。

要回答桂花给"我"带来了哪些快乐？我们应该怎样做呢？

生1：在文中找到相关的语句，读一读，想一想，简单写写批注。

这个学生运用了我们平时常用的方法。

师：相关的语句指的是什么？能说一下吗？

生1：我认为应该是文中写到"我"的语句，因为是桂花给"我"带来了哪些快乐。

生2：我想找到课文中直接表达"我"喜爱桂花的句子来体会"快乐"，然后再有感情地读一读。

生3：我觉得还包括写"桂花"的句段，因为是"桂花"给我带来哪些快乐。

师：是呀，对桂花的喜爱也许洋溢在字里行间呢。

同学们纷纷点头表示赞许。

师：所以，要通读全文，在相关的语句旁，简单批注。最后……

生4：最后要汇总一下，桂花给我带来了哪些快乐。

探究"桂花"给"我"带来哪些快乐的学案基本诞生了。

理解妈妈的话对学生来说具有一定的挑战性。

师：母亲说："这里的桂花再香，也比不上家乡院子里的桂花。"这句话含义深刻。我们如何体会呢？老师提醒大家注意结合刚才我们提出的问题。

生1：我觉得先要知道这句话的字面意思，再来理解句子的含义。

师：嗯，这句话的意思是：

生1：这里的桂花是很香，但还是比不上家乡院子里的桂花。

师：如何理解这句话的深刻含义呢？

生2：我要画一画描写杭州的桂花香和故乡的桂花香的句子，边读边体会其中的原因。

师：同时，我们提出的两个“香飘十里”的问题也会得到解决。

生3：我要对比一下这两处桂花，看看杭州的桂花那么香，到底是什么比不上家乡院子里的桂花。

生3：我想抓住文中描写母亲摇桂花、做桂花食品的事，边读边想象母亲的心情，理解母亲话里的“比不上”的意思。

师：同学们不仅想到了文中描写两处桂花香的语句，还想到了描写母亲与桂花有关的事，走进人物的内心世界，这样一定会更深刻地理解母亲这句话的含义，也就理解了这样说的原因。（同学们提出的第二个问题就解决了。）

综上，就生成了本课继续探究的两个学习方案：

【学案一】桂花给“我”带来了哪些快乐？默读课文，找到课文中相关的句子，有感情地读一读，如果能将自己的感受写一写就更好了。

试着总结一下：桂花给“我”带来了快乐：________________________________

____

【学案二】理解母亲说“这里的桂花再香，也比不上家乡院子里的桂花”的含义。

1. 画一画描写“杭州桂花香”和“故乡桂花香”的句子，理解“桂花香”。

2. 联系上下文，结合母亲与桂花之间发生的事，想一想“比不上”的到底是什么？

3. 说一说这句话包含的意思。

综上，我们看到的是尊重文本基础上对学情最大化的关注，在教师的点拨下，孩子们提出问题、分析问题、解决问题，充分彰显了个性。可以预想，虽然总结出来的学案是确定的，但学生探究的过程和结果一定是各具特色的。正是教师引领生成个性化学案，学案引领进行个性化阅读。

（河北省三河市李旗庄小学　吴凤满）

学案导学的一次有益尝试

——《翠鸟》教学案例

学案导学以其对学生的充分尊重，体现了主体参与和自主发展意识；而培养学生阅读能力，发展学生个性，使他们学会阅读，学会学习，学会创新，又增加了课堂教学的无限魅力。在中高年级依托学案培养学生自能阅读能力具有可行性，且由于三年级学生在很多方面已显示出了他们的独立性，自学能力较一二年级而言也有了很大进步。因此今年在教学《翠鸟》一课时，我进行了学案导学的一次有益尝试。

在经历了一个学期学案导学的尝试，大部分学生能在同伴或老师的帮助下进行学习，同时还有小部分学生已开始具备依托学案独立学习的能力。这一现象也引发了我的思考——对于这小部分能力强、乐于探究的学生可不可以进一步提高自学要求，进行跨级训练——尝试做批注（“批注”是《课标》对五年级学生提出的要求）呢？于是在设计《翠鸟》这篇课文的教学过程时，我便进行了一次这样的实践。

这篇课文共有 3 个自然段，分别从外形、动作、习性等方面介绍了翠鸟这种动物。考虑到三年级应以自然段的学习为主，我认为如果立足全篇设计学案，学生学习起来势必会有一定难度。而课文的教学重点是第 2 自然段，因此我也把自学的重点放在这一段落。

一、生成学案，关注差异

在集体学习了第 1 自然段后，学生便开始关注翠鸟是如何捕鱼的（即第二自然段）。由于三年级正处于具体运算阶段，也是进行学案导学的尝试阶段，因此我根据教材内容直接提出了学案内容，而没有让学生尝试拟订（待学生积累了一定学习经验后再鼓励学生参与学案的拟订过程）。

课文第 2 自然段重点讲了翠鸟捕鱼时的动作，因此我为学生设计了这样的学习方案：默读课文第 2 自然段，想一想翠鸟是怎样捕鱼的，圈画出相关词句，有感情地读一读；说说翠鸟捕鱼的过程给你留下了怎样的印象，如能写写批注就更棒了！

学习方案围绕着这一自然段的重点内容，又为不同学生的个性阅读提供了空间，其中写批注是我为进一步提高学生自能阅读能力而进行的一次大胆尝试。

二、实施学案，落在实处

说起学案，尽管我们每一节语文课都在实施，但三年级的学生仍需教师的悉心指导，这样才能达到正确理解学案，顺利进行自学的目的，因此我指导学生分步学习：

（一）理解学案，明确目标

出示学案后，我首先引导学生说一说“这个学案为我们提出了什么问题”，学生很快便可发现要围绕“翠鸟是怎样捕鱼的”思考。紧接着我又问：“我们应按照怎样的步骤学呢?”学生经过认真阅读学案，认为可以分为如下几步：(1)默读课文第 2 自然段，边读边思考“翠鸟是怎样捕鱼的”；(2)圈画相关词句；(3)说说自己的感受，试着写写批注。

在备课时我预设到学生可能对“批注”一词不理解，于是我再次发问：“这个学案你有什么不懂的地方吗?”而学生的质疑恰好印证了我的预设，即“批注”是什么意思。

（二）师生交流，演示方法

为解决这个问题，我选择第一句话（翠鸟爱贴着水面疾飞，飞着飞着，一眨眼的功夫，又轻轻地停在苇秆上了），与学生一起进入了集体批注的过程。当学生谈到从“疾飞”这个词可以感受到翠鸟飞行速度快时，我顺势利用课件批注“动作快”。当学生发现了“轻轻地”这个词并从中可以感受到翠鸟捕鱼时动静小，这时我又批上“轻巧”。还有的学生从“飞着飞着，一眨眼的功夫，又轻轻地停在苇秆上了”这个过程感受到翠鸟动作特别敏捷，于是我又将整句画下来并批上“敏捷”。这样，通过交流和我的示范，学生对作批注这种学习方式便有了初步了解。

（三）自能阅读，个性理解

在巡视与指导学生自学的过程中，我发现大部分学生能找到相关语句，半数左右的学生能够圈出关键词。能力较强的学生圈出“一动不动地注视”，并批注了“有耐心”；圈出“翠鸟就蹬开苇秆，像箭一样飞过去”，批注“反应快、动作敏捷”；圈出“叼”，批注“又快又准”……这些都让我感到万分欣喜——这不正是孩子们认真阅读、悉心感受的有力证明吗？当然我也发现一部分孩子对于“批注”仍感到困难，他们有的画了大段的文字，比如“有时，小鱼刚刚隐约可见，翠鸟就蹬开苇秆，像箭一样飞过去。刹那间，它叼起一条小鱼，贴着水面往远处飞走了。那苇秆还在摇晃，水波还在荡漾”，而语句画下来却不知该批注什么，可能心里有感受但不知该如何下笔。

（四）教师提升，完善阅读

在了解了学生的自学情况后，我组织学生及时进行了交流。其间我对批得好的学生给予了充分肯定，同时更关注了学生疑惑之处的提升。对于上述学生所画的大段文字，我引导学生结合“小鱼刚刚隐约可见，翠鸟就蹬开苇秆，像箭一样飞过去”这句展开想象、对比，通过联系实际想象小鱼的机警，感受翠鸟的更胜一筹；指导学生结合“翠鸟就蹬开苇秆，像箭一样飞过去。刹那间，它叼起一条小鱼，贴着水面往远处飞走了”这句进行个性化的朗读，感受翠鸟动作之快、之猛、之利落；启发学生结合“那苇秆还在摇晃，水波还在荡漾”想象翠鸟飞远后留下的动态画面，感受侧面烘托的作用；当然也可以就学生所画的全句进行整体阅读，感受翠鸟捕鱼全过程的敏捷。交流之后，我发现一些原来不知如何下笔的学生也能补上自己的阅读感受了。

三、反思学案，力显实效

课下，我针对这个学案和“批注”与学生进行了交流，有的学生说开始自学时觉得这个学案特别简单，好像不用读书就能说出一两点，但一写起批注觉得并不容易，所以又认真读了好几遍。也有的说自己圈画和批注的跟老师最后讲的一模一样，觉得自己真挺棒的。我想三年级的学生感到批注“难”是在情理之中的，而学生能自己认识到作批注可以促读书倒是我之前没有预想到的。当我看到个别学生能独立借助学案学好课文而生发的自豪感，我又感到这样的尝试是非常有价值的，“不动笔墨不读书”的思想不是正在学生心中悄悄地萌发吗？当然我也发现有几个孩子对于“批注”有些茫然，如果因此而挫伤孩子自学的积极性就不好了，所以我今后再次尝试批注时一定要考虑再三，尽量选取那些结构特别清晰、特点比较明显或能让多数学生产生共鸣的语段进行训练。

“学案”是课堂学习的导学材料，而学法指导是培养学生学习能力的核心因素，学习方法的习得是学生知识体系中的重要组成部分，其目的正是教会学生学会学习。本节课从学案的设计到学法的指导再到批注的示范，都是有意识的让学生在掌握知识的过程中领悟学法。通过实践，我认为学习动笔、学写批注在中年级尝试是可行的，但要由浅入深，循序渐进，为学生进入高年级顺利写好批注打下基础。

（北京市顺义区建新小学　武　宁）

学案导航，引领学生抵达个性化阅读的彼岸

——《画杨桃》教学案例

《语文课程标准》中明确指出：阅读是学生的个性化行为。我认为让学生去触摸文字、走进文本世界，参与积极的思维和情感活动，有利于加深学生的理解和体验，有所感悟和思考，在思维的碰撞中可以彰显个性、凸显自己

个性化的理解。而教师作为指导者、点拨者和引领者，绝不越俎代庖，促使实现个性化的阅读成为可能。

下面以《画杨桃》一课为例，谈谈自己的体会。

一、学案导航，走入文本

《画杨桃》是北京市义务教育课程改革实验教材第六册第二单元中的一篇精读课文，课文主要讲的是图画课上练习画杨桃时发生的事情。“我”根据自己看到的，把杨桃画成像个五角星的样子，同学们觉得好笑。老师却通过这件事，启发同学们懂得了看问题或做事情的时候，不能凭空想象，要坚持科学的思想方法，一切从客观存在的实际出发，实事求是，不要轻下结论。

上课时，我出示了由学生初读质疑梳理生成的学案，引导学生朗读文本。

【学案】①“‘我’怎么画杨桃？画杨桃的结果怎么样？”默读课文找到相关语句，画下来。

②“同学和老师对于‘我’所画的杨桃，态度有什么不同？用不同的符号分别画出相关语句，在旁边写写批注。”

这是一篇写事的文章，文章中的人物各有各的态度，我将学案分成了两点，有两个目的，其一是降低中年级学生阅读“学案”的难度，其二是突出老师和同学对于“我”作品的不同态度，阅读的指向性更强，巧妙激发学生深入思考、探究的兴趣。

这样的学案设计，能引导学生去阅读、去探究，又不会让学生偏离主线，更让学生自读、自悟，形成个性化的理解。

二、对话文本，个性表达

为了突出重点，我启发学生从不同的人物角色进行交流。

（一）抓住文本前后联系，知“我”作画的态度——实事求是

生1：第1自然段爸爸这样说“你看见一样东西，是什么样的，就画成什么样，不要想当然，画走了样”。如果东西是方的，就不能画成圆的，是红色的就不能涂成粉色的，如果把方的画成圆的，把红色涂成了粉色，就是“画走了样”。

我大加赞赏：你真会读书，联系实际谈了自己的理解，你也读懂了爸爸这句话的含义。

生2：我来做补充。大家看第2自然段，“我认认真真地看，老老实实地画，自己觉得画得很准确”。这句话中“认认真真”和“老老实实”两个词可以看出“我”做到了爸爸所说的“你看见一样东西，是什么样的，就画成什么样，不要想当然，画走了样”。

我和同学们都投去了赞赏的目光。

(二)发现语言特点，明同学态度的转变：嘲笑——羞愧

这篇课文，人物对话有特点。

师：联系课文内容，读一读老师和同学们前后的两次对话，你发现了什么？能用读来表现出来吗？试一试。

“这幅画画得像不像？”

“不像！”

“它像什么？”

“像五角星！”

“现在你看看还像杨桃吗？”

“不……像。”

“那么，像什么呢？”

“像……五……五角星。”

生1：我发现老师两次问法几乎一样，“这幅画画得像不像”是需要同学们的一句回答。而“现在你看看还像杨桃吗”是老师让同学们一个个到“我”的座位上去观察后这样问的，是需要同学们认真观察后再做出回答。

师：嗯，你发现了老师问法的不同，能联系课文内容进行思考。

生2：我发现，同学们前后两次回答的内容都一样。

师启发：作者运用了相同的文字，是不是重复了呢？请你们再读一读。感受到什么地方不一样呢？

生轻轻地读起来。

生3：同学们回答的内容虽然相同，但是意思却不一样。前面的句子用的是叹号，我认为同学们回答老师的问题时不假思索、毫不犹豫。老师让他们站在“我”的座位观察杨桃后，发现杨桃真是“五角星”的形状，他们知道之前的回答错了，有些不好意思，我为大家读一读……

师追问：同学们认可了“我”画出了杨桃的样子，没有画走了样。这省略号中除了能表现出同学们发现观察的角度不同，形状真的不一样，大家还有其他的想法吗？

生4：我通过对比朗读能感觉到，同学们刚看到“我”画杨桃画成了“五角星”认为十分好笑，文中用到了“哈哈大笑”和“嘻嘻笑”等文字，可是后来他们认识到了自己嘲笑同学们的做法是错误的，所以要读出内心的不好意思和羞愧之情。我为大家读一读……

听了他精彩的理解和到位的朗读，大家热烈鼓起掌来。

师：我也想和大家合作朗读，看看能不能读出人物内心的种种想法。

此处的标点符号运用到了极致，虽省略了修饰成分的形容词，却能将人一下子引入到当时的情境。在理解课文内容的基础上，教师提倡多角度、有创意的阅读，利用阅读期待、阅读反思拓展学生的思维空间，为个性化理解提供了空间。

(三)揣摩教师的想法，晓教育的智慧——实事求是

三年级深入理解文章主旨是有难度的，所以，拟订恰当的学案，选择学案最佳出示的时机非常重要。第3—17自然段，老师和同学们同时处于事件发展中，教学时不能单独分开讲解。所以我紧密联系文本内容，适时地又抛出一个“学案”，激发学生进一步深入思考，表达自己个性化的理解，而这也是第一课时同学们提出的有价值的问题。

老师的神情为什么是“严肃”的，他当时会想什么？后来为什么却是”和颜悦色”地说话？联系上下文内容思考。

老师的想法究竟是怎样的呢？这个问题为学生插上了思维的翅膀，拓展了思维的空间，引领学生更深入地理解语言，让个性得以绽放。

师：美术老师发现所有同学都异口同声地回答，那么肯定，老师既没有嘲笑“我”把杨桃画成“五角星”，也没有批评同学们。他怎么做的？

生1：老师走到“我”的位置，站在“我”的角度认真审视杨桃。这个“审视”说明老师是很认真地看。

师：真好，你从动作的描写和“审视”这个词中读懂了这是一个态度认真的老师。

生2：老师神情严肃，他可能在想“站在这个角度看杨桃，杨桃就像五角星啊，而同学们眼中会认为杨桃就该是平时看到的样子。如果他们也能站在这个位置认真观察，一定也会发现杨桃像五角星。我一定要让他们看清楚。”

生3：老师神情严肃，可能在想：同学们没有认真观察就这么嘲笑别人，多伤同学的心啊，这么做不可以，我要让他们明白嘲笑别人是不对的。

师：他们两个的意见要是能结合在一起就更完整了。老师的目的既想让同学们看清楚杨桃在不同角度观察样子是不一样的，又想让同学们明白没弄清楚问题之前就嘲笑别人的做法是错误的。当同学们真正意识到自己做错了的时候，老师的神情又变得“和颜悦色”了，快来读读老师语重心长的教导吧！

生大声地读起课文的最后一段。

实践证明，设计适合年段特点的“学案”，可以成为学生自主探究、阅读感悟的导航，它为学生提供了明确的探究目标、简单可行的操作方法。

文本是条船，“学案”是导航，载上班上的“哈姆雷特”，在自主探究、学伴交流、思维碰撞中凸显自己见解的独特，抵达个性化阅读理解的彼岸，一路生成课堂的精彩，一路享受语文课堂的灵动。

（北京市顺义区裕龙小学　姚俊霞）

二、“策略型”研究论文

建构学路　以学定教

“以学定教”是当代教学的主流思想，已成为大家的共识。一般认为“以学定教”是根据学生的“学”来确定教师的“教”。我们不妨追问一下：这“学生的学”“教师的教”都指的是什么呢？我以为：“以学定教”的“学”包括文本规定性要求、学生即时学情和学生未来发展目标三个方面，“以学定教”的“教”包括教什么、怎么教和教到什么程度。“以学定教”就是根据文本规定性要求、学生即时学情和学生未来发展目标来确定教学目标与内容、教学思路与方法和教学过程与结果。

“以学定教”是在学生的“学”中来落实适合学生的“教”。从何学起，经历怎样一个学习的路径，包含运用什么样的学习方法——这就是“学路”，在“学路”的建构中完成以学定教，我认为是最佳的选择。

一、学生个体学路建构是以学定教的基础

《语文课程标准》指出：“学生是语文学习的主人。语文教学应激发学生的学习兴趣，注意培养学生自主学习的意识和习惯，为学生创设良好的自主学习情境，尊重学生的个体差异，鼓励学生选择适合自己的学习方式。”在“阅读教学建议”中又指出：“阅读是学生的个性化行为”。由此，在课堂教学中教师帮助学生建构适合于个人的个体学习思路（包括目标、步骤与方法）显得尤为重要。而且，帮助学生个体建构属于自己的学路是可望可及的：因为文本的

内涵是丰富的，学生又是差异的，“有一千个读者，就会有一千个哈姆雷特”；再有，中高年级学生已经初步具有自主学习的能力，以往的教学实践也证明了这一点。

那么如何帮助学生建构个体学路呢？在学生尚不具备自能阅读能力的学习培养阶段，教师要利用班级授课的优势，为学生个体建构学路“铺路架桥”，并且让学生经历学路建构的过程：

(一)实现整体感知

建构读懂课文的学习思路首先需要对课文有初步了解，而且要达到“整体感知”的水平。

我们接触到一篇文章，一般是先读题目，可能在瞬间会下意识地猜测文章会写什么或者产生一些相关的问题，然后伴随着这样的阅读期待通读课文来获得对文章的“整体印象”，接下来会在自己认为的重点处或者自己感兴趣的、有疑难的地方“驻足品味”。所以，引导学生读懂课文建构学路也需要教师在课堂上安排学生解题、初读整体感知的环节，为学路的建构奠定基础。需要注意的是整体感知的这些环节要有实效，即让每一个学生参与其中，并实现真正的整体感知——明白文章主要讲了什么，清晰文章的结构，初步体会文章的情感。

(二)整合学习需求

学生实现了对课文的整体感知，下一步不是教师告诉学生该学什么，更不是教师让学生学什么就学什么，而是要让学生主动思考：进一步学习我们应该探究什么——这是在落实文本规定性要求；要关注学生想学什么，即在哪里感兴趣或者有疑问——这是对学生主体阅读期待的尊重。这样教师把学生推到了前台，学生会渐渐地学会整合文本与自身的学习需求，从而以个体为主确定进一步探究的方向。比如，初读《挑山工》之后，学生知道了“这篇课文首先介绍了挑山工登山的路程比游人多一倍，但奇怪的是速度并不比游人慢。接着记叙了我一次登泰山时遇到这种情况，把心中的不解之谜说了出来，通过与挑山工的攀谈不仅明白其中的原因，而且体会到其中似乎包蕴着意味深长的哲理。从泰山回来，我画了一幅挑山工的画，并且一直挂在书桌前”。进一步学习应该探究什么呢？大多数学生都能说出“挑山工朴素的话里包蕴着怎样的哲理”是本文学习应该弄明白的，“到底包蕴着怎样的哲理”也是孩子们质疑的焦点；还有同学会对结尾一段感兴趣(课后习题涉及了)：“我需要它”中的“它”指的是什么？为什么“我”需要“它”？学生结合应该探究的和自己想探究的就可以梳理出进一步探究的目标及内容。

(三)形成探究思路

学生有了探究的目标与内容，到形成探究的思路，需要的是补充学习的步骤与方法，这一过程在起步阶段教师可以启发、引导，渐渐地过渡到学生自己来完成。比如，要探究“挑山工朴素的话里包蕴着怎样的哲理”可以分为两步：第一步，读懂挑山工这几句朴素的话的意思，可以通过多读、联系“我”的不解之谜、结合“我”遇到挑山工的经历、联系生活实际等；第二步，完整地读挑山工的话，体会其中包蕴的意味深长的哲理(即这几句话给我们的启发——从挑山工登山，想到无论干什么事情……)。当然，要允许也应该出现不同学生有不同的方式方法。

以上学生实现整体感知、整合学习需求、形成探究思路是学生主体以“学”定“学”的过程，接下来是学生的自主探究——先学，其间伴有因需合作，追求学路的高效达成是佳境，这就为教师的以学定教、因势利导奠定了基础。

二、班级整体学路建构是以学定教的关键

教师是课堂教学的组织者、指导者，在班级授课制的情况下，教师要在学生个体建构学路的基础上，与学生一起建构属于班级整体的学路，以打造适合学生的课堂。一般经历如下的过程：

(一)预设、了解学情追求全面

学生作为一个个鲜活的生命个体，总是带着自己已有的知识、经验和情感来接触文本的，教师要对学情有充分的预设和及时的了解。奥苏贝尔说过：“影响学习的唯一重要因素就是学习者已经知道了什么，教师要探明这一点，并据此进行教学。”《学记》中也有这样的话：“知其心，然后救其失。”“知其心”就是掌握学生的学习过程，设想学生可能会遇到的问题。因此，要尽可能多地去了解学生，预测学生的学习行为、学习方式和解决问题的方式，从而预设配套的调整策略，促进课堂教学的有效生成。

预设学情首先是估计学生初读文本的视界，这是每一位老师都能做到的。可以依据以往对学生的了解来推测，或者站在学生的角度亲历初读。值得注意的是要关注班级群体学生的“初读印象”。

预设学情还要进一步揣摩学生研读文本的路径，这是建构班级整体学路的基础。课堂在继续，学习在发展，学生深入探究的内容会是哪些呢？初读文本时的兴趣点可能会成为继续探究的内容；提出了有价值的问题得到了老师的肯定，有可能(也应该)作为深入学习的主攻目标；还有更重要的一点，学生在教师的引领下学习了那么多篇课文，会从老师以往的设计引领中感悟到一些内容应该探究——比如课后习题中涉及的有关课文主要内容、文章主

旨问题的讨论。需要说明的是学生学习一篇课文的路径可能是多条，教师把可能的、应该的路径要估计充分。

充分预设学情还包括对可能的主要思路的探究进行“下水”，探寻学生实践的“情形”和应该达到的“状态”，尤其是在重难点部分的班级学情估计对于教师确定引领、点拨的策略和方法尤为重要。

“凡事预则立”告诉我们预设的重要，但是课堂是生命的课堂，教师要靠与学生共度的时间，切实地了解学生学习的发展情况。

(二)遵循、重构文本追求深入

教师组织学生课堂学习的凭借是文本，虽然课程资源是开放的，但是文本是最基本的课程资源，班级学路的建构遵循文本是自然。比如：《天鹅的故事》一课，斯杰潘老人给我讲述了天鹅破冰的感人故事，从而让“我”了解到老人30年没有动过猎枪是因为这群天鹅是“多么可爱的鸟”，体会天鹅的可爱自然是学习本文重要的目标，建构学路一定是按照故事的发生、发展，先体会带头的破冰勇士——老天鹅的可爱，再感受群天鹅参与的齐心、欢快！《林海》一课三次提到“亲切与舒服”：第一次是“我”进到原始森林里边去……感受到大兴安岭这个悦耳的名字是那样的亲切与舒服；第二次是想到它的美丽与建设结为一体，叫人心中感到亲切与舒服；第三次是想到人与山的关系日益密切，怎能不使我们感到亲切与舒服呢？体会这种在看中、在想中、在感受中逐步深厚的感情一定要遵循文本的思路，循序渐进地体会。这就是叶老所说的“作者思有路，遵路识斯真”。

对于同一篇文章由于从不同角度思考，在遵循文本的前提下也可以重构文本。比如《争画》一文可以按照“争画”这个事件的发展阶段：齐白石与毛泽东争画→郭沫若与齐白石、毛泽东争画→……一一来感受相关人物形象，最后再按照每一个人物整体归纳来达成对人物印象的目标；也可以通过一一梳理每一个人物的表现(或者与之相关的语句)来获得对人物的印象，这是遵循体会人物要抓住人物言行这一学习规律而进行的文本重构。再如读懂《唯一的听众》的多条思路——①由课题出发：“唯一的听众”——老教授是怎样“听”的？②抓住文中关键的语句“我一直珍藏着这位老人美好的心愿”：老教授是怎样一步步实现自己的美好愿望的？③抓住含义深刻的结尾“我有机会面对成百上千的观众演奏小提琴曲……总是不由自主地想起……每天清晨里我唯一的听众”：“我”会想起什么呢？都是遵循文本基础上的对文本的一种创造性的重构，尤其是思路③，可以按照“第一天”、“以后每天”、“后来奏出真正音乐”等情景来重组，也可以按照“想起老教授的话”、“想起老教授平静的眼神”等不同的方面来重构。

有些课文具有结构和内容的开放性，允许读者作比较大的“编排”来实现对文本的创造性解读。比如《井》一文按照井水的清、甜、凉三个方面来介绍井水的特点，课堂上是可以依据学情来随机组织交流顺序的；《黄河象》按照化石特点、假想形成、大地变迁、发掘化石来记叙的，还可以有不同的连段成篇的方法。

遵循文本是对文本的尊重，重构文本是对主体的尊重，不论是遵循还是重构，都以教师对文本的深入研读为前提才能更好地落实以学定教，我们还追求立足学生未来的发展目标，充分挖掘文本资源的价值，真正实现站在课程的角度引导学生学语文、学阅读。

（三）引领、生成学路追求科学

对学情的预设与了解和对文本的遵循与重构为引领、生成学路奠定了基础。班级学路的形成不是自然完成的，是教师立足文本与学生在课前预设→在课堂引领→经过师生对话生成出来的。

“引领学路”指的是班级学路要注意落实课前精心预设的学路，主要目的有两个：其一是学路要围绕着核心目标的达成，其二是学路要有助于学生体会篇章的整体性。比如：我执教《跳水》一课，学生共拟出三个学习思路：学路一是体会船长是一个怎样的人，指向文本的主旨；学路二、学路三都是从孩子们的兴趣点和疑点切入的：抓住孩子“气急了”→“气极了”和孩子“才醒悟”，因为文本四分之三的笔墨写的都是猴子与孩子。如何建构班级的学路呢？问问学生进一步探究我们应该学习什么，孩子们知道要体会船长是一个怎样的人：可从船长逼迫孩子跳水引发质疑切入，直入“险境”这一重点部分，适时交流“才醒悟”的学路，并自然融入险境形成的原因——孩子“气急了”→“气极了”的学路，（此时又回到险境）结果怎么样呢——这既是学路二、学路三的内容交流，又巧妙地回到主思路“船长怎样做”中，从而进入“体会船长是一个怎样的人”这一目标的达成。这个学路的建构，体现了教师对文本主旨的把握，在学路相融中体现篇章连段成篇的文路，体现出篇章的整体性，也让每一个学路有完整的体现，以便利用差异的资源整合提升，提高课堂教学的实效。

“生成学路”强调的是课堂的动态生成，再充分的预设也不能把课堂实际的情态预设全面，班级学路的实际建构与课前精心的预设往往会有一些出入，体现教师对学生主体的充分尊重或者是对教师主导的有效彰显。比如《枣核》一课学生学习的时候出现了多个学路：①从题目入手：默读课文，重点读一读与枣核有关的语句，从中感受老友的思想感情。再由“枣核”读开去，联系上下文深入体会作者的思想感情，在感受深的地方写写批注。②从文中重要语句作为入手点：从哪儿看出“这花园有点家乡味道”？从中体会到什么？还从哪些地方体会到了老友对家乡的思念之情。③一般会关注文章的结尾：“改了国籍，不等于就改了民族感情，而且没有一个民族像我们这么依恋故土的”。结合老友的言行神态理解结尾句子的含义。④课后习题是重要的参考：默读课文，说说“我”在旧时同窗的家里看到了什么，又听到了什么(可以补充：感受到了什么)。可以说这四条学路都体现了篇章的整体性，用哪一个学路都可以引导学生读懂课文，并适时相融其他学案，可以结合自己对文本的解读，结合自己对学生的了解，来写出最适合、最有可能发生的一两条思路，对其他思路简单构想。比如：选择第三条作为班级学路：先谈一下从哪可以体会到老友对故土的依恋之情呢？学生可能说到他的花园有家乡的味道(按照学路二交流)；在展开后会涉及“试种枣核”(在这部分直接写到“近来总是想总布胡同院里那颗枣树……”)，于是将与枣核有关的语句进行梳理，从中感受老友的思想感情，这便进入了学路一的交流；在花园里的一角是“我们家的‘北海’”这一内容，是老友对故土依恋之情的另一处体现，是各个学路共同的学习内容。三个板块连接基本完成对故土的依恋之情的完整体会，其实花园的家乡味道、与枣核有关的语句梳理、我们家的北海这三个“场景”在叙述上虽然有先后、有交叉、有点面的区分，但是均具有独立性，又彼此相连，体会的顺序是开放的，真实的课堂会是什么样子的，教师要尊重学生，顺学而导。

学路生成具有动态性，有些是可以有预设的，有些是课堂自然生成的，甚至即时的生成比精心的预设还美丽。无论是引领预设的生成还是引导自然的生成，都需要教师对文本有深刻的研读、对学情有全面的把握、对课堂有灵活的驾驭，尤其要注意班级学路要关注全体学生的兴趣、发展的态势和未来应达到的目标。

综上，教师在引导个体生成学路、引领班级生成学路，是“以学定教”的体现，在学路落实的过程中，完成“教什么”、融入“怎么教”、实现“教到什么程度”，这样学生得到了充分的尊重，在学习内容的确定、学习方法的选择、学习过程的展开中有更大的自由度，自主、自立，主体地位得到凸显，学习兴趣得到保护与培植。课前对学生全面的估计，以及课上对学生的随机引导，发展了教师的智慧，也自然增强了教师的责任感。一个坚持以学定教的老师一定会在发展学生的同时更快地、超前地发展自己。这样学生学得主动，教师教得灵活，师生同时得到了发展，这也是“以学定教”的长远意义所在。

（北京市顺义区教育研究考试中心　孔凡艳
北京市顺义区教育研究考试中心　直欣欣）

引导学生读懂文本的过程与策略研究

“读懂文本”即是学生向“文本”靠拢，理解“文本”——能够准确把握文本表达的主要内容、体会文本蕴涵的思想情感、读懂作者的写作意图，也包括读出自己、读懂(相关的)生活。如何从读懂每一篇文本出发，向着学会语文的最终目标更快、更好地发展呢？

我们知道，引导学生读懂文本首先需要学生亲历阅读并且潜心会文，教师只是引导，不能包办代替、越俎代庖。在学习和实践的基础上，我初步构想出学习每篇课文教师引导学生读懂文本的过程和策略：预习要尽力而为→初读应有意整合→自探求粗略读懂→共议须梳理完善→拓展宜深广有度。

一、预习要尽力而为

“预习”就是学生对要讲的课事先进行自学准备。一般从三年级开始教师要求学生预习。叶圣陶在《论国文精读指导不只是逐句讲解》一文中指出：“一篇精读教材放在面前，只要想到这是一个凭借，要用来养成学生阅读书籍的习惯，自然就会知道非教他们预习不可。”接下来的问题是预习什么？从调研中，我们发现：一般老师布置的和学生进行的预习内容基本集中在字词的学习和课文朗读两个方面，随着课程改革的推进，大语文教育观念的凸显，查找文本相关的资料也渐渐成为预习的内容，这是值得肯定的。那么，预习到底应该做哪些工作呢？从预习的目的思考，一般可能认为预习是为了扫清“拦路虎”减轻课堂负担，或者课前的预习可以使课堂的听讲更有针对性，对于自己不明白的地方可以集中心力……而叶老说：“预习的意义在于要切实养成学生良好的读书习惯”，是“练习阅读最主要的阶段”。早在1942年叶老对当时教育部审定的中学国文课程标准提出“改订”建议，特别指出，原“课程标准”把“预习”内容仅仅规定为“令学生运用工具书籍，查考生字难句及关于人地时种种问题”，而把“领悟文章之内容体裁做法及其背景”规定为教师讲述时应该注意之点，把“指导学生作分析综合比较之研究”规定为教师讲述后应做的事，这是很不妥当的，认为不符合设置“预习”这个项目的本意。他主张，所有这些内容都应该“移在指导‘预习’的阶段中”。因而，笔者以为，面对这么多内容，预习的时候要尽力而为。

预习要尽力而为就是要全面全心的阅读。全面即能完成什么就完成什么；全心即能读到什么程度就读到什么程度。在自学字词和朗读课文的基础上，可以圈画一下文章的重点词句，可以提出不懂的问题，可以试着总结一下课文的主要内容，可以完成一下课后习题……“尽力而为”也体现了对全体学生的关注，不同学生可以有不同的预习内容；同一个学生在不同的阶段、在不同的课文、甚至在不同的心境下也可以有不同的预习内容。

预习需要教师有明确的要求和具体的指点，可以是有计划的训练、也可以是方向性的指点，通过长期的训练和逐步提高要求养成学生良好的预习习惯。值得注意的是，预习不一定都要到课外去完成，上海市特级教师钱梦龙为了有计划地提高学生的自读能力，就把课外预习移到课内，创造性地设计了一种新的课型，即“自读课”。预习也不是做了就结了，需要教师要对学生的预习情况有预计、有检查、有指导，将预习与课堂教学有机结合起来。

二、初读应有意整合

“初读”指的是学习一篇新的课文开始阶段的读，一般要经历读通和通读两个阶段。首先要注意展开初读的过程：读通课文一般通过检查朗读预习情况，并结合学生朗读难点的练习来达成；而通读课文呢，不只是通览全文，要随着读书过程的展开获取相关的信息，并进行归并概括，实现对课文的整体把握。

教学实际中，有不少课堂的“初读”没有精心设计，只是走马观花地完成。“自由读课文，看看你读懂了什么？有什么不明白的标记一下”成为大多数老师的初读要求，不论年段，也不分课文。初读中学生走“过场”的不在少数，交流的结果常常达不到对课文的整体把握。要改变现状，就要从教师拟订好操作性强的初读提示做起。比如：学习《“钢琴之王”的微笑》一课可以拟订这样的初读提示：用你喜欢的方式自由读课文，说说对课题又有了哪些了解？想想课文主要讲了什么？有什么不明白的或是想知道的在书上做个标记。学生会在知道钢琴之王是李斯特的基础上进一步读懂文中写到了他的三次微笑，甚至能说出每次是在什么情况下，自然厘清了文章的结构；“主要写了什么”是要求学生在获取信息的基础上进行概括才能达到的整体把握的要求，符合六年级学生的特点；标记自己不明白和想知道的问题体现了对学生的尊重，也能了解到学生进一步探究的趋向。展开初读的过程教师还可以有策略上的引领，比如读到题目想一想，边读边厘清脉络，对于难度较大的课文可以一读再读，直觉感知文中一些重点的词句，获取信息要求全求佳等。

“初读”要倡导学生自己的有意整合，包括对文本的整合、对内容的整合、对探究方向的整合。第一，对文本的整合指的是在读中悟出文本的大致结构。读课文，不只是要读得正确、流利，还要能读出文章的行文思路，这几个自然段讲的是一个意思、一个场景或者一件事情，这篇文章按照这样的顺序，形成了这样的线索。读《"钢琴之王"的微笑》这篇课文的时候，发现文章写到了钢琴之王的三次微笑，应该边读边厘清三次微笑所属的部分，从而理清了文章的脉络。第二，对内容的整合指的是整理获取信息，获得对文本的整体把握，这是初读每篇课文都必须完成的。《"钢琴之王"的微笑》学生读懂的可能是李斯特的三次微笑，也可能是姑娘情感的变化，或者是结尾含义深刻的道理，答案是开放的。但是立足课文整体，谁是文章的主要人物，课文主要讲的是什么，要进行进一步的概括，力求完整、清楚地表达出来。第三，对探究方向的整合指的是学生初读后将自己的疑点、兴趣点放在一个大的"情景"中来考虑——如果能够结合文本的主旨以及课后习题的有关提示(代表编者的意图)，来深入思考自己进一步探究的目标、内容、方式、方法，那可以说是初读有意整合的最高境界。比如，学习《"钢琴之王"的微笑》学生可能提出如下不懂的问题：①"钢琴之王"的三次微笑有什么不同？②"如诗如画"的琴声是怎样的一种琴声？③姑娘为什么说李斯特是她一生中最伟大、最可敬的老师？④最后一段姑娘的话中说，"即使是点滴的帮助，也会使人铭记终生"，李斯特对她的帮助是点滴帮助吗？问题①与文章的题目有关，源于课后习题，体现了作者、编者、学者的三心相通，自然是深入探究的内容，于是可以形成如下的学案一：默读课文思考："钢琴之王"的三次微笑，分别是在什么情况下出现的？联系上下文体会它的含义，在感受深的地方写写批注，再有感情地读一读。问题②可以在第三次微笑感悟时一并解决。问题③源于文章中"牵一发而动全身"的重点句，与文章的主旨相合，可以形成如下的学案二：姑娘对李斯特说："先生，您是我一生中最伟大、最可敬的老师，感谢您那颗金子般善良的心。"联系上下文体会姑娘为什么这么说？在感受深刻的地方写写批注，并带着自己的感受读一读。问题④是学生理解的难点，也是全文的点睛之笔，也可以形成继续探究的学案。至少老师要有这样的引导，学生才可能有这样的尝试。

初读的有意整合离不开教师的引领，如果能够在整合自己初读收获的过程中还能即时整合其他同学或者是老师的意见当然更好。最后达到心中有文章初步的整体，为后续的学习奠定基础。

三、自探求粗略读懂

随着课程改革的推进，越来越多的教师、越来越多的课堂更加重视了学生的自主探究，在初读整体感知后安排了学生学在前教师教在后的"自探"环节，即学生依照教师出示的或者是在初读后师生共同生成的学案对文本进行进一步的问询。

“自探求粗略读懂”的基础是要有一个好的学案。所谓的“好”体现在：探究的目标是围绕文本的重点确定的（若能体现对学生兴趣点和疑点的整合更好），实现目标的步骤清晰可操作，所使用的方法切合实际方便可行，如上文提到的学习方案。

“自探求粗略读懂”的保证是按部就班地完成学习方案。首先要给足时间，一般不少于6分钟，因为学案一般是立足全篇的或者是在解决学习的难点，思维容量比较大。更重要的是实实在在走完全程——按照学案的要求逐一独立探究、自主落实。比如，按照上文《“钢琴之王”的微笑》的学案一学习的学生，要一一找到钢琴之王的三次微笑，联系上文分别能说出是在什么情况下出现的，结合每次出现的情境理解其中的含义，在感受深的地方简单批注，最后带着自己的感受入情地读一读。如果遇到了困惑，自己想办法克服无疑是最佳的方案，也可以在“不能自救”的状态下求助“两条热线”——老师和自己信任的同学，问题得到解决之后，继续自己的探究之旅。

“自探求粗略读懂”的目标是“粗略读懂”。首先，学生是可以粗略读懂的。叶老曾经说过，教材就是让孩子“试去揣摩”“试去理解”的，他们是“可以粗略读懂”的。什么就叫“粗略读懂”了呢？对于文章中关键的词句有整体的、联系的感悟，形成自己的解释，把握住文章的主旨等。外显形式是多种多样的：较好地完成了学习方案的学习或者是课后习题就可以说是粗略地读懂了课文。“粗略读懂”本就是一个模糊的概念，但学生自己能感觉得到，教师观察能够体会得到。应该说“粗略读懂”不是轻而易举的，在自主探究的这一环节每个孩子达到自己认为的“粗略读懂”就可以了。作为学习组织、引导者的教师当然可以凭借着积极主动的“察言观色”和“合作参与”引领、点拨，以实现学生的粗略读懂。

四、共议须梳理完善

孩子们在学校是几十人一起的班级授课，自探之后的“共议交流”很有必要。“共议”体现的是全员参与，是“粗略读懂”到“真正读懂”的关键一环。每个人要适时展示自己的收获，并在即时倾听、随时梳理后达到完善、实现读懂。

“共议交流”首先是学生能够按照老师的要求积极地汇报自己的学习收获，把自己对文本的解读通过读或者谈的方式表达出来，让同伴分享、评价自己的成果。这也可以说是学生对自己初步探究的一种梳理式表达，不仅要顺应老师的即时要求，也要考虑到当前已经展示的态势，并注意时时将课堂的现场与自己探究的收获进行对接。

“共议交流”时的倾听显得尤为重要，只有倾听才能共享集体的智慧。同学是怎么仁者见仁、智者见智的，教师是怎么评价、引导的，其间不同方面、不同层面的相近、相关甚至相反的意见，彼此及时对接，在头脑中快速梳理、完善，逐渐地就会逼近解读的全面与科学。这过程中始终不能忘记的就是与文本的对话，“是这个意思吗”“他说得对吗?”“还可能……”“是不是综合起来……”听者的表面虽然安静，内心应该是波澜起伏的：不只是要动天君，还要动笔墨，在文本空白处，在学习笔记旁，记下闪光的地方；如果能够及时修正自己的、完善自己的、甚至把整合好的答案和感受记录在案就更了不起了。

因为彼此之间的差异性决定了学习的角度、层次的不同，交流中可能会出现自己没有学习到的内容，此时要及时地参与到新内容的学习和讨论中。比如学习《“钢琴之王”的微笑》一课按照“三次微笑”学习的同学基本学不到姑娘的情感变化，在对第二次微笑的含义理解中，教师提出请你用“当……的时候，姑娘……”的句式来描述一下此情此景下姑娘的反应时，按照“微笑”学案学习的同学就是即时参与其间。随着李斯特的询问、点拨、亲自弹奏，姑娘的情感变化着，同台演出之后姑娘又有什么反应呢？学生在教师的点拨中感悟到了这条情感线。

综上，我们看到孩子在共议交流中凭借着展示与倾听对自探的收获进行梳理，也在不断地完善。我们强调即时的梳理，也倡导在整个交流结束后，有一点时间来进行整体的回顾，此时学生可能会筛下印象深刻的、品味应该品味的，长此以往，提升是必然的！

五、拓展宜深广有度

“拓展”这个词语在现代生活中应用十分广泛，在引导学生读懂文本的这个范畴，也已经成为大家的共识。

拓展阅读的内涵是很丰富的。其一，从读懂文本来看，有些文本的内容离现在比较久远或者内容深邃，需要相关的背景资料帮助学生走近或者是相关的信息资源辅助学生理解，这是课前的拓展。在课程改革倡导大语文教育观念的今天，学习一篇新的课文之前，对相关资料的搜集基本成为不用老师再布置学生就能自主完成的预习内容了。其二，学生读懂文本的过程也是还原生活、解读生活的过程，学生会自觉不自觉地进行相关的联想，甚至进入角色中参与文本的创作，把其中一些空白点、发展点填补出来，这是课中的拓展；比如：学习《为学》这篇古文，谈到“贫僧为之则至，富僧不为则不至”

后，出示这一段的结尾句“越明年，贫者自南海还，以告富者，富者有惭色”，教师设计了课文中空白的想象：贫者会告诉富者什么呢？富者有惭色，富者会想些什么呢？写下来。要求：任选贫者或富者写两三句话；可以是白话，也可以试着写文言文；要注意符合贫者或富者的身份。这是读的深化，这是思的发展，这是写的训练，上出了文化的味道！其三，课后或许会因此文本走近文本的作者、查阅原文或者原著，有意找来相同或相关主题的文章进行阅读，这是课后的拓展。也就是说文本的拓展可以融合在教学的始终。从读懂文本的背后，即学生要形成独立的阅读能力的目标来看，除去要进行内容的拓展，把文本放在一个更广阔的视野中去感悟、去欣赏之外，还可以有文本形式方面的拓展，比如从表达的角度去拓展。

拓展宜深广有度，是针对目前拓展的一些误区提出来的。拓展是为了更好的读懂、学会，不是为了拓展而拓展。文本拓展首先要立足文本，其时机要服务于教学的目标，其内容要紧密围绕文本，其难度要符合学生的实际。文本拓展，要超越文本，更要反哺文本，离开文本的拓展那是无本之木、无源之水。也就是说我们不光要拓展，关注拓展的形式，更要关注拓展的质量，让拓展姓语。

值得提倡的是在教师的启发引导下，我们的孩子能够渐渐养成拓展的意识和习惯，自觉确立拓展的内容甚至构建拓展的目标，学习在拓展中进行对比、分析。

引导学生读懂文本的重点在学生，凭借的是“读”，但成效的关键在教师，凸显的是“导”，在教学中实现“预习要尽力而为→初读应有意整合→自探求粗略读懂→共议须梳理完善→拓展宜深广有度”，有助于学生读懂文本、学会语文，并在学习中提高综合素养。

（北京市顺义区教育研究考试中心　孔凡艳）

从“学案”中也可走出“个性”

阅读是阅读主体与阅读对象（即文本）通过信息交流而建构“新意义”的过程。在这过程中，由于阅读主体在生活经验、认知经验和阅读经验都存在差异，因此建构起来的这个“新意义”以及建构“新意义”的方式都存在不同，这就自然导致“个性化阅读”的出现。纵观我国传统的阅读教学，重“教”轻“学”——“这是国文教学失败的总原因”。（叶圣陶语）“教”表现出来的特点是，视教学为国家规定的一种社会化行为，从而用统一的教学目的取代了不同学生的读书需求；用统一的学习程序与策略取代了不同学生的学习方法与途径；用统一的达标要求取代了不同个性的发展水平与方向。这样的教学体现出“整齐划一、泯灭个性”。当今世界，呼唤充分张扬人的个性，充分发挥人的创造性的开放式的教育。在实践中，我们以“依托学案实现个性化阅读”课题研究为统领，初步探索出了在阅读教学中促进学生个性健康发展的有效策略。

一、“依托学案　实现个性化阅读”流程简介

学案是学生在教师的引领下建构起来的读懂课文的方案，一般包括学习的目标、内容、方法及程序。不同的学生选择或建构的学习方案可以是不同的。“依托学案实现个性化阅读”以指导学生“自拟学案、实践学案、交流学案、完善学案、延伸学案”为主线，以培养学生自能阅读能力、同时发展学生个性为目标，带动起整个语文学习过程。我们在遵循阅读教学的一般程序、把握语文学习的特点、满足教与学需求的原则下，构建出了“依托学案实现个性化阅读”的课堂教学程序，如下图所示：

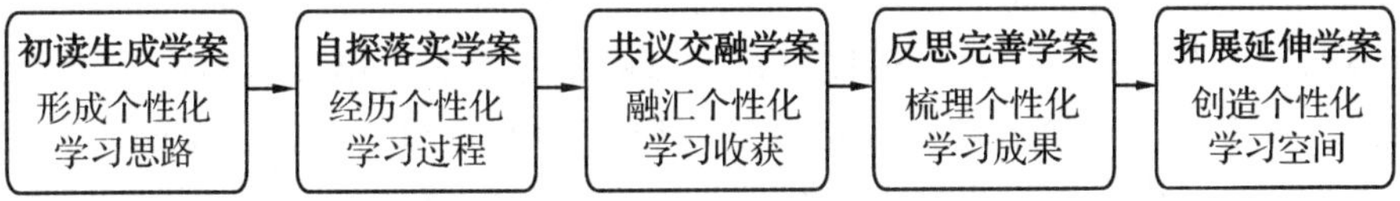

“依托学案　实现个性化阅读”教学流程

这一教学流程承载着我们这样的核心的教学理念：“打破整齐划一，关注个体差异，让不同个性都得到充分发展”，“珍视个体差异形成的教学资源，实施整合高效式教学。”

二、以学案为依托，促进学生个性化发展

以学习方案为依托，可以将不同学生内隐的学习内容、方法、程序、成果等显性化。这有利于学生反思回顾自己的学习历程，同时也有利于教师因学定教。在以学案为依托展开阅读教学的过程中，我们时刻铭记：学案只是教与学的载体，而在阅读教学中促进人的发展、促进每一个学生卓有个性的发展才是我们追求的核心目标。围绕这样的理念，遵循学案阅读教学的基本程序，我们探索出如下的教学策略：

(一)将教学内容转化为学习需求

叶老曾说：“将教学目标转化为学生的内在需要是教学的最高境界。”若要

实现这样的转化、达到这样的境界必须开启学生的内部动机，把教学的关注点由“教”转到“学”，关注学生始发的“心向或意向”。

1. 在激疑启思中转化

当经过初读，学生对文章有了整体的、粗浅的理解之后就走向了深入的精读环节。精读时深入探究什么不应由老师强硬规定，而可以从学生的质疑中来。教师若能针对学生的疑问来教，必然能激发起他们的兴趣，因为此时的教学内容已转化成了他们的学习需求。事实上学生质疑是否有价值，取决于初读充分与否。粗浅的初读，学生时常提不出深刻的问题，洞悉不到深入探究的方向，因此教师引发质疑的意识与策略就成为关键。

2. 在全面开放中转化

教学还可以在全面开放的氛围中，从学生的兴趣与需要出发徐徐展开。课始，老师们可以安排这样的环节：“这篇课文你们想研究什么?”当学生要探究的的问题不能覆盖教学内容、指向教学重点时，教师可及时出示学习目标或引导学生发现学习目标，待明确教学重点之后，让学生再对比、调整、补充自己的探究内容。例如《穷人》一课，作者通过对人物言行、神态、心理，(尤其是心理)的出神入化的描写，把人物复杂的内心世界及美好善良的心灵表现到了极至。学习人物心理描写是本课的重点。其中第九自然段是全文的重点段，连用了5个省略号，把人物当时心情的矛盾、不安、紧张、害怕、内疚、无奈与决绝等表现得淋漓尽致，但学生却没有注意到这一段，只把目光停留在内容情节上。这时教师可以直接出示本课的教学目标，让学生在对比中反思；也可以让学生看看课后思考题，从编者的意图中受到启发；还可以打出这一段内容，让学生在观察这段语言表达特点时受到启发、产生问题，以至形成新的探究需要。

综上所述，由于学生是差异的，初读之后更是扩大了这种差异，因此每个人欲要深入探究的点就呈现出不同：有的人发现了课文重点，认为应该探究；有人产生了疑难或困惑，想探究解决；有人对某些内容感兴趣，有探究的愿望；有人对某些问题似懂非明，有明晰起来的渴求……这些都可作为深入探究的内容，深入走进文本的切入口。归结起来学生自己捕捉到的点可以概括为五“点”：重点、难点、矛盾点、朦胧点、兴趣点。

(二)将设计教路转化为导向学路

珍妮特·沃斯说：“全世界都在争论一个问题：‘学校应该教什么?’在我看来，最重要的应当是两个‘科目’：学习怎样学习和学习怎样思考。”教学中我们更多地关注“学会”而忽视“会学”，忽视学生自主设计学习策略能力的培养。学生知道“学什么”，但不知道“怎么学”。在教学设计上，往往是教师先钻研教材，然后结合自己对教材的理解及对学生的知识能力等的“估计”，选好一个切入点，设计成一条引领学生奔向教学目标的路。实际上，由于不同的教师对课文的关注点不同，设计的教学思路也就各异。这也便导致——“教无定法”出现。“教无定法”出现的原因，从文本本身来看，一篇文章是一个整体，其中每个部分都与整体有着千丝万缕的联系，即部分是整体中的部分，整体是部分的整体。教师从不同的关注点切入课文，进而引导学生走向课文整体，都是在发掘部分与整体之间关系的基础上进行了多元变式链接。

教师的这种单线设计潜意识中存在牵引性——牵引学生步入教师事先设计好的单线轨道。然而教师的关注点不能代替所有学生的关注点，教学完全可以从学生对课文的关注点——“重点、难点、矛盾点、朦胧点、兴趣点”展开。这样，在全班共议交流后，学生对课文，至少是对自己的关注点会有更深的理解和体验，而且能够站在自己的立足点上统观全文，吸收他人营养，提高学习效益。

当学生捕捉到这些探究点、确定好探究方向后，教师要引领学生设计自己的学习历程，即：把探究的问题“粘连语言文字——指向重点词、句、段”、“赋予学习方式——外化学习活动形式”、“理出探究程序——展现逻辑顺序”等，使探究具有操作性。经过这样的整理指导，便可形成各具特色的多条学习思路。似“多路爬山”，从不同的途径、运用不同的方式爬向教学目标，殊途同归。例如《挑山工》一课，学生设计出如下学习思路：

【学案一】认真读课文思考：“我”心中的不解之谜是什么？这个“不解之谜”是怎样产生的？又是怎样解开的？在书中画出重点句子，写好批注。

——由“重点词句”切入

【学案二】

线索及相关段落	研究专题
共性的挑山工(第 1 段) 个性的挑山工(第 2—6 段) 心中的挑山工(第 7 段)	任选一种或几种挑山工，看看课文是怎样描述他的，然后说说你从中体会到了什么。

——由“文本题目”切入

【学案三】阅读选读课文《黄山挑夫》，与之比较，挑山工与黄山挑夫有哪些相似之处？有哪些不同之处？把收获、体会说给学伴听或记在读书笔记本上。

——由“文章对比”切入

(三)将先教后学转化为先学后教

传统的教学，教师首先深钻教材，然后从“我”的视角切入，设计带领学生走向教学目标的路。我们的研究，在教师教之前，增设了学生自拟学习思路、依学习思路先自探或因需合作、研讨，从而使全班共议交流的“教”的环节置于学生的“学”之后，即把先教后学转化为先学后教。这一转变的优势体现在：

1. 增加了学生整体感悟语言的回合

下面试与传统语文课教学模式“整体感悟文章”做一比较：

类　别	学生整体感悟语言的回合
传统阅读教学模式	1 初读整体感知——2 精读全文(整体—部分—整体)——3 全课作业
个性化阅读教学模式	1 初读整体感知——2 自拟学习思路——3 依学习思路自探研讨——4 课堂交流(多条学习全文思路的碰撞)——5 全课作业

从上表不难看出环节 1 与 5 两种教学模式是相同的，而精读文章部分此模式增加了 2、3 环节，而且第 4 环节——全班共议交流，学生感受到的也不是“一个”整体，而是从各个视角伸入，探究全文的多条思路，对于每个学生来说，观赏的是“多个”整体。可以说学生历经多次纵观全文、整体把握文章的回合，这与传统教学教师按课前自己设计好的一条完整思路引导学生“亦步亦趋”的教学程序有着本质的不同。

心理学研究发现儿童思维是成“胚胎式”发展的。也就是说，他的思维要发展，首先需要一个思维胚胎——意义单体。这种“思维的胚胎”有什么特征呢？一是整体的，它包含了整体意义，二是虽然它并不完善，但已经是继续学习的良好内核，有待于并有条件发展为完善的思维成果。本模式把对文章的整体感悟作为一个胚胎，且在教学的每个环节都在“发育”胚胎，所以最终能在学生头脑中建立起用整体、联系的、螺旋上升的思维方式认识事物的习惯。

2. 创设了个性发展的平台

在教之前，把全部任务交给所有学生，这本身就是对学生智慧的莫大尊重，促使他们全情投入，智慧迸发。在“教”之前安排的“自探研讨”环节有利于促进不同个性充分发展：首先从时间上看具有自主性。教师往往在第一课时引导学生设计好学习思路后，让其课下自主探究。因此时间长短可因学生个人水平及学习需求灵活自定。这就使得一些学生能通过时间这个杠杆，提高学习水平。实践证明，影响学生学习水平的因素不仅取决于智力、心理等因素，还与学习时间及习惯有关。有的人是“慢进型”，但往往可以通过时间的弥补而达到同样的学习水平。再有从自探的方式上看也是自主的。学生首先是独立探究，当遇到困难，可以因需自选同伴或老师交流研讨，或上网查阅有关资料等。待问题解决后重新回到自主探究的状态。

再有，先学后教也可提高学生的阅读期待水平，并有利于教师针对学生实际情况“因学定教”。

（四）将单线牵引转化为多线交流

学生的每一条学习思路都是一个信息系统，课堂上不同的学习思路便形成了多个信息系统。如何以教学重点为核心，科学合理地安排各种学习思路的有序交流，促使各条学习思路之间能够互通、互启、互用同时又避免相似信息的重复再现？

1. 宏观调控交流顺序

我们首先要将多条学习思路艺术地建构成信息网。根据各条学习思路交流的顺序，我们在日常教学中总结出这样几种交流方式：主线兼融式交流、并行交叉式交流、串连层递式交流、面点包融式交流、相近详略式交流、拓展补充式交流。如“主线兼融式交流”：是指当面临分别从不同角度或不同层面切入课文的多条学习思路时，我们往往选择直奔课文重点、具有“牵一发而动全身”功能的学习思路作为共议交流的主思路，适时让其他思路登场展示，兼容信息。这就会在立体对话中使主思路信息丰满起来，大家共享立体对话的成果。

2. 巧妙连通学习方式

在共议交流中，教师依据课文重点、抓住各条学习思路之间的联系已建构出全课“思路网”。但对于每个学生来说，他便只是这个网络中的一个点或一部分，表现在课堂共议交流过程中就会出现一个巨大的差异空间：一部分学生在汇报自己学习思路的探究成果，而另一部分同学用的却是不同的学习思路，此时他们应该学什么？用什么方式学？这是一个很值得深思的问题。素质教育的理念之一是教学每个环节都应该是面向全体学生的，不能顾此失彼，否则课堂教学就意味着失败。

那么教师应如何开发利用这份巨大的差异资源呢？其基本策略还是要在差异之间寻找、创造、设计联系。首先要认识到学习方式是一个巨大的资源库。在共议交流中双方应选择、匹配什么样的学习方式应是一个立足整体、构建联系的问题。其次要在“意义”上建立联系。从汇报交流者的心理上，他需要有对话、交流的对象，有听众，有评委；而对于其他思路的同学来说，他希望与自己的学习有联系，能从中有所得、有所悟。教师要根据不同学生的心理在不同的学习思路之间设计不同类别的学习方式，以使各类学生在心理上、思维上产生联系。对于每个学生来说，其最终的目的是扩大固有学习思路的信息量，努力获取“整张网”上的重要信息，从而来提升、完善自己。

3. 关注信息互启互生

“多路爬山”的最大优势是丰富了信息源，课堂上不同的学生站在不同的角度、不同的高度上交流个性化的体验，信息呈“互射”、“互启”状态，最终动态生成新的“信息网”。教师思想的着力点，是促使各种信息“产生联系”、“互启互生”，并有效与教学重点整合，灵动提升学生的认识。例如在学习《井》这一课，对于学生个性化的发言，教师首先捕捉住其思维方法，然后用简单的反馈语一语点破，给其他同学思维的灵感和智慧的启迪：一位同学在品读：“新鲜的红李子被井水浸得冰凉，咬在嘴里又脆又甜，还有一股清香。那可口的味道呀，我真是一辈子也忘不了！”这一句时谈道：从“冰凉，清香的红李子”中，不仅可以看出井水很凉，同时也能让人感觉到井水很干净，清澈，似乎还有淡淡的甜味。师：他从被井水浸过的红李子中，不仅感受到井水确实很凉，还从中品出了井水另外的两个特点——“清、甜。”这一点拨，又一个同学马上举手到：“‘白白胖胖的大萝卜，顶着碧绿碧绿的大缨子真是可爱极了！’这句不仅写出了井水很甜，也能反映出井水很干净，很清澈。而且我能看出“可爱不仅是说大萝卜可爱，也是说作者爱大萝卜！”多么机敏的迁移！幼稚朴素的话语中孩子还隐约悟到其中蕴含的一种哲理！教师若善于开启，定会让课堂焕发生命的活力。

（五）将狭义文本转化为广阔资源

传统教学把着眼点放在“文本”上，将掌握文本作为教学的最终目的。然而“教材不是学生的全部世界，全部世界才是学生的教材”，文本只是人发展的一个凭借。真正的教学蕴藏着一种大智慧，是一种立足学生发展的人生智慧的启迪、学习策略的导引、求知欲望的激活。

1. 让求知欲望勃然萌发

专家研究，一个人的智商与他的信息量、词汇量成正比。语文课堂教学的价值不仅仅体现在利用文本培养学生语感、发展语言能力，还表现在它的拓展和发展功能。所以阅读教学要以教材为源点，辐射阅读相关信息，让学生在阅读无数个信息“相似块”中，拓成个性智能发展的广阔背景。老师就在超文本理念的指引下，带领学生走进一个文本背后自由发展的广阔世界。例如学完《落花生》一课，有的同学走进中华书库网阅读许地山名作《缀网劳蛛》《命命鸟》；有的专门研究了许地山的一生，并下载了许多文章做了大量圈点批注放到了图书架上，开启了大家共评点的序幕；有的阅读了评价《落花生》的文章，如杨联馥的《天上的雨》；有的从网上了解台湾东吴大学以落花生为题材，出了一幅对联，上联是“花生生花花落落花生”现正征集下联，自己试着对对子；有的阅读其他知名作家写过的《落花生》，如老舍、周作人，对照着读起来；有的练习给自己取个笔名……

2. 让学习方法获得启迪

“世界上最重要的知识是关于方法的知识。”我们要引导学生在解读文本的同时获得学习策略的启迪。这种学习策略不是局限在一招一式、一点一滴，而应视野广阔，立足生活、关注发展，体现出很强的迁移性。例如教学《天鹅的故事》一课，课尾，老师就“斯杰潘老人为什么把枪挂在了肩头离开了，并且再没有动过？”出示了四个答案，让学生评点哪个是老师的理解？

(1)斯杰潘老人认为天鹅是一群可爱的鸟儿，不能打，人类应该自觉保护野生动物，保护环境。

(2)老天鹅不惜用自己的身体为天鹅群打开生存之门的壮举，深深地感动了斯杰潘老人，使他不忍心伤害他们。

(3)斯杰潘老人看到了天鹅在生死关头表现出的无比英勇和团结，具有人类一样的精神和品格，内心受到了很大的震撼。

(4)斯杰潘老人从天鹅在危难之时表现出来的壮举中，感受到了天鹅那样的鸟儿也闪现出生命的光辉、闪现出生命的美，为自己曾经伤害过它们而感到惭愧、自责，从此放弃了猎枪。

学生读后，都认为第四个答案最完整、水平最高，肯定是老师的。最后老师说：这些都是老师的解答。老师每读一遍课文，都思考一次这个问题，写下一个答案。我读了四遍课文，每次都有不同的理解和启发，也就有了以上四个答案。(学生恍然大悟地笑了)如果我读第五遍呢？

生：就有第五种答案。

师：对了，课上阅读有课上的理解；课后阅读，有课后的感受；长大了再读，你的感受就会更深刻。同学们，在人生的不同阶段阅读文章，你就会对文章有不同的理解，这就叫读书，因为读书是一辈子的事情！

3. 让情感智慧走向超越

罗曼·罗兰曾说：“从来就没有人读书，只有人在书中读自己，发现自己或检查自己。”课堂教学的本质是一种心灵的对话，是教师自觉追求与学生人格平等、精神相遇、见解相生的过程。这一过程有一种相互影响、相互造就、相互提升的气象万千之大美。它超越文本主旨的静态存在，染上鲜活的个性情思、绽显出生命的智慧与理趣。

如教学《第八次》，学生对“为什么布鲁斯说‘我也要干第八次’”这样理解：在布鲁斯一连失败了七次的情况下，看到了蜘蛛结网“结了断、断了结”，被这种顽强的精神所震撼，深受启发，进而要干第八次。老师适时提升：“当一个人身处逆境、山穷水尽的时候，只要你心中还有一个信念、一丝信心、也许就是这样一个无意中看到的现象，都会给你启发，给你奋斗的勇气和胜利的信心！所以，相信自己、保持信心，是你取得成功的关键！”

课尾，老师又设计了一个追问：究竟是什么使布鲁斯王子获得了成功？当学生认为是蜘蛛结网的事情或者是人民和军队后，教师引发学生认识到：是布鲁斯王子自己的努力！是他自己战胜了自己，自己激励了自己！因为蜘蛛结网仅仅是一个普通的外在的生活现象，只有有心人才能从中发现其中的哲理，蕴涵的精神和力量！

试问，教师的提升和追问还是在解读文本吗？它分明是教师生活智慧的传递！我们在这样的课堂上看到的是一种大视野，看到的是“一棵树摇动另一棵树，一朵云推动另一朵云、一个心灵震撼另一个心灵！”

（北京市顺义区教育研究考试中心　杨雪莲）

拟订学习方案，将“教”的需要转化为“学”的需求

心理学原理告诉我们，需要是人对某种目标的渴求或欲望，是人积极性的源泉。人的需要能生成目的，目的能推动行动，行动能优化心态。教师要善于将教师教的需要转化为学生学的需求。

一、目标重学情　关注学生的需求

教学目标是课堂教学的灵魂，是课程标准的具体化，是开展教学活动的依据和归宿。教学目标不应该仅仅体现为教师单方面的想法，它更应转化为学生学习的主体需求，才能让学生从内心深处产生学习的欲望。

教学目标的设计、提出和检测，不是教师的一厢情愿。都应该服从于学生的学习，重在进行学生的学情分析，关注学生本身的需求。余党绪老师曾说：“对教学目标，我们不能迷信。教学目标的设计、提出和检测，都应该服从于学生的学习。”在制定具体的目标时应根据教材的编排序列和学生认知活动的特点，做到有轻重缓急，有所为有所不为。另外研究学生的学习准备状况也是实现“需求转化”的基础。所谓“学生的学习准备状况”，即学生从事新的语文学习所必须借助的知识技能准备和学生的认知发展水平（包括学生的记

忆、观察、想象、注意、思维发展水平)，再有就是学生已有的知识经验基础。

《鼎湖山听泉》是一篇游记，六年级的学生学过了大量的写景的文章，要有“得”，普遍存在几个难点：一是学生本身游历经验少，这方面的生活体验、感受、思悟的积累不够，阅读过程中往往会产生“隔”的感觉；二是游记的内容不像小说的故事情节，曲折引人，学生的阅读兴趣很少能自发而生，这通常也会影响整体的阅读效果；三是散文的语言风格多样，学生能感到作者用词漂亮，但要说出缘由，或是化为己有，能学而致用就显得有难度了。这样的学情分析，是设计教学目标之前必不可少的步骤。

二、过程有方法　疏导学生的需求

教与学的需求转化存在三种关系：第一种，需求转化可以直接自主的实现；第二种，需求转化是经过教师的指导才能实现；第三种，需求可能无法实现转化但却是学生必须要学会的，此时的教学需要教师必须直接传达给学生的。

《跟踪台风的卫星》这篇课文，学生一读到课题，他们首先应该对台风、卫星比较感兴趣，了解台风和卫星的相关知识应该是他们立刻产生的学习需求。这就属于第一种需求关系，无需教师引导。正因为如此，教师应该在第一课时就将此作为教学目标之一，而不是置之不理。如若第一课时不去关注学生这种需求，学生的学习需求被淡化甚至搁置了很长时间，到第二课时再作为课时目标只能是事倍功半。

第二种需求转化是最常见的，需要教师们下功夫的。

(一)关注过程，开启需求

实现需求转化的最重要的办法是引导学生质疑。语文学习第一步并不是老师“讲”，而是学生自己“问”，通过问点燃学生思考的火花，通过问以了解学生的兴趣点、兴奋点，疑问中很多就与教的需要密切相关。教师要善于抓住疑问，整合提升疑问，把学生的“兴趣点”、“兴奋点”转化为教学的兴趣点、兴奋点；同时把教学的重点、难点，转化为学生的兴趣点、兴奋点，实现教与学需求的转化。

《天鹅的故事》这篇课文学生很容易产生这样的困惑：

1. 天鹅近在眼前，而斯杰潘却悄悄地离开了，更重要的是为什么一个猎人一辈子再也不举起猎枪呢？

2.“克噜——克噜”在文中出现了三次，这是为什么？为什么这声音是激动人心的劳动号子，后来又是胜利的欢呼？

我们会发现，这两个问题第一个直指文章的中心，第二个学生巧妙地抓住了课文独特之处，同样指向文章重点。紧紧抓住这两个来自于学生的问题需求，可以帮助学生制订出自己的学习方案，从而实现整篇课文的学习。

比如针对第一个问题，教师可适时提示：斯杰潘老人是这篇课文的重要人物，你的问题很有价值，我们想老人的做法一定与他看到的情景有关。他看到了什么呢？我们首先要从课文中找到这样的语句，然后思考揣摩这些语句，体会其中的原因。可有怎样的方法理解这些语句呢？学生可能提到联系上下文思考、有感情地朗读、结合课外资料、写出自己的感受等方法。然后可以引导学生设计出这样立足疑问整合全篇的学案：

【学案】默读课文，思考：天鹅近在眼前，子弹已经上镗，为什么斯杰潘老人却把枪挂在肩头，悄悄地离开了，而且30多年猎枪一直挂在墙上？画出文中的词句，写写批注。还可以查阅课外资料然后与他人交流。

(二)致力方法，诱发需求

教的需要向学的需求的转化是有方法可循的。

1.课始多样导入

在设计导入时，要了解学生，根据学生求知规律和心理需求，将学生的注意力引向对全篇的感知，使学生很快入境，从而激发学生自读自悟，真正做到“课伊始，趣亦生”。切忌导入时的花架子，新课导入的目的是把“教”的目标最终转化为“学”的目标。导入可以有各种方法，如联系旧知、直观演示、补充介绍、故事诱导、设置悬念、分析标题等。

2.创设发现情境

当学生没有针对教学的重点难点处生疑，教师要善于指导学生“于无疑处生疑”，把自己的教学思路巧妙的转化为学生的学习思路，让学生在体验思考乐趣的同时享受思想的成果。《白杨》是借白杨来赞美像爸爸一样的边疆建设者，就需先弄清白杨的特点，这是教学的重点目标之一。当学生不能关注这一重点段时，孔凡艳老师由课题开门见山，文中介绍的白杨生长在茫茫的大戈壁上，请同学们根据自己对课文的了解填空：

火车窗外是茫茫的大戈壁，没有(　　　　)，没有(　　　　)，也没有(　　　　)，而这里的白杨却(　　　　　　　　)。

这一情境的创设，将白杨与它生长的环境紧密联系在一起，形成鲜明的对比。当学生或引用文中的原话，或填入自己的语言，将填空补充后老师问：请你再读一读，你读懂了什么或者有什么问题要问吗？不仅使学生初步感到白杨的顽强生命力，也自然使学生产生不解：茫茫的戈壁，没有山，没有水，也没有人烟，为什么白杨却长得这么直，这么大呢？这是教学的目标，却是学生自己发现的，也正是学生此刻的需求。师不必指定阅读的内容，而把球再次踢给学生：要解决这一问题应该读课文的哪一部分呢？学生容易确定出第 13 自然段。这样的情境创设为学生提供了发现的机会，使教的目标转化为了学的需求。

3. 引发认知冲突

创设学生认知冲突情境，引发学生学习欲望，让思维擦出火花，让矛盾碰撞，引起学生学习意向，使学生积极加入有意义学习行列。

三、学习有方案　实现需求的转化

我们关注需求转化的实质是实现教学目标这种教的需求成为学生自觉主动的学习需求，这种学习需求不能简单呈现为一个或几个问题，这些问题我们可以理解为一种原生态的探究意向，要真正成为学生进一步学习的动力源泉和有力抓手，还需要有解决问题的方法和过程。我们称之为“学习方案”，所谓学习方案就是缘起于教材需求和学生期待的整合，包括学习的目标、程序和方法。它是学生课前预习和初读整体感知的结晶；是学生进一步自主深入探究的抓手，也是教师引导共议整合提升的重要凭借。由此可以看到，学习方案的构建成为需求转化的最终表现形式。

学案如何形成呢？以《一个这样的老师》为例来说：

(一)拟订学案前教师指导性要强

教师在学生初读课文之后问学生：你觉得这篇课文的主要人物是谁？想一想要学好这篇课文你认为重点探究的问题或段落是什么，用什么方法怎么探究？可以做这样三个方面的方向指导：

(1)联系课题想一想：我们应该弄懂什么？(2)还可联系课文的主要内容及课后习题想一想。(这正是需求转化关系中的第三种，即需求可能无法实现转化但却这是学生必须要学会的，就要求教师必须直接传达给学生的。)(3)解决你不懂的问题和关注你最感兴趣的地方。

(二)拟订学案时引导借鉴整合要到位

交流之后就是学生独立拟订学案了，交流时问题的丰富、方法的多样、过程的各异，都应该成为教师引导学生向更高层次需求迈进的参考，要引导孩子们学会借鉴整合，拟定最佳学案成为自己读懂课文的抓手。

比如同样是学生围绕课题的需求设计出的几种学案，显而易见的是学案的难易程度不同、解决方法各异。如下：

【学案一】思考：怀特森老师是个怎样的老师？

学习方法：画出怀特森老师在科学课上的言行神态和“我”与同学们的表

现变化的语句，注意结合当时的情况和生活实际去体会，能写写批注更好。

【学案二】怀特森老师是一个(　　　　　　)的老师。

思路1：默读课文，看看怀特森老师说了什么，做了什么？想一想怀特森老师是一个(　　　　　)的老师。

思路2：默读课文，思考在怀特森老师教“我们”的过程中“我”的心情和行为有了哪些变化，“我”认为怀特森老师是一个(　　　　　　)的老师。

四、需求转化时需要注意的两个问题

(一)鼓励学生拥有较高的学习需求

学生内部发展的需要是有层次的，因此，面对相同的学习材料所产生的需要是不同的，这容易导致教学目标转化为学生需求时产生分歧，带来困难。对此，要求教师对学生的需要要有正确的态度。在现实教学中，教师对学生教学需要的态度大体有漠视、迎合、纠错与引导几种情况。无疑，引导是教师在发展性思想的前提下，对学生的需要采取的最为积极合理的态度。另外，应帮助学生形成合理的需要结构，如高低层次需要的不同搭配，帮助学生不断提高拥有较高的学习需要的自觉性。

(二)教学目标可以适当根据学生需求调整

罗杰斯在谈到教学目标时说：“现代世界中，变化是唯一可以作为确立教学目标的依据。这个变化取决于过程而不取决于静止的知识。”教学是一个动态过程，倘若以静止的目标来代替或抑制学生的积极思考与自主探究，以牺牲学生的情思活动为代价，那将是削足适履，刻舟求剑，结果是得不偿失。在教学进程中，教师可以根据学生学习的进程、状态和程度，适时适度地调整教学目标，甚至更改目标。目标的设置不应该束缚学生的手脚，相反，教学目标的最大价值，就在于最大限度地调动学生自主探究的兴趣与热情，当然，它也应该给学生以探究的路径与方向。

“需求”是人类行为的内在动机。学习的需求是影响学生学习活动的重要因素，它贯穿于学习活动的始终，并为达成学习目标做出效果的标志。当教学需要切实的转化为学生学习的需求时，我们的教学就能够让学生保持浓厚的兴趣，让他们保持旺盛的探究热情，语文教学就有了最大最高的效率。

（北京市顺义区西辛小学　刘学红）

中年级使用"学案"导学的尝试

中年级学生处在生理和心理发展的关键期，表现在学习方面，开始出现了分化性的学习需求，对独立思考的学习、作业更感兴趣等，自我意识渐强，倾向形成个性的解释或评价。而"学案"直接导向学生的学，清晰的学习目标、内容及方法，操作性强的学习程序，能够引领学生展开自主学习过程，突出学生的主体地位。中年级学生的心理及学习特点，使"学案"导学成为可能(但多以教师或师生共拟为主)，当然也对"学案"提出了更高的要求：

一、生发期待，"学案"内容聚焦重点

"教什么"比"怎么教"更重要。在拟订"学案"时，教师要坚持面向学生，不仅清楚自己"要教什么"，更要清楚学生"最想学什么?"，尤其要特别注意学生学习需求与文本要求的关系，兼顾学生的个性及差异，将学习的内容导向重点。因此，拟订"学案"必须扎实展开"质疑问难、师生梳理、因学定教"的过程：

"学贵有疑"，质疑问难的能力也是中年级学生的阅读目标之一。《画杨桃》(三年级下)讲述了美术课上发生的一件事：因为座位靠前较偏，"我"牢记父亲的教诲，根据自己看到的，把杨桃画成像个五角星的样子；老师因势利导，让同学们坐在"我"的座位上观察杨桃，既肯定了"我"实事求是的做法，也让同学们懂得了"同一个事物，从不同的角度看会有不同的结果"等做人、做事的道理。文章结尾说"这位老师的话同我父亲讲的是那么相似。他们的教诲使我一生受用。"这是学生的兴趣点；而"这位老师的话"、"我父亲讲的(话)"是学生理解的难点，也是教师教学的重点。因此，教师可以利用好这句话，展开质疑、梳疑的过程，引领学生聚焦"教诲"，理解深层含义及对"我"的影响。

出示："这位老师的话同我父亲讲的是那么相似。他们的教诲使我一生受用。"

生 1：为什么说"老师的话同我父亲讲的是那么相似"?

师：提得好。如果要找到"相似"，我们得先找到什么呢?

生 1：我们要找到父亲与老师到底讲了什么？找到他们的话，然后再看看有什么相似?

生 2：我同意。但我觉得应该先找到父亲和老师的话是在什么情况下说的。我们已经知道了，父亲的话是父亲教"我"画画时的要求；而老师的话是

"我"画杨桃、同学们看杨桃后对大家说的。

师(提示)：想想"我"为什么会把杨桃画成五角星？这与谁的话有关系？(父亲的叮嘱)

师(引导)：问题得一个一个解决，我们来梳理一下，应该先解决哪个问题？怎么解决呢？

"我"是怎样画的？同学是怎样看的？老师是怎样"教育"同学们的？这些都需要我们按事情的发展顺序好好地再读课文。

生3：我还想问，什么叫"一生受用"？

生4：我也想知道，为什么"他们的教诲使我一生受用"？

师：提得好。一件儿时的小事，一番相似的话语，为什么令作者"一生受用"？确实值得我们深思。这个问题应当在什么时候解决呢？

(一段交流之后，师生总结出"学案")

【学案】默读课文，①找出"我"是怎样画杨桃，同学是怎么看待我的"画"的。用不同记号画出相关语句，思考：父亲、老师的话与"我"画杨桃这件事有什么关系？②结合作者的相关资料，理解为什么"他们的教诲使我一生受用"。

这样，"我"怎样画、同学怎样看、老师怎样教育同学们这样三个情境的再现学习，聚焦了重点；质疑梳疑的过程，也自然形成了教与学的思路。

学生对文本的初读感受，也是决定"学案"内容的重要因素。教师要注意顺学而导、恰当整合。如教学《一夜的工作》(四年级下)，可以从《一个这样的人》歌词引入人物，唤起学生的已有认知，激发阅读期待。高年级学生积累了一定的阅读方法，如抓住人物的表现或结合搜集的资料理解人物等，就可以直接探究"周总理到底是怎样的一个人？"但是，这样的要求却会让中年级学生感到无从下手。一位老师进行了如下的设计：带着这样的疑问，这样的感受，我们一起走进总理的一夜。一边读一边用心感受总理的一夜是怎样的一夜？读完后，说说总理这一夜的工作给你留下的印象。在学生自主阅读后，老师请学生"再读课文，哪些地方让你特别感动？请用'～～'画上记号。"这样，顺应学生初读的感受，顺学而导，一步一步使探究重点渐趋清晰——"周总理到底是怎么样一个人？"

二、多样呈现，"学案"引领探究全程

中年级学生以直观形象思维为主，在"学案"的呈现形式上应注重新颖、简约。

《七颗钻石》是三年级下的一篇童话故事，以浅显易懂的语言，讲述了旱灾之年，一位小姑娘历尽辛苦为生病的母亲找水，得到水后却一让再让，水

罐发生了一次又一次的神奇变化，赞扬了小姑娘的美好心灵。本课“学案”可采用如下形式呈现：

(一)“提示”描述式

通常情况下，经历初读定向后，学生的学习期待往往以问题的形式存在。因此，教师要整合学生需求及文本要求，与学生一起确定学习的程序及达成目标的方法，拟订“自学提示”形式的学案，用语言(或文字)描述“学案”。如“默读课文，思考：小姑娘做了什么使水罐一次又一次发生了变化？画出描写小姑娘做法的语句，有感情地读一读，也可以简单地写写自己的感受。”

(二)“表格”线索式

童话故事本身有清晰而明显的线索。教师可以用如下表格的形式呈现，引领学生走进文本，在完成表格的过程中，达成阅读目标。

小姑娘表现	夜里 找 赶紧抱 跑	倒	交给妈妈，不肯喝 一口一口地喂	咽唾沫 递
水罐	满(木)——银	木——银	银——金	金——射出钻石、涌出水流
原因	爱妈妈	关爱动物	母女情	爱所有人

表格看似简单，但学生完成此表格，需要经历自主读文、圈画感悟等环节，学生从文本搜集、筛选、获取信息，在完成表格时还必须经历重组与加工的过程。这样，除了训练学生的思维、感悟、想象能力等之外，还突出培养了学生的概括能力。

(三)读写结合式

故事以第三人称的形式娓娓道来，因此，小姑娘的心理成为文本的“空白点”“留白处”，而这些“点”则恰恰是小姑娘如此表现的“支撑”，是小姑娘美好心灵的表现，也是学生理解水罐变化原因的关键。因此，教师可与学生一起拟订“补白”式的“学案”，引领学生展开想象，走进文字背后，去触摸人物的心灵。如，“默读课文，用‘～～’画出小姑娘的表现，思考：她为什么这样做？展开想象，在旁边写写她可能的想法，然后与同伴交流。”这样读写结合，学生试着联系生活、联系自我体验，去揣摩人物的内心、与文本情感共鸣，达到以写促读的目的。如，“她说什么也不肯喝，一口一口地喂妈妈。因为在她的心中(　　　　　)。”再如，“小姑娘正想喝一点水，突然，从门外走进一个过路人，要讨水喝。小姑娘想(　　　　　)。想到这儿，她咽了一口唾沫，把水罐递给了那个过路人。”读与写的有机结合，促成了学生“情动而辞发”的真情流露，既品味了语言，又升华了情感。

当然，不同的形式“学案”会带来不同的导学效果，教师要依学情、依文本，确定适合的形式，适时呈现，恰当整合。

三、简约灵活，程序方法切实易行

根据中年级学生活泼好动、有意注意时间短且个性差异明显等特点，在“学案”的方法、程序的提示与要求上，要突出灵活多样、简约易行。

《美丽的小兴安岭》(四年级下)一文围绕“小兴安岭的树海一年四季都是美丽的、诱人的”这句话，以总分的形式、并列的段落安排结构。因此，教师可提供多样“学案”、多种方法(或程序)供学生选择：同学们，你们现在用自己喜欢的方式来选择你喜欢的季节自学，学习方法提示：1. 想用自己的语言描绘小兴安岭美景的同学，可以说一说，讲一讲，议一议；2. 喜欢画画的同学可以画一画小兴安岭的美丽景色；3. 喜欢朗读的同学，可以尽情地读一读；4. 喜欢想象的同学可以想象一下，除了课文中已描写到的景物外，可能还有哪些景物没有描写出来，请你当一次小作家，把你想到的补充出来。这样，在不同学习成果的碰撞、分享过程中，在生生的交流互动中，达成了对文本的全面解读、立体感悟。

为了兼顾学生的既有认知、能力及个性的差异，同时减少其有意注意时间短对学习效果的影响，教师在“学案”的操作程序上，可以为学生提供学习与达标的阶梯。如《给予树》(四年级上)一文主要写了圣诞节前夕，小女儿金吉娅用大部分钱给陌生女孩儿买了洋娃娃，只给家人买了棒棒糖。课文以妈妈的心情变化为线索(担心—生气—激动)组段成篇。一位老师分两次呈现“学案”导学并相机整合：

第一次整体把握课文线索：默读全文，思考：当孩子们用分到的 20 美元采购完礼物，“我”的心情有什么变化？为什么会有这些变化？结合上下文完成下面的填空。

“我”(心情)__________，因为______________________________。

第二次穿插其间、关注重点(于学生体会“我”生气不解的原因时呈现)：默读课文，画出描写金吉娅语言、神态的句子，读一读，联系上下文及生活实际，思考：金吉娅到底是个怎样的孩子？把自己的感受简单地写在旁边。

最后，将学生对金吉娅的认识自然整合到“我”心情激动的原因中，既在关注语言中突出了金吉娅这一人物形象，又在厘清文本线索中受到了思想情感的洗礼。学生学得轻松，学得深入。

总之，中年级学生处在心智成长的关键期，学习语言、积累(运用)语言、发展思维、习得方法是中年级阅读教学的重要目标。“学案”导学模式为中年级学生的发展提供了广阔的发展时空：学前有明确的目标，学时有可行的学习方法与程序，学后能依学案自我检测目标的达成，这样积极主动的参与学习的全过程，必然会提高阅读学习的效果。但同时，以“学案”导学模式组织教学，更需要教师精心拟订“学案”，并示范“学案”形成的方法，引领“学案”导学的过程，以促使学生渐近“自能拟订‘学案’”“自能读书”。

（北京市顺义区教育研究考试中心　魏淑媛）

精拟学案，引导低年级学生进行个性化阅读

众所周知，阅读是学生的个性化行为。要提高阅读的效率，发挥学生的主体作用是关键和突破口。正如美国的布鲁巴克说过：“最精湛的教学艺术，遵循的最高准则就是让学生自己提出问题，自觉学习。”学案导学，正是符合这一理念的高效阅读教学模式。但低年级孩子年龄小，还没有掌握自学的方法，养成自学的习惯，不能独立设计学习方案，这就需要教师帮助学生设计学案。那么教师该怎样帮助学生设计学案呢？笔者认为，可在文章重点处；可选择一个教学环节；可选择一部分教学内容进行学案设计，以此来引导学生进行个性化阅读。

一、学案设计在文章重点处

为了帮助低年级学生更好地理解文本内容，教师要尽可能地结合教材和学生特点，精心地在课文的重点处、难点处拟订合适的学案，开启学生智慧，促进学生个性化阅读。

《猫头鹰能当劳动模范吗》是北京版教材第四册第七单元的一篇童话故事，故事中鸟王国在评选劳动模范，许多鸟儿推荐猫头鹰，为了公平公正，凤凰大王派了乌鸦和麻雀去调查。猫头鹰究竟能不能当上劳动模范，乌鸦和麻雀调查回来的汇报自然成了朗读和感悟的重点。为了帮助学生在朗读中提取文本重要信息，理解文本主要内容，教师在引导学生读懂乌鸦的调查情况汇报时，精心设计了一个表格式学案，让学生通过自读自悟，了解乌鸦的调查情况。下面是教学实录片段：

师：乌鸦调查回来是怎么向凤凰大王汇报的？谁来读一读？（指一名学生读，教师利用投影出示乌鸦说的话）

大王，我大白天查看时，猫头鹰还在睡懒觉。我又向周围邻居了解情况，大家都说猫头鹰一年四季总是白天睡大觉。这样一个懒汉，怎么能当劳动模范呢？

师出示学案：

【学案一】请同学们再认真读读乌鸦汇报时说的前两句话，想一想乌鸦在调查时是怎么做的，发现了什么情况，试着(口头)填写表格。

	怎么做的	发现什么情况
第 1 句		
第 2 句		

学生默读、思考……

生 1：第 1 句告诉我们乌鸦是大白天查看，发现猫头鹰睡懒觉。第 2 句告诉我们乌鸦是向周围邻居了解情况，发现猫头鹰一年四季总是白天睡大觉。

师随着学生发言填充表格：

	怎么做的	发现什么情况
第 1 句	大白天查看	睡懒觉
第 2 句	向邻居了解	总是白天睡大觉

师：刚才这位同学一句一句很有顺序地把乌鸦的做法和发现说得非常清楚。同学们，你们能结合表格内容，用“先…… 又……”的句式再来说说乌鸦的调查经过吗？

全体学生思考，不一会儿有部分学生举手。

生 2：乌鸦先是白天查看，发现猫头鹰睡懒觉，又向周围邻居了解情况，发现猫头鹰一年四季总是白天睡大觉。

教师注意到生 2 的发言是按照课文的顺序来说句子。同时，也是按照表格的提示，结合表格第二行的内容用“先……”来说，第三行的内容用“又……”来说句子的。进而又追问：这位同学说得通顺完整，同学们，大家再看表格，想想还可以怎么说？

生 3：乌鸦先是白天查看，又向周围邻居了解情况。最后它发现的结果都是猫头鹰白天睡大觉。

从生 3 的发言可见，学生不仅读懂了乌鸦的调查经过及结果，更难得的是他能换一种角度来思考。他选择了结合表格第二列的内容用“先……又……”来说乌鸦的做法，再结合第三列的内容说调查的结果，生成了个性化的表达。

在这个重点段的学习过程中，教师巧妙地出示表格，让孩子们有目的地读书，有见解地表达，实现了小小学案促成学生主动积极的思考和阅读。比以往的教师引导学生抓住重点词句品味，学生自读谈理解，更能激起学生的探究和阅读兴趣，同时也更注重学生个性化的思考和个性化的表达。

二、学案设计在内容归总处

低年级的学生还不善于总结，概括能力还比较弱，所以，在合适的时候，教师为学生搭建总结和提升的平台，有助于培养低年级学生整体感知的能力。

《我是什么》是一篇有趣的科普童话。课文用了很多的笔墨写出了水的三态变化：即水遇热“太阳一晒，水就变成了汽。升到天空……变成云”；水遇冷“碰到冷风，又变成了小雨点……雹子……雪”。这部分是学习这篇课文的重点，老师引导学生通过读文，找到了水的形态变化分别是：汽、云、雨、雹、雪，又通过品读词句，感知了水形态变化的有趣。在学习完这部分内容之后，为了帮助学生在头脑中建立起水的形态变化的完整的结构图，教师设计了一个这样的小小学案：教师利用投影出示：

【学案】同学们，刚才我们一起学习了水的形态变化，下面请同学们再来读读这部分课文，想想水娃娃都能变成什么，试着填空，把句子补充完整。

我是水。我会变成______，会变成______，会变成______，会变成______，还会变成__________。

生1：我是水。我会变成<u>汽</u>，会变成<u>雨</u>，会变成<u>雹</u>，会变成<u>雪</u>，还会变成<u>云</u>。

生2：我是水。我会变成<u>雨</u>，会变成<u>汽</u>，会变成<u>雹</u>，会变成<u>云</u>，还会变成<u>雪</u>。

……

师：同学们说得不错。水的几种形态变化都填对了！你们再想一想，能按照课文的顺序说一说吗？

生3：我是水。我会变成<u>汽</u>，会变成<u>云</u>，会变成<u>雨</u>，会变成<u>雹</u>，还会变成<u>雪</u>。

师生共同小结：当水遇热，会上升变成汽，升到天空，连成一片变成云，遇到冷风，就会变成雨落下来、变成雹子打下来、变成雪花飘下来。多有趣的变化呀！

教师顺势板书板画：

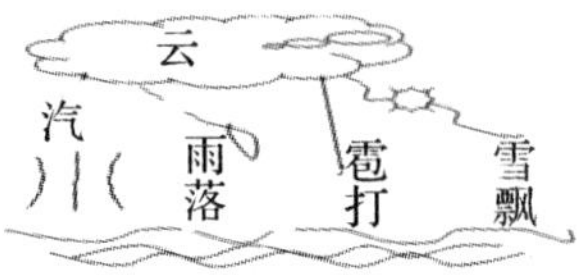

此学案的设计既是指向一个阶段内容的回归，总结水在自然界的三态变化，同时，又注重激发学生探究水和自然界的兴趣，将这些科学知识融合在补充句子这样的语言训练中。在引导学生表达时，既注重调动学生积极参与性，鼓励学生结合文本进行个性化表达，又注重引导学生有序表达。

三、学案设计在内容拓展处

对教材的不断拓展与补充，创造性地使用，是新课程对教师提出的挑战，同时新教材也为教师主动性、创造性的发展提供了保证。教学中我们常会发现课文学完之后，师生都有意犹未尽之感，这就需要教师适时安排拓展环节，将课外阅读引入课内。

《奇妙的歌手》是一篇科普童话，课文的第 2—4 自然段用了同样的段式分别介绍了小蟋蟀、小青蛙和蝉都不用嗓子发声，是奇妙的歌手。为了激起学生的探究欲望，帮助学生了解不用嗓子发声的小动物还有许多，也体现读写结合，教师把仿照课文第 2—4 自然段的段式说话确定为本课的拓展点，并精心设计了学案。

在认识了三位奇妙的歌手后，老师安排了如下环节：

(1)师：刚才我们认识了三位奇妙的歌手，它们都不用嗓子发声，多奇妙呀！自然界中还有不少小动物也不用嗓子发声，你们知道吗？谁能说一说你还了解哪些小动物是怎样发声的。

(2)教师借助课件演示：补充介绍课外四种小动物发出的声音和发声部位。

[导语]不用嗓子发声的小动物还有许多呢！看：这是用尾巴发出“咔啦咔啦”声音的响尾蛇，这是用翅膀发出“嗡嗡”声的小蜜蜂，用……(教师随机点击画面上的一种小动物，就会出现那种小动物在叫的画面和声音，并出示表示声音的象声词。)

(3)出示学案。

【学案】请选择自己感兴趣的小动物，用课文的句式，帮小黄莺把它们也

请到合唱队来。先自己练习说，一会儿再说给大家听。（出示填空）

小黄莺飞到________________， 听见__________________在唱歌。 ______________________。（什么声音，有什么特点？） 小黄莺说："________________。" _________说："__________________。"

(4)学生汇报。

生1：

小黄莺飞到花丛中， 听见小蜜蜂在唱歌。 嗡嗡嗡，又动听又有节奏。（什么声音，有什么特点？） 小黄莺说："你的嗓音真美呀！" 小蜜蜂说："你说错了，我唱歌不用嗓子，是靠翅膀振动发声的。"

生2……

这样拓展的学习内容很容易引起学生的兴趣，学生在表达中把内容具体化，形象化，并给学生留有足够的发挥空间，实现了人人能够畅所欲言，更加深刻地感悟语言的表达方式。

总之，低年级教师更需要在制定学案这个环节精心推敲，还要遵循环节简单清晰，要求具体可行，同时更要注重激发学生的学习兴趣，这样才能更好地实现阅读的个性化。

（北京市顺义区第一中学附属小学　刘秀清）

建构信息网络，整合中尽展个性

——谈如何展开学案的"共议交流"环节

传统的教学存在着虚拟性与牵引性：常是以教师预先设计好的一条教学思路统领所有学生奔向教学目标，让学生在自己设计好的单线轨道上对话。因而学生的思维被固定在一条胡同里。实际上一条教学思路再开放，也只能在主路上产生一些旁枝侧节，不可能实现课堂立体开放的美好佳境。"依托学

案　实现个性化阅读”教学模式注重面向不同个性，提供给每个学生按照自己设计好的学习方案自探研讨后在全班共议交流中展示自己学习成果的机会。这样的交流便成为多条学习思路的汇聚，课堂走向了全面开放。

学生的每一条学习思路都是一个信息系统，课堂上不同的学习思路便形成了多个信息系统。每一篇课文学生按照一条(或一条以上)思路来学习，但经过全班共议交流后，他原有的信息系统就要发生变更——在全班多条思路的交流与碰撞中丰富、改变自己原有的信息，以至受之启发，创造出新信息。那么教师如何安排每个学生展示自己自学成果的时机、设计多个信息系统的有序交流呢？如何使多个信息系统构成网络，发挥新的信息网的整体功能呢？

一、宏观建构信息网络

相同的材料，因为不同的组合便可形成具有不同整体功能的不同系统。能否展示自己的自学成果、高效地吸收信息，取决于教师构建信息网络的质量。那么如何依据不同学习思路的特点灵活构建信息网络，促进学生的对话交流呢？这里介绍几种方法。

(一)并行交叉式交流

当两种或两种以上的学习方案一难一易，且都是立足文章整体的设计时，这样的学习方案交流可以通过在局部之间建立联系，采取交叉汇报，共同前进，最后走向一个整体的新的高度的方法。

(二)串连层递式交流

当两个或两个以上的学习方案存在难易之别时，且较难的学案又能包融较易学案，并是较易学案的提升和概括时，往往用“串连层递”的交流方式。交流往往从较容易的开始，让较难的学习方案作升华和总结。

例如《林海》一课，一位老师以这样两个学习方案作为交流的主思路：

【学案一】你认为大兴安岭美吗？美在哪？画出自己认为重要的句子，读一读，谈一谈体会。

【学案二】作者来到大兴安岭总有一种亲切、舒服的感受。为什么三次写到这样的感受？

在以这两个学案进行交流时，老师先请学案一的同学汇报学习结果。学案一的同学不仅谈出感受到的外表美，而且还谈到大兴安岭“美得并不空洞”，她与“建设”、与“兴国安邦”结为一体，具有丰富的内涵，是外在美与内在美的统一。然后老师让学案二的同学交流。他们在学案一同学交流的基础上，抓住了作者的“游踪”，抓住了作者的情感的变化，也抓住了作者行文的思路与主线，将学案一同学的认识与自己的认识珠联璧合，走向了洞悉蕴藏在文章深层的人文情怀。

(三)点面包融式交流

学生或师生共同设计出来的学习方案往往还存在这样的特点：一部分学案是立足文章整体，一部分学案是直接指向了全文的重点、关键，这两种类型的学习方案都有自己的优势，同时又有自己的不足：立足文章整体的学案虽能统领全局，但细节处往往深入不够；而抓住文章重点、关键部分的学案，虽能走入深刻的探究，但容易只见树木，不见树林。只有二者有机结合，点面相依，面点包融，才可相得益彰，教师要设计好点面融合时机。

例如《赤壁之战》一课，全课共议交流的主思路为以下两个学案：

【学案一】认真读课文，想一想，东吴只有3万人却能打败80万曹军，这是为什么？抓住文中重点的词句谈出自己的见解。

【学案二】(1)“黄盖说计策已经有了，向周瑜说了一遍。”课文在这里为什么不写出计策的具体内容？自己想一想，然后说一说计策的具体内容是什么。(2)和学伴讨论：这个计策妙在哪儿？

老师这样交融这两个学案：先请学案一的同学交流“以少胜多”的原因，依学生实际情况，教师随机板书重要内容。(其中有些原因是对计策内容的分解。)此时学生只说原因，师不追究到底，不进行其中的语言训练。(因为学生此时对课文只是整体的、初步的理解，不可能精确地理出内部联系。)然后请学案二的同学谈出计策的具体内容。这时教师结合板书引导学生与“以少胜多”的原因点做归纳处理：“写信假降——借东南风——巧妙用船——乘胜追击”这几个原因可以归纳为一个方面：“巧设计策”。在此阶段，通过分析计策，全体同学一起品味语言，体会计策之妙。最后在让全体同学共同小结东吴以少胜多的原因，学生的思路在开阔的基础上走向了条理化：“周瑜能够寻找、发现对方的弱点，然后去出主意、定计策”；他们还能结合课下阅读《三国演义》谈出自己的认识：“周瑜能够巧用天时、占据地利，善于采纳手下人的意见。”“知己知彼，方能百战不殆。”……通过全体同学的共同交流，达到对全文较为深刻的理解与认识。

(四)相近详略式交流

学习一篇课文全体学生设计的学习方案绝对不是一个(以上举例只是为了说清观点与做法)，然而众多的学习方案之间或思路或难易程度等相近或相似，那么全班交流时往往围绕交流的主线采取“详略式”处理。因为全详细交流没有时间，更没有必要。

二、灵活沟通学习方式

在此模式的共议交流环节，教师通过依据课文重点，抓住各条学习思路之间的联系已构建出全课学习的信息网。对于每一个学生来说，他便只是这个网络中的一个点或一部分。表现在课堂共议交流过程中就会出现一个巨大的差异空间：一部分学生在汇报自己学习方案的学习成果，而另一部分同学学习的却是不同的学习方案。此时他们应该学什么？用什么方式学？这是一个很值得深思的问题。素质教育的理念之一是教学每个环节都应该是面向全体学生的，不能顾此失彼，否则课堂教学就意味着失败。

那么教师应如何开发利用这份巨大的差异资源呢？其基本策略还是要在差异之间寻找、创造、设计联系。首先从学习方式上要考虑，学习方式是一个巨大的资源库，此时双方应选择、匹配什么样的学习方式应是一个立足整体、构建联系的问题。再次，要在“意义”上建立联系，因为任何方式的学习都是内容与形式的统一体。从汇报交流者的心理上看，他需要有对话、交流的对象，有听众，有评委；而对于学习其他学案的同学来说，他希望与自己的学案有联系，从中能有所得、有所悟，他的学习需要有目的、有任务。教师要根据不同学生的心理在不同的学案之间设计不同类别的学习方式，以使各类学生在信息上，心理上产生联系。对于每个学生来说，其最终的目的是扩大自己学习方案固有的信息系统，努力获取“整张网”上的重要信息，从而来提升、完善自己。

例如《赤壁之战》一课，在全班共议交流时，当学案二的同学汇报“黄盖献计”的表演时，一位教师这样设计学案一同学的学习：

A.“观众”品评：他们表演得怎么样？

B. 思考：你认为这个计策妙在哪儿？

C. 他们的表演对你研究的“以少胜多”有启发吗？

“A”立足评价；“B”立足参与；“C”立足“吸收与感悟”。这样，不同的学习方案老师通过“一演一评”这一基本的学习方式调动了全体学生的全身心的参与。

需要强调的是，不论采用哪种思路来学习课文，其基本的学习方式都离不开读。“以读为本”，直接品味原汁原味的语言文字，直接获得语感，这是语文学科的本质特色。所以说“读”是一切学习方式的核心，其他方式只是读书之外的辅助。因此，读也是连结、整合各种学习方式的活的纽带。

三、促进信息互启互生

“多路爬山”的最大优势是丰富了信息源，课堂上不同的学生站在不同的角度、不同的高度上交流个性化的体验，信息呈“互射”、“互启”状态，最终动态生成新的“信息网”。教师思想的着力点，是促使各种信息“产生联系”、“互启互生”，并有效与教学重点整合，灵动提升学生的认识。

(一)信息互补

学生通过自主探究获得的信息常常表现出片面、零碎的特点，但这些片面零碎的信息之间是存在差异的，是不同个性对自己关注点的较为深刻的领悟。他们之间的这种差异往往可以在汇报交流的过程中得到互补互促。例如《赤壁之战》一课，老师让学案二探究“计策的内容及妙处”的同学汇报，此时向学案一的同学提出要求：“从学案二的同学汇报中看看你们能得到哪些启发?”交流完学案二之后，学案一同学的思路得到开启，走向了有序：周瑜能抓住对方铁索连船的弱点采用火攻，并制定出攻打的计策。他能胜利是巧用了天时，占据了地利，利用了人和，他还能周密地安排好每个细节，如拴小船脱身、船上钉铁钉、近点火等。同样，学案二的同学听了学案一同学的总结，他们也在扩展着自己的信息，有利于自己统观全文。

(二)信息互启

对于学生富含个性化的发言，教师首先要捕捉住学生的思维动向或思维方法，然后用简单的反馈语一语点破，目的是给其他同学以思维的灵感与启发。例如在学习《井》这一课，一位同学在品读“新鲜的红李子被井水浸的冰凉，咬在嘴里又香又脆，还有一股清香。那可口的味道呀，我真是一辈子也忘不了!”这一句时谈到：从“冰凉，清香的红李子”中，不仅可以看出井水很凉，同时也能让人感觉到井水很干净，清澈，似乎还有淡淡的甜味。”师适时点拨：“他从被井水浸过的红李子中，不仅感受到井水确实很凉，还从中品出了井水另外的两个特点：“清、甜。”这一点拨，又一个同学马上举手道：“‘白白胖胖的大萝卜，顶着碧绿碧绿的大缨子真是可爱极了!’这句不仅写出了井水很甜，也能反映出井水很干净，很清澈。而且我能看出‘可爱不仅是说大萝卜可爱，也是说作者爱大萝卜!’”多么机敏的迁移！幼稚朴素的话语中孩子还隐约悟到其中蕴含的一种哲理！教师若善于开启，定会让课堂焕发生命的活力。

(三)信息提升

学生的多元化见解，有时往往是零碎的。教师作为课堂对话中的一员既有作为普通对话者与学生相同的一面，又有为师者高于学生具有开启、点拨、提升学生认识作为智者的一面。教师要善于以作为普通对话者的身份暗中整合学生的认识，提升层次，促进学生领悟创新。例如在品味“春风不度玉门关”时，有的学生将春风理解为“朝廷的关怀”而有的学生理解为：将士远在边关，思乡难聚，得不到亲人“春风般的温暖”，对于诗歌的主旨学生进行了个性话的多元解读。教师此时说：“从大家的讨论中，使我更深刻的感受到此诗委婉地反映出边关将士的一种情，用一个字概括便是——”学生一起说“怨”！这一整合体现出暗领学生对文章主旨的丰富洞悉。

（北京市顺义区教育研究考试中心　杨雪莲）

学案拓展方向谈

“拓展”在现代汉语词典中有“开拓发展”之意，是一个实践、延伸与创新的过程。那么就学案拓展而言，不是狭隘的对学案涉及学习内容的补充与完善，而是贯穿在学案拟订、自探、共议、完善、延伸各个环节的动态思维延展过程。在学案导学过程中如何实现学案拓展的有序与高效，决定着语文教学的实效性与长效性。

一、功能型拓展

所谓功能型拓展是指学案导学功能的延伸与发展，是从学案结构与拟订角度来谈的。此类拓展适用于内容相近、表达方式相似的文章，其本质是对学习目标、步骤与方法的迁移和发展。

(一)相似性拓展

迁移的条件是二者存在“相似性”，因此最初的功能型拓展是在同类型文章间实现的。如学习京版教材第十册《奇异的琥珀》一课时，学生拟订了这样的学案：

【学案】①默读课文1—12自然段，圈画出琥珀形成过程的语句读一读，然后用自己的话进行提炼概括。

②结合琥珀发现时的样子，依据自己的想象或结合有关资料说说作者的推测、想象是否合理，举例说明。

京版教材第十二册《黄河象》与本课同属科普性说明文，《黄河象》一课的学案就延续了《奇异的琥珀》一课的学案模式，具体如下：

【学案】科学家们假想了这头黄河象是怎样变成化石的。你认为合理吗？认真读课文思考。

(1)仔细了解发掘情景，合理推理。

(2)细读假想，联系中找依据。

(3)有异议，可讨论。

两个学案的表述不同，但本质都是依据化石推测化石形成过程的合理性。这种迁移绝不是简单的模仿，我们发现第二个学案较第一个学案减少了一些程序化的要求，关注到篇章的整体，开放了学案学习的过程，为学生的个性化发展搭建了平台。

功能型拓展还可以在题材不同但表达策略有类似之处的文章中完成。

学生在学习《天鹅的故事》一课时发现文中三次写到天鹅的叫声，每一次都有着不同的含义，抓住三次叫声的不同含义就可以深刻领悟天鹅勇敢团结的品质。因此学生拟订了下面的学案：

【学案】默读课文，画出描写天鹅叫声的语句，结合上下文和生活实际体会这三次叫声的不同含义。写写批注或练习有感情地朗读。

《唯一的听众》一文两次写到“我”全力以赴地演奏，每一次都表达了“我”不同的心境。学习时，学生就抓住两次“全力以赴”完成对全文的学习：

【学案】文中两次提到“我全力以赴地演奏”，结合老教授的表现思考：我为什么全力以赴演奏？画出相关语句，简单批注在文章空白处。

学生形成对学案结构的迁移能力是需要教师引导，自我不断归纳总结逐渐形成的。但也不是说学习每一篇文章时我们都固守着曾经的学案模式，而应该更多的引导学生关注不同的学习入手点，充分展现个性化学习的魅力，在实践中逐步探寻语文学习的本质规律。

(二)比较性拓展

上面谈到的更多的是一种相似性拓展，在语文学习实践中还有一种在题材相同文章中完成的比较性拓展。这种拓展是在比较的基础上加以提炼概括，形成思维更为开阔的学案，这一类拓展融入了单元教学或者说是主题教学的思想。

京版教材第十册第一单元是写景单元，《桂林山水》和《索溪峪的“野”》都对“山”“水”做了细致的描写，但写法不同。

教学时，可以先引导学生在初读两篇课文的基础上，结合文章特点拟订每一课的学案。

《桂林山水》：

【学案】细读第2、3自然段，抓住相关的语句感受桂林山水的特点，简单写写批注，练习有感情地朗读，再想想作者是怎样表达的。

《索溪峪的“野”》：

【学案】课文围绕题目《索溪峪的“野”》写了山“野”、水“野”、动物“野”和人“野”四方面的内容，它们各自“野”在何处呢？请你选择一两个方面内容，画出让你感到“野”的语句，联系上下文展开想象，然后练习有语气地朗读。

接下来引导学生对每篇文章“山”“水”内容的描写做重点深入地探究。并引导学生思考依据这两篇文章的写作特点尝试拟订一个学案。在学生自拟基础上，师生共同修改完善：

【学案】默读课文，思考：桂林的“山”“水”和索溪峪的“山”“水”各有什么特点？它们在写法上有什么不同？在表达情感上有什么不同？

我们欣喜地发现这样的拓展，学生不仅关注到文本的内容，还关注到了写作手法，以及情感和态度。这不是一种简单的顺应与强化，而是融入了变化与发展。这样的拓展是在学生熟悉学习过程的基础上完成的，是站在更高的视域上进行语文学习。

二、过程型拓展

过程型拓展主要是在学案自探与共议交流两个环节完成。多指学习资源的介入，即学习资料的补充；也指学法与既有经验的迁移运用。这个过程，可以是学生自发自觉的行为，也可以是教师的点拨提升。

(一)资源型拓展

学习《只有一个地球》一课，学生拟订了下面的学案：

【学案】默读课文，思考：我们为什么要精心保护地球？

①画出文中的有关语句，结合上下文、生活实际，课下搜集的资料批注感受。

②体会作者的说明方法及作用，简单批注。

自学过程中为了深入体会“地球上人类活动的范围很小”与“精心保护地球”的必然关系，学生自我拓展了学习资源，搜集并筛选了这样的资料：

根据美国人口普查局国际项目中心的预测，地球人口现已突破70亿，预计到2050年全球人口将增长至100亿。

全球土地正在以每年600万公顷的速度沙化，耕地以每年2000万公顷的速度丧失耕种能力。

这一组组准确而鲜明的数字警醒人们，土地功能的退化速度与人口增长速度严重失衡，使得有限的土地更加宝贵，深化了学生对精心保护地球的认识。学生在这一段旁批下了“不得不保护地球”“必须保护地球”的感受。

以上是比较明显的或者说学生比较容易筛选的一种资源拓展。还有一些学生不容易把握的拓展资源，需要教师适时补充。

如学习《穷人》一课师生共同拟订了这样的学案：

【学案】学习目标：结合文本语言或资料体会桑娜内心的善良……

学习方法：默读课文，思考：从文中的哪些语句可以感受桑娜的善良或其他品质，选择感受深的一两处画下来，将自己的感受简单批注。练习有感情地朗读。

通过对桑娜“忐忑不安”心情的把握来深化对桑娜这个人物的认识是学生学习的难点。学生对桑娜最原始的认知是善良、有爱心。她在抱回西蒙的两个孩子后思前想后：想丈夫、想孩子、想西蒙、想现在、想未来，唯独没有想到自己。这仅仅是“善良”能包容的品质吗？此时借助列夫·托尔斯泰在《穷人》原文中的一句话“由于一连几天的海风暴，渔夫出海不但艰辛，而且一点收获也没有，家里已经快断炊了……”来深化对桑娜的认识。这一资源的补充，使学生深刻地感受桑娜在未来不可预知的情况下坚持收养西蒙两个孩子的美好心灵以及宁愿自己受苦也要帮助别人的内心深处最原始的美好。

（二）迁移型拓展

学习《林海》一课，教师引导学生在感受岭、林、花特点的过程中揣摩文章的表达特点，感受老舍先生语言特色。

师：读读这些句子，你们发现它们有什么特点？

> 多少条岭啊，在疾驰的火车上看了几个钟头，既看不完，也看不厌。
>
> 多少种绿颜色呀：深的，浅的，明的，暗的，绿得难以形容，恐怕只有画家才能够写下这么多的绿颜色来呢！
>
> 两山之间往往流动着清可见底的小河，河岸上有多少野花呀。
>
> 有多少省份用过这里的木材呀！

有的学生发现每个句子都有“多少”一词，且它在每一句里表达的都是“很多”的意思。不少同学发现每个句子都有“啊”“呢”“呀”等语气词。此时引导学生读读《猫》中的语句：“说它贪玩儿吧，的确是啊，要不怎么会一天一夜不回家呢？……”不读没发现，一读全知道，孩子们立刻发现老舍先生喜欢用语气词的写作特点。这样的语言读起来亲切自然，就像一位和蔼的老人娓娓道来。语言通俗易懂，朴实无华。通过这样的整合，学生很容易发现并感受到了老舍先生京腔京韵的语言特色与贴近人民群众的语言风格。

三、反思型拓展

所谓反思型拓展是对学案学习全过程的归纳与规律性总结，有助于提高学生的学习能力，形成良好的学习习惯。

(一)学案类型的拓展

学案结构的反思型拓展，主要是对文本学习入手点的归并、整理、总结，形成对文本内容、结构、情感的敏锐观察力，提高师生钻研教材的能力，拓展学生语文学习的视角，拓展其个性化阅读的空间。

以下是对学案结构拓展的几点尝试与思考：

1. 习题落实型拓展

课后习题体现了编者的意图，因此利用课后习题拟订学习方案往往直奔文章重点。教学《井》一课，学生结合课后2题："联系全文，体会下面句子的意思及感情。那口井，是谁开掘的呢？他们以自己的劳动，给后代带来了多少甜美和欢乐啊！"拟订了如下学案：

【学案】默读课文，思考：你哪儿感受到这口井给后代带来了甜美和欢乐？画出有关的语句，练习有感情地朗读或写写感受。

学习《唯一的听众》一课时，有的学生做了拓展运用，依据课后2题："画出老教授对'我'讲的几段话，说说她是在什么情况下讲的，你认为老教授是个怎样的人。"拟订了这样的学案：

【学案】默读课文，画出老教授对"我"讲的几段话，想想她是在什么情况下讲的，你认为老教授是个怎样的人。练习有感情地朗读，在感受深的地方简单批注。

2. 句段解读型拓展

很多文章都有一些语句对感悟文本思想内涵、领悟文章主旨起着至关重要的作用，那就是文章的重点句。准确而深刻地解读这些语句往往能涉及全文的学习，起到牵一发而动全身的作用。学习《颐和园》一课时，学生依据结尾段的一句话"北京的颐和园，既是一座美丽的大花园，又是一座宏伟的博物馆。"拟订了如下的学案。

【学案】为什么说北京的颐和园，既是一座美丽的大花园，又是一座宏伟的博物馆。默读课文，画出有关的语句批注感受。

我们欣喜地看到学习《暴雨筛》一课时，学生用"默读课文，联系上下文思考'暴雨是一个筛子。胆小的、思前想后的，都被它筛了下去，留下了最有胆量和最不怕吃苦的人。'的含义，简单批注。"作为学案的主思路学习。

3. 对比剖析型拓展

一提到对比，我们往往就会想到说明类的文章，其实不尽然。很多写人叙事的文章也有对比，如《买小狗的小孩》中"老板"和"小男孩"对小瘸狗态度的对比，展现了不同的人对于生命的态度，强烈地表达了小男孩对于生命平等的渴望。据此拟订了这样的学案：

【学案】从老板和小男孩对小癞狗的不同态度中你感受到了什么？默读课文，画出相关语句，结合课文内容或生活实际谈谈你的体会。

那么《军神》中沃克医生对“胆小鬼”和“刘伯承”的态度以及沃克医生的情感变化不也是一种对比吗？都可以从对比剖析角度拟订学案。

4. 表达揣摩型拓展

《白杨》是一篇借物喻人的文章，爸爸借对白杨的介绍来表白自己的心。全文双线结构：介绍白杨树的特点是明线，借白杨树的品格赞美新疆建设者表白爸爸的心是暗线。“为什么要以‘白杨’为题呢？爸爸和白杨有什么联系呢?”就成为学习本文的核心问题。拟订学案时不仅要了解白杨树的特点还要关注爸爸的心。这样的学习方案才能兼顾文章双层含义的结构特点。据此拟订了这样的学案：

【学案】默读课文，思考：课文为什么以“白杨”为题？画出有关语句，想想白杨树有什么特点？爸爸和白杨有什么联系？结合课文内容谈谈感受。

表达上有特点的文章真不少：《圆明园的毁灭》题目是“毁灭”，却用较大篇幅描写圆明园昔日的辉煌；《跳水》主人公是船长，列夫·托尔斯泰却用大量笔墨描写险境的形成，至于船长的描写却只有寥寥数笔……语言的表达形式与语言所要表达的内容与情感在深层是一致的，因此对表达的揣摩是学习文章很好的入手点与拓展思路。

5. 题目深化型拓展

《一个这样的老师》题目就很吸引人。一个怎样的老师？这是学生的兴趣点也是教材的重点，因此学习时就以“这是一个怎样的老师”为切入点展开对文本的学习：

怀特森老师是一个(　　　　　)的老师。

思路1：默读课文，看看怀特森老师说了什么，做了什么？想一想怀特森老师是一个(　　　　)的老师。

思路2：默读课文，思考在怀特森老师教“我们”的过程中“我”的心情和行为有了哪些变化，“我”认为怀特森老师是一个(　　　　　)的老师。

同理，《唯一的听众》中“唯一”的含义；《永生的眼睛》中“永生”的内涵；《迷人的张家界》对“迷人”的解读……都可以成为学生深入学习的凭借。

上述提到的这些拓展思路与方法是在学案导学实践中不断摸索与提炼的，表面上看似乎有些古板与僵化，但实质是在引领学生从不同的角度感悟文本，全方位把握文本内涵，引领学生关注不同体裁、不同题材、不同表达特点文章的解读思路与方法，从而找到适合文本与个体特点的学案模式。这样的过程有助于提高学生的自主学习能力，发展学生的个性。

(二)思维模式的拓展

思维模式的拓展，是一种思维过程化的归并总结，是直指提高学生阅读能力的拓展形式。学习《鼎湖山听泉》一课，师生拟订了这样的学案：

【学案】课文结尾写道："蒙眬中，那滋润着鼎湖山万木，孕育出蓬勃生机的清泉，仿佛汩汩地流进了我的心田。"

1. 默读课文，思考：为什么说鼎湖山的清泉是滋润万木，孕育蓬勃生机的清泉呢？画下有关语句，简单写写批注。

2. 结合上下文理解清泉"汩汩地流进我的心田"的深刻含义。

这样的学案指向文章的重点段，一般情况是在学习过程中不断完成的。可以先引导学生立足篇章整体来理解：结合第 3 自然段"繁花似锦""古树参天"理解鼎湖山的清泉让繁花得以似锦，古树能够参天。结合第 2 自然段"草丰林茂"，泉声不绝于耳，以及充满了动态活力的"涌"字，感受泉水让树木充满生机与活力。结合第 4 自然段作者想象泉水流过的情景，体会鼎湖山的清泉滋润万木，孕育蓬勃生机。

这种"立足整体，求解局部"的思维方式要引导学生及时反思总结以便形成思维模式。

在学习《梅花魂》一课时学生拟订如下学案：

【学案】学习目标：理解"梅花魂"的含义。

步骤与方法：默读课文，从文中记叙与梅花有关的三件事中分别能体会到什么？再联系全文思考"梅花魂"的含义。

在理解"梅花魂"含义时学生遇到了困难，"梅花魂"的含义在这一课不仅是重点，也是难点。如何在学习过程中完成对"梅花魂"含义这一难点的分解是关键。因此，教师引导学生迁移《鼎湖山听泉》一课"立足整体，求解局部"的思维模式来完成对"梅花魂"含义的解读：

首先，学生读到"旁的花，大抵是春暖才开花。她却不一样，愈是寒冷，愈是风欺雪压，花开得愈精神、愈秀气。她是最有品格、有灵魂、有骨气的呢！"一句时理解"梅花魂"就是梅花精神。

其次，读到"几千年来，我们中华民族出了许多有气节的人物，他们不管历尽多少磨难，受到怎样的欺凌，从来都是顶天立地，不肯低头折节。他们就像这梅花一样。一个中国人，无论在怎样的境遇里，总要有梅花的秉性才好。"体会"梅花魂"还是民族精神。

最后，通过"每当我看到这幅梅花图和给我的手绢，就想到这不只是花，而是身在异国的华侨老人一颗眷恋祖国的心。"的理解，完成"梅花魂"寄托着华侨老人对祖国的爱与思念，是赤子之魂。至此完成了"梅花魂"含义理解的三个回合。

学案形成本身就是一个开放的动态的过程。学案拓展是对学案外在表现形式与内在运行模式的双重运用、补充或发展，是引导学生由感性思维向理性思维发展，引领学生多角度、多层次看问题。久而久之，将影响学生的思维模式，最终固化为一种学习习惯，学生终生受益。

（北京市顺义区马坡中心小学　张　杰）

浅谈学案导学下的拓展延伸

《语文课程标准》强调："语文是实践性很强的课程，应着重培养学生的语文实践能力，而培养这种能力的主要途径也是语文实践。"这就要求教师在语文教学中，重视并落实语文的实践性。施教者应提供更大的空间，让学生更多地直接接触语文材料，丰富语文实践活动，而拓展延伸正是丰富语文实践的有效手段。"依托学案　实现个性化阅读"教学模式下的拓展延伸，不仅仅是丰富阅读内容，还迁移运用学法，为学生语文能力的发展与创新能力的培养提供了更广阔的空间。

一、从体验情感上拓展延伸

苏联教育家赞可夫说："教学一旦触及学生的情感和意志领域，触及学生的精神需要，便能发挥其高度有效的作用。"而文学的本质是始于感情终于感情的，文学家把自己的感情表达出来，希望在读者心中引起共鸣。教学中，教师通过多种教学手段，设计各种学习活动，引领学生走进作者的感情世界去感悟、体验与理解，这是实现生命与生命的对话和交融的过程。如果将这种情感体验的过程与方式拓展到类似文本的学习，既可以加深学生对文章的理解，又可以提升学生与作者的情感共鸣，实现学生与作者、作品的水乳交融，获得更为丰富的人生体验。

在刘鹏老师执教的《理想的风筝》（京版）一课中，教师引领学生共同设计了两个学案：

【学案一】刘老师是个怎样的人？默读课文，画出相关语句有感情地读一读，并在感受深的地方写写批注。

【学案二】已经30年没有见到刘老师了，为什么"我"会常常不由自主地想起刘老师并深深地思念他？结合具体事例，想想其中的原因，画下相关语句，写写批注。

学生通过自学、交流，看到了一个坚强、乐观的刘老师，也看到了刘老师坚强的外表下所承受的艰辛，一根拐杖一条腿牵动着学生一腔情。此时，学生对教师的情不再停留在“传道、授业、解惑”的崇敬和爱戴之情上，而是转化为他们心灵的导师，是他们人生的引路人。

教师紧跟着让学生运用学案一的思路完成《一个这样的老师》的拓展学习。学生通过学法迁移，理解了怀特森老师运用“故弄玄虚策略”，教会学生要具有怀疑精神的教学行为，理解了怀特森老师对学生一生的影响。虽然两篇文章的背景不同、结构迥异，但却都道出了一个生命对另一个生命的感召与影响。这样的情感迁移已不仅仅是在作品间游走，也是对坐在课堂上学生的一种心灵的震撼。

二、从阅读引领上拓展延伸

小学语文教材中有许多课文都是由一些著名的小说、散文节选而来，但一斑并不等于全豹。如果能够通过一篇文章的学习，激发学生对一类作品或一位作家的兴趣，将是语文阅读教学的一件幸事，也是课内阅读向课外阅读延伸的有效途径。学案导学拓展延伸环节在这方面做了有益尝试。

在王瑛玮老师执教的《军神》(京版)中，学生围绕以下学案进行探究：

“沃克医生为什么称刘伯承为‘军神’”？默读课文，画出相关语句，结合上下文和生活实际简单批注，如果能借助课外资料理解更好。

通过课文的探究以及资料的补充学习，刘伯承坚强、勇敢，为了国家利益强忍剧痛的爱国心以及戎马一生的丰功伟绩深深地吸引着学生。王老师适时推荐阅读《刘伯承传》，帮助学生了解更多刘伯承的生平、事迹；还有《中国元帅的故事》，引领学生走近朱德、陈毅等其他中国元帅的传奇一生，都是很好的阅读引领。

又如人教版五下第五单元，安排有《将相和》《草船借箭》《景阳冈》《猴王出世》4 篇课文，教师在教学这些课文后，可以告诉学生：“文中这些人物，在我国古典名著里还有很多精彩的故事，大家可以找来读读，如果能灵活运用课堂所拟订的学习方案来感悟人物形象就更好。”这样的设计，既扩大了学生的阅读范围，又实现了在广阔的阅读背景上培养阅读能力。

这样的例子还有很多，如学习完《最后一头战象》后延伸到作者沈石溪的动物小说，在延伸与比较中走进作者对动物社会的描写，感受动物之间情感纠葛的内心世界，从中引发联想与深沉的思索，也在作家作品的进一步赏析中收获阅读与习作的门道。

著名作家曹文轩说“天堂是一座图书馆”，学案导学的拓展延伸就是通往语文天堂的阶梯，拾级而上，总会感受攀登的乐趣。

三、从联系生活上拓展延伸

语文学习的外延和生活的外延一样大，作为母语的语文学习与学生的生活一脉相承，所以语文学习不是仅在课堂中完成的，引领学生结合生活，在生活中学语文、用语文是语文学习的真境界。

如教学《慈母情深》(人教版)时，学生围绕下面的学案学习：

“慈母情”是怎样的情，找出文中描写母亲外貌、语言、动作和神态的语句，有感情地读一读，写一写你的感受。

通过探究交流，一位慈祥、善良、含辛茹苦的母亲形象树立起来了，对母亲的感激、崇敬和体恤之情也油然而生。于是我安排了如下作业：

1. 联系生活实际，写一写自己亲身经历的母爱的故事，抒发你对母亲的热爱和感激之情。

2. 读读原著《母亲》，说一说中国的母亲是怎样将困难留给自己、将快乐给予自己的孩子的。

一时间，学生对母亲情感的闸门打开了，尽情倾吐着母亲不辞辛劳对自己无微不至的爱。一位位辛劳操持家务，疲于工作，还要兼顾教育子女的母亲的形象鲜活起来。

印象最深的是一位长期寄宿托管的孩子，写自己一次回家时母亲忙于为自己做饭的背影。妈妈开复印社，为了让顾客高兴而来、满意而归，每日以店为家，每当自己放假回家，妈妈忙碌的身影就在厨房与店面大厅之间穿梭。运用神态、动作描写深情刻画了一次妈妈做糖醋排骨还要海量复印的情景，最后做出的菜有点焦。但她却觉得这是人间美味，因为其中有世上最好的调料——妈妈的爱。这是多感人的一篇文章，我又顺势让学生以此为例，依据学文中使用的学案自拟一个学习方案，迁移研学这篇习作。

这次与生活密切联系的拓展，丰富、深刻，学案引领，更提高了拓展的实效，培养了阅读能力。

由此可见，只要教师抓住课文特点，正确把握教材，根据学生实际，在学案的引领下进行整合、拓展，就一定能在文本和生活之间搭建起一座桥，巩固课内阅读的同时，在课外增益，感悟文本内容的过程中感悟生命，提升自主学习的质和量，从而真正实现高效！

（河北省三河市李旗庄小学　柳柏玲）

以“学案之手”引领“少教多学”

——基于《我看见了大海》课例的教学探究

叶老曾说“教是为了不教”，“不教”意味着让学生养成自学的意识和能力，这就是教师“教”要实现的最终目的之一。然而，在现实的语文课堂中，很多教师却以“教”为主，满堂灌式地进行教学，整堂课只是教师的“表演”，学生或是没有内化吸收教师的“教”，或是在冗长重复的“教”中没有真正得到提升；还有一些教师意识到了“不教”，但却没有站在学生真实的“已知”与“未知”的学情上，整堂课变成了学生的“表演课”，没有教师的引导、点拨、提升，学生的“学”也只是形式主义。笔者认为，在“教”与“不教”的张力中，应是基于学生“已知”基础上启发学生探究“未知”、获得“新知”的“少教多学”。如何建构“少教多学”的语文课堂呢？在此，笔者建议以“学案之手”引领“少教多学”。

特级教师孔凡艳老师主持探究的独具特色的“学案导学”给予笔者很多启示，她认为“学案”“缘起于教材要求和学生期待的整合，包括学习的目标、程序和方法。它是学生课前预习和初读整体感知的产物；是学生进一步自主深入探究的抓手，也是教师引导共议整合提升的重要凭借；而且，倡导学生在学习过程中和结束后总结完善并进行拓展延伸。”①

在此基础上，笔者认为依托“学案”作为自主合作探究的“扶手”，共议交流的“提手”和拓展阅读的“推手”，教师的“少教”与学生的“多学”相得益彰。

笔者在实际教学中，采用“学案导学”的教学流程，对这一课题进行了实践探究，在此，谨以《我看见了大海》的教学为例进行阐释说明。

一、“学案”是自主合作探究的“扶手”

《我看见了大海》按照继父的做法和河子的变化两条线索，将一个残疾女孩河子在平凡而伟大的继父鼓励、帮助下艰难成长的历程，像讲故事一样娓娓道来，细腻地描写了人物的言行举止，既引人入胜，又感人至深。

笔者在本课的教学中，并不是一步步带着学生品味文章，而是由学生提出质疑，教师引导发现，从本文的两条线索出发，共同建构了学案，依托学案进行自主合作探究：

---

① 孔凡艳．学案助力自能阅读[M]．北京：北京出版社，2013，9

【学案一】①继父是怎样一步步让“我看见大海”的？默读全文，进行概括。

②读一读文中有关继父的句子，在感受深的地方写写批注。

【学案二】①在继父的鼓励与帮助下，“我”是如何一步步变化的？默读全文，进行概括。

②读一读文中有关“我”的句子，在感受深的地方写写批注。

“学案”扶助学生开展有目的的自学。以上学案是基于学生自己的质疑和教师的引导发现而生成的，既尊重了学生个性化的学习需求，又保障了所探究问题的价值，使得在自主合作探究中，学生的目的清晰，方法明确，从而提升了自主合作探究的效率。

“学案”扶助学生进行个性化的自学。在这两个学案的扶助下，一方面，学生梳理了继父的做法和“我”的变化，完成了对两条线索的整体感知，让学生有意识地在自学中个性化地感悟深沉的“父爱”与“我”的成长；另一方面，学生明确了抓住感受深的地方写批注，实现了对重点词句的个性化理解，在这一过程中，学生也会无意识地自主、合作探究刚刚提出的个性化的质疑，或者发现新的问题，例如，“河子没有看见大海，为什么无数次对着继父的遗像说自己看见了大海?”、“看海的意义是什么?”、“继父为什么要对河子撒谎，又为什么告诉河子真相?”等等。

在这一环节中，“学案”不仅保障了自主合作探究的目的明确，促使学生的个性得到张扬，还进一步激发了学生问题意识和探究精神。在这样的“扶手”的帮助下，教师的“少教”，学生的“多学”也就水到渠成了。

二、“学案”是共议交流的“提手”

在自主合作探究之后，便是生生间、师生间的共议交流。共议交流的有效性主要体现在使学生的阅读能力在补充、修改、完善中得到提升。此时，“学案”成为了共议交流环节的“提手”。

“学案”是生生共议交流的“提手”。在本课的这一环节中，教师组织以学案一为主思路交流，其间融入学案二的交流：先请选择学案一的同学整体概括继父每一步的做法(有学生概括为：带“我”出门、约定看海、为看海做准备、告诉真相)，接着请学生交流每一步中对“继父”感受深的地方，再请选择学案二的学生交流在这一步中“我”的变化及对“我”感受深的地方，最后请学生纵横联系继父的做法与“我”的变化进行总结。在“学案”的帮助下，学生的共议交流聚焦于个性化的整体感知与情感体会，整个共议交流的环节其实是学生个性化理解的互相补充、修改与完善，通过生生间的互动，学生的阅读能力首先得到了自主提升，完成了共议交流的初步提升。

"学案"是师生共议交流的"提手"。在这一环节中，因为有"学案"做"提手"，避免了教师的"碎问"，通过生生间对"学案"学习的共议交流，学生首先得到了自主提升。但是有些关键的地方是学生以现有的水平发现不了的，这就需要教师依据"学案"引导学生深入探究，进行师生间的共议交流。

以上学案要求学生抓住有关继父的句子和"我"的句子进行批注，然而学生容易忽视难度较大的关键地方，例如"'每当我做了什么我原先不能做的事情的时候，继父就变得欣喜若狂，仿佛我做了件惊天动地的大事。'继父为什么会表现得欣喜若狂?""'继父说现在所做的一切都是为看海做准备，在去海边之前，我必须学会应付一切。'这句话如何理解?"这就需要教师引导学生进一步发现；对于学生没有理解到位的地方，如"看海的意义"，教师就要进行点拨。在师生的共议交流中，已有的"学案"学习得到深度与广度上的完善，使学生的阅读能力得到辅助提升，完成了共议交流的二次提升。

伴随着学案这一"提手"，教师的身份也得到了转变，成为教学活动的组织者和引导者，摒弃了"满堂灌"的表演，也避免了没有提升的形式主义，从而真正实现了"少教多学"，提升了教学的效率。

三、"学案"是拓展阅读的"推手"

《语文课程标准》规定"要重视培养学生广泛的阅读兴趣，扩大阅读面，增加阅读量，提高阅读品位"①。增加学生的阅读量，也是语文教育改革的大势所趋。孔凡艳老师提出的特色"学案"还强调了"拓展延伸"的作用，笔者将其形象化理解为"推手"：在"学案"这一"推手"的助力下，学生把在学习课文过程中习得的知识技能，迁移运用到精选的课内拓展阅读中，把课内阅读中"依托学案"的方法迁移运用到课外阅读中。在"学案"的推动下，课文与拓展文形成了一个整体，实现了课程高度上的"少教多学"。

在《我看见了大海》一课的教学中，师生从继父和"我"两条线索生发了两个学案，这一方法迁移运用到拓展文《爸爸的花儿落了》选文中，学生提出了这样的学案：

【学案一】爸爸"严厉的爱"体现在哪些方面？默读课文，画出相关词句并做批注。

【学案二】在爸爸"严厉的爱"中，我有怎样的变化？为什么有这样的变化？默读课文，画出相关语句并做批注。

---

① 中华人民共和国教育部制订．全日制义务教育语文课程标准[S]．北京：北京师范大学出版社，2011.

在学案的推动迁移下，学生完成了小组合作探究、共议交流，增加了阅读量，感受到了另一种伟大的父爱——严厉的爱。两篇文章在学案的连接下构成一个整体，使学生更深入地体会了“父爱”主题。有了这两篇为范例，学生课下遇到类似的文章，就知道如何有法可循地进行阅读了，在循序渐进中达到“少教多学”要最终实现的“不教”的目的。

“君子之教，喻也：道而弗牵，强而弗抑，开而弗达”①，教学的关键是要使学生明了。要注重引导，但又不牵着学生鼻子走；要督促勉励，又不强制压抑；要打开学生思路，又不提供现成答案。我们的祖先千年前就为我们留下了这样的教育智慧。为了实现“弗牵”、“弗抑”、“弗达”，笔者在实践教学中尝试以“学案之手”引领“少教多学”，扶助自主合作探究，提升共议交流，推动拓展阅读。管中窥豹，以一斑之见求共勉。

（北京市顺义区牛栏山一中实验学校小学部　臧　霜）

在生成、丰富、深化学案中发展个性

教材是“教本”，更是“学本”。叶圣陶先生曾说：语文教材就是让学生“试去揣摩、试去理解”的，而且学生也能“粗略地读懂”。因此，课堂教学要始于学生的学，贯穿学生的学，使学生在教师的指导下进行主动地知识建构。这样，不仅能体现“学生是学习的主体”，同时也要求教师要“关注个体差异和不同的需求”。在“依托学案　实现个性化阅读”教学模式中，师生合作拟订学案，学生自主探究个性化学习，创造了人人参与的机会，激励了人人参与的热情，在参与学习中能够实现学生全面发展与个性发展的统一。

一、个性化的质疑，生成学案

“学起于思，思源于疑。”不断发现问题、提出问题是一个人思维活跃的表现。课题提倡个性化阅读就是在与文本的对话中，学生对文本有自己独特的见解，有鲜明的个性认识，不仅能从各自的经验与立场出发形成自己的独到认知，同时还能提出一些观点鲜明的“疑”和“难”。这是学生拟订学案的基础，也是师生整合文本需求、学生个体需要，突出个性化特点，形成个性鲜明学

① 礼记·学记，刘新科，栗洪武．中外教育名著选读[M]．北京：中国人民大学出版社，2007：105

案的必由之路。

在学习《小珊迪》一课时，学生的问题涉及多个角度：有抓住主人公珊迪表现的，如：珊迪为什么一次次地求“我”买火柴？珊迪被马车撞伤了，为什么还要让弟弟还钱？在珊迪快要死的时候，他为什么没说让“我”来照顾弟弟呢？有关注文本中另一个角色“我”的，如：为什么要去看珊迪？为什么答应永远照顾小利比？有结合课后习题的，如：课文的哪些地方令你十分感动？有抓住文本按地点变化顺序叙事特点的，如：在旅馆前、旅馆内、珊迪家分别发生了什么事？……如此一来，无论是顺应着珊迪的表现、“我”的情感变化，还是落实课后习题的要求，都可形成学案。

【学案一】默读课文，思考：珊迪是一个怎样的孩子？你是从珊迪的哪些表现中体会到的？画出相关语句，在感受深的地方写写批注。

【学案二】默读课文，找出“我”在整件事情中的态度变化，体会为什么会有这样的变化？与同伴交流自己的感受。

【学案三】默读课文，思考：珊迪的哪些表现令人感动？结合自己感受最深的地方，练习有感情地朗读。

实践表明，教师给学生质疑问难的空间，学生会还教师不断生成的“精彩”。“依托学案　实现个性化阅读”课堂教学模式中，师生于学案生成时整合了教与学的共同需求，既充分尊重了学习主体的要求，又因为学生的差异而决定了“学案”的多彩。这也是我们所期待的“个性化阅读”的成果之一。

二、个性化的需求，丰富学案

“丰富”多指种类多，数量大；极为多彩的；涉及面广的。在上面论述中，我们知道为学生提供自由的质疑空间，学生就会生发多样的疑问，进而生成多彩的个性化的学案。如何使学案更为丰富，以服务于尽可能多的学生呢？显然离不开教师主导作用的发挥。

(一)关注，了解“弱势学生”的需求

在班级授课制下，常有一群不声不响的“弱势学生”，他们遵守纪律、乖巧听话，但也常常无缘发表自己的看法、展示自己的学习需求，而被教师或同伴忽视。《依托学案　实现个性化阅读》教学模式中，尊重每一个独立的生命个体，切实关注他们的发展需求，这既给教师提出了高要求，也能为课堂带来意想不到的“精彩”。

在《小珊迪》质疑问难时，我先让每位学生将自己的困惑与疑问记录下来并思考解决问题的程序与步骤(即初步的自拟学案)。这样一来，无疑给那些胆子较小、不习惯发言的学生以更自由、自主的空间，没有压力的“信手涂

鸦”，充分尊重了每一位学生；而教师则可以在巡视、浏览中，了解每一位学生的学习内需，尤其是那些“弱势群体”的心声。

（二）引领，发挥“平等中首席”的示范作用

果然，在接下来的浏览中，我的视线被一个胆小女孩子的问题吸引了：“为什么珊迪总是‘跑’来‘跑’去的？他那么饿了，为什么不‘走着’呢?”我耐心请她说明自己初读感受的由来，并很快意识到了这应该是一份难得的生成性资源。于是，我做了如下的引领——

1. 出示带有“跑”字的语句，请学生对比：

我给了他一先令，他转身就跑了。

先生，我换好零钱往回跑的时候，被马车撞了。

2. 抓重点词引导质疑：读一读，这两次“跑”都是珊迪的动作描写，你能提出什么问题？学生很快提到：这两次“跑”一样吗？他分别为什么而跑？“跑”换成“走”行不行？……

3. 教师请有共同兴趣的同学一起明确探究的重点，并拟订了另一个思路的新学案：默读课文，想一想，珊迪分别是在怎样的情形下“跑”的？从中能体会到什么？画出相关的语句，想象当时的场景。

没想到的是，选择这个学案的学生占到了总数的一半左右。学生依案探究，兴趣浓厚。很快，精彩纷呈：第一跑跑出了珊迪的辛酸、苦楚与无奈；第二跑则跑出了珊迪的诚实、善良，跑出了他的尊严……

课文需“常教常新、常学常新”。学生的个性化需求，打破了教师的常规设计，也为学案的丰富增添了亮色。看似“无章可循”，实则遵循了课文的一根纵线——珊迪的表现：文中珊迪拿到钱转身就跑，到换了零钱后往回跑是整个故事的关键，也是了解珊迪高贵品质的关键。更可贵的是，接下来的课堂教学也变“牵着”学生走为“顺学而导”，变文本全讲为选讲重点。可以说，正是这个细心的孩子赋予这样一篇传统的老文、赋予学案以新的活力，使课堂充满了生命活力。

三、个性化的收获，深化学案

所谓“深化”，是指向更深的阶段发展。在《依托学案实现个性化阅读》课题中，学案在共议交融后，会得到反思与完善、拓展与延伸，从而达到深化。此过程中，学生的个性得以更为全面的发展。

（一）方法习得，迁移运用

课文是个例子，学习的目的是使学生能够“举一反三”。如中年级课文《五彩池》一课中，对水池的特点描写突出了其“形状多样美丽”，而高年级课文

《桂林山水》一课中，介绍桂林山时强调了“奇、秀、险”的特点。虽然段式不同，但内容之间有异曲同工之处，即运用了比喻、排比、拟人等修辞手法来描写展现。对于这种表达方法，学生渐悟到了品读时一定要结合具体语言描写，感悟特点、展开想象、体会情感、感情朗读等方法，并于拟订自己的学案中、自主探究的过程中，自觉与不自觉地迁移运用，渐成习惯。

学生依托学案展开学习，不仅有知识、能力层面的收获，还有过程与方法层面的收获，而将这些“习得”迁移运用，举一反三，无疑能让学案的作用“无上限延续”，得以向更深的运用阶段发展。

(二)情感内省，个性飞扬

《语文课程标准》强调：“语文课程丰富的人文内涵对学生精神世界的影响是广泛而深刻的，学生对语文材料的感受和理解又往往是多元的。……要尊重学生在语文学习过程中的独特体验。”可以说，语文学习是一种精神的引领，能直接影响学生人生观和价值观的形成。

如《母亲的纯净水》一课，初读之后，有的孩子们抓住“母亲的纯净水带给小女孩不同的心情变化(高兴→委屈、酸楚→沉静)”这一线索，也有的孩子抓住结尾“没有任何一种饮料比得上母亲的‘纯净水’”展开学习。两个学案相融于需重点探究的第 17、18 自然段“母亲的话”和小女孩“想明白的内容”。学生初步共议后，教师适时出手：“现在，你能说说为什么她可以随心所欲地喝各种名贵的纯净水时，她却认为没有任何一种饮料比得上母亲的‘纯净水’?”一下子，“仁者见仁，智者见智”，学生的个性化品读尽显无遗：

①她认为没有任何一种饮料比得上母亲的“纯净水”，是因为母亲的教育让她受益终生。

②她认为没有任何一种饮料比得上母亲的“纯净水”，蕴含着她对母亲的感激和理解。

③她认为没有任何一种饮料比得上母亲的“纯净水”，这是对母亲节俭品质的赞颂和传承。

④她认为没有任何一种饮料比得上母亲的“纯净水”，是因为母亲让她知道做人要有志气，要活出自信。

⑤她认为没有任何一种饮料比得上母亲的“纯净水”，母亲教育她正确看待“穷”，她懂得了人要活出尊严。

……

不难看出，学生真正走进了文本，与文中小女孩的内心世界产生了强烈的共鸣，实现了与文本对话，与作者对话，与主人公对话，师生共同对话：他们一方面是站在母亲的角度理解，另一方面站在“我”的角度理解。其间，最令人欣喜的是对“母亲的教育让我受益”这一点的理解——人要有志气，要活出自信；活出尊严……此时，学生将“文我”与“自我”互位，不仅有认识上的深化与改变，更在这深入品读之中，有了对正确的人生观和价值观的深入思考。而这些超越教材的基于学生个体经验世界的表白，是他们内心的真实写照，也足以说明高年级学生是有思想，有见地的，是独立的生命个体，实现个性化阅读是必需且可行的。

课文本身具有丰富的思想内容和深刻的教育意义，学生势必产生多元反应，这就是所谓的“有一千个读者，就有一千个哈姆雷特”。只有依托学案，在生成中整合学习需求，在实施中落实自主探究，在交融中突显立体感悟，在反思完善中谋求拓展深化，才能使“课堂”变“学堂”，才能给学生以充分的尊重，让个性飞扬。

（北京市顺义区石园小学　李雪娜）

以疑导学，让学生在阅读中展现个性

《语文课程标准》强调“学生是学习和发展的主体。”“语文课程必须根据学生身心发展和语文学习的特点，关注学生的个体差异和不同的学习需求……倡导自主、合作、探究的学习方式，……都应有助于这种学习方式的形成。”由此，“以学定教”应运而生，亦即使教师的“教”为学生的“学”服务，把学生的主动权交给学生，使学生真正成为学习的主人，树立学生的主体意识。也正因为如此，“教什么”和“怎么教”的问题日趋紧迫。

实践证明，教师想当然地从经验出发，去判定学生的兴趣点、困惑点，或者教师从自身的实际出发去设计教案，往往会脱离学生实际。学生在教师设计的“圈子”里学习，根本不清楚自己“为什么学”和“为什么这样学”，教学实效根本无从谈起。随着课改理念的深入以及对“依托学案实现个性化阅读”课题的熟悉，我逐渐发现了“以疑导学”的优势：只有学生在学习中有了疑问，才能产生兴趣，产生积极探求解决问题的热切愿望；只有通过“学案导学”这一策略，解决“以学生为中心”的主体参与问题，通过自主、合作、探究、交流、展示、反馈等学习活动，变学生的“被动学习”为主动学习；只有教师借助“学案导学”这一策略，将教材有机整合，精心设计，合理调控课堂教学中“教”与“学”，才能极大地提高课堂教学效率。

一、初读质疑，让学生学会思考

学案是以学生为本，以“三维目标”的达成为出发点和落脚点的，是学生学会学习、学会创新、自主发展的路线图。要拟订真实有效的学案需要实现两个前置：即学习前置和问题前置。而这就对学生的质疑问难能力提出了要求，需要学生能够在初读的过程中养成边读边思、边读边问的习惯。

爱因斯坦说：“提出一个问题往往比解决一个问题更重要。”以《账单》一课为例，教学时，教师可先在“揭示课题阶段”引导学生由课题质疑开来：“账单”两个字都是生字，合在一起是什么意思呢？因为账单这个事物离学生生活较远，所以学生最大的疑问就是“什么是账单”？在此基础之上，学生还会针对课题有新的问题——“这是什么样的账单?”“这个账单是谁写的?”“这个账单上记录了多少钱?”等等。可以看出，这时的质疑不仅局限于词义，而是开始指向课文内容。

而在初读课文阶段，学生比较容易对文中的生词感到陌生，如《账单》一课中的“如愿以偿”、“蹑手蹑脚”等词语。实际教学中，我让学生通过查字典（理解“偿”字）和做动作（理解“蹑手蹑脚”）等方法理解词意，并巧设“玄机”，引导学生进入再读重点语句、联系全文质疑阶段——“这两个词语出自同一句话，请你读一读这句话，有没有什么想问问大家的呢?”这样，学生的质疑，既有对词语联系语境的再考量，又有对文本内容的整体思考，同时也便于不同学生展现出个性化的学习需求，有利于基于学情形成本课的学习方案。

建构主义者认为，学生知识、能力的形成过程，是学生自身在外因和内因相互作用下自我建构的过程。中年级阅读教学中，受年龄尚小、知识层次、经验积累、个人爱好等条件限制，学生往往不能准确地提出“真问题”、外显自己的学习需求，作为教师，宜立足不同阶段，千方百计激发学生个性阅读的欲望和潜能，提高他们的阅读期待。

二、拟订学案，帮学生梳理存疑

问题不在于多，而在于精，在于有深度。有时学生提出的问题多而散，这就需要教师指导学生将问题分类、梳理，围绕文本教学的共性教学目标形成科学有效的学习方案。

在教学《咱俩的秘密》一课时，我鼓励学生从课题质疑——“咱俩”指谁？咱俩的“秘密”是什么？为什么会有这个秘密？“咱俩”是如何保密的？保密的结果如何……学生的疑问涉及全文，而稍加梳理，即形成了探究学习的“学案”：

【学案】默读课文，思考："咱俩"的秘密是怎样达成的、保守的？结果如何？画出相关的语句，练习有感情地朗读，在感受深的地方写写批注。

可以想见，在随后阅读学习的过程中，学生围绕自己所提出的问题展开，使阅读有兴趣、有目标、有效果。

而在教学《曼谷的小象》时，我让学生交流自己初读后已经读懂了哪些内容，这便是"前测"。学生了解到了故事发生的时间、地点；知道了阿玲和小象帮"我们"把车从陷坑中拉了出来；也初步体会到了小象很聪明……"那你认为学习这篇课文还必须要弄懂什么问题呢？"我把问题再次抛向学生，也是鼓励学生能够深入读书，这时有学生问道：①小象是怎样帮助"我们"的？②作者赞叹"啊，多么乖巧的小象"时会想些什么？③小象为什么能轻而易举地将车拉出来？④阿玲一句话也不说，小象怎么就能懂得阿玲的意思？⑤文章为什么每次提到"晨雾"时的颜色都不一样？……

面对这些问题，我引导学生逐一分析，发现了小象帮助我们、能够顺利拉车、能听懂阿玲的话都与它的"乖巧"密切相关。整合相关问题，这样我们便梳理出了一个比较清晰的学案：

【学案】文中写道："啊！多么乖巧的小象！"我心中暗暗地赞叹。

轻声读课文，想一想：从哪些地方可以看出小象十分乖巧？画出相关语句读一读，说说自己从中体会到了什么。

而学生提出的关于"晨雾"颜色这一问题则指向了环境描写的作用，虽然与主要内容没有直接关系，但能看出学生书读得不仅深入而且学会了思考，因此依据这一问题便生成了学生的个性化学案。

三、精读质疑，促学生个性理解

有了学习方案作为支撑，保障了学生的阅读过程有抓手、有方向。由于质疑的深度与读者的能力和对文章的感悟程度密切相关，新的疑问也会在阅读中再次出现，这就要求教师要随时发现学生的困惑，并鼓励学生再次质疑。

(一)找准切入点，于容易忽略处质疑

文本中往往有些句段学生易于理解，但又往往不求甚解，造成只知其然而不知其所以然。此时教师应把课文中的重点问题及学生个人自学感到困难的问题提出来，组织学生讨论。在生疑、释疑的矛盾中，使学生的质疑能力不断加强。

课文《画杨桃》中有这样一个情节——同学们第一次看到"我"画的杨桃和老师让同学换位观察后再看"我"画的杨桃出现了截然相反的态度。这一点学生读过文本便很容易体会，我随机设问"你是从哪些语句读懂的呢？"这个问题看似简单，学生很快就找到了文中同学们的语言——第一次“不像！”“像五角星！”；而第二次则变成了“不……像。”“像……五……角星。”学生的理解毫无问题，他们已经初步有了一些语感，但是孩子们对这两句话是不是有了更深入的解读呢？这两句话意思上有什么不同？情感上有什么区别？这时，我没有让学生读读便过，而是组织学生进一步质疑：“这两句话有什么不同？同学们先后说这两句话时是怎样的心理？”这样，简单的两句话，学生又深思起来，有的结合不同的标点符号，有的想象当时的情景，还有的索性身临其境般朗读起来……很快，答案便浮出水面，前者是不加思考、脱口而出的，明显带有嘲笑的意味；而后者则是同学们经过换位观察、深入思考的，话语中有意外、羞愧、自责等含义。就这样，通过质疑，学生思维的空间便有了向纵深发展的机会。他们通过自读、自悟的学习阶段，以自己独特的方式来阅读文本、感悟语言、领会意义、重塑形象，进行个性化的阅读。学生的质疑能力强了，出现个性化的阅读和个性化的理解也就水到渠成了。

(二)抓住兴趣点，鼓励学生解疑

随着对课文内容感知程度的逐步加深，学生极可能会对文章的结构层次、写作风格、精妙语句等进行深层质疑。面对学生提出的不同问题，教师要指导学生进行筛选，学生自己能解决的问题，应让其自行解决。因为“语言与思维是同步发展的。”此时在质疑解疑的过程中，学生的收获更多是以理性为核心的创新思维品质。

如教学《捅马蜂窝》一课时，很多学生提出了“为什么‘我’捅了马蜂窝会产生罪孽感”。可见，这既是学生的集中兴趣点，同时这也是课文的一个难点。课上我并不急于解答这个问题，而是引导学生自主阅读，让学生相互启发、思考。

交流时，有的学生说“是因为‘我’面对着这壮烈牺牲的小飞虫的尸体，觉得它真像个英雄，所以自己会产生罪孽感”；有的学生说“马蜂没有了家园，它只剩下了自己这个小小的躯体。而它正是用这弱小的、唯一的身体在与‘我’做顽强的一搏，最后它死了，而这一切都是‘我’害的”；还有的学生说“是‘我’侵略了马蜂的家园，马蜂才会与‘我’展开家园保卫战，‘我’产生罪孽感，说明‘我’还有一颗善良的心”……

孩子的发言，令人欣喜连连——培养学生分析问题、解决问题的能力，培养他们好求甚解的精神，这不正是使阅读教学的过程逐步成为不断培养学生创新意识的过程吗？

(三)巧用争议点，解疑促生成

学生的学习能力在“质疑——解疑”的过程中逐步提高了，他们会经常在解决问题的过程中给语文课堂增添亮点，当然也有出现争议或困惑的情况发生，这便是教师出手相助的时机了。

比如教学《可爱的鼠狐猴》一课第2自然段时，我问学生“读了这段文字，你感受到了什么”。针对这个问题，孩子们纷纷说“鼠狐猴很可爱”、“鼠狐猴很调皮”、“鼠狐猴非常机灵”……突然一个“不和谐”声音出现了：“鼠狐猴真讨厌!”此语一出，震惊四座。我先是一愣，但并没有急于做出评价(反应)：“你能说说你为什么有这样的感受吗?”只听孩子娓娓道来：“课文说它把饲养员‘折腾’得满头大汗，凭这个词我就觉得它够讨厌的。”乍一听起，孩子的理解的确很不到位，甚至不准确。但细细一想，这个孩子认真读书，品词品句不也是我们所提倡的吗？于是，我组织学生就这个问题从鼠狐猴和饲养员两个角度读文、思考、讨论，最终孩子们从“折腾”一词更进一步感受到了鼠狐猴的“灵活无比”，感受到了饲养员对鼠狐猴的喜欢与怜爱之情。

“学贵有疑。”思维是从问题开始的，质疑问难是“创新”的开端，是培养学生创新意识的重要手段之一。学生在学习中有了疑问，才能产生兴趣，产生积极探求解决问题的热切愿望。教师则可以更准确地把握学情，真正做到按需教学、以学定教，让语文课堂更具实效性和灵动性。

（北京市顺义区建新小学　武　宁）

辩论式学案助力小学生个性化阅读

《语文课程标准》指出：“语文教学应在师生平等对话的过程中进行。学生是语文学习的主人。语文教学应激发学生的学习兴趣，培养学生的口语交际能力，为学生创设良好的自主学习情境，尊重学生的个体差异，鼓励学生选择适合自己的方式。”因此，教师应在语文课堂教学中摆正自己的位置，变“传授知识的主角”为“学习知识的组织者、参与者”。几年的“学案教学”实践使我体会到：教师通过对学习思路进行推敲、优化，适时、适度地将辩论引入学习过程中，不仅可以适应当前的教育形式，更是为落实学生个性化阅读提供了有效的途径。

一、辩论式学案让学生在个性化阅读中抒发真实情感

记得叶圣陶先生说过：学语文要靠学生自己读书的领悟，强调的是自读自悟。因此在语文阅读教学中，让学生依据教师出示的学习思路自读自悟，

并适时地展开辩论，不但会使学生在语文学习的基础上不同程度地提高理解能力和口语表达能力，同时更会使学生以不同的情感体验与文中作者的情感一起激荡。

如在教学《一个苹果》时，学案“根据课文内容，结合生活实际，围绕谁最该吃‘这个苹果’展开辩论”成为多数同学的学习思路。学生们自己默读思考，然后自由结组讨论，在随后的集体交流时各抒己见，充分发表了自己的意见。有的说：“连长最该吃，因为连长是我们的指挥员。不是说‘人无头不走，鸟无头不飞’吗?”有的说：“司号员最该吃，因为发起冲锋时号声可以激发战士们的斗志、瓦解敌人的信心!”……看着学生们激烈地争论，听着他们振振有辞的交流，我欣喜地看到了学生读悟理解的深度，感受到了不同的学生在言语表达上的差异，同时暗暗庆幸到：正是此学案的引入，才使得学生在相互辩论中真正被上甘岭战役中的英雄们无私忘我的阶级友爱所感动；真正或多或少地受到了文中英雄们的影响，使他们的人生受到了不同程度的洗礼。

二、辩论式学案让学生在个性化阅读中发表真知灼见

实践证明，再能干的教师也不能满足所有学生的学习需求，尤其是在见仁见智的语文课堂上。学生在个性化阅读的实践过程中，不仅有了依据学案开展个性化学习的能力，而且能够设置更能满足自身学习需求的自主学习方案，从而利于学生发表真知灼见。

如在《松坊溪的冬天》一课的教学中，我引导学生依据课后习题“松坊溪的雪景是怎样的？平时的景色又是怎样的呢?”拟出了辩论式学习方案：围绕“松坊溪平时的景色美，还是松坊溪的雪景美”展开辩论。正所谓：事不讲不清，理不辩不明。这一学案的设立不仅为学生提高口语交际能力创造了良好的空间，而且使学生的思维容量大大增加了，同时也满足了不同学生对课文内容不同理解的需求。试想，如果教师只是抓住课后的习题引导学生学习，只能满足于让所有的学生通过自学找出书中的语句，从字面上了解松坊溪冬天的景色以及平时的景色是怎样的；而学生修改过的学案，理解深度已不仅仅停留于能找到书中描写松坊溪冬天及平时的语句，更多的是融入了自己对文章中的这些语句的感悟、理解、加工和情感色彩。而这一切的外显化都将取决于学生不同的审美角度、不同的情感体验和不同的表达方式。也就是说学生在辩论的同时，不仅可以只用有感情地朗读书中的语句来阐明自己的观点，还可以根据生活中的体会谈自己的理解，更可以用搜集的资料谈自己的认识……但不管哪种观点、怎样的理解，都将是学生自主学习、自主探究的结果。

三、辩论式学案让学生在个性化阅读中实现生为师师

当“辩论式学案”的学习形式广泛受到学生喜爱时，他们就会自己筛选适合辩论的课文，自己拟订相关的学习思路。这无疑使阅读教学中学生的个性及能力的培养落到了实处。因为学生能够自拟学习方案进行辩论，首先证明了他们已经读懂了文中的部分内容，摸索到了进一步理解课文内容的途径；其次也表明了由学生自行拟订的学习方案，不管水平高低，都充分显示了学生自主学习的渴望，是学生参与、制定学习目标的主人翁意识的体现；更重要的是，不论问题难易，学生的学习兴趣都会因其是自己急需解决的问题而保持始终。同时，新颖的设计思路还会颠覆教师习惯性的认知。

如在教学《穷人》一课中，在揭示课题时，当一名学生提到：“通过自学，我知道了文中的穷人主要指的是桑娜和渔夫”时，另一名学生马上发表了不同的看法：“我认为，桑娜和渔夫不是穷人。”顿时，我被这个新颖的提议吸引住了。因为，以往的教学中，我们一直没有从这个角度切入引导过学生学习。于是我顺势而问：“还有哪些同学和他的观点一样？”居然又有几只小手举了起来，班上一片哗然：有的说：“是”，有的说：“不是”……看着一张张急于表达的面孔，我微微一笑，将问题又还给了学生：“既然大家的意见如此不一，我们该如何拟订本节课的学案呢？”学生们一愣，继而几近异口同声地喊了出来：“围绕‘渔夫和桑娜到底是不是穷人’展开辩论”。“那就请大家按照以往的学习方式开始自学吧！”我的话音未落，所有的学生都积极地投入到了动手、动脑、动口地自学中。看那认真劲，真像是在研究一个重大课题。10 分钟后，学生们开始各抒己见。大家旁征博引，据理力争。最后，持正方观点的同学，从文中描写桑娜和渔夫的生活环境、人物装束及心理活动等方面的语句，肯定了桑娜和渔夫应该是“穷人”；但持反方观点的学生联系了当今社会，根据文中桑娜对西蒙一家人的关心（如：桑娜几次敲门询问……）；与丈夫一起收养孤儿的言行、心理（说明他们极富爱心）；以及桑娜与西蒙家境、处境的对比（如：桑娜有家庭、有爱他的丈夫和可爱的孩子、生活能勉强度日，而西蒙只能独自带着两个孩子挣扎在生死边缘线上……）得出了桑娜和渔夫极具同情心和爱心，从精神上看，从情感上讲，是“富人”的结论……诚然，在辩论中，学生的见解可能只是肤浅的，是幼稚的，甚至是片面的，但也的确不乏一些源于课文、高于原文内涵的观点出现，更为可贵的是，这些观点无一不是学生对生活的独特诠释，无一不体现了学生的个性。

总之，“授人以鱼，不如授人以渔”。在语文个性化阅读教学过程中将辩论式学案引入课堂，让学生在老师提供的学习思路中、在自行修订的学习方

案里自由选择，尽情辩论，不仅能使学生自觉地发挥主人翁作用，更是为学生个性的张扬安装了风帆，使他们在知识的海洋中能驶得更稳，行得更远。

（北京市顺义区沿河中心小学　朱玉红）

有效引领，促进学生个性化阅读深化发展

个性化阅读是阅读教学倡导的重要理念。《语文课程标准》指出："阅读是学生的个性化行为，应该引导学生钻研文本，在主动积极的思维和情感活动中，加深理解和体验，有所感悟和思考，受到情感熏陶，获得思想启迪，享受审美乐趣。要珍视学生独特的感受、体验和理解，不应以教师的分析来代替学生的阅读实践。""学案导学"是实现学生个性化阅读的学习方式之一。导学一般分为两个过程，一是学生先于师生对话、生生对话，独立与文本的对话，潜心会文，晤面文本，得到初步的个性化的感受与体验；二是学生产生要与人交流的愿望后，与小组同学的交流和全班同学的交流。此时应在教师的指导之下，学生和文本深入碰撞与对接，加深感悟与思考，以期在心灵上得到震撼与激荡，获得启迪与审美的过程。这是个性化阅读深化的过程。教师应重视这一环节的教学，最大限度地实现学生个性化阅读。

一、感悟语言特点，实现个性化阅读"点"的深化

一般来讲，学生在自读的过程中，或者在整体上有所感悟与体验，或者在句子的重点词语上有所遴选与认识，而对于文本语言特点会有所疏漏或忽视。其实，紧扣文本的语言特点，是语文学科工具性的体现。因为每位作者的语言特点不同，为了表现一个迥异的主题他们会选择不同的语言形式。而挖掘语言的表达特点，能更接近于作者的内心世界，更有利于体会和理解文本，这是毋庸置疑的。其中，"字词句篇、语修逻文"，都可作为教学的内容。虽然不能进行"系统"语文知识的讲授与操练，但在语用的过程中体会其作用还是必要的。尤其是修辞与逻辑的教学依然是必要的。

当语言以多样的形式呈现于学生面前时，我们将采用怎样的方法进行理解与感悟呢？在《语文课程标准》中，主要引导学生学会两种学习方法，一种是抓关键词句的方法，一种是联系上下文的方法。这两种方法固然很重要，但是如果不顾及语言的表达特点，笔者认为还是没有理解到作者的内心深处。因而，学案导学中教师基于学情的恰当指导就势在必行。

如京版第8册《美丽的小兴安岭》一课中，"夏天"自然段中对"树木"是这

样描写的："夏天，树木长得郁郁葱葱的，密密层层的枝叶把森林封得严严实实的，挡住了人们的视线，遮住了蓝蓝的天空。"从关键词的角度说，其中的动词"封"、"挡"、"遮"很重要；从联系上下文的角度说，春天突出树的生机勃勃，夏天突出树的郁郁葱葱。此时，学生的理解停留在了语句的表层，缺少从作者表达特点上的思考，这就给教师的"顺学而导"留下了较大的空间。因为在这一句中，作者连续运用了"郁郁葱葱、密密层层、严严实实"等多个叠词，增强了表达效果。既然学生没有注意到这一点，教师就有必要在教学中引导学生关注这几个叠词。可以让学生画下来，仔细体味，并思考：作者为什么连用了几个叠词？换个说法成不成？这样写有什么深意呢？从而使学生明白这样的表达是为了强调夏天的树木特别郁郁葱葱，叠词本身令作者的语言增添了韵律感、节奏美。这是指向对表达的理解。

再从该自然段的整体上思考，这个自然段分别写了树、雾、花，这三种景物是夏天里最有特点的三个景物，其中以树为代表，以雾为补充，以花为衬托，这三种景物虽各有特点，但都为"树"服务。可以提出有思考价值的问题：作者为什么安排这样的写作顺序？学生在这种有启发性的问题引导下，可以得到了一个整体的认识。这是从句子顺序的角度来学习的，也是指向表达的理解。

在北京版五年级语文《猴王出世》一课中，有这样一段描写："盖自开辟以来，每受天真地秀，日精月华，感之既久，遂有灵通之意。那猴在山中，却会行走跳跃，食草木，饮涧泉，采山花，觅树果；与狼虫为伴，虎豹为群，獐鹿为友，猕猿为亲；夜宿石崖之下，朝游峰洞之中。"在这一段落的教学中，除引导学生理解内容之外，还应引导学生体会音韵之美，从而体会猴王的天性，为后文的理解打下坚实的基础。虽不一定指向表达，但这种对偶句式的表达方式，也是形成学生语言风格的好材料。

以上从语言的形式、顺序、音韵等方面引导学生去理解语言，抓住了富有内涵的言语形式这一"点"恰当引导，继而实现了学生个性化阅读向纵深方向发展。当然，祖国语言形式特点丰富，不可能用几个类型来穷尽，这就需要我们在导学的两个环节有意渗透，既需学生自悟中感悟语言特点，更需在集体交流中深刻感悟语言特点。

二、关注篇章整体，实现个性化阅读"面"的扩展

阅读教学以板块状推进，利于学生立足整体、立体感悟文本。但现实教学中，无论是重点段过渡到次重点段，还是从次重点段过渡到重点段，往往有不少教师忽视了板块之间的关系而独立教学，这就影响了学生整体把握的

能力，让人感觉课堂结构有些松散。为了提高学生的整体感悟能力，必须关注篇章整体，将学生的理解连“点”成“线”，连“线”成“面”，从而实现个性化阅读“面”上的扩展。

(一)联系上下文本，深化个性化阅读

例如五年级《这是儿子的鱼》一课的教学中，学生在理解“男孩冷静地和鱼进行着拉锯战”中“冷静”一词时，只是针对“冷静”来谈自己的感受，这时老师提示：“你们可以联系下文的处境谈一谈感受”。一语惊醒梦中人，孩子们的思维立刻被打开了——

生1：因为鱼的力量太大了，一个12岁左右的孩子有多大劲儿呀，但男孩还能冷静地和鱼进行拉锯战，说明男孩很勇敢。

生2：在水中就是鱼的天下，小男孩却能很冷静，他一定是一个很顽强的孩子。

生3：小男孩都要被拉到下游深水区的边缘了，特别危险，但他却能冷静对待，在生活中他一定是一个不向困难低头的孩子……

在课堂教学中，学生总会停留在语言的表面或是局部，不能整体把握，就需要将学生的思维引导到整体上来，深化下去。

(二)联系相关内容，深化个性化阅读

京版第6册《锡林郭勒大草原》一课中，美丽的大草原是课文重点段，而欢腾的大草原是课文的次重点。但两个内容一动一静，相互补充，构成了广阔美丽的草原景色。在教学中，如果学到大草原的美丽时只说美丽，学到大草原的欢腾时只说欢腾，总感觉学生对草原的感受不到位。所以，在处理两个自然段后，应设计一个回归整体的环节，例如：感受草原的美丽和欢腾之后，“如果老师想画一幅画，你建议老师都画什么?”在总结草原美丽和欢腾的基础上，深化了学生对文本的整体认识。

组成文本的内容都是有联系的，都为文本的主旨服务。如果学生只针对一个内容进行解读，往往收获是肤浅、片面的，只有将相关内容联系起来，才能深化他们的个性化认识。

三、联系课外资料，实现个性化阅读“体”的丰厚

京版第6册《妈妈的账单》一课，文字浅显，但人文情感较浓，学生无法用文本的内容深化自己的感受，为了架起文本与学生情感之间的桥梁，教师采用了补充课外资料的方法。大体教学进程如下：教师首先引导学生对比小彼得和妈妈的账单，感受到账单的不同，然后出示了这样一段课外资料：

有名的“埃德尔曼财经服务组织”经过缜密的计算与评估，得出这样的结

论：若将母亲所做的各类型工作改为出钱聘人代劳，那么，子女一年所付的工钱高达 63.5 万美元。可以说，母亲的工资足与大公司总裁相比。

教师指导学生阅读后谈了对这段话的感想，再引导学生联系自己的生活实际，谈一谈对妈妈的账单的理解，课堂气氛一下子达到了高潮，有的诉说妈妈精心照顾自己的事，有的诉说妈妈辅导自己学习的事，学生对“母爱”的理解又加深了一步。此时学生的情感达到了一定的高度，教师并没有结束此教学环节，立刻出示了《妈妈的爱》这首小诗，请学生朗读，课堂再次“升温”。

收集课外资料是比较困难的事，尤其是对于农村的孩子。中年级课外资料的补充，也可以由师生共同完成。在上面的教例中，教师补充了两段资料，一个帮助学生理解，一个帮助学生升华情感，都对教学起到了一定的推动作用。如果只凭借文本资料来理解，学生的理解只能局限于文本，得不到深化与提升，这时就需要课外资料的补充，实现学生个性化阅读在“体”上的丰厚。

其实，实现学生个性化阅读“体”的丰厚这一目标，除去收集资料以外，还可以开展各种相关语文实践活动来实现，例如拓展阅读就是一种很好的方法，学习过《用奇谋孔明借箭》之后，可以引导学生阅读《三国演义》，从精彩的故事中让三国人物的形象变得鲜活起来。

总之，导学环节是学案导学教学模式中重要的一环，无论是教师的主导作用，还是学生的主体作用，都需要在这一环节得到淋漓的尽显。除文本特点、篇章整体、课外资料的感悟，教师也是一个不可或缺的重要因素，决定着学生个性化阅读的深化与提升，教师应把握学生个性化阅读的方向、进程，促进与生成学生的个性化阅读。

（北京市顺义区空港小学　杜永全）

单元主题教学中“学案导学　个性化阅读”的初探

一、单元主题教学中“学案导学，实现个性化阅读”的简说

纵观现行教材，无论是人教版教材，还是北师大版、北京版教材，最重要的特点之一就是按“主题”设计、编排单元教学内容。由于每个单元的主题思想鲜明，课文题材、体裁相近，这为进行单元主题教学的研究提供了条件。

单元主题教学中“学案导学，实现个性化阅读”的初探是语文教学改革的新举措。我们这里所说的单元主题教学中“学案导学，实现个性化阅读”，是

教师根据语文的课程实施目标，遵循学生语文学习规律和教材特点，把单元作为语文教学的基本单位，立足整体，统筹安排——即确立若干单元主题，以单元主题为纲，以单元教材为发散点，开发和重组单元教学内容（整合课内外课程资源），以"学案"引导学生初读感知、个性探究、合作交流、主题拓展，在单元主题整体学习中阅读、理解、领悟、体会、表达，最大限度地实现个性化阅读能力的发展。

二、单元主题教学中"学案导学，实现个性化阅读"的实施策略

单元主题教学中"学案导学，实现个性化阅读"，可以按如下教学过程、策略完成：初读课文，整体把握，感知主题，形成学案——学案导学，个性阅读，感受主题，落实学法——合作交流，共享收获，深化主题，个性发展——学法运用，拓展阅读，外延主题，完善强化。

北京版五年级第十册第六单元是以写人为主的记叙文单元，主题为"学会做人学会做事"，编排了写人记事三篇文章《挑山工》《跳水》《鲁本的秘密》（另一篇《夜晚的实验》可不作为整合内容）。这一单元如何展开单元主题教学中"学案导学，实现个性化阅读"呢？

（一）初读课文，整体把握，感知主题，形成学案

单元主题教学中对主题的认知、整体的把握，并不是教师直接揭示的，而是学生在不断地阅读过程中逐渐认识、构建的。学生经历的读懂课文是从读通读顺课文开始，然后通读课文获得信息、整合归纳加以概括，继而形成对课文的整体感知（其中，整体感知包括了解主要内容、写作顺序、篇章结构、思路、主旨等）；基于初步感知课文、单元主题，再根据教材和个人的学习需求形成进一步探究的学习方案。

以京版五年级（第十册）第六单元为例：初读课文时，教师设计了如下的学案：

【学案】自由读课文《挑山工》、《跳水》、《鲁本的秘密》，想一想这三篇课文是哪一类的记叙文？每一篇文章的主要内容是什么？

初读后，学生了解到这三篇文章属写人记事的记叙文——从整体上把握单元教材的体裁特点。每篇文章学生经过初读，大略了解了其主要内容，对文章主题思想也有了初步感知。这一过程是在落实叶老"阅读一篇课文的第一步，应当是'读通全文''知道文章之大概'"的过程。

随后，学生当然要自主学习生字、词语，必要时教师在字形、字义上要加以点拨，帮助学生记忆、理解。初读课文时，学生会产生一些疑问，从而提出质疑或想要进一步知晓的内容。提出问题是学生个性化的学习需求，教

师要充分尊重，这是形成个性化学习方案的基础。同时，教师要引导学生学会梳理问题，并结合课后练习问题，形成主要问题(有价值的核心问题)引导探究。如学生围绕单元中的不同人物，提出了“挑山工、船长、鲁本各是怎样的人呢?”这个问题，根据教材与学生需求，在教师的指导下就可以形成如下探究学习方案：

【学案】①默读课文，思考挑山工、船长、鲁本各是怎样的人呢?

②运用抓住人物的语言、动作、神态等的学习学法，画出相关语句，并写写批注。

学案的制定，为实现学生围绕单元主题整体个性化的因需探究提供阅读方向、方法。

以上我们只是以京版五年级(第十册)第六单元为例谈写人记事的记叙文的教学策略。同样的，说明文单元、散文单元、诗歌单元、童话单元等，也应重视引导学生整体把握单元教材特点，感知主题、内容、结构等，提出问题，形成“学案”。

(二)学案导学，个性阅读，感受主题，落实学法

学案导学，是学生以自拟学案或整合学案(在教师指导下形成的)引领下展开自主阅读，探究问题，形成理解，感受主题。这是个性化的学习过程，是自主会文、落实学法的过程。

这一过程学生首先进行的是独立探究。每一个学生个体按照学习方案独立学习，学生可能学习单元内、课文内不同的内容；可能学习的进度、层面也是个性化的。但相同的是按照学习方案有条不紊地运用学法展开过程，自主探究中实现个性价值。当然“学案导学，个性阅读，感受主题，落实学法”中，也倡导因需合作。

仍以京版五年级(第十册)第六单元为例，学生在学案导学的引导下展开自主阅读、因需探究，实现个性化认知——抓住人物的言行、心理等，了解挑山工、船长、鲁本的人物特点。对“挑山工”感兴趣的同学，有的抓住了挑山工的语言：“我们哪里有近道……我们和你们不一样……一步踩不实不行，停停住住更不行。那样，两天也到不了山顶，就得一个劲儿往前走。……”粗浅地批注道：“挑山工与游人走的是一条道，挑山工挑货上山为的是挣钱，所以一步不停，一个劲往前走。”有的同学同样抓住挑山工的话，批注了如下理解：“挑山工为目标脚踏实地，勇往直前，永不停息。”同样的内容，不同的学生，认知水平不同，批注也就出现了个性差异。同样对挑山工感兴趣的同学，还有的是抓住文章最后一段话，做了如下批注：“从作者画的这幅画中，感受到‘挑山工向着目标，肯于攀登的精神’对作者影响大。”同一个人物，学生从不同的角度感受其特点，充分展示了学生独立探究中的个性阅读。

而对《跳水》中“船长”感兴趣的同学，他们抓住文章结尾对“船长”寥寥数笔的动作、语言描写：“立刻向他瞄准”、“喊”、“跳到水里，赶快跳到水里，不跳我就开枪了！”、“跳到水里，不然我就开枪了！一！二！”批注道：“船长有办法。”“船长着急，但很果断。”“船长处理的办法高明。”还有的同学从甲板上对“船员”的描写：“全都吓呆了”、“不知所措”、“吓得大叫一声”中，与“船长”表现对比，发现并批注了：“船长遇事不慌、镇定、果断。”“船长与挑山工的目的不同，他为救孩子，表现出了镇定、果断和机智。”对同一个人物的认识，高年级学生是能从不同内容、不同角度自主认知、构建的，这一自主学习的过程也是学生从语言文字感受单元主题，实现自我认知、自我发展的有价值的实践过程。

学生在自主探究潜心会文的个性化学习进程中，因学习的兴趣、进度、层面的不同，对人物、主题的解读可能会或多或少，有深、有浅，对文章人物品质、主题思想会有初步而独特的感受与思考，因此，教师因需点拨，学伴间交流互助(小组内的讨论)成为必然。而在学生所亲历阅读过程中，他们也在自觉地践行着学习方法的感悟与积累，努力向着落实学法、逐步学会学习的目标前行。

需要说明的是，学生在选择阅读内容上是有差异的，不能一刀切。三篇文章放在一起做单元主题的整体阅读，学生可依自己的阅读能力、兴趣，选择学习的内容，能力较弱的选择其中一、两篇文章做重点阅读，能力较强的三篇文章都做重点阅读。

(三)合作交流，共享收获，深化主题，个性发展

“共议交流，共享收获，深化主题，个性发展”是教学中的重要环节，是学生自主阅读后成果呈现与分享的过程，是学生多角度、多层面、多元“对话”中，思维碰撞深化主题的过程，是学生个性发展的过程。

学生围绕单元主题，运用学案依兴趣、内容自主阅读、整体感知、获取信息、形成解释、做出评价后，收获是丰厚的。汇报时教师要立足整体，抓住教学的重难点，并展开过程——从信息的获取到认识的提升，从初读的主题感受到此时主题的深化，最后升华主题，均要紧紧围绕单元主题，沿着教学的共性目标，整合学生的个性收获，“努力实现由尊重‘个性’——达成‘共性’——凸显‘个性’的螺旋发展上升过程，最终发展学生的个性”。这无疑增加了教师驾驭的难度。

如京版五年级(第十册)第六单元，学生在围绕单元主题交流“挑山工、船长、鲁本”各是一个怎样的人时，呈现了令人兴奋的场景：

生1：书中说“干挑山工的，给扁担压得长不高”，书中还说“一步踩不实不行，停停住住更不行”，所以我说挑山工是一个个子不高，却脚踏实地的人。《跳水》中的船长是一个爱孩子而且果断的人，孩子在面临摔死的危险情况下，用枪果断逼迫孩子跳水，孩子得救了。鲁本是一个爱妈妈的人，他为母亲买胸针的行为是能够说明的。

生2：我同意前面同学的意见。我认为挑山工是一个目的明确的人，而且为实现目的付出坚持不懈的行动。“就得一个劲往前走”这句话能说明这一点。我佩服《跳水》中的船长，儿子站在桅杆顶端身处绝境，“所有人不知所措”，而他用打海鸥的枪，“立刻瞄准”，“大喊跳到水里，不然就开枪了”，多么伟大的爸爸呀，在对比中我感受到爸爸冷静，有办法。鲁本是一个懂事、孝敬妈妈的孩子，想母亲节时送妈妈一个礼物，并坚持捡麻袋实现了梦想，意义太深刻了。

师：上面两个同学谈得特别好。从挑山工的言谈中，发现挑山工是一个脚踏实地、坚持不懈为目标奋斗的人；《跳水》中的船长面对处在绝境的孩子，有着冷静、果断的行动与喊话，化险为夷；鲁本的想法与行为，让我们感受到他那么懂事、孝敬妈妈，在母亲节时送妈妈节日礼物。其他同学还有从不同的角度或层面谈谈自己的理解或感受，也可以谈谈对自己的影响。

生3：这一单元在表现人物品质上也不一样。我重点说《挑山工》一课，冯骥才用自己一次登山的经历中所见、所闻、所感，也就是挑山工路线、路程、速度等，让我们感受到挑山工有目标，且为目标脚踏实地、坚持不懈、勇往直前的精神。作者用这幅画激励自己，同时也在告诉我们：不管是生活还是学习，只要有目标，脚踏实地、坚持不懈地做好每一件事，就一定能够获得成功。作者现在是当代著名作家、中国文联主席，这与从挑山工身上获得启示是分不开的。

师：你真的很有见解！冯骥才三次登泰山，每一次都有很大收获，而这一次在他一生中起着非常重要作用。你结合资料，并与挑山工精神对他的激励联系在一起，说的很深刻。

生4：老师您说过《跳水》是一篇小说。这篇小说的主人公是船长，可是文章对船长的描写很短，对儿子一步一步走向危险却写了很多：船上的水手开始“都笑”，孩子“哭笑不得”——“笑声更大了”，“孩子脸红了”——孩子“气急”、“气极”，水手“吓呆”、“不知所措”，这足以让我们感受到船长的冷静、果断、智慧。同时也提醒我们，当遇到事情的时候，不要像孩子那样无头脑地冲动，要学习船长，学会冷静思考，果断、恰当地采取措施。

师：你们说的太好了！学习这一单元的文章，你们不但了解文章故事内容，知晓了人物的品质，体会到了写法，更重要的是你们从中学到了生活中做人、做事的方法与策略。学语文，不光是读文识字，学习表达方法，还应从中获得人生启迪。

"共议交流，共享收获，深化主题，个性发展"，学生站在单元整体上集体交流，从不同侧面、角度围绕单元主题，多元对话展开交流，彼此分享着对文章语言的理解、对文章情感的体验、对人物品质的评价、对表达方法的揣摩、对语言文字的欣赏、对自己生活的引领、对个性思想的熏陶，落实着语文教学的本质——工具性与人文性的统一。

(四)学法运用，拓展阅读，外延主题，完善强化

"学法运用，拓展阅读"是延伸学案，创造个性化学习空间的过程。这是教材单元课文读懂之后运用学法的辐射性阅读，"通过学案的进一步拓展与延伸，为学生创造语文实践的机会、个性化学习的空间。"

通常在学习完一个单元课文后，教师都要依据《语文课程标准》强调的"语文学习的开放性与实践性"，安排运用学法展开拓展性阅读。延伸阅读相关的内容或安排拓展强化某项训练，这是立足于语文课程发展、学生发展高站位的做法。其重要意义表现在：延伸运用学案，学生能在迁移运用中，巩固探究的方法与策略，促进阅读技能的形成；拓展阅读内容，在比较中发现文章内容、表达、主题的不同，并外延主题，可引发学生从不同内容、不同角度的再度解读，在这样的拓展中进一步完善、培养、强化学生的阅读能力。

可以说，学生在单元主题下课文读懂之后开展辐射性阅读，实现了"学案导学，个性化阅读"价值的最大化。如在学习《挑山工》、《跳水》、《鲁本的秘密》三篇课文后，教师依本单元主题补充、构建本单元的阅读内容——选择了同一主题、相近内容、不同作者或不同表达方式的《黄山挑夫》(选自京版教材课外选读)、《孩子的力量》(选自京版五下《语文读本》)、《五块钱的故事》(选自人教版五下《同步阅读》)，引导学生对比阅读，从而使学生在课外个性化阅读的空间中欣赏、比较、吸纳，外延主题。

如此，学生通过阅读，发现文章虽是同一主题，内容相关，但表达的形式、表现手法，或许不同。有的主题相近，但内容不同，写法不同，表达的思想感情也不同。可以说，对比阅读中学生扩大了视野，丰富了阅历；拓展阅读外延了单元的主题，加大了学生的阅读量，巩固了学法，一举而多得。

总之，单元主题教学中"学案导学，实现个性化阅读"的初探只是一点语文教改的尝试，或许能给同行们以启迪。在这里值得一提的是，单元主题教学对语文教师提出了更高的挑战，它需要教师拥有准确解读文本的能力，有对同一主题内容的综合能力以及对相关知识体系的拓展能力。这无疑对教师的备课及课堂实践提出了更高要求，即教师要立足单元主题整体备课，要根据单元实施的教学目标、依据单元教学主题，并以主题为线索，整合(或重构)相关的教学资源；要遵循阅读教学和学生学习的一般规律，根据学生需求和教材要求设计出适合的教学方案；要在实际教学中立足单元主题整体因势利导，等等。应该说单元主题教学中，落实“学案导学实现个性化阅读”有一定难度，但若是长期坚持，学生必会受益终生。

（北京市顺义区教育研究考试中心　闫兴河）

学案引领下的个性化阅读体验例谈

个性化阅读教学指的是教师引导学生探究性、创造性地感受、理解、评价、鉴赏文本的过程。开放性、主体性、多元性、直觉性是它的基本特征。由此可见，个性化阅读教学更珍视学生独特的感受、体验和理解。

但是否个性化阅读就意味着完全放开手脚、让学生漫无边际、天马行空式地解读文本呢？答案是否定的。在强调阅读是学生个性化行为的同时，也要尊重文本的价值取向。在实践中，我们找到了有效契合“文本价值共性”与“学生阅读个性”的路径——学案导学法。学案导学法是指学生先在教师指导下根据教材特点、学习兴趣、认知水平等拟订出学习的方案，再经过自主探究，共议交流相融不同的学案，达到多条道路上山——个性化发展的目标。

在学案的引领下，学生对文本的理解不会偏离主航道，同时也能尽情地释放个性化的生命体验。下面我结合《军神》一课的教学谈谈自己的点滴体会。

一、同样的人物形象，体现个性化的感悟方法

人文心理学的主要代表人物罗杰斯认为：学生是一条流动的变化之河，而不是一团固定的材料。对这句话我认为可以做这样的理解：学生的思维是灵动的，是丰富的。同样的事物学生可以从多角度表达自己的认知和看法，而不是固定为一种思维模式。延伸到语文课堂上，比如对同一人物形象共性品质的把握，学生认知的层面和角度往往是不同的，这也体现了学生思维的开放与多元。

京版教材第 9 册的《军神》一课，通过对刘伯承语言、神态、动作等正面描写和对沃克医生浓墨重彩的神态、情感变化的侧面描写，塑造了一个勇敢、镇定、有钢铁般意志的“军神”形象。在执教本课时，我先让学生对师生共同拟订的学案“沃克医生为什么称刘伯承为‘军神’？默读课文，画出相关语句，

结合上下文和生活实际简单批注，如果能借助课外资料理解更好”进行充分的自主探究，之后在小组内交流自学结果。在以小组为单位的全班汇报交流中，大多数同学都能感受到刘伯承勇敢、镇定、钢铁般的意志，但感悟的过程和方法却不尽相同。

请看一段教学实录：（先由一组同学整体汇报）

生1：我们组认为称刘伯承为军神的原因是刘伯承做手术不用麻醉剂，而且在做手术的时候一声不吭，还数清了刀数。从这里可以感受到刘伯承很勇敢、从容镇定、坚强。

生2：我们组画了第14自然段“这时护士跑过来，低声告诉他病人拒绝使用麻醉剂”。我们平常人做手术都要使用麻醉剂，但是刘伯承没有。第15自然段说刘伯承的右眼需要摘除坏死的眼球，把烂肉和新生的息肉一刀刀割掉。他的伤势都那么严重了，他还要忍受住手术中的痛苦，拒绝使用麻醉剂可以感受到他很勇敢。

生1：我们组还结合了刘伯承受伤的资料来体会。他是在一次战争中受伤的。当时子弹从他的右太阳穴射入，从右眼眶飞出。当他发现右眼球已掉出眼眶之后，用大刀砍断了连接眼球的筋络。从这已经可以体会到刘伯承很勇敢了。但是在伤势这么严重的情况下，他还不使用麻醉剂，就更能体会到他的勇敢了。

生3：我们还从病人平静地回答“平静”这个词体会出刘伯承还很从容镇定。因为刘伯承肯定知道，做手术的时候不使用麻醉剂过程是很痛苦的，但他还能平静地回答，由此我们体会到刘伯承的从容镇定。

生4：我们从“青筋暴起，汗如雨下、崭新的白垫单居然被抓破了”等词可以知道刘伯承做手术的过程是非常痛苦的，但他却“一声不吭”，而且在手术的过程中，还数清了沃克医生割的刀数，他很坚强。

（接下来是其他小组的补充）

生1：我们组也体会到刘伯承非常的坚强、勇敢。但是我们画的都是关于沃克医生的语句。第14自然段说病人要求不使用麻醉剂，而沃克医生就“再一次怔住了，竟有点口吃地说”可以看出沃克医生很吃惊，从来没有见过做手术不使用麻醉剂的人。第17自然段还说“手术台上，一向从容镇定的沃克医生，这次双手却有些颤抖，他额上渗出汗珠，护士帮他擦了一次又一次……”文中说他一向从容镇定，然后这次他却非常的害怕，而且最后他终于开口对病人说“你如忍受不住可以哼叫”，从这也可以体会到沃克医生也是非常紧张，他担心刘伯承挺不住。然而刘伯承一声不吭，而且在这么痛苦的情况下，他还数清了刀数，所以由沃克医生的态度中也可以感受到刘伯承的勇敢，他的意志非常的坚强。

生 2：我给他们组作补充。我们还可以联系前面“胆小鬼”的表现体会。上文中说 5 号病床的先生害怕做手术，要求使用麻醉剂。但是刘伯承不用麻醉剂做手术，还表现得这样的从容镇定。和胆小鬼比起来，刘伯承是多么勇敢、坚强。

……

从以上实录不难看出，学生对刘伯承“军神”形象的感悟路径精彩纷呈：有针对重点词句的理解，有对人物语言、行为的揣摩，有对课外资料的应用，有感同身受的体验，还有侧面描写的对比……方法之多样、角度之开放体现得淋漓尽致。这就好比一次小小的游览，不同的学生选择不同的游览途径，不同的游览重点，然后以自己喜爱的方式进行赏析，品味。可以说这样的阅读过程，才是真正自由自在、有滋有味的阅读。

二、同样的语言文字，体现个性化的感受理解

如果说对人物形象的感悟方式是体现学生个性化阅读的过程，那么对相同的词语或句段展现的不同的理解，就体现了学生阅读的个性化思维了。学生的知识水平、生活经历决定了他们的理解水平、情感体验存在着差异，正如“一千个读者就有一千个哈姆雷特”一样。因此，当学生勇敢地表达独特的体验时，教师要充分地尊重学生，决不能用标准化解读去规范、去框定。

例如在《军神》一课中，刘伯承提出拒绝使用麻醉剂后，沃克医生不解地质问他。而此时的刘伯承平静地回答：“沃克医生，眼睛离脑子太近。我担心施行麻醉会影响脑神经。而我，今后需要一个清醒的大脑!”交流学习收获时，有的学生关注到了“平静”一词，从这个词体会出了刘伯承拒绝使用麻醉剂时是多么从容镇定。而有的同学却从“平静”一词体会出了刘伯承做出拒绝使用麻醉剂这个决定是经过深思熟虑的，他是做了长时间的思想斗争。在国家利益和个人痛苦面前，他毅然决然地选择了前者。正是这份为了国家而宁愿牺牲个人利益的超人勇气，带给他坚定的信心，所以他拒绝使用麻醉剂时才能如此从容、镇定。“平静”一词看似简单，却激发起不同的情感倾向。

又如在学生结合文本和视频资料谈出对军神的感受之后，我引导学生有感情地朗读文章的重点段(第 18 自然段)。同学们读得情真意切，但有的同学读得低沉缓慢，有的同学则读得坚定有力。为什么会有这样的差异呢？读得低沉缓慢的同学说：我在朗读的时候，把自己想象成了旁边的护士，看到手术台上的刘伯承强忍剧痛，我不忍心看下去，又怕影响沃克医生动手术，所以读得低沉缓慢。读得坚定有力的同学说：我在朗读时，把自己想象成刘伯

承。时刻在内心鼓励自己，要坚强，要挺过去，所以在情感上就表现得坚定、有力。

同样的语言文字，学生却用个性化的朗读呈现出来各自不同的内心感受和情感体验。这充分说明学生在阅读中自主意识在不断增强。值得一提的是，虽然在朗读上表现的语气不同，但都表达了对刘伯承深深的敬佩之情。

三、同样的言语实践，体现个性化的表达角度

《语文课程标准》中提到：语文课程是实践性课程，应着重培养学生的语文实践能力，而培养这种能力的主要途径也应是语文实践。在教学中，尤其是高年段的教学中，应注重读写结合，给学生提供丰富的言语实践的机会。每节课的随堂练笔，不但可以帮助学生深入感悟人物形象、体验作者情感，更为学生个性化的阅读体验提供了广阔的舞台。

我在执教《军神》时，在结尾处创设情境，设计了写话练习：当沃克医生回到医生办公室之后，他感慨地对护士说了这样一句话——刘伯承是我见过的最了不起的中国军人。假如你是沃克医生，接下来会怎样说呢？而护士又会怎样呢？动笔写一写。

几分钟后，学生个性化的表达跃然纸上：

生 1：沃克医生说："刘伯承是我见过的最了不起的中国军人。他为了能有个清醒的大脑，为祖国效力，能忍受常人不能忍受的痛苦。他真有中国古代关云长刮骨疗毒的气概啊！"

护士点点头说："刘伯承能做到别人都做不到的事，不愧为军神啊！"

生 1 的表达既整合了文本信息，又对理解人物形象做了延伸，把刘伯承比作中国古代的关云长，进一步提升了认识，更加激发起对人物的敬仰之情！

生 2：沃克医生说："刘伯承是我见过的最了不起的中国军人。他是如此从容镇定，勇敢、坚强，我当过这么多年的军医，也没有见过刘伯承这样的人。我相信在我的国家也不会再有第二个人了。"

护士也由衷地说："是呀！我从来没见过你给一个人这么高的评价，刘伯承真不愧为军神呀！"

生 2 体会到文章侧面描写的好处，继续以沃克医生的视角，侧面烘托刘伯承的勇敢、坚强。从生 2 的表达中，可以看出通过本课的学习，学生既"得言"、又"得意"。

生 3：沃克医生说："刘伯承是我见过的最了不起的中国军人。他为了祖国可以忍受剧痛，他虽然失去了一只眼睛，却让我感受到了中国军人身上的英雄气概。我相信，中国还有千千万万像刘伯承一样的中国军人，中国一定

会强大起来。”

护士也情不自禁地竖起大拇指说：“你说得对！我也相信刘伯承会成为一个了不起的军人！”

生3的表达视角更开放，由刘伯承一人推及到千千万万的中国人，又由人联想到整个中国的命运和未来。这是学生内心情感的自由抒发！

……

创设情境，学习表达，这是学生进一步整合文本信息、形成解释、做出评价的过程，又是运用文本语言形式(对话、侧面描写)进行表达抒发情感的过程。围绕着本课的共性问题，学生从不同角度书写内心独特的情感体验，既深化了刘伯承的“军神”形象，又丰富延伸了学案的内容，共性交融和个性体验得到了最完美地展现！

总之，个性化阅读是心灵与心灵碰撞后产生的火花；是生命与生命对话后绽放的花朵。我们坚信，在“学案”的引领之下，学生在阅读中展现的个性之花会越来越灿烂！

（北京市顺义区马坡中心小学　王瑛玮）

落实质疑，在“学案导学”中发展学生个性

——《麻雀》一课质疑能力培养的启示

巴尔扎克说：“打开一切科学的钥匙都毫无异议是问号，而生活的智慧大概就在于逢事就问个为什么。”小学生天性好奇，充满了强烈的求知欲望。作为阅读学习的主体，如果学生没有阅读探究的兴趣，没有深刻全面的思维，也就更谈不上创新与个性了。而“依托学案　实现个性化阅读”课堂教学模式，以“阅读是学生的个性化行为”为理念，以学生的学习和发展为基点，特别关注了学生的自主阅读和个性化阅读，而其中很大的一个优点就是在学案的生成、实施、交融、完善与延伸的过程中，始终重视学生的质疑，做到了在质疑中发展学生个性。这主要体现在以下三个方面：

一、重视学生的初读质疑，发现学生个性化阅读倾向

“学案导学”教学模式中，学案生成要解决的是“学什么”和“怎么学”的问题，倡导在教师引导下，学生自主完成学案的拟订，既要关注文本的规定性要求，又体现学生主体的阅读期待和学习需求。因此，初读生成学案，应努

力做到既反映出学生学习的真实起点又能体现出学生学习的个性化倾向，形成“多彩”的学案。

比如《麻雀》一课，学生在读通和通读课文的基础上都知道这篇文章叙述了一只老麻雀在猎狗面前奋不顾身地保护小麻雀的故事。文章按照事情发展顺序写了事情的发生——猛烈的风吹落了小麻雀；事情的发展——猎狗想吃小麻雀，老麻雀奋不顾身飞下来拯救小麻雀，吓退了猎狗；事情的结果——我唤回猎狗走开了。初步掌握了文本的主要内容，需要进一步研读的又有哪些呢？让学生在读书过程中善于发现、思考问题，并将思维过程外显化，可以提升学生质疑问难的针对性，避免问题的空泛和盲目。

既然课题是《麻雀》，学生自然想到了老麻雀的表现以及老麻雀身上所展现出来的精神应该是本文探究的重点。但部分细心的学生有了新的发现：文中除了对老麻雀有详细的描写刻画之外，对猎狗和小麻雀也有一些详细的描写，这对突出老麻雀的特点有什么作用呢？三者之间有什么关系？文中“可是它不能安然地站在高高的没有危险的树枝上，一种强大的力量使它飞了下来。”这句里“一种强大的力量”指的什么力量呢？“我”为什么急于唤回猎狗呢？……可见，学生的关注视角无论是老麻雀、小麻雀、猎狗的行为表现，还是文中“我”的内心世界，均表现出了不同的学生在解读同一篇文章时不同的阅读期待、个性化的阅读倾向。

“无目的读书是毫无意义的”。我们要重视让每个学生初读时产生探究疑问，充分尊重学生的个性化学习需求与阅读倾向，这也正是生成多样学案的根基。

二、紧扣学习过程中的探究疑问，生成学生个性化阅读成果

师生共同归并和整理学习这篇课文要探究的重点、兴趣点或疑问点之后，学生在教师的引导下，根据自己对学习内容的解读和阅读期待，能拟订出个性化的学习方案。在随后的研读共议过程中，学生依据自己所选学案里设计的目标和方法展开自学探究和共议交流。在这一过程中，老师仍要紧扣学习进程，帮助学生梳理探究质疑，从而引领学生形成真正的个性化阅读成果。

如《麻雀》一课，学生依如下学案进入了“自学探究”和“共议交流”环节：

【学案一】默读课文，思考老麻雀、猎狗和小麻雀分别给“我”留下了怎样的印象？找出文中体现它们特点的句子读一读，并写上体会。

【学案二】课文所描写的故事中哪个场面最使“我”惊心动魄？在文章中画出来，并简单写写批注。

(一)倾听探究过程中生发的质疑，激发学生质疑的能力

探究过程中，部分学生选择了学案二。依据学案，学生展开自学探究，能很快发现第 4、5 自然段既是老麻雀与猎狗搏斗时惊心动魄的场面，又是全文的重点。如何引导学生自读自悟，从这一部分发现老麻雀“勇敢”与“胆怯”相互交织的两种性格上的矛盾，然后结合语境去主动探究产生这种双重性格的根源，这是教学成功与否的关键。

某位学生在展示学习收获时提出内心的疑问：文中写到“突然，一只老麻雀从一棵树上飞下来，像一块石头似的落在猎狗面前”，为什么要把老麻雀比作“石头落下来”呢？对这一细节的关注，能帮助学生发现老麻雀“勇敢”的这一面，也能很好地引领他们进一步体会老麻雀的爱子之心，多么难得的生成性资源呀！为此，老师顺势而导：“多会提问呀！我们要采用什么方法来解决它呢?”很快，联系上下文、去掉关键词比较等方法被提了出来。通过对比、联系语境，学生很快悟到了“像一块石头似的落”中所包含的三层意思：①写出了老麻雀飞下来时极快的样子；②写出了老麻雀一心想拯救幼儿的急切心情；③写出了老麻雀的果断、勇敢、坚定的形象。一言以概之，一个“落”字写出了老麻雀为拯救幼儿奋不顾身的英勇形象。

如此，借助在学案自主探究的过程中，学生产生新的质疑，并寻求解决问题的方法，然后再通过自主探究后解决个性化的阅读需求，在敢于质疑、善于解疑的过程中，学生充分体验到了探究之乐、学习语文之乐。

(二)梳理共议交流过程中的质疑，形成个性化阅读成果

共议交流第 4 自然段的第 2、3 句话：“突然，一只老麻雀从一棵树上飞下来，像一块石头似的落在猎狗面前。它扎煞起全身的羽毛，绝望地尖叫着。”这句话中的前后矛盾引发了学生思考：“既然‘落’字写出了老麻雀的英勇，那么它为什么还会扎煞起全身的羽毛，绝望地尖叫呢?”新的疑问，激发了学生更深层次的探究欲望。老师因势利导指引方向、引发再思：老麻雀“绝望尖叫”的原因能否从猎狗和老麻雀的描写中找出答案呢？果然，不少学生发现老麻雀的这种“勇敢”与“胆怯”的矛盾性格在第 5 自然段中表现得更为淋漓尽致。学生的关注点立刻转向了第 5 自然段的品读发现，原来“掩护”与“发抖”，“搏斗”与“呆立”等行为中都展示了其中的矛盾，学生急需解疑答疑的愿望更强了。

师生梳理疑问，不同学案的学生再读文本、探究共议。“理愈辩愈明”。老麻雀置身于凶残的猎狗与弱小的幼儿当中，力量悬殊、情势紧迫；作者正是结合老麻雀的处境，将内心惊恐、急迫，外表极尽坚强的表现刻画得淋漓尽致、生动可信；而这文字背后，也自然将老麻雀矛盾的心理蕴含其中。这样看似矛盾的表现，不仅没有丝毫贬低老麻雀，反而使老麻雀爱子之切的形象显得更真实，更丰满，更高大。

学生在探究过程中质疑，在继续探究中化解矛盾，很好地融合了学案一和学案二：于最使人惊心动魄的场景中(学案二)感知老麻雀的勇敢与坚定，整合具体描写猎狗和麻雀的相关词句(学案一)，加深对老麻雀矛盾心理背后所体现出的那份勇敢无畏以及对幼儿无私的爱的理解，收获了语言文字背后所蕴藏着的丰富的思想内涵。此时，不论学生感悟的程度深浅，都是基于个性化学习成果基础上的又一次深入思考。相信，持之以恒地坚持下去，学生定会养成敢质疑问难、善质疑解惑的习惯。在有积极思维参与的师生、生生的碰撞"对话"中，一定会擦出更多智慧的火花，帮助学生生成更加深刻的个性化阅读成果。

三、整体反馈激发学生发散质疑，发展学生个性化阅读能力

学案的完善与延伸是"学案导学"的整体反馈过程，这既是对实施学案时碰撞"火花"的记录，也是对学习过程中方法与能力的回顾和理性提升，更是对"在生活中学语文"这一理念的具体实践和运用。在此环节中，教师可以大胆激发学生产生新的质疑，促进学生养成拓展学习和课外阅读的兴趣，从而真正形成自能阅读的能力。

在《麻雀》一课整体反馈后，老师给学生机会再次发散质疑："看过屠格涅夫的《猎人日记》吗？学了这篇课文，你有什么新的想法或建议吗?"关注作者、关注作品、关注篇与书之间的关系，让学生的思维视野开阔起来：文章的结尾是"我急忙唤回我的猎狗，带着它走开了"，这个故事中如果没有人的主宰，那么结局会怎样呢？

"一石激起千层浪。"学生有动物间弱肉强食的经验，思维一下子丰富起来：假设当时作者不在现场，那么狗鸟争斗的结果将会如何？如果我是作者，我怎样写故事的结局呢？在随后的整理反馈中，学生的想象丰富、改写精彩：

生1：猎狗刚刚两眼还露出十分凶狠的目光，现在却一下子失去了光彩，像是遇到了强大的对手，夹着尾巴怏怏地走开了。(这段话迁移运用了本课所学的细节描写，抓住了猎狗的神态和动作，而且揣测了猎狗当时的心理，写得很细腻。)

生2：猎狗想："我跟随主人短暂一生，狩猎过多少体型庞大或是十分凶猛的动物，没想到今天竟败给了一只麻雀。不过我不是在体力上败给了它，而是它的爱子之心所表现出来的勇敢、坚定实在令我敬畏。"正当猎狗沉思时，一只狐狸从丛林中跑出来，张开血盆大口扑向两只麻雀。猎狗见状，迅速冲

向狐狸挡在麻雀身前……（改写引入了“狐狸”这一角色，使故事情节更加跌宕起伏；而猎狗的“内心独白”恰恰反映出学生对“老麻雀对孩子的爱”的深刻理解。）

生3：老麻雀和小麻雀从惊恐中醒过神来，老麻雀紧紧搂住小麻雀，说：“没事了，没事了，一切都平安了。”小麻雀激动地说：“妈妈，如果没有您，我早就没命了，是您又给了我一次生命。”老麻雀拍拍翅膀说：“孩子，你以后的路还很长，我希望你也能勇敢起来！”在接下来的日子，小麻雀刻苦练习飞翔，在妈妈的勇敢精神鼓舞下终于飞向了蓝天……

以上的精彩改写，都是基于学生之前所产生的个性化阅读成果，有写作和表达手法上的运用，有对文章中心的深刻理解，有对文章的立体感悟……看似简单的改写练习，实则是个性化阅读能力的实践、发展与提升。

而整体习文反馈后的质疑，既深化了学生学习的成果，也挖掘出了学生无限的想象力，是对个性化阅读成果的一次内化和升华，在培养学生创新思维的同时更是为发展学生个性化阅读能力添上了浓墨重彩的一笔。

叶圣陶先生提出，教师要善于引导学生“疑难能自决，是非能自辨，斗争能自奋”，真正达到“教是为了不需要教”。“依托学案　实现个性化阅读”的教学模式中利用“学案导学”，注重激发学生的质疑兴趣，形成个性化的学习思路；注重培养学生自己提出和解决问题的能力，收获个性化的学习成果；注重将质疑问难能力的培养贯穿阅读学习始终，切实做到了在质疑中发展学生个性。

（河北省三河市汇福实验学校　董红云）

在共性交融中彰显个性阅读体验

——《地震中的父与子》教学例谈

《语文课程标准》倡导学生“个性化阅读”，应当指出的是，学生“个性”的体验应来自对共性问题的深入咀嚼与感悟。因此，应围绕共性问题对学生进行“个性化阅读”的训练——即“在共性交融中彰显个性阅读体验”。如何将二者有机融合呢？“学案导学”模式提供了重要的方法和途径。下面以《地震中的父与子》为例，谈一谈我的做法。

一、梳理生成学案，建立个性化阅读的基础

在第一课时中根据学生的疑问及重、难点梳理、生成了以下学案：

【学案一】课文结尾为什么说这是一对“了不起的父与子”？默读课文，画出相关语句，在感受深的地方写写批注。

【学案二】“不论发生什么，我总会跟你在一起！”这样类似的话分别是在什么情况下出现的？每次出现有什么含义？联系上下文完成下表：

“不论发生什么……在一起！”	在什么情况下出现	含义
第一次		
第二次		
第三次		

写人的文章要抓住人物的具体表现感受人物品质，领悟主旨。学生在自主探究、感悟中始终不能偏离这些共性问题的引领。

二、共性交融学案，彰显个性化阅读体验

第二课时中，学生围绕其中一个学习方案展开5—7分钟自主探究后进行共议交流，展现出了自己独特的阅读体验。

(一)螺旋式思维，感受人物品质

交流学案一“为什么说父亲了不起”时学生首先谈到了重点段：“他挖了8小时，12小时，24小时，36小时，没人再来阻挡他。他满脸灰尘，双眼布满血丝，衣服破烂不堪，到处都是血迹”。从动词“挖”和时间词及父亲的外貌描写中感受到了父亲的了不起。交流完重点段之后，我问：还从哪儿感受到父亲的了不起呢？(学生思维受阻)进一步引导：读一读第5—11自然段，你有什么新的发现？

生1：这里随时会发生爆炸，还会有余震。但是父亲不怕危险，坚持救儿子，他很了不起！

生2：我从“有些人说：‘太晚了，没有希望了’”了解到父亲在别人都绝望的情况下坚持挖掘38个小时，他很了不起！

师：从人物的对话及他们内心的对比中体会到父亲的高尚品质，你们也很了不起！

生3：我知道了父亲是在一个念头的支撑下，不顾劳累、不畏艰险地挖掘了38个小时，他真了不起！

学生对相同的学习内容有自己不同的发现和理解。在相互交流中加深了对文本的认识，进一步体会到父亲的了不起。这个螺旋式的探究过程，体现了学生的个性化思维，让学生在共议交融中补充了自主探究的收获。

（二）个性化朗读，走进内心世界

语文教学不仅要让学生对语言文字有所感悟和思考，还应珍视学生独特的朗读体验，因此我让学生在谈出父亲了不起之后带着感受读一读重点段。

生1读得低沉缓慢。

师：你为什么这样读？

生1：我这样读，是想表现出随着时间的延长，父亲越来越累了。但即使这样，父亲还是没有放弃，更能体现出父亲的了不起。

生2读得高亢急促。

师：你为什么这么读？

生2：我这样读是为了表现父亲想救出儿子的急切心情，还能表现出父亲救助儿子的决心。

师：还可以怎样读呢？想象当时的情景，带着自己的体会再读一读。

看！个性化朗读不仅让学生对文字的感悟更加丰满，还为学生依托学案学习提供了进一步的方法。

（三）多角度表达，升华文章主旨

在汇报、交融两个学案之后，是对全文内容和主旨的整合提升。我设计了下面的写话练习：

看着这对了不起的父与子，无比幸福地紧紧拥抱在一起。我想：______

____

____

生1：在这场大灾难中，父子俩终于团圆了！此时，他们是最幸福的，因为一句承诺，父亲坚持不懈地挖掘，儿子苦苦地坚守，终于等到了对方！父亲为儿子感到骄傲，儿子为父亲感到自豪！

生2：爱的力量创造了奇迹。在以后的人生道路上，他们一定会像这次一样，凭着坚定的信念战胜任何的困难。

生3：一句简单的承诺在不同情况下给了这对父子力量和勇气，此时，他们幸福地拥抱在一起，心里一定会再次想起这句话——“不论发生什么，我总会跟你在一起！”

……

围绕共性问题，学生从不同角度书写内心的情感体验，既深刻领悟了文章主旨，又丰富延伸了学案二的内容，共性交融和个性体验得到了完美地展现！

（北京市顺义区马坡中心小学 王瑛玮）

如何让学生在阅读教学中读出“个性”，读出“自我”

——以《小松鼠看错了》一课为例

《语文课程标准》指出：“阅读是学生的个性化行为，不应以教师的分析来代替学生的阅读实践。应让学生在主动积极的思维和情感活动中，加深理解和体验，有所感悟和思考，受到情感熏陶，获得思想启迪，享受审美乐趣。要珍视学生的感受、体验和理解。”

作为阅读的主体，学生有着个性气质、生活经验、心境、情趣的差异，每时每刻他们都在展示着自己的个性，世界因此变得多姿多彩，于是乎阅读也会出现意义重建的多元化。一千个读者就有一千个哈姆雷特，阅读就是读者把看到的外部语言转化为自己的内部语言的过程。下面，我就以《小松鼠看错了》一课的教学为例，谈谈在阅读教学中怎样让学生读出“个性”，读出“自我”。

一、鼓励质疑，引导解疑，凸显个性

巴尔扎克曾经说过：“打开一切科学的钥匙都毫无异议地是问号……而生活的智慧大概就在于逢事就问个为什么。”陶行知在《创造的儿童教育》中提出：“发明千千万万，起点是一问。”因此，在阅读教学活动中，教师要鼓励学生敢于质疑，因为只有有了疑问，才会形成学习的内驱力。在此基础上，教师引导学生解疑，凸显学生对文本的个性化理解。

例如，在学习《小松鼠看错了》这篇课文时，学生读完课题后，教师引导学生思考：读完课题，你想知道什么？话音刚落，同学们就纷纷迫不及待地举手提出问题：小松鼠把什么看错了？小松鼠为什么看错了？此时，教师引导学生初读课文，从课文中寻找答案，激发学生阅读的兴趣。对于第一个问题，学生通过读文很容易找到答案，而第二个问题，则要通过老师给出的提示进行学习。

学生根据学习提示“读课文，想一想：小松鼠为什么看错了？画出相关的句子，然后读一读。”带着问题走进文本，通过自主性地阅读，他们不仅从重点的语句中找到原因，更能结合上下文和生活实际进行理解，充分展现了学生个性化的阅读体验。然后，进行全班的汇报交流。交流结果如下：

有的同学抓住“有一次，他穿着一件粗糙的棕色外衣，在树林里玩耍”这句话进行感悟。通过抓住重点词语“粗糙”“棕色”，联系生活实际，了解“粗

糙”这个词语的意思，发现达尔文外衣的颜色、质感和树干的确非常相像！因此小松鼠才会看错。

有的同学从“为了不惊动它们，达尔文一动不动地在树下站了很久”这句话体会到达尔文一动不动地在树下站了很久。“一动不动”就是一点儿也不动，一下也不动。“很久”说明达尔文这样一动不动地站了很长时间。所以小松鼠才以为达尔文是树干。

还有的同学则从课文的插图入手，通过观看插图，看到达尔文穿的衣服和大树干的颜色十分相似，这才导致小松鼠看错了。

……

大家都知道，课题是文章的眼睛，它常常起着提示全文、点明中心的作用。学生在课题处进行质疑，能够准确地抓住课文内容的要点和关键性问题，提出有价值的问题，这是个性化阅读的前提。

正因为学生有疑，他们才会有探究的欲望，才会通过阅读去体验、感悟和品味，充分与文本进行交流、沟通和对话，从而对文本有独到的理解和发现，用自己独特的体验去建构文本的意义，并在这种阅读体验中丰富自我，扩大自我，得到自我建构和自我实现。

二、教师设疑，引导想象，展示个性

“学起于思，思源于疑。”学生有了疑问才能进一步去思考，才能有生发点和探究的素材。个性化阅读鼓励学生养成对问题、对知识的好奇和求知欲，以及主动思考的质疑态度和批判精神。因此，教师就要为他们提供积极思维的广阔舞台，巧设探究点，引导学生想象，不断提高他们的思想境界。

这里所说的“巧设”，主要是通过教师设计问题，引导学生想象，体会作者的心声和文章主人公的心声，将文本读活、读实、读深、读透，从而使单薄的文本厚实起来，学生的语言实践扎实起来。

例如《小松鼠看错了》这课的教学中，“一只小松鼠跑来了，以为达尔文是树干，就顺着他的腿往上爬，一直爬到他的肩膀上，左看看，右看看，翘起尾巴跟妈妈打招呼，还挺得意哪！”教师不妨设疑：“小松鼠在达尔文的肩膀上，可能会和妈妈说什么？”

学生1：小松鼠可能会说：“妈妈，妈妈，我在这呢！”

学生2：小松鼠可能会说：“妈妈，你看，我自己爬到了一棵小树上，棒不棒？”

学生3：小松鼠还可能说：“妈妈，这棵树干真不错，我一下子就爬上来了。”

真是一石激起千层浪，同学们纷纷思索，展开讨论，争先恐后地抢答，有的展开想象，有的结合自己的体验，有的联系上下文，感悟出小松鼠此时高兴、得意的心情。

在学生充分朗读的基础上，教师继续设疑：达尔文看到爬到身上的小松鼠，是怎么想的呢？

学生1：达尔文可能会想：我可千万不要动，要不会吓到小松鼠的。

学生2：达尔文可能会想：这只小松鼠真可爱呀！

学生3：达尔文还可能会想：小松鼠，你开心地玩吧，想玩多久就玩多久。

……

这样的设疑，不仅引导学生进行想象，更让学生走进了达尔文的内心世界，用心体会到达尔文对小动物的喜爱之情。

此时教师引导学生思考：同学们，松鼠妈妈担心达尔文会伤害小松鼠，你们说达尔文会伤害它的孩子吗？你能结合课文内容说说吗？

学生1：达尔文从小就喜欢观察花草树木怎样生长，鸟兽鱼虫怎样生活。他不会伤害小松鼠。

学生2：有一次，达尔文看见几只没见过的小鸟，就一动不动地仔细观察。他非常喜欢小动物，肯定不会伤害小松鼠。

学生3：小松鼠爬到了达尔文的身上，达尔文一动不动，怕吓到小松鼠。他是不会伤害小松鼠的。

学生4反问道：达尔文这么喜欢小动物，怎么会伤害小松鼠呢？

正是这样，教师善于抓住文本中的想象点，对学生进行质疑问难，充分激发了学生的阅读兴趣，引发学生阅读的期待，培养他们想象说话的能力，为个性化阅读打下良好的基础。

三、以一带一，拓展阅读，延伸个性

个性化阅读不仅仅体现在阅读教学之中，还应该建立在学生大量阅读的基础上。在传统的语文教学模式中，教师往往特别强调对课本上文章的精讲精读，结果是学生的阅读视野十分狭窄，渐渐地对阅读失去激情。因此，作为一名语文教师，要千方百计把学生的阅读视野引向课外，让阅读成为学生课余生活的一部分。

在学完《小松鼠看错了》这篇课文后，我为学生推荐一篇《达尔文小时候的故事》，拓宽学生的阅读量，激发学生阅读的兴趣。

学生读完文章后，我们一起思考了这样两个问题：读完了小达尔文和妈妈的对话，你有什么不懂的问题？你觉得达尔文是个什么样的孩子？

通过这样的延伸阅读，学生一方面更加清晰地认识了善于思考、不懂就问的小达尔文，使人物形象在他们的头脑中更加丰满。另一方面继续培养学生在阅读教学中质疑、解疑的能力。此外，我还向学生推荐《大科学家的小故事　达尔文》、《热爱生命　达尔文的故事》两本书，加大学生的课外阅读量，延伸学生的阅读个性。

素质教育的今天，我们十分清晰地认识到，学生才是学习的主体。因此，在阅读教学活动中，教师要鼓励学生进行质疑，通过设问引导学生解疑，创造性地去理解和使用教材，让学生在阅读教学中读出"个性"，读出"自我"。同时，要不断进行延伸阅读，激发学生的阅读兴趣，为学生的个性化阅读提供更为广阔的空间。

（北京市顺义区建新小学　王秋梅）

中年级个性化阅读教学策略例谈

阅读是读者的个性化行为，是一连串的由内而外的"读书—感悟—表达"的行为链条，是读者借助语言文字接受文本和超越文本的一个连续过程。而文本又是教与学的载体，作为语文教师，首要任务便是利用好手中的文本，培养学生的阅读能力，以个性化阅读教学的魅力影响学生的阅读，让阅读真正成为个人发自内心的一种享受。事实上，作品是由作者和读者共同创造的，作品丰富的人文内涵孕育了文本解读的多样性；每位学生都是一个独立的个体，都有着与众不同的生活阅历和心灵历程，面对文本自然会各取所需，进而产生不同的阅读期待、视野和成效。因此，我们的阅读教学要结合学生的年龄特点，将个性化教学的策略渗透在学生"预习"、"探究"、"拓展"等环节之中，为其自能阅读、个性化阅读奠定基础。

一、授之以"法"，个性化预习

语文学习包括课内学习和课外学习两部分。以往的阅读教学中，教者常常把所有的精力投入在课内教学上，精心设计每一个教学环节，绞尽脑汁检验学生课上阅读所得，殊不知在这样的执着中忽视了学生课前知识、已有能力基础的开发与利用，阅读教学的效果也就事倍功半了。孙子云"知己知彼，百战不殆"。阅读教学更是如此，只有最大限度地了解学生，想学生之所想，思学生之所思，才能设计出真正符合学生心里需求的教学过程、教学方法。

因此，为了实现课内教学效果的最大化，必要的课前预习不可或缺。

中年级学生正处于具体形象思维向逻辑思维过渡的关键时期，没有一定指导的预习对他们而言可谓是纸上谈兵、异想天开。所以在预习前，教师要针对学生的能力特点给予不同方法上的指引与支持，让其在个性化的预习活动中掌握部分生字新词、初步了解课文内容、提出质疑。

比如，对于刚刚步入三年级的学生来说，阅读无拼音的文本有一定的难度，因此可以降低这一阶段的要求，让每个学生都有适合自己的预习内容，如：1. 本课的生字我记住的是________；2. 给生字找朋友，看谁找的多(生字组词)；3. 读课文标自然段、生字注音；4. 通过读课文我知道了________
经历一段时间训练后，学生初步掌握了预习的内容和模式。随后，引导学生从各自的初读感受出发，提出自己的“疑”和“难”，这时的质疑侧重于简单的课题质疑、字词句的质疑。

而当学生进入到四年级后，已经初步具备独立预习的能力，他们对文本的解读不再局限于字、词、句的标音理解上，这时可因需继续提高要求，如：小组内试着写写自然段的主要内容；整理疑难制定一个或多个学习方案；搜集整理与课文相关的资料等等。学生从“我”的角度进行预习，从内需的立场出发，明确已知，整理未知，最终形成适合自己进一步探究课文内容的方向。就拿《难忘的八个字》一课来说，不同层次的学生会有不同的探究方向，大多数学生会针对于课题质疑：这八个字为什么令“我”难忘？而能力较强的学生会直指文本的内核：为什么伦纳德老师的一句话就会像一束阳光一样温暖了小女孩的心？有了疑问后，我们还要给学生以解决问题方法的提示：为了解决这些问题，我们需要做些什么？真正由学生来交流整合出适合自己解决问题的方式、方法，形成不同的学习方案，如，学案一：默读课文，找到难忘的八个字，画下来，思考：这八个字为什么像阳光一样温暖小女孩的心？可以结合相关语句和同学交流一下自己的看法。学案二：默读课文，思考伦纳德老师是在什么情况下说这八个字的？画出相关的语句，读一读，也可以写下自己的理解。

古人云：“凡事预则立，不预则废。”有目的、有准备的课前预习，能大大提高课堂学习的效率、效益、效果，为落实“个性化”阅读提供必要的保障，也为高效制定教学目标、全面预设教学过程奠定基础。

二、巧用指导，个性化探究

新课标强调了指导的本质属性是教师不充当课堂学习活动的主角，不占学生的位子，只为学生创设一个支持性的学习环境，采用恰当的形式给予学生心理上的安全感和精神上的鼓舞：帮助学生围绕适当的学习目标，确认和协调达到目标的最佳途径；引导学生形成良好的学习习惯、掌握学习策略；随时掌握教学过程中出现的新情况，尤其要注意学生发展的方向与目标出现偏差，能力发展不到位，情感态度价值观走进误区等现象，及时给予指点和指导，保证学生的学习进程及目标达成。在探究文本内容时，我们可以抓住文本的空白点或是学生的创新点、生成点引导其进行个性化探究，让阅读彰显学生的个性风采。

(一)合理想象，全面一点

为了使文本更具深刻性、丰富性、思想性，作者往往在行文时铺设一个或多个发散点，这些发散点恰恰能体现不同读者的个性理解。作为小学三四年级的学生而言，其有限的阅读能力不足以让他们发现、品味到作者留白中所表达的内涵，这就需要教者找到留白处搭建想象的平台，让学生在多个角度、多个层面的思维中厚重文本。值得注意的是，我们在引导学生想象时，不要介入得过早，避免阻碍了学生本可以自主发现的机会；也不要介入得太晚，以免让学生在无助的状态中虚度时光。如《小珊迪》一课中，“当我想到孩子那诚恳的面容，想到他那使人信任的神情，我断定他不是那种人。”学生易于忽视“那种人”的丰富内涵，以及“不是那种人”所体现出的那份信任与肯定。这时可以引导学生分层想象：①“我”何以“断定”小珊迪不是“那种人”？②再现情境，感受诚信、善良：此时你就是小珊迪，一辆马车轧断了你的双腿，你的帽子找不到了，火柴也丢了，有七个便士也不知哪儿去了。你会____________；你会对弟弟说：________。这时学生就可以从小珊迪、小利比、旁观者的角度感受珊迪哪怕身受重伤、哪怕疼痛难忍、哪怕急需医治也会毫不犹疑地还钱，这恰恰是人物诚实、守信、善良品质的具体体现。而在这样多角度的想象与表达中，学生用心灵与人物进行对话，个性化的理解、体验便得以充分的张扬。

再如《天鹅的故事》一课，文中作者并没有把老天鹅一次次扑打冰面时的场面全盘托出，而是通过简单的数字及省略号一带而过——接着是第 2 次、第 3 次……，看似不经意，实则赋予有限的文字以丰富的内涵，这丰富的内涵正是学生个性阅读的大舞台，我们何不让小文字放异彩呢？首先就要让学生交流读这句话的感受。学生或认为老天鹅一次次扑打是顽强的，或认为老天鹅是勇敢舍己的，等等，此时继续引导学生想象表达：简单的文字却包含着丰富的内容，镜子般的冰面被震得颤动起来，第 2 次，老天鹅……冰面裂开了一条小缝，老天鹅第 3 次……，第 4 次、第 5 次呢？学生在这样个性化的表达中再现了老天鹅破冰时的场景，在角色体验中走进老天鹅的内心，这时再引导学生进行个性化朗读便水到渠成。

(二)顺应生成，深刻一点

课堂上，我们鼓励学生进行个性表达，课堂氛围便会更民主、更轻松，但随之而生的“意外”事件也就多了：学生的回答，学生的思维，学生的举动往往令我们措手不及。如学习《账单》一课，有些学生对于彼得账单中的内容感同身受，认为彼得帮助父母做事理所当然应收取报酬。学生此时生成的理解看似合情合理，但却脱离了文本的主旨。这时，我们不要急于否定学生的看法，而是适当地引导生成，让学生结合生活实际也为彼得的妈妈算一笔经济账：看来小彼得明码标价是理所当然的，那妈妈的账单呢，我们是不是也应该算算她应得的报酬呢？学生经过粗略的计算自然能够感受到妈妈十年的报酬竟然是一个庞大的天文数字，恐怕穷尽一生也无法支付。回过头来再交流彼得的账单，自然能够感受到与妈妈相比，彼得的付出太微不足道了。

再如学习《麻雀》一课，理解老麻雀为拯救幼儿敢于与猎狗搏斗时，一个学生提出这样的异议：我认为这是一只自不量力的老麻雀，明知斗不过猎狗还要拿鸡蛋往石头上碰，真笨！当然如果单说麻雀与猎狗搏斗的行为，确实无异于以卵击石，所以他的见解从某种意义上来说具有一定的合理性。若从文本的角度来说，老麻雀的所作所为并不是脱离文本的独立存在，它的背后还有一个更为弱小的生命等待保护，而该生只是看到猎狗的庞大、凶猛，其实这不只是某个孩子的问题。针对这样的生成，可放手让学生展开辩论“老麻雀的所作所为是不是‘自不量力’？”争论中学生们不仅能丰满老麻雀这一形象，更在思维的碰撞中走进老麻雀的内心世界，透彻领悟到它的所作所为都是源于伟大的爱。由此可见，课堂是师生、生生互动的场地，我们要善于将课堂上所谓的“异议”生成绚丽的思维“焰火”，其教学效益便在这样不断的互动生成中得到彰显。

三、拓展阅读，个性化延伸

这里所说的“延伸”是针对于文本内容的丰富与拓展。我们都知道，要培养学生的阅读能力，光靠课内几十篇文章的学习是远远不够的。除了架设课前预习和课上学习的桥梁外，更应建立课内与课外阅读的联系，将学生的阅读延伸到更为广阔的语文天地中去。为此，我们要根据中年级学生的年龄特点、阅读能力、兴趣爱好、阅读需要等，为他们认真选择有益文章、读物，使课外阅读真正成为学生课内学习的有益补充。

(一)适合学生的年龄特点，激发阅读兴趣

古人说得好：“未见意趣，必不乐学。”苏霍姆林斯基也认为教师应在学生心灵中激起求知欲望和点燃热爱知识的火花。这“欲望”与“火花”就是学习兴趣与动机的激发。因此，我们要最大限度调动他们的积极性，把他们的兴趣点吸引到阅读中来。比如，我们可以根据儿童的年龄特点和兴趣爱好，以讲故事的形式向学生介绍一些贴近学生生活的读物。如“童话寓言故事”“少儿科普知识”“名人小时候趣事”等，激发学生对课外读物产生兴趣；其次，可以组织、开展展示阅读成果的活动，让阅读得到肯定；当学生到了四年级时，可以尝试推介一些优秀的中外名著，领悟浅显的为文、为人之道。

(二)用好文本，厚重文本

细读教材不难发现，我们使用的教材中有很多课文源自名家名篇，摘自名著。因此，从课文这个出发点，可以走向四面八方，精读一篇课文，可以带读许多篇文章。比如，课内讲了《麻雀》就可以推荐《斑羚飞渡》，讲了《一夜的工作》就推荐《大地的儿子——周恩来》等，有针对地拓宽文本的深度和广度。再如，每一篇课文都带有作者的个人印记，或静宜秀美、或激情澎湃、或悲情悯怀，他们用文字挥洒自我，表达情感。因此在学习时，可以推荐孩子们读相同作者的一些文章、传记等。如教学了《我一定要等她》可以介绍传记文学《宋庆龄》，了解宋庆龄其人其事及优秀的人格品质；教学了《肥皂泡》之后，可以印发《小橘灯》《再寄小读者》等文章，感受冰心作品的风格；教学了《捅马蜂窝》之后可以推荐冯骥才后来的作品《珍珠鸟》，感受儿时的遭遇对“我”的人生及看待事物的影响，等等。在不断增加的文章篇目阅读中拓宽学生的知识面，让学生掌握更多的阅读材料。

精读一篇文章也可以拓展为读一本书甚至是一类书。如课上学习了《麻雀》一课，就可以推荐阅读屠格涅夫的《猎人笔记》。经历这样的阅读后学生对“老麻雀与猎狗搏斗”的看法就不仅仅局限在“爱”上，更会感受到强大与弱小、高贵与低贱的境遇差别以及作者的悯怀之情。再比如说教学《寓言二则》之后可以推荐《中国古代寓言》，了解寓言这种文体的特点，即通过故事说明一个道理。教学《围魏救赵》可推荐阅读《中华古典文学文库·三十六计》等，认识中华古典文学的博大精深。孩子当下的阅读可能只是一知半解，也可能是略知一二，但随着年龄的增长，阅历的丰富，自能阅读能力、鉴赏语言的能力必将得到发展与提高。

总之，千法万法不如得法。在语文教学中我们要巧用教学策略，让个性绽放异彩，让阅读放飞心灵，让课堂真正成为学生成长的舞台！

（北京市顺义区木林中心小学　王小明）

三、"经验型"研究论文

阅读教学要体现学生阅读的个性化

《语文课程标准》指出："阅读是学生的个性化行为。"而阅读教学一般是在教师指导下的群体学生参与的阅读实践活动，容易出现统一的学习内容、统一的学习方法，甚至力求统一的学习结果。但是，我们不能忘记：学生是学习和发展的主体，教者的一厢情愿必然会泯灭学者的个性发展，这将是我们教学的悲哀。

既然学生是学习的主人，既然阅读是高度个性化的心智活动，在阅读教学中，我们教师应追求的就是体现学生阅读的个性化，张扬其个性，促进其发展。

一、内容，因学而定——重需求

这里所说的"内容"是广义的，包括预习、初读、精读、拓展各个阶段的学习目标、学习内容，也涵盖学习的策略。"因学而定"的"学"包括学习的凭借——教材，也包括学习的主体——学生。"内容，因学而定——重需求"就是说，教师教什么，学生学什么，要因学而定，即，既要考虑学生应学什么——教材的规定，也要考虑学生想学什么——学生的自主，而且更多地考虑学生的需求。华中师范大学教科院王帅老师说："在语文课程内容的选择上，首先应充分挖掘教材的人文内涵，使语文教材人文化，教材内容应'适合学生的身心发展特点，适应学生的认识发展水平，密切联系学生的经验世界和想象世界，应有助于激发学生的兴趣和创新精神。'"这就是说，教材内容不等于教学内容，而且因为学生的语文积淀、兴趣爱好的区别，学习内容有可能异彩纷呈。如：顾雪莲老师讲《深山风雪路》一课，初读之后，同学们都清楚学习这篇课文应该重点体会老吕是怎样的一个人（重点目标相同），可是同学们探究的方法各异：有的受课后习题启发，想抓住老吕的言行心理，或从描写"我"的心理活动的语句入手；有的则抓住结尾含义深刻的语句，从自己的疑难之处(为什么说脚印默默无闻而又放着光彩?)入手；还有些同学想完成自己感兴趣的问题——课文三次写到老吕清晰的脚印，每次告诉了我们什么?”虽然学生选择的角度、学习的内容不尽相同，但是顾老师充分尊重学生的选择，鼓励学生按照自定的目标、内容设计学习的策略、方法，进行实实在在的自主探究。集体交流时，学生充分展示自己的探究收获，顾老师因学情而引导、提升，学生们在民主、开放的氛围中学得兴致勃勃。

有时，学生学习的难点或兴趣点与学习的重点不符，更需要教师尊重学生的意见。如：学习《穷人》一课，重点是体会桑娜和渔夫“不顾自家的困苦，收养邻居西蒙的两个孤儿”这善良的品质，而有些学生从课题出发，想研究一下“从哪儿看出桑娜、渔夫和西蒙是穷人?”我们也应该允许。当然，我们教师不能听之任之，适时可以点拨学生：“你们除去体会到他们很穷，还能体会到什么呢?”或者“桑娜和渔夫就是在这样极度困苦的情况下收养了邻居西蒙的两个孤儿，你还能体会到什么呢?”这样既满足学生自己的求知愿望，又引导学生关注教材要求的目标。

如果我们教师能够将教的目标转化为学的需求，让学生在自我需要中达到教材的规定，这是教学的最高境界，是教师主导与学生主体充分的体现、完美的结合。比如：我在教学《理想的风筝》时，利用课文的开头这样导入新课：春天又到了，柳枝染上了嫩绿，连翘花举起金黄的小喇叭，蓝天上，一架架风筝在同白云戏耍。(出示：每逢这时候，我常常不由自主地想起我的刘老师，想起他放入天空的风筝)结合上节课的学习，说说你从这段话读懂了什么，又有什么想问的呢？此处的质疑就将本课的学习重点、难点自然显现出来。学生问道：“为什么每逢这时候，‘我’就会不由自主地想起刘老师，想起他放入天空的风筝呢?”“我感觉课文后边说‘已经近30年没有见到刘老师了。然而他永远在我的记忆里行走，微笑。’与这里说的‘每逢这时候，我常常不由自主地想起’有些矛盾。”“刘老师放风筝与他‘放起一架又一架理想的风筝’有什么联系呢?”而这些正是应学的内容，却不是由教师指定，而是学生们自己发现的、希望解决的，接下来的自主探究学生能没有动力吗?

内容，因学而定——重需求，就充分体现了学生是学习的主人，呈现了不同学生学习不同语文的开放局面。

二、过程，以学为主——重自探

学生因学而定学习内容以后，要进行的进一步探究应该是一个“以学为主”的过程。

这里所说的“以学为主——重自探”有两个方面的含义。

第一，从教与学的关系上看

“以学为主——重自探”是以学生的自学为主，体现是学生阅读。因为“语文是实践性很强的课程”，“应该让学生更多地直接接触语文材料，在大量的语文实践中掌握运用语文的规律。”况且叶圣陶先生说，国文教本就是“为了要供学生试去理解，试去揣摩”的。学生也有这样的能力，叶圣陶先生指出：“一篇文章学生也能粗略地看懂”。我们做教师的有什么理由不放手呢？即便是新知要教、疑难要解，但也需要“缓说破”。

由于学生学习内容因学而定——重需求，就必然会改变教学过程凝固、教学方法僵化的状况，学生们将按照自己的需要、自己的意愿去读、去悟，内容丰富、形式多样的异步学习，展现了学生们个性化的阅读风采。需要说明的是“以学生的自学为主”要在预习、初读感知、进一步地探究、共议交流、拓展延伸各个阶段落实。如：我在讲《红色的报春花》时，学生对结尾“小达尔文的爸爸激动地说：‘我的花园里又多了一种新的报春花，英国又多了一种红色的报春花’”产生了不同的看法：英国到底多没多一种红色的报春花？遇到了问题，最先问的当然应该是自己，我让学生试着自己解决，结果还是有分歧，这时有了合作学习的必要，同学们在小组内讨论，几分钟后的集体交流同学争得还是面红耳赤。我只是用文中的语言启发同学道：“你们想想看，小达尔文折了一束白色的报春花，在红色的墨水瓶中浸过以后，它就变成红艳艳的了，于是爸爸说多了一种红色的报春花。”听后，有些学生静静地思考，有些学生通过查字典理解“种”的意思，还有些学生一边表演、一边体会，终于孩子们靠自己几个回合的自读（包括读书、比较、查字典、想象等多种办法）解决了这个难题。没有多一种，可是爸爸为什么对小达尔文说多了一种呢？学生又产生了新的疑问。

第二，从学生整体与学生个体的关系上看

“以学为主——重自探”是以每个学生的自探为主，体现学生阅读是个性化阅读。因为解读文本只能是学生的个人行为，每个学生都必然也有权利按照自己的思维方式、兴趣爱好来解读文本。正如崔峦先生说的：“阅读教学的过程是每个学生潜心读书、获得个人体验和独特感受的过程，是教师引导学生在阅读实践中不断实现自我建构、学会阅读、促进表达的过程，是学生读有所知到生疑到解疑再到生疑的过程。”在阅读教学中只有让每个学生从实际出发，充分地自读自悟，才真正体现了阅读是学生的个性化行为。当然，学生遇到了困难可以随时求教于老师或同学，也倡导独立感悟后的合作学习。教师适时适度地引导、点拨、提升更是必不可少。

综上，学生学习语文的过程是每个学生真正地、充分地自读自悟的过程，其间伴有师生之间、生生之间适时适度的合作互助，贯穿着教师的因学定教、顺学而导。

三、结果，学有所成——重发展

素质教育是面向全体的教育，我们追求课标规定的、教材要求的基本目标的落实，但由于学生千差万别，这基本目标的实现，可以独立地达到，合作地达到，甚至依附地达到。我们更追求个体自主地发展，达到自己最佳的境界。比如：学习古诗《送孟浩然之广陵》应抓住“送”，知道“谁送”，理解“怎样送”，体会送别情。也提倡学生拓展延伸搜集更多的赠别诗，体会人间别情；或者有兴趣欣赏李白的更多名篇。还可以了解一下黄鹤楼的变化、扬州的古今……而学生想象的意境、体会的程度、拓展的广度不尽相同。也就是说，我们不能用一个标准来规范学生的认识，要尊重学生各自的鉴赏个性和鉴赏结果，鼓励学生对作品的再创造，实现学生头脑中的个性化的第二文本。

在阅读教学中，我们重视学生对问题的探究兴趣——重需求，强调体验整个探究的过程——重自探，追求达到自己的至高点——重发展，从而实现阅读是学生的个性化行为。我们相信这种做法必将会使学生得到最大限度地发展。

（北京市顺义区教育研究考试中心　孔凡艳）

学案架起了学生与文本之间的桥梁

学案，顾名思义是学生学习的方案，它包含着学习文本的方法、思路等，学生在利用学案学习的过程中对文本的认识是逐层递进的，对文本内容的理解也将更加深刻。学案在“学案导学 实现个性化阅读”课题研究中，起到举足轻重的作用，所以，为学生进一步的学习提供了有效的支撑。

一、学案——来源学生的需求

学案来源于学生的学习需求。每阅读一篇文章，学生的头脑中总会有这样或那样的问题。不同层次的学生，提出的问题也各不相同。有的问题是简单的、表面的，只需要查查字典再联系实际想一想，或是联系上下文读一读就明白了；有的问题则是复杂的、深入的，需要联系上下文反复地阅读，反复地推敲揣摩，才能明了其中的深刻含义。这样的问题是共性的，更是学生需要探究而弄懂的，而它也恰恰反映出了课文的重难点。由于学生所提的问题不同，形成的学习方案就不同，选取的学习方法也不同。此时，指导学生依据所提出的问题制定学习方案，更具针对性，既体现出了以学生为本，同时又激发了学生的学习兴趣。

如：《“钢琴之王”的微笑》第一课时，初读课文后，有的学生会提出这样的问题：姑娘为什么要冒充李斯特的学生？听完李斯特的话，姑娘的脸为什么红了？这样的问题是浅显易懂的，学生只要联系上下文读一读就会明白了。有的学生提出的问题正是课文的重难点：课文中出现了三次李斯特的微笑，这三次微笑的含义有什么不同？课文结尾处姑娘说：“先生，您是我一生中最伟大、最可敬的老师，感谢您那颗金子般善良的心。”这句话怎么理解？我们不难看出，这两个问题正是学生需要弄懂的，所以可以这样拟订学案：

【学案一】“钢琴之王”的三次微笑有什么不同？画出有关的语句，联系上下文想一想“微笑”的含义。简单写写批注。

【学案二】姑娘对李斯特说：“先生，您是我一生中最伟大、最可敬的老师，感谢您那颗金子般善良的心。”联系上下文体会姑娘为什么这么说？在感受深的地方写写批注，并带着自己的感受读一读。

二、学案——赋予方法的引导

学案不仅反映出了要弄懂的问题，而且提供了有效的学习方法。它不同于问题，是对问题进一步的加工和完善，更有利于学生的学习。学生提出的问题是独立的，分散的，多元的，是针对自己不明白的地方所提出的，这些问题是不能直接拿来拟订学案的，应在教师的指导下，将问题进行梳理、整合，共性的问题体现出了本课的重难点。就此让学生探究是有困难的，应为学生提供一定的学习方法，如：联系上下文、结合生活实际、作批注等，降低学习的难度，这就是拟订的学习方案。

当然，探究一个问题的方法并不是唯一的、不变的。一般的方法有：联系上下文思考；结合具体的语境体会；作批注；有感情地读一读等，拟订学案时，需要结合具体的问题设计学习方法，学生在自拟学案时，也可以根据自身的特点来选择学习方法。我想学生只有有目的、有方法的去探究问题，才能更好地理解文本。

例如：《金色的鱼钩》一课，课文的最后写道：“在这个长满了红锈的鱼钩上，闪烁着灿烂的金色的光芒。”理解这句话的深刻含义，对学生来说是有困难的。故事发生的背景离学生比较远，这种革命的精神更是难以理解。解决这个问题，我们可以拟订出不同学案：

【学案一】默读课文，画出描写老班长的语言、神态、动作的句子，联系上下文思考，“在这个长满了红锈的鱼钩上，闪烁着灿烂的金色的光芒”这句话的含义，将自己的感受批注在书上。

【学案二】默读课文，画出文中有关“鱼钩”的句子，有感情的读一读，围绕“鱼钩”写了什么，思考“在这个长满了红锈的鱼钩上，闪烁着灿烂的金色的光芒”这句话的含义。

一册书有三十几篇课文，其中有记叙文、说明文、古诗、寓言等多种文体，学生在利用学案学习的过程中，将学习方案进行系统地梳理、分析、思考，就会发现学习课文是有规律可循的。不同的文体采用的方法也是不同的，如：诗歌类的课文，可以通过想象情景体会诗人的情感；写人的文章，可以通过抓住人物的神态、语言、动作等揣摩人物的内心；状物的文章，要抓住物体的特征等来学习。这样一来，学习方案就由师生共拟到学生自拟，完成了由“学会”到“会学”的转变，学生的学习更有目的性，学习的效率也就提高了。

三、学案——提高学习的效果

学案源于学生，又服务于学生。它是学生学习的“导师”，学生依据学案探究问题，先干什么，再干什么，是由自己决定的，在读、画、思、批中，一步步地走进文本，感悟作者抒发的情感……在这样静静的品读、感悟中，对课文中含义深刻的语句，理解得也将更深刻、更到位。

共议交流是展现学案交融、碰撞的过程，学生会从不同的角度来谈自己的所得。由于选择学习的方法不同，学习的思路也就不同，学生从不同层面，不同角度走向文章的主旨。在交流的过程中，学生的收获也会得到整合、得到互补、得到提升。这也正体现了阅读是学生个性化的行为，尊重学生的看法，适时引导。

再举一个例子，如《一个这样的老师》一课，拟订了两个学习方案：

【学案一】默读课文思考，你认为怀特森老师是一个怎样的老师？画出相关的语句，边读边想，并作批注。

【学案二】默读课文，找一找“我”的心情有着怎样的变化？画出相关的语句读一读，思考为什么会有这样的变化？

学案一是从课题的角度拟订的，学案二关注了“我”的心情变化，汇报学习收获时，选择学案一的学生在说明是怎样的一个老师时，必然会说到事情的发展变化，这正与学案二“我”心情变化的原因相融合，两个思路相互交织、补充，不论选择哪个学习方案，都能使学生体会到这既是一个与众不同的老师，也是一个对我们影响深远的老师。

学案为学生提供了学习的平台，学生可以有的放矢地学习、探究所质疑的问题。同时学案中学习方法的引导，也使学生更深入地走进文本，理解其文本中深刻语句的含义，所以说学案架起了学生与文本之间的桥梁。

（北京市顺义区龙湾屯中心小学　郑玉玲）

关注阅读期待生成学案的有益尝试

《语文课程标准》指出："要利用阅读期待，阅读反思和批判等环节，拓展思维空间，提高阅读质量。"这里的"阅读期待"是一种迫切求知的心理状态，是通过悬念的创设、情境的营造等，激起学生内心体验和探究的欲望。在语文教学中，从学生学情出发，整体感知课文，把握课文的主旨后，引导学生提出疑难及感兴趣的问题，并对问题进行适当筛选，形成阅读期待，便于个性化学案的生成。

一、感悟"关注阅读期待生成学案"的实效

课改以来，我曾一直尝试运用"导学案"组织教学，致力于营建自主、合作、探究的语文课堂，使学生乐于学习语文，并习得能力。自接触了"学案导学"的学习方式，我对"自主、合作、探究"的理解有了新的认识，尤其是孔老师执教的《梅花魂》一课，梳理学生的阅读期待生成了学案，依托学案，学生们自主探究课文，疑难处师生、生生相互合作、交流，自然轻松地学习了课文，有效地实现了个性化阅读。这样真实、富有活力的语文课堂给我留下了深刻的印象。

《梅花魂》是人教版五年级上册的一篇精读课文，孔老师在执教第一课时中，检测了学生预习的情况：读准读通课文，了解作者及写作背景，引导学生初步感知：课文回忆了外祖父的哪几件事？并试着用小标题来概括。

学到这里，孔老师继续引导：你觉得学习这篇课文，我们应该探究什么？这样一问，让我一愣：平时，我们会根据设计好的"学案"，引导学生继续学习、交流课文的重点内容。可这堂课，孔老师却先问学生"要探究什么"，很明显，"自主权"在学生手中。

由于学生学习习惯不同，学习能力有差异，所以初读之后，他们探究的兴趣点不同，提出了多样的阅读期待：

生1：我认为再学习这篇文章的时候，应该弄懂"梅花魂"到底是什么含义？

师：你关注到了课文题目的理解。

生 2：我觉得应该体会一下文章的思想感情。

师：通过文中回忆了外祖父的几件事，我们就能体会作者表达了怎样的思想感情。这也是课后习题要求我们达到的目标——关注课后习题，是很好的学习习惯。

生 3：读一读课文的开头和结尾，有什么联系。

师：你发现文章开头和结尾有联系，我想很多同学都知道，开头和结尾有怎样的联系呀？

生：(齐答)首尾呼应。

师：你看，首尾呼应是这篇文章的写作特点，那进一步应该知道的是什么呢？

生 4：这篇课文用了哪些写作方法？

师：用了哪些写作方法？很好，我们学习课文，要理解内容，还要学习表达，挺棒的。读书一定要思考！有一句话叫“小疑则小进，大疑则大进”，读这篇文章有没有问题？

生 5：为什么文章结尾说这个墨梅图和手绢不只是花，而是华侨老人一颗眷恋祖国的心？

师：是呀，这明明就是墨梅图，就是绣着梅花的手绢，为什么说“它不只是花而是身在异国的华侨老人一颗眷恋祖国的心呢？”这是一个多么深刻的句子啊！我们是应该弄懂的，它也是我们学习的难点。

短短的几个回合下来，让我深刻感受到了学生对文本的深入探究欲望是如此强烈，他们能够从不同角度提出自己的疑问。相比之下，我们平时一直培养学生自主学习的能力，用预先设计好的“学案”引导学生自学，虽有方法引领，但学生的学习还是被动的。看得出，孔老师引导学习的过程，更符合学生的认知特点与阅读需求，学生大胆质疑，为深入探究找到切入点。强烈的阅读期待，为学生独特的阅读体验，开启了学习的大门。

孔老师首先关注到学生不同的阅读期待，我们知道学生能提出问题了。但如何解决这些问题呢？孔老师并没有包办代替，而是进一步启发引导“我们该怎样解决自己的问题？”可谓“一石激起千层浪”——

师：要理解“梅花魂”的深刻含义，我们应该怎么做呢？

生：我觉得要是理解“梅花魂”的话应该从它的字面上理解，然后再通读课文，找一找关于梅花的句子；还有跟祖国联系起来，就可以把“梅花魂”的意思读出来了。

师：这是由浅入深的方法。“梅花魂”，一定要先读与梅花有关的事件，然后我们要联系全文来理解，由浅入深，由部分到整体，这样学习，就能够拟订出学习的步骤与方法，这就叫学习方案。……

随着师生的协商共议，孔老师引导学生结合欲知“目标”，设想了解决问题的步骤和方法，从而拟订出了三个不同的学案：

【学案一】默读课文，结合“我”对外祖父的回忆，思考：外祖父给“我”留下了怎样的印象？在感受深的地方简单写批注，想想当时的情景，有感情地读一读。

【学案二】读读与梅花有关的事件，想一想“这不只是花，而是一个身在异国的华侨老人一颗眷恋祖国的心”体现在哪儿？在感受深的地方简单批注，并练习读出感受来。

【学案三】读读与梅花有关的三件事，从中能体会到什么？在感受深的地方简单批注，再把三件事联系起来，思考“梅花魂”的含义，如果能联系全文，借助相关资料就更好。

不得不惊叹，学生在教师的引导下，根据自己对学习内容的解读和自己的阅读期待拟订出学案，有步骤，有方法，与学习目标相统一。可见，适时关注阅读期待，正是学案生成的关键。由于《梅花魂》一课文本内涵很丰富，学生阅读期待多样：需要关注人物特点，需要理解含义深刻的句子，需要把握文中的思想感情，需要理解课题的深刻含义等，随之生成的学习方案就是不同的，这也恰恰凸显出“阅读是学生个性化的行为”。

因为这样的学案是从学生的“学”出发，为学生的“学”服务的，所以整堂课，学生的学习热情高涨，掌握了课文重点、突破了学习难点的同时，学生的自主、合作、探究的能力也在不断拔节。

二、尝试“关注阅读期待生成学案”的欣喜

与自己的教学相对比，孔老师的课堂多了自主、灵动与个性化，我按捺不住自己的激动与欣喜，在教学中“照猫画虎”：初读感知把握文章主旨后，关注学生的阅读期待，引导生成多样的学习方案，更好地彰显学生独特的阅读。

《我最好的老师》是人教版六年级上册的一篇略读课文，学生初读课文后，概括了课文的主要内容：“我”六年级时的科学课老师怀特森先生，很有个性，教学方法独特，用出乎意料的方法，培养学生独立思考、独立判断的能力和科学的怀疑精神。

基于这样的整体感知，我也尝试引导学生进一步探究：学习这篇课文，你有哪些疑问呢？话音刚落，学生迫不及待地举手回答：

为什么说怀特森先生是“最好的老师”？

“每个人都应该具有独立思考和独立判断事物真伪的能力，同时也应该具有怀疑的能力。”这句话是什么意思？

“不要迷信书本，也不要迷信权威”这句话怎样理解？

从哪里可以看出怀特森先生很有个性，教学方法独特？……

课堂上，孩子们真的能够从文章的中心、具体事件、重点句子含义、人物特点等不同方面提出质疑，他们迫切求知的阅读期待一一呈现。眼前是跃跃欲试的孩子们，课前的担忧一扫而空。尽管第一次尝试，但这无疑坚定了我今后运用“学案导学”课堂教学模式的信心。如果我们为学生创造了真正自主的学习空间，必然会激起他们浓厚的阅读兴趣。

于是，课堂就在孩子们浓厚的兴趣、强烈的探究欲望中徐徐展开。以学生有价值的阅读期待为依托，结合平时学到的阅读方法——抓住关键语句，写写批注；联系上下文，搜集相关资料，理解重点语句的含义；解读人物描写的方法，体会人物特点等，我逐步引导学生如何解决问题，共同拟订了如下的学案：

【学案一】“为什么说怀特森先生是最好的老师?”，“为什么科学课上，怀特森先生有那些出乎意料的做法?”再结合自己的学习经历，写写批注。

【学案二】“从哪里可以看出怀特森先生很有个性，教学方法独特?”画出人物语言、动作描写的句子，联系上下文，再想想“他为什么是最好的老师?”。

【学案三】理解“不要迷信书本，也不要迷信权威”这句话的含义，可以结合课文中的具体事件，还可以结合课外搜集的相关资料。

虽然学案的科学性还有待商榷，但随之而来的课堂学习场景仍令我激动不已：孩子们主动钻研文本，有时默读，随笔勾画；有时紧锁眉梢，用心思考；有时疾笔批注，倾情表达。他们在积极的思维和情感活动中，加深了理解和体验，有所感悟和思考，受到了情感熏陶，获得了思想启迪，享受了审美乐趣。

也正因为学生如此快乐地投入到学习之中，更激发了我“关注阅读期待生成学案”的不断尝试。如讲授《顶碗少年》一课时，学生们一下子抓住“为什么说这是一场惊心动魄的拼搏?”这个关键句生成学案，在字里行间品读少年不畏艰险、不怕挫折的精神。在教学《永生的眼睛》一课时，学生们围绕自拟学案，与“琳达”一同感受捐赠他人眼角膜的意义……虽然运用这样的学习方式还不成熟，但是大胆地尝试，让我的语文课堂拥有了更多的主体活动，更让我感受到了我班孩子们语文能力迅速形成的欣喜！

关注学生的“阅读期待”，旨在促进学生主体阅读能力的发展与提高；“阅读期待”的有效利用，也是学案生成的前提，是将“教”的要求转化为“学的需求”的必由之路。

（河北省三河市第二小学　霍　路）

初读，要读出个性

——谈《跨越海峡的生命桥》初读

初读，即学生与文本的初次对话。初读，不仅要努力达到文从字顺地朗读，做到不错字、不漏字、不添字、不读破句等，也包括达成字词学习、整体感知、质疑问难等教学目标。《语文课程标准》指出“阅读是学生的个性化行为。”初读，亦应如此。如何展开有效初读，凸显学生的个性呢？笔者认为，因需而读、交流共享、质疑问难，充分地尊重差异、激励个性，才能读出个性的程序与方法、读出个性的成果、读出个性的需求，进而保障初读亦读出个性。

《跨越海峡的生命桥》讲述了一个感人的故事：大陆青年小钱患了严重的白血病，台湾同胞冒着生命危险用爱心挽救了小钱的生命，架起了一座跨越海峡两岸的生命桥。

一、因需而读，自定个性的初读方法

从教师教的角度思考文本的引出，或故事激趣，或范读引领，自不必拘泥一格。同样的，学生的初读，进入因需而读的情境，依据自己的兴趣特点，选取不同的切入点和个性化的初读方法尤为重要。“单元导读”与“揭题生疑”常会起到引航的作用：

（一）“单元导读”，明确主题

《跨越海峡的生命桥》是人教版四上第六组的第三篇精读课文。本单元以“人间真情”组材，有《古诗二首》中朋友间真挚的友情，有《搭石》中乡亲们纯朴的爱，有《卡罗纳》中爱的真谛，有《给予是快乐的》中爱的哲理。《跨越海峡的生命桥》表现了人间什么样的真情，又讲述了哪些内容呢？与其他的文章有什么不同呢？相信“单元导读”一定激起了学生的探究欲望，渴望一睹为快。

（二）揭题生疑，顺势导读

初次接触课题，读着这8个字，相信学生一定会浮想联翩：“生命”、“桥”都好理解，那“生命桥”是什么？“海峡”指哪里？“跨越海峡的生命桥”什么样？是跨海的大桥吗？那为什么又叫作“生命桥”呢？这“桥”连接着“生命”吗？那又是谁的生命呢？……

课文以“跨越海峡的生命桥”为题主要写了哪些内容？既然要表现人间真情，有哪些感动人的地方呢？……读题静思，既有好奇，又有揣度，相信学生的初读定是欲罢不能。

(三)不拘形式，个性初读

初读的实效不在形式，要真正以学生为本，给学生时间和自主的权利：自己认为难读的地方、感兴趣的语句，可以反复读读；慢些，自不必强求速度，快些，也可以选择多读、再读；自己可以尝试初读，同伴可以互助合作读。

带着不尽相同的阅读期待、认知需求，选择不拘一格的形式，自然切入与文本的初次对话。因为需要而读，学生在自由地尽力地尝试解决着内心的好奇与疑惑。

二、交流共享，读出个性化的初读成果

保障初读的时空，经历“不拘一格”的初读过程，个体便拥有了充满个性的初读收获。此时，生生对话、师生对话，在共享中体验成功，可以提升初读的实效。除了书读得如何，还可以交流共享哪些个性化的初读成果呢？

(一)师生对话，学习字词

四年级学生已具备了初步的独立识字能力，掌握了一些必要的识记方法，基础好些的班级或学生还可能有了预习的习惯。因此，字词学习宜坚持自学与指导有机结合。如，字义学习，教师采用归类识记的方法引领学生在具体的语境中理解“含苞”、“绽放”、“凋零”这三个词语的比喻义。“这个刚满18岁的年轻人，患了严重的白血病，生命就像即将凋零的含苞的花朵，唯有骨髓移植，才能使这朵生命之花绽放。”这句话中，是把这位年轻人的生命比作含苞的花朵，不曾开放就将凋零。从而使学生清楚地意识到正值如花年华的年轻人，如果不进行骨髓移植，就将结束短暂的生命，骨髓移植是如此的紧迫与必要。而对于“字词运用”这一难点，其积累与运用更离不开教师的有意指导。如，“辗转”一词，联系上下文，厘清运送骨髓的周折，既可以感受到艰辛，又可以感受成功移植的不易。在理解其语境意义的基础上，让学生联系生活实际思考其可能的应用语境、有哪些与之相关的词语等，会达成字词“四会”与拓展积累的要求。

(二)生生对话，共享感知

随着对课题处部分疑问的解决，会有初读后对文本的进一步感知：“我知道课文主要讲了……”“我还知道了在小钱等待骨髓的时候，台湾正发生着大地震，可那位台湾青年和李博士还是冒着危险坚持手术”“最感动我的地方是台湾青年和李博士不顾生命安危抽取骨髓的场景。”……文本是一个整体，学生初读课文，个性的感悟理解极可能是不全、不准、不完善的。“我来补充……”“我不太同意，我是这样想的……”“石本无火，相击乃成火花。”异质

的互补、互启，人人都是“信息源”，生生之间的“信息流”构成了“信息场”。

三、质疑问难，外显个性化的再读需求

学生初读的个性收获需要分享，学生进一步生成的个性化学习需求(感兴趣的地方、困惑的问题等)，更需要一个外显化的过程。同时，杂乱无序的个性化需求亦须梳理，以明确进一步学习的意向，即聚焦重点与难点，契合文本的既定性目标。

(一)质疑问难，畅所欲言

新问题总会伴着旧问题的解决而产生。通读之后的质疑问难，恰恰是学生个性化学习需求的反馈途径。这里有学生自然生发的疑问。如，什么叫“谈何容易”？为什么说“那血脉亲情，如同生命的火种，必将一代一代传下去”？课文中两次写到了“静静地躺在病床上”，小钱和台湾青年同样是“静静地躺在床上”，他们的心里可能在想什么呢？文中写道“也许，小钱和这位台湾青年永远也不会见面，但是，能不能见面并不重要。”如果哪一天他们真的见面了，会说些什么呢？这里也可能有超越文本内容的阅读期待：我想了解有关“骨髓移植”的相关知识，我国骨髓移植的现状。这里更可能有需要立足文本整体、深入探究、最后解决的原发问题：我还是不太明白课题为什么叫“跨越海峡的生命桥”……开启学生的内部动机，继续探究的意向愈加清晰，或关注文本主旨，或关注人物命运，或关注内容与形式的关系，或拓展延伸阅读的视野……

(二)梳理提升，聚焦重点

散点状、无序的个体需求，哪些与文本的核心内容相吻合？哪些与教师的预设一致？哪些能成为教师教学设计调整的资源？哪些又需要创新设计以解决学生内心的疑问，体现以学定教？经历师生的共同梳理，可令探究的意向更趋明显，也令探究的程序与方法更具操作性。

如“谈何容易”等词语方面的问题，可利用工具书或同伴互助解决其基本意义，而其语境意义的学习，则可以联系上下文及相关资料，体会骨髓配型的艰难。而“静静地躺在病床上”的对比，台湾青年此刻“静静地躺在病床上”正是为了让失去生命活力的小钱不再只能“静静地躺在病床上”，这正是学生思维和语言的训练点。同样，基于文本内容的相关联想“如果哪一天他们真的见面了，会说些什么呢?”也一定能成为突显文本主旨、教师教学设计的有效补充。“我还是不太明白课题为什么叫‘跨越海峡的生命桥’”这样源于学生的问题无疑省去了教师第二课时组织教学时的问题设计。

打破初读的程式化，尊重个体差异、激励个性绽放，体现了学生的主体

地位；因势利导、以学定教、即兴调控，体现了教师主导作用的不可或缺；承接初读，自然而然指向清晰地衔接第二课时教学，又足以预约后续学习的精彩。相信个性化的初读，定会精彩纷呈。

（北京市顺义区教育研究考试中心　魏淑媛）

“学案下水”——实现个性化阅读的有效保障

顺义特色的学案导学以学案为依托，在学案的生成、实施、交融、完善与延伸中完成一篇课文的学习，学生依托学习方案实现着个性化阅读，由此可见学案的重要性。

学案是学生学习时凭借的方案，因此，教师要重视学案下水，学案下水是实现个性化阅读的有效保障。下面以《“钢琴之王”的微笑》一课为例，谈一谈我是怎样做学案下水的。

一、生成学案要下水

“生成学案”是学生后续学习的开始，此环节的学习质量决定着自探落实学案、共议交融学案的质量，所以，教师要重视此环节学案的生成，必须先于学生进行“下水”。

教师先于学生的“下水”，需要做些什么呢？

教师首先要想一想学生会生成什么样的学案？从哪儿切入？怎么学？比如：有的学生会从课题入手，形成这样的学案：文中三次提到“钢琴之王”的微笑，每次微笑有什么含义？默读课文，画出相关语句，在感受深的地方写写批注。

“生成学案下水”还要想一想：这篇课文还能生成什么学案？可以生成几个学习方案？我想：有的学生可能还关注到文中关键的语句：姑娘捡起一束鲜红的玫瑰，深情地送到李斯特手中：“先生，您是我一生中最伟大、最可敬的老师，感谢您那颗金子般善良的心！”以体会姑娘为什么说李斯特是他一生中最伟大、最可敬的老师来生成学案；还有的学生可能关注到课文的结尾：姑娘红着脸说：“您不仅教给了我演奏的技巧，而且让我明白了一个道理，那就是：人在遇到困难的时候，如果有人能伸出援助之手，即使只有点滴的帮助，对身处困境的人来说也如黄金般珍贵。这种帮助，足以使人铭记终生。”以体会结尾含义深刻的句子也可以生成一个学案。

学案是以学生为主体生成的，这对于学生有一定的难度。教师要把“理想”的学案想在先，再想如何引导学生来实现……比如上面学生从课题入手拟订的学案存在着学习步骤不明晰的问题，可以引导学生讨论交流，形成如下操作性、实效性更强的学案：默读课文思考：“钢琴之王”的三次微笑，分别是在什么情况下出现的？联系上下文体会它的含义，在感受深的地方写写批注，再有感情地读一读。

二、实施学案要下水

实施学案是学案导学中比较关键的一步，因为它体现了“学在先”，也在着力体现引导学生粗略读懂。

“实施学案下水”指的是教师要按照拟订好的学案亲自学一下，包括按照学案的步骤与方法，达到学案的预期效果。比如按照上面拟订的学案我这样学习：第一步：先找出描写“钢琴之王”三次微笑的句子。第一次出现在课文的第 4 自然段，第二次出现在课文的第 12 自然段，第三次出现在课文的第 21 自然段。第二步：想想分别是在什么情况下出现。第一次是在李斯特听说有人冒充他的学生要举办钢琴演奏会。当天傍晚，循着钢琴之声找到冒充自己学生的姑娘时出现的……第三步：联系上下文体会每次“微笑”的含义。比如，通过读句子、联系上下文，我知道了第二次微笑的含义是李斯特对姑娘的鼓励、同情和真诚的帮助以及肯定与认可。（“微笑”出现的情况和含义结合在一起体会当然是可以的）

“实施学案下水”还要想到学生能学到什么程度？怎样达到比较理想的效果？还是以第二次微笑为例：这次微笑是在什么情况下出现的？有的学生会说是在姑娘忍不住惊叹“您弹得真好！”的情况下出现的。这样的回答不是很完整，可以引导学生读一读课文的第 10 自然段，联系上文完整地说一说：是在李斯特为姑娘弹了她刚才弹奏的曲子，姑娘忍不住惊叹的情况下出现的。“钢琴之王”的第二次微笑含义丰富，每一个学生都能从“你也会弹得同样好”中体会到李斯特对姑娘的鼓励，还有一些学生从李斯特说刚给姑娘上了一节练习课中体会到他对姑娘的同情和真诚的帮助，而“你也会弹得同样好”中所包含的李斯特对姑娘的肯定与认可，则是大部分学生体会不到的。要突破这个难点，可以让学生再来读一读李斯特第二次微笑的语句，边读、边想象当时的情景，谈谈体会；也可以利用多媒体课件，点击“你也会弹得同样好”（变色），引导学生再读一读，体会一下。这样学生就能够结合第 9 自然段：“姑娘弹完了这支曲子后，李斯特满意地点点头”而且说了“还不错”，感受到“微笑”的含义还有“肯定”与“认可”。

综上，学案下水包括教师自身的亲历，也包括对学生实然状态的引领设计，通过学案下水，可以更好地达到“依托学案”来实现个性化阅读的效果。

（北京市顺义区天竺第二小学　刘　鹏）

依托学案，引导学生整体感悟文本

《语文课程标准》要求教师在教学中要重视培养学生整体把握的能力，高年段的学生更要学会立足篇章的整体进行阅读感悟。学生在学习过程中表现出的学习现状是整篇文章统筹考虑的能力弱，实践证明“学案”为学生形成整体感悟文本的能力搭建了平台。下面以《一个这样的老师》一课为例，谈谈我的具体做法：

一、立足篇章整体生成学案

所谓“立足篇章整体生成学案”是指生成学案时要注意引导学生立足篇章整体来建构，学习的内容要围绕着文章的主要内容、主旨或者能带动学习全篇文章。

面对《一个这样的老师》这篇文章，六年级的学生初读后基本都能形成这样的学案：这是一个怎样的老师？画出描写怀特森老师动作、语言、神态的语句，简单写下感受。应该说这个学案从课题切入，抓住了写人文章的特点，也能带动全文的学习，是一个不错的学案。

但是，深入地想一下学习的过程，我们不难发现学生可能会直接关注文本中描写人物的语句来展开学习，篇章的整体性却得不到很好的体现，因为本文是通过“详写‘凯蒂旺普斯’的故事、略写反驳小轿车是活的生物”两个事件来表现怀特森老师是怎样上科学课的，从而刻画出他是一个怎样的老师。

于是，我启发学生，结合行文特点对上面初步拟订的学案进行完善，生成出如下更适合本文的学案：结合怀特森老师是怎样上科学课的，来体会他是一个怎样的老师？在感受深的地方写写批注，带着感受读一读。为学生进一步的学习奠定了基础。

二、立足篇章整体汇报交流

不仅生成学案要注意引导学生立足篇章整体，汇报交流时也要注意引导学生立足篇章整体。比如，按照上面学案进行交流时，学生仍从局部感受怀特森老师是博学、说到做到……的老师，我引导学生要立足篇章整体，把刚才自学的收获进行整体性的汇报。在教师的引导下，学生能够感悟到老师是与众不同、教学方法独特的老师。有了这样的整体印象后，再依学习方案的要求，按照事件的推进，一件事一件事来交流自学的感受，使学生对怀特森老师的整体印象更加丰满。

另外，初读时，在教师的引导下，学生从文本“侧面描写”这一特点入手，还形成这样的学案：

“我”是怎样逐步认识怀特森老师是一个怎样的老师的呢？画出相关的语句，简要地填写在表格中。

相关的语句(简写)	是一个怎样的老师

这一学案很好地体现了“我”认识怀特森老师的整体性，在小组讨论后，结合一名学生的学习单进行全班交流：

相关的语句(简写)	是一个怎样的老师
①……一位博学的老师……	博学
②……闪过狡黠的光芒……	狡猾
③教室里响起了不满的议论声。	让人不满意
④ 他希望我们从这件事上学到点什么。	有目的
⑤……用事实，用科学的方法……	有远见
⑥……不该这样捉弄你们……	捉弄人

从展示的表格中，可以显见学生已知道要结合整篇文章才能完成这一学习过程，体现了学案学习的完整性，但我也发现学生填写的还不全面、不准确，于是继续引导学生修改、补充，经过同学们的完善，形成了较合理的“认识怀特森老师”的过程，于是我请最初汇报的学生，再次交流“我”逐步认识怀特森老师的过程：

相关的语句(简写)	是一个怎样的老师
①……一位博学的老师……	博学
②……闪过狡黠的光芒……	机灵
③……算什么老师……	不负责任
④他希望我们从这件事上学到点什么。	用心良苦
⑤……你错了……	教会“我们”新怀疑主义的老师

从以上两个表格的对比中，可以发现学生对怀特森老师语句摘录、认识提炼做了修改，对怀特森老师的评价认识更加全面、准确。

待学生修改学习单后，我继续引导学生：“我们”认识怀特森老师的过程中，心情有没有变化？学生在刚刚整体感知文本的基础上，很容易发现“我们”的心情发生了这样的变化：喜欢—愤怒—理解—敬佩。

回想整个学习过程，教师引导学生立足篇章整体生成学案，结合学案整体交流，在师生、生生思维碰撞的过程中，提升了学生整体感悟文本的能力。

（北京市顺义区李桥中心小学校　康　维）

个性化阅读需要有效引领

阅读是阅读主体与阅读对象(即文本)通过信息交流而建构“新意义”的过程。在这过程中，由于阅读主体在生活经验、认知经验和阅读经验都存在差异，因此建构起来的这个“新意义”以及建构“新意义”的方式都存在不同，这就自然导致“个性化阅读”的出现。霍拉勃在《接受美学与接受理论》一书中也说道：“既定作品的具体化形态由于读者不同便会不同。甚至同一读者的这次阅读与下次阅读也不同。”这也说明“个性化阅读”是“自然之事”。但反思我们的日常教学，为什么课堂上很难看到个性灵光的闪现？……从某种程度上说，我们的教学是在整齐划一、泯灭个性。那么如何有效实施个性化阅读教学呢？

一、在个性中引领个性

既然“个性化阅读”是自然存在的，那么教学的功能理应是关注个性、发现个性，并在其原有水平上给予有效引领、促进升华。

首先，要“捕捉优势，点化规律”。

语文学科是语言学科。课堂上，我们要高度关注学生输出的言语，因为言语是其个性“知识、见解、审美情趣、思维方式、阅读风格”等的集中体现。当我们发现课堂上出现优质的、富有含金量的言语时，教师要敏锐地捕捉到，并引导全体学生聚焦、品味，在此基础上引发学生反思优质言语的特质及形成的原因。

例如，学习《将相和》一课，教师出示语言运用题目：“如果赵王知道了‘负荆请罪’这件事，会怎么说？”

生1：“哈……（一阵爽朗的笑声）廉大将军终于又和蔺相如和好了，我国势力将越来越强大，嘿，这秦国，看是他打我还是我打他，耶！”

生2：赵王一边捋着胡子一边笑着说：“我们赵国文有蔺相如，武有廉颇，谁敢攻打我们？况且宰相肚子能撑船，将军背上能插荆，恐怕秦王有心也不敢吧？哈哈哈！”

师：两位同学对赵王的语言都进行了创造性想象，你们认为谁的话说得更有创意？

生：小N的话更有创意，他说“宰相肚子能撑船，将军背上能插荆。”

师：我也觉得这句说得特别有文采！可是如果改动其中的一个字，会更加精彩。

生：（突然发现）这两句中都用了“能”字，属于用词重复，因此可以改为“宰相肚子能撑船，将军背上可插荆。”

师：经你修改这句就更精彩了！对仗工整、语言精练、还活用了谚语！这样的语言才是富有个性的语言！

同是对赵王语言的想象，而言语表达水平后者明显优于前者。其原因是后者将文本的语言进行了内化，并融入、转变为自己的富有创造性的语言。教师着眼于全体学生言语水平的提高，敏锐地抓住了艺术化表达的火花，引导全班学生聚焦、品味、修改完善，最后教师做质性的点评——揭示优质言语的特质所在，这便促使个性化表达在学生心灵深处生根发芽。

其次，要“发现问题，敏锐导向”。

“个性化阅读”当然也会呈现“错误”的个性化认识。课堂上，我们要有敏锐的“问题意识”，当发现学生的个性化认知出现偏差时，正确引导便是教师的基本职责。

例如，在教学《手术台就是阵地》一课时，为了进一步丰满人物的性格，让学生认识到一个“有血有肉”的白求恩，教师出示了白求恩写给聂荣臻的一封信，让学生当堂阅读。

师：这是一封简单的信吗？

生：不是，这好像是一封遗书。

师：读着这封遗书，你的心里有怎样的感受？

生：白求恩大夫留给别人那么多，最后还是死了。（学生眼中流露出对白求恩大夫深深的眷恋与崇敬，但一种对生命黯然凋落的无奈与惆怅似乎更鲜明地从心灵深处幽然传出……）

师：（敏锐地感受到此时学生复杂的情绪，但似乎不动声色）是啊，白求恩大夫留给别人那么多，最后坦然地死了。（教师有意重读了“坦然”一词。此时，一个热血的白求恩陡然更增加了一股英雄气！）

当发现学生情感态度价值观的天平出现倾斜时，教师易生一词，便不露痕迹地传达出应有的人生态度。同样是面对死亡，前者笼罩着无助和神伤，而后者则表现出特有的从容和镇定！特有的乐观和豁达！这是用“语文”的方式来涵养孩子的人文精神，让孩子在精神拔节中也感悟到语言本身的魅力！

二、在共性中打破共性

如果我们的教学仅仅停留在对学生个体固有认知的尊重和点拨提升上，个性化教学还没有走到深层次。个性化阅读中既含有“个性成分”也含有“共性成分”，而“共性成分”，往往是一些程式化认知方式所致。如果我们敢于突破常规思维，引领学生群体遵循事物发展的内部逻辑、必然规律，进行“寻幽揽胜”，让他们获得一种新发现，那么这个层次的个性化阅读就具有群体超越与创新的意义。

例如《称象》一课，课后有这样一题：“曹冲的方法与官员们相比，有什么相同和不同的地方？”

按照惯常，学生容易从各自的称象方法和称象结果去比较（属于复述课文内容的性质，而不能透过现象去比较二者“思维方式”的不同），即曹冲的方法既能称出大象的重量，又能使大象不死。而官员们的办法，在推理上能称出大象的重量，可是实际没法做到，如造大秤、砍大树做秤杆，难以实现；而且把大象宰了，一块一块地称，以大象死为代价其方法就更不可取。他们的相同点是都想到了用比较大的工具来称，把整头象变成一部分一部分地来称。这题如果只达到这一种程度会导致两个失误：一是，在情感态度价值观层面容易“拥曹贬官”，即神话曹冲的形象，贬低官员们的形象；二是，容易使学生只关注现象、关注结果，久而久之会影响学生思维品质的全面发展。那么课堂上我是怎么处理的呢？

第一步：学生答出常规的的想法之后，我开始在批判性思维方式层面击破学生原有的“格式塔”。

师：那么官员们的想法有没有合理的或者说是创造性的成分？

一石激起千层浪，学生发现：

生：官员们由“小秤”想到“大秤”，由称整只象不好称想到宰了一块一块地称。

教师顺势提升：由“小秤”想到“大秤”这叫“化小为大”；由称“象”变为称“肉”，这可以叫“化整为零”。这就是官员们思维的闪光之处。

第二步：通过比较异同点发现曹冲与官员二者各自思维上的优势。

师：曹冲的称象方法与官员们相比，有哪些相同之处和不同之处呢？

学生通过比较，师生一起梳理出下表：

项目	官员	曹冲
相同点	都在“变”中寻求解决问题的办法：	
	A. 化小为大——将小秤变成大秤（变“秤”） B. 化整为零——将称象变成称肉（变“象”）	A. 化小为大——将大秤变成大船 B. 化整为零——将称象变成称石头
不同点	没有跳出传统的称东西的方法，始终没有脱离用秤称东西的原型。 在原物上变（没离开本体）	曹冲也想到了“变化”，但在变中进行了转换，想到用别的事物来代替。
不同点		变成别的事物来代替（离开本体——替代方法）
结果	直接结果： A. 提不起来　B. 大象会死 间接结果： “曹操听了直摇头”。	直接结果： A. 水能托船　B. 大象完好 间接结果： “曹操点头微笑”。

第三步：在二者联系的发掘中，领悟曹冲思维的独特之处。

师：曹冲比官员到底聪明在哪儿呢？

生：用大船代替大秤；用碎石头代替大象——曹冲想到了用别的东西替代；官员们却没想到，只在秤和象上打转。

师：创新常常需要突破常规、远离原物，是“替代法”让曹冲走得更远！

这一案例，教师不断引导学生突破原有的认知视界，其原因在于对学生惯性的表层化的思考问题的方式进行了触动——“那么官员们的想法有没有合理的或者说是创造性的成分”，在此基础上又引导学生在联系与比较中促进思维向纵深发展，最终学生发现运用替代法来“远离原物”的思维方式。这就使常规问题得到创造性解决，同时，学生群体的阅读认知走向了“个性化”。

总之，个性化阅读教学，我们一手要抓个体的个性化，一手要抓群体的个性化。个体的个性化需要关注情境、因材施教；群体的个性化需要突破常规，变革固有的思维方式。

（北京市顺义区教育研究考试中心　杨雪莲）

学案引领，让个性化阅读切实有效

《语文课程标准》指出：“阅读是学生的个性化行为，应该引导学生钻研文本，在主动积极的思维和情感活动中，加深理解和体验，有所感悟和思考，受到情感熏陶，获得思想启迪，享受审美乐趣。要珍视学生独特的感受、体验和理解，不应以教师的分析来代替学生的阅读实践。”在教学中如何更好地落实个性化阅读呢？以充分彰显学生个性的学案导学，通过学案在其中的导学引领作用可以让个性化阅读更有效。

一、尊重个性，生成个性化的学习思路

我们知道：文本内涵的丰富性和学生个体的差异性，就决定了不同学生在阅读同一篇课文的时候，可能会有不同的入手点，会经历不同的路径。听了孔凡艳老师执教的《丰碑》一课，我认识到：尊重学生的个性需求，促成学生个性化学习思路的形成，能促进个性化阅读切实有效。

《丰碑》一课主要讲的是红军队伍行军经过云中山时，身穿单薄破旧衣服的军需处长被冻死了，他成了一座晶莹的丰碑。课文的题目是“丰碑”，文中也有点题的语句：“大雪很快覆盖了军需处长的身体，他成了一座晶莹的丰碑。”无疑，理解“军需处长成了一座晶莹的丰碑”是这篇课文进一步探究的核心目标——这是绝大多数学生都认同的。

随着对课文的初步感知，孩子们读懂了文章的内容、结构、主旨，也提出了自己感兴趣的或者不明白的问题：课文主要写的是军需处长，为什么用了那么多的笔墨来记叙军长言行神态的变化呢？文中两次写到军长愣住了，

有什么异同？侧面描写的发现与体会正是编者让学生要弄懂的，课后2题就是“找出描写军长的语句，联系上下文，把你的体会批注在有关语句旁，然后再说一说。”

还有学生提出：军长开始还担心“这支队伍能不能经受住这样沉重的打击”，结尾却说“如果胜利不属于这样的队伍，还会属于谁呢?”这是为什么呢……

孩子们能结合开头和结尾提出不明白的问题，实在让我们欣慰。

师生一起梳理了继续探究的内容后，允许学生选择一个或者两个作为自己探究的内容，个人独立或者与同学一起拟订了如下学案：

【学案一】为什么说“他成了一座晶莹的丰碑”？默读课文，找到描写军需处长的语句，读一读，作批注。然后试着来回答。

【学案二】文中写到了军长的神情发生了一系列的变化，圈出这样的句子，联系当时的情景，想想因为什么？在感受深的地方写写批注，练习有感情地朗读相关内容。

【学案三】课文开头写道“军长思索着，这支队伍能不能经受住这样严峻的考验呢”，而结尾却说“如果胜利不属于这样的队伍还会属于谁呢?”联系上下文思考一下，这是为什么？画出相关的语句，写一写批注。

孩子们结合自己的实际选择切入点，拟订学习的步骤与方法，我们看到了课堂的活力。本以为选择学习学案二和三，仅仅是尊重学生的需求，听了孔老师的点拨，才恍然大悟：同学们在按照学案二学习完的时候，看看你是不是也体会到了“丰碑”的含义；按学案三学习的同学，探究原因时心中要时时联系“晶莹的丰碑”，可能会帮助你解决难题。

原来，因为尊重个性，便生成了个性化的学习方案；因为学案引领，便达成了个性化阅读的实效——既殊途同归，又张扬个性。

二、自主探究，落实个性化的学习过程

个性化的学习方案拟订出来了，就像是有了“宏伟的蓝图”，但必须实施才可能到达“理想的彼岸”。如何凭借着学案的引领，实现自主探究，落实个性化阅读的学习过程呢？康维老师执教的《顶碗少年》一课，有清晰的解读。

这节课上，康老师与学生一起生成了四个角度的学习方案，分别是探究“这真是一场惊心动魄的拼搏”、探讨作者为什么说“顶碗少年是一个强者”、总结一下顶碗少年最终获得成功的原因、反思顶碗少年带给“我”怎样的启迪？应该说这四个学习方案各自的入手点不同，第一个重在过程的体验，第二个重在评价少年，第三个是探寻原因，第四个是总结反思。前两个角度侧重表

演的过程，而后两个角度则侧重表演的结果。

即便都是抓住顶碗少年表演的过程来体会，思路一抓住的是杂技表演难度大以及如何面对连连的失败和观众表现的语句，如“在一个大幅度转身的刹那间，那一大叠碗突然从头上掉了下来”“台上，顶碗少年呆呆地站着，脸上全是汗珠，他有些不知所措了”“有一些女观众，索性用手掌捂住了眼睛”。思路二抓住的是少年表演技艺高超以及顽强拼搏的语句，如“做出各种各样令人惊羡的动作……碗，在他的头顶上摇摇晃晃，却总是不掉下来 ”“当那叠碗又剧烈地晃动起来时，少年轻轻抖了一下脑袋，终于把碗稳住了。掌声不约而同地从每个座位上爆发出来”。

同是探究一个学习方案，也因为学习方案思维的广阔性和开放性，呈现出个性化的特点。比如为什么说是一场惊心动魄的拼搏，有的同学把体现杂技表演本身难度的语句一一列举，其中自然包括了少年面对失败的拼搏；有的同学侧重从少年在几次表演的表现来体会，也涉及了面对观众的表现；有的同学则总结了几个方面的原因……

孩子们自主探究经历的路径可能不同，内心的体验也自然有别，但因为有学案的引领，都在朝着文本的共性目标进发，并脚踏实地落实个性化的学习过程。

三、交融共议，发展个性化的学习效果

教学，要面向每一个孩子，虽然孩子们选择的学习方案不同，我们要为每一个孩子提供学习、交流、提升的平台。在共议交流的环节，往往以一个学习方案作为主思路，再适时相融其他学案：既体现对教材的整合，又体现对学情的关注。这样的交融共议，能发展个性化的学习结果。

比如：《顶碗少年》一课，围绕着课文的主要内容，以“为什么说这真是一场惊心动魄的拼搏?”这个问题的解决为主思路，当学生谈到“顶碗少年在两次失败后为什么第三次成功了”的时候，相融学案三“顶碗少年为什么最终获得了成功?”使学生能够立足篇章整体、从多个角度解读顶碗少年成功的原因；当学生谈到少年是一个强者时，引导学生展开讨论学案二“为什么说少年是一个强者”实现了学案一、学案二、学案三的有序展开和交融，使孩子们走进课文的情境中，感悟真情、提升认识。最后交流“顶碗少年给我们带来的启迪”就水到渠成了。这样相同思路的探究互相补充，不同学案的探究互相提升，在共议中孩子们完善着自己的探究成果，从自探的“粗略读懂”，达成“真正的读懂”，并发现、理解文本的表达方法。

《丰碑》一课，在以军长神态变化为主思路的感悟中，学生逐步走近军需

处长，在“军长愣住了，久久地站在雪地里。他的眼睛湿润了……向这位跟云中山化为一体的军需处长敬了一个军礼”这一处的感悟中自然融合“军需处长成了一座晶莹的丰碑”的学案，正是对军长由脸色严峻、大发雷霆到油然而生敬意的进一步解读。而理解结尾“如果胜利不属于这样的队伍，还会属于谁呢”，又对“军需处长成了丰碑”的理解进一步发展，孩子们在不同学案的交流共议中多角度解读文本，实现了个性化解读的立体感悟佳境。

综上，在胸中有书、目中有人的课程改革新理念的指导下，以学案的生成、落实、交融来引导学生为主体的语文学习，实现了个性化阅读切实有效。这种以学定教的学案引领值得我们在教学中借鉴与学习！

（河北省三河市第二小学　赵立芹）

学案导学，让小组合作学习更具实效性

《语文课程标准》指出：“学生是学习的主体，语文课程要积极倡导自主、合作、探究的语文学习方式。”纵观眼下的小学语文教学，几乎在所有的课堂(特别是公开课)中，我们都会看到“小组合作学习”环节的设计，可是这火热的合作交流却远没有理想中的美好，热热闹闹的学习背后总会出现不和谐的音符——学生参与面不广，致使小组学习常“浮在表层”或偏离正题，小组合作学习完全流于形式，以至于出现了低效或无效的状态。“学案”是以学生为主体生成的，不同的学生根据自己的学习实际需求形成了不同的学习方案，并且成为个体探究学习的凭借。依托学案而开展的小组合作学习，有效地避免上述问题的出现，让小组合作学习更具实效性。

一、自主落实学案，吹响小组合作学习的序曲

自主探究是合作学习的前提和基础，学案的使用让个体探究的学习目标更明确，学习内容更清楚，学习流程更明晰，学习效果更明显，也让因需合作的小组学习更具实效。

学案就像一个指南针，指引着孩子们在知识的海洋中前行的航向。在教学《军神》这一课时，根据学生提出的疑问，师生共同梳理出了“沃克医生为什么称刘伯承为‘军神’？作者为什么要写沃克医生的神态、情感变化？”这两个问题，形成了如下两个学案。

【学案一】沃克医生为什么称刘伯承为“军神”？默读课文，画出相关语句，

结合上下文和生活实际简单批注，如果能借助课外资料理解更好。

【学案二】沃克医生的神态、情感发生了哪些变化？默读课文，画出相关语句，细致地读一读，想一想发生这样变化的原因，回答这样写的好处。

学案中不但明确了自主探究学习中要解决的问题，而且也提示了解决问题的方法和思路，让学生在学习的过程中有章可循。例如在按照学案一学习的过程中，学生首先静下心来默读课文，边读边画出相关词句，结合上下文和自己的生活实际在旁边做好批注。有的学生画出了描写刘伯承手术中表现的句子“病人一声不吭。他的双手紧紧抓住身下的白垫单，手臂上青筋暴起，汗如雨下。他越来越使劲，崭新的白垫单居然被抓破了。”他在“一声不吭”的旁边批注：“钢铁般的意志!”圈画出“青筋暴起”“汗如雨下”等词语，批注上“强忍剧痛!”这样的独立学习为同学案的交流奠定了基础。

在接下来的同学案交流中，孩子们在相互补充中，逐步接近理想的探究结果。比如按照学案一学习的学生，多数会关注到刘伯承在手术前拒绝麻醉剂、手术中一声不吭、数清刀数的事例，透过描写人物语言、动作、神态的词句进行研读感悟，但有些孩子还会注意到第 17 自然段中“手术台上，一向从容镇定的……对病人说‘你如忍受不住可以哼叫’”这句话，从中感受到沃克医生的担心、紧张，从而体会刘伯承钢铁般的意志。还有的学生会关注到沃克医生的情感变化，甚至可以体会到沃克医生的情感变化都是由刘伯承引起的，这样写是为了衬托出刘伯承钢铁般的意志。这样的交流无疑是在学案的引领下，在逐步达成预设的整体性的目标，让因需的合作更具实效!

二、分享交融学案，奏响小组合作学习的华章

“分享交融学案”是共享提升的环节。《军神》一课的共议交流以学案一为主，学案二适时交融，此时，组内成员之间、组与组之间形成了立体交叉的“竞争＋合作”关系，使得按照不同学习方案探究的学习收获能够在此展示、完善，得到整合与提升。

首先由一组同学进行整体汇报：

第一组小组长：通过刚刚的学习交流，我们组从刘伯承手术前与手术中的表现深深感受到了他堪称军神，现在请我们组的组员分别就他们感触最深的地方谈谈体会。

组员 1：给我感触最深的是手术前刘伯承竟然拒绝使用麻醉剂，这该是多么不可思议的事情呀！相信大家也跟我一样注意到了在课文第 7 自然段写到有个先生害怕做手术，可刘伯承却表现得“从容镇定”，而且还主动要求不使用麻醉剂。在医院中，我们见到外科门诊坐着的人都是疼得胡乱喊叫，我拔

颗乳牙还要打麻药呢。

组员 2：最让我震惊的是在手术中他的表现，请同学们跟我一起看课文的第 18 自然段(生读相应的句子)。我从“紧紧抓住、青筋暴起、汗如雨下，抓破”等描写他动作、神态的词语体会到手术过程非常痛苦，但刘伯承强忍剧痛，一声不吭，这需要有多刚强的意志呀！

组员 3：从“72 刀”这个词语我体会到手术过程不但异常痛苦，而且时间长，但他还能数清刀数，他的意志比泰山还要坚定。如此常人难以忍受的痛苦，他却还微笑着，我真的觉得他是军神。

组员 4：第 20 自然段的“脸色苍白”“勉强一笑”这两个词让我想到了很多。之所以刘伯承现在“脸色苍白”，不是他对手术的惧怕，而是忍受痛苦的结果，从“勉强”一词也可以看出痛之彻骨。可即便如此，他仍然“一笑”，他是我心中的军神！

师：第一组从刘伯承手术前与手术中的表现入手让我们深切地体会到了刘伯承钢铁般的意志，其他按学习方案一学习的小组还有什么补充吗？

下面是其他小组从刘伯承的角度进行的补充回答：

生：我们组还有补充，透过第 14 自然段的“平静”及第 16 自然段的“试试看吧”我们认为刘伯承做出这个决定是经过深思熟虑的，他早已经做好了准备。

师：是呀，两个柔软的词的背后却是刘伯承刚毅的内心！

另外一组主要从沃克医生的表现进行阐述：

第三组组长：刚刚两个小组的意见我们完全赞同，我们组从沃克医生的表现也能感受到。

组员 1：请大家跟我一起看课文的第 17 自然段(生读相关的语句)，联系到前文沃克医生对一个害怕手术的先生的态度的恶劣(粗暴、鄙夷)，如今他却在为刘伯承担心、紧张，是刘伯承坚强的意志打动了他。

师：刘伯承和这个“胆小鬼”形成了鲜明的对比！刘伯承的表现打动了沃克医生，相信也一定打动了你！

组员 2：在刚刚的交流中，我们组发现了课文的第 13 和第 15 自然段中沃克医生两次怔住，第一次是因为看到刘伯承受了那么严重的伤可是还能够如此从容镇定所以怔住了，又因为听到他说手术不使用麻醉剂，沃克医生再一次怔住了，刘伯承钢铁般的意志震撼了沃克医生，也震撼了我们每一个人。

在学案一的交流分享中，教师再相机引导另外一个学案融合进来，这样整体交流的思路，不仅简约清晰，而且层层深入，呈现出完整的全过程的学习成果。

师：这些同学还关注了沃克医生的表现，这样不直接描写，从侧面烘托人物形象的写法叫侧面描写，是常用的一种表现手法。沃克医生的态度和情感还有哪些变化呢？发生变化的原因是什么呢？

第四组组长：我们组还发现了沃克医生对刘伯承态度、情感的变化：孤傲—惊疑—吃惊—担心—惊呆—肃然起敬。沃克医生之所以情感发生变化都是由刘伯承引起的，我们从这里也同样感受到了刘伯承的的确确堪称军神。

生：从这里我还感觉到作者描写沃克医生的神态、情绪变化是为了衬托刘伯承的惊人毅力和顽强意志。

师：的确，这就是侧面描写的好处。这篇文章通过对刘伯承手术前后的表现与沃克医生情感态度的变化的描写，让“军神”的形象跃然纸上，更刻在了我们每一个中国人的心上。

学案导学，让我们看到了学生参与面更广、积极性更高的小组合作学习状态，在这样的既紧张又活泼的共同学习氛围中，学生良好的学习品质得以逐步养成，他们的自学能力、操作能力、思维能力、合作精神等也都得到了不同程度的发展。

（河北省三河市第六小学　康鸿雁）

在小组合作中共享学生个性化的阅读体验

语文丰富的人文内涵对学生精神领域的影响是深广的，学生对文本内容的反应更是多元的。教学中要让学生的情感与文本的内涵相互碰撞，在碰撞中激发个性化的阅读体验。学案是沟通学生与文本的钥匙，架起了他们之间对话的桥梁。在学案导学中利用小组合作的形式，更有利于生成精彩的个性化阅读体验。

《为我唱首歌吧》是一篇略读课文，讲述了在伦敦的儿童医院里，七个孩子都患了白血病，在他们生命的最后时刻，在柯尔比护士和玛丽修女的帮助下，为热爱音乐但即将失去听力的伊丽莎白举办了一场音乐会，把欢乐带给了她。

在初读课文中师生共同拟订了如下学案：

【学案一】默读课文，边读边想象，画出让你感动的地方，简单批注。并按要求简要完成下面的表格。

感动的地方	简要写出理由

【学案二】文章结尾写道："在她记忆的耳朵里，仍然能够听见那6个幼稚的声音，欢乐的声音，生命的声音，给人以力量的声音，它们是她曾经听见的最后的声音。"联系上文思考：这欢乐的声音，生命的声音，给人以力量的声音分别指什么，写出对这句话的理解与感受。

首先是学生按照拟订或者选择的学案自主探究(1组、2组、4组学生选择学案一，3组和5组学生选择学案二)。我发现孩子们能够有所感悟，但因为课文篇幅长、人物多，给学案一的学习增加了一点儿难度。对于从含义深刻的结尾入手的学案二的探究，一些学生不能自然联系上文，对句子的整体理解也感到有些棘手。看来，小组合作探究非常必要。

一、组内交流，分享个性化阅读体验

在学生产生初步的阅读体验后，我安排了小组内进行交流。下面是一组同学的交流情况：

生1：你们看，我的表格是这样填的：

感动的地方	简要写出理由
伊莉莎白：声音颤抖地恳求"给我唱首歌吧！" 着迷似的听着，专注喜悦的神情	听力即将消失，还这么痴迷音乐
弗雷迪倡导，孩子们做出举行音乐会决定	这么小，身患重病，还这么有爱心

生2：玛丽修女的做法让我非常感动：一个是训练小伙伴唱歌一切免费，一个是她还注意到约瑟夫因为不能参与而感到悲哀，安排他帮助翻乐谱，后来约瑟夫喜悦异常。

我为学生能够相互补充、相互启发感到欣慰，点拨道："补充得不错，还注意到了前后的联系。"

生3：伊丽莎白在音乐会上的表现令我感动，我摘录的词语是聚精会神、欣喜若狂、最最快乐，我感动的理由是：伊丽莎白听得那么专注，在尽情享受，非常非常激动。

此时，其他组员纷纷点头，赶紧补充进自己的表格。

巡视到二组时，我发现他们也正在热烈地交流音乐会的感动。“音乐会上让我感动的还有小伙伴们的表现”……

选择学案二的三组同学对结尾句中的几个声音一一进行着解释。学生们都把自己获得的阅读体验说给组员听，有补充、有争论。

同学们在小组交流中自由地表达、争论，是对其他组员的启示和点拨。这是学生从阅读的初步体验向深层感悟的有力推手，为共议交流储存了丰厚的资源。

二、组间共议，共享个性化阅读体验

在组内交流后是共议交流阶段，各组在班上汇报组内成果。

(一)交流表格，梳理感动

二组汇报的成果是：

感动的地方	简要写出理由
伊丽莎白颤抖地恳求、着迷、专注喜悦 聚精会神地听、欣喜若狂	热爱音乐
弗雷迪倡导　孩子们做出举办音乐会的决定　赫米尔尖叫	有爱心，一心想的是别人
柯尔比渴望的神情　履行诺言　一切免费	热心而真诚
约瑟夫悲哀、眉飞色舞	助人为乐

从表格我们看到了小组交流分享的成果，可以说孩子们已经初步读懂了课文。

四组代表：我们组梳理了小伙伴让人感动的地方还有小伙伴为伊丽莎白的境况感到不安，做出举办音乐会的决定之后每天练歌，并且保密。

我因为这组的补充感到很兴奋，二组同学也有梳理，现在就更全面了，请同学们完善一下自主学习的记录。

【这两组同学对文中零散的人物和音乐会的场景进行梳理，是一个了不起的整合。这些人物串起整个事件，是对文章的整体把握。】

四组继续：老师，我们还有不同的体会，音乐会上，合唱队员做出举办音乐会的决定是生命价值的体现。即使身患重病，还与病魔勇敢地抗争，为伊丽莎白唱歌，也是为自己而歌。这样的生命即便短暂，也是有意义的。

一组也参与进来：约瑟夫是合唱队员中唯一一个不能唱歌的。从“神色悲哀”到“炯炯发光后又失望”再到“信心十足的翻乐谱者”，这一系列的神态描写说明他太渴望帮助伊丽莎白了。

我进行了及时点拨：一组同学对约瑟夫这个人物的表现进行了梳理，难能可贵！如果再结合二组填写的“眉飞色舞”来理解就更全面了。

选择学案二的五组同学：小伙伴们“尽力大声地唱”让我们感动，这是身患绝症的几个孩子的欢乐的声音、生命的声音、给人以力量的声音。

【选择学案二的同学参与融入，是对文本理解达成共识的表现，达到了殊途同归的效果。此时自然进入学案二的交流。】

(二)个性阅读，升华感动

五组同学联系上文，对重点语句进行自主探究，理解了结尾句的含义：正是这六副幼小而且带病的歌喉，在生命的最后时刻，用心为伊丽莎白演唱，用这歌声给她带来欢乐，让她好好生活。

学生基本理解了结尾句的意思，但阅读体验平淡，还缺少个性，我引导到：“欢乐的声音、给人以力量的声音”还有不同的感受吗?

三组：合唱队员们用歌声给伊丽莎白带来欢乐，给她以生活的信念、勇气。同时也是这7个生命最后的欢乐。让我们感受到面对命运的不幸，也要用充满爱的心灵唱出欢乐的旋律，感受生命的美好。

五组：合唱队员身患重病，但心为他人。把欢乐带给大家，这种力量是无穷大的。珍爱生命，即使在最后一刻也要活得精彩。

从圈画批注语句填表格理解感动，到结合表格交流探究感动，再到说说对结尾“这四个声音”的理解和感受，学生都立足篇章整体，既达成共识，又展现了阅读个性化。

世界上没有相同的两片叶子，学生的阅读体验也如叶子一般独特。在交流中，这些独特的阅读体验不断给学生以点拨、启示，就生成了精彩而有深度的小组对话。这些共享个性化阅读体验的正是提升课堂质量的保障。

（北京市顺义区仇店中心小学　韩立红）

恰当引导，让个性解读切实有效

课堂片断一(《买小狗的小孩》)：

师：老板认为这只小瘸狗不值得买，而小男孩却要花同样多的钱来买这只小瘸狗，你觉得用一百块钱买下这只小瘸狗，到底值不值？先说出自己的观点，注意引用课文中相关的语句或联系生活实际说明理由。

生：我认为值得，因为生命都是平等的。

生：我也认为值得，这样他教育了老板和像老板一样的人。

生：小男孩是个自尊、自立、自强的人，他要靠自己的力量买回小狗，这样做当然值得。

课堂片断二(《一个这样的老师》)：

师：我们看看怀特森老师向我们介绍的凯蒂旺普斯，看看我们该不该起疑心？

生：冰川期距现在有250万年了，它已经不可能有头骨，应该是化石。

师：对呀，老师通过查阅资料知道冰川期共有五季，第一季离现在已有8亿年了，即使第五季冰川期离现在都有250万年了，怎么能有“一件动物头骨”呢？

生：冰川期留下的动物“头骨”也不可能在一个科学老师手里，它一定是珍贵的文物，保存在博物馆里。

生：老师描述它的夜间视力、皮毛的颜色，也是不可能的，也是我们应该怀疑的。

生：我觉得怀特森老师描述他的夜间视力、皮毛的颜色也是可能的。(后来又有两个学生发表意见，争论不下)

课堂片断三(《小狗儿与大画家》)：

师：美林曾因被人嫉妒，受过非人的折磨，被人撅折了手指头，用刀挑断了右手腕筋，它都能挺过来。但是当他目睹小狗为她所作的一切，泪水如涌泉一样淌了下来。联系当时的情境，想一想这是怎样的泪。(完成练习：这是__________的泪，因为__________。学生独立写后交流)

生：这是痛苦的泪，因为我唯一的朋友卷毛小狗被打得遍体鳞伤，惨状目不忍睹。

生：这是伤心的泪，小狗为救美林而被打得奄奄一息，美林怎能不为之伤心落泪呀。

(学生的感受趋于近似，个性化的情感没有闪现。)

分析以上教学片断，我们不难看到教师精心设计教学情境，想实现学生对文本个性解读的有效。但到具体的课堂上却大打折扣。出现这种结果的原因，主要是教师引导方面有失偏颇所致。

一、教的本质在于引导

美国教育家小威廉姆斯·多尔在《后现代的教学观》中认为教师应该是“平等的首席”，所谓“首席”则是强调教师的引导、监督作用，教师不仅是伙伴，还是领路人、管理者。教学过程是学生自主建构和教师价值引领相统一的过程。教的本质在于引导，它决定着一堂课的流向，它也决定课堂上学生活动的得失深浅。所以，一个优秀的教师，必将是一个善于引导的高手，他能带领学生在“预设”的程序上自然生成；他能在“无痕的指导”中，引领学生正确情感态度价值观的生成。引导的特点是含而不露，指而不明，开而不达，引而不发。

二、如何体现教师的引导

(一)教师的引导体现在课前的整体设计上

教师想通过课堂片断(一)一个辩论情境的设计，实现学生对小男孩做法认识的多样化，体现个性化解读文本，但是课堂上却事与愿违，学生意见统一，无法展开辩论。出现这种一边倒的情况的原因首先在于教师的设计。在课的开始阶段有这样一个教学片断：

师：“哦，这只小狗不值得买，如果你真想要，我就送给你得了。”如果你就是那个看不起小瘸狗的老板，你会怎样说？

(学生练习朗读老板的话)

师：假如你就是那个腿有残疾的小男孩，面对这样的老板，你心里会怎么想？

生：小瘸狗和其他小狗一样值一百块钱。

生：谁说那只小狗不值得买？你这样看不起小瘸狗就是看不起残疾人，我不要你送给我。

生：残疾人也是人，他们照样可以为社会做贡献，你怎么能看不起他们呢？

教师给老板定性是“看不起小瘸狗”，而且让孩子们展开角色假设：假如你就是那个腿有残疾的小男孩，面对这样的老板，你心里会怎么想？这样就在暗示学生老板从心里看不起小瘸狗，学生不仅顺着这个思路理解，更是予以发展到老板看不起残疾人。此时如果老师及时发现并引导纠正学生的错误观点，到辩论时还有可能出现另一种声音。这个设问的设计中体现了教师对文本的把握不是很到位。同样的价钱谁不想买一个活泼健康的小狗呢？对于一个身体正常的人来说，很难想到非要花同样的价钱去买一只小瘸狗。无论是“老板”还是一个普通人或是在学生当中，这样的想法是人之常情无可厚非。另外我们不能从老板的这句话就断定老板看不起残疾人，从而否定老板的人格。如果我们站在腿有残疾的小男孩的角度想，就会认为值得买，因为生命都是平等的；另外从这件事当中我们看到小男孩是个自尊自立自强的人。所以当学生站在不同的角度思考，会有不同的理解，从而能更进一步走进了小男孩的内心世界。课前教学设计的质量直接决定着教师课堂引导的方向，决定着学生的学习效果。

(二)教师的引导体现在课堂每一个环节的局部处理上

课堂教学是一个富有变化的动态生成系统，是一个不断前进发展的环境。德育的实施也体现在每一个细小的环节中。我们上课之前，不可能将教学的每一个细节都考虑得如此细密周详，不可能都预设到。面对课堂我们考虑的不应该是“怕与不怕”失控的问题，而应作到如何引导、调控，如何智慧地促进生成。教师的引导活动，完全是学生学习活动的需要。要有效地发挥引导的作用就要在整个教学活动中充分关注学情。

1. 引导是一种点拨

当学生在参与学习中遇到困难，影响进一步探究学习时，就需要教师帮学生指点迷津，拨开疑云，帮学生获得解决问题的方法。《一个这样的老师》的片断，当学生争执不下的时候，教师可点拨一下，请你读一读这段话，联系上下文想一想“老师描述它的夜间视力、皮毛的颜色”这一点是否应该怀疑？孩子们联系课文内容就会发现既然是“绝迹”了，人们从化石上很难精确到描述他的夜间视力，细微到皮毛的颜色。这里老师的点拨指向于教给孩子学习的方法。记得叶圣陶先生说过：“所谓教师之主导作用，盖在善于引导启迪，俾学生自奋其力，自致其知，非谓教师滔滔讲说，学生默默聆听。”另外点拨还体现在当学生的思路狭窄时，教师要启发他们拓宽；当学生迷途时，教师要把他们引上正路；当学生无路时，教师要引导他们铺路架桥；当学生“山重水复疑无路”时，教师要引导他们步入“柳暗花明又一村”的佳境。

2. 引导是一种提升

学生由于受阅历、经验、知识积累和文学素养等的制约，对问题的思考，对文本的意义建构往往是有局限的，虽然答案有时是“横看成岭侧成峰，远近高低各不同”，却常常可能是“不识庐山真面目，只缘身在此山中”。生生间的对话很热烈，却始终在肤浅的水平上滑行而不能深入。这个时候，作为平等对话中的“首席”，必须承担自己的责任，引领学生突破个人局限，不断登上高峰，探求“庐山真面目”，达到豁然开朗的境界。上面的片断三是我在初次教《小狗儿与大画家》时的一个镜头，反思其中的原因发现是教师一味地赞许，一味地肯定，没有对学生的发言做有效的评价与导向，导致交流只是“平面”的推进，并未“立体”地升华。再一次上这节课我对学生发言都发表了自己的看法：

生：这是伤心的泪……

师：是啊，人们都说男儿有泪不轻弹，只是未到伤心处啊。

生：这是感动的泪，因为在我内心孤单痛苦的时刻是卷毛小狗给了我这样一份患难友情，我为患难小友的仁爱、善良感动。

师：小狗的行为感动着美林，我曾读过柯岩的《美的追求者》，知道了美林被关进监狱，进监狱后的第一件事是什么？就是把被小狗亲吻及抓挠过的那件褂子，轻轻地轻轻地脱下来，珍重地放好。因为那上面有它的气息，有它的爪痕。这是何等珍贵的气息和爪痕。

生：这是自责的泪，因为我连累弱小的小狗，这样忠诚的朋友为我受苦，太不应该了。

生：这是感叹的泪，因为我感叹这人生在世，这狗生在世、马生在世、牛生在世、鸟生在世……怎么都活得那么艰难。

师：但是，即使为了小狗我韩美林也要坚强地活下去。

生：这是骄傲的泪，因为我为有小狗这样的朋友而无比自豪。

生：这是苦涩的泪，因为就是这样可爱的生灵，却被造反派打得奄奄一息。

师：小狗的安危牵动着我们的心，老师通过查阅资料知道，小狗儿被打断脊梁，从此不吃不睡，苦苦叫了三天，才不甘心地咽了最后一口气。同学们，卷毛小狗与韩美林之间仅仅是患难之情吗？

生：它们之间是生死之交。

王尚文教授曾说：“教师要通过学来教，即通过自身与文本的对话，让学生真正参与到对话中来，一起探索，一起发现。”在学生充分发表见解之后，教师应以平等的对话者身份，与学生一起分享自己的理解、感悟和发现，给学生一种观点碰撞，帮助学生点石成金，使学生明白自己发言的价值精髓以增强成功的体验，得到启迪与深化，获得智慧与方法。

“一粒沙里见世界”，教学中看似不经意的引导与点拨，却熔铸了教师的智慧，凝聚了教师的心血，把学生对精神、情感的感悟引向深处，是在学生与学生对话、学生与文本对话、教师与学生对话三者之间架起的一道无形的桥梁，这样的教学引导显然是极为重要的。

（北京市顺义区西辛小学　刘学红）

尊重差异，促进低年级学生个性化阅读

《课程标准》明确指出，在低年级阅读教学中要让学生“喜欢阅读，感受到阅读的兴趣”。教师要尊重学生在学习过程中的独特体验，关注每一个学生的学习情绪，在学习的过程中使学生获得更多的自我表现与认知的机会，让他们的思维活跃起来，学习语文、喜爱阅读的兴趣浓厚起来。

一、尊重差异，引导学生读懂重点词句

学生的思维是有差异的。在教学中，教师应珍视学生的理解，引导他们从不同的角度、不同侧面读懂重点词句，实现个性化的理解。

在教学《小壁虎借尾巴》第 2 自然段时，我首先让学生读好下面两句话：

小壁虎说：“小鱼姐姐，您的尾巴借给我行吗?”小鱼说：“不行啊，我要用尾巴拨水呢。”

然后引导交流：读了这两句话，你读懂了什么？学生的发言精彩纷呈——有的学生说：“我从‘您’这个字体会到小壁虎向小鱼姐姐借尾巴时很有礼貌。”有的同学说：“我从‘行吗’这个词语中体会到小壁虎向小鱼姐姐借尾巴时用商量的语气。”有的同学说：“小壁虎没有尾巴，很难过，就去和小鱼姐姐借尾巴。”有的同学说：“我从‘?’中体会到小壁虎没有尾巴很着急，所以去和小鱼姐姐借尾巴。”有的同学说：“我从小鱼说：‘不行啊，我要用尾巴拨水呢’这句话读懂了小鱼不是不肯借尾巴，而是要用尾巴拨水呢!”……

教学过程中，由于教师尊重学生的个体差异，设计了这一开放的问题，从而为学生提供了广阔的空间；同时，伴随着教师有意识地强化，学生很快发现抓住语句中的重点字词、标点符号、语句意思等等，均能够读懂语义、读出情感、感受态度。学生不同层次的思维、认知得以互补，学生个性化的阅读理解得以实现。

二、尊重差异，引导学生获得不同体验

低年级的阅读教学要引导学生与文本对话，了解课文内容，感悟课文主

旨，受到情感的熏陶，获得思想的启迪，享受审美的乐趣。因此，教学时不但要让学生有感情地诵读课文，还要引导学生根据已有的生活体验、情感经历去感觉文字所描绘的情境，与作者的情感形成共鸣，获得情感体验。

如教学古诗《游子吟》时，教师结合课本的插图，引导学生展开想象的翅膀，还原了诗文情境，让学生充分体会一个母亲对远游儿子的关爱之情，体验游子对母亲的感激、敬爱之情。随后，教师问学生："学了这首古诗，你们有什么收获？"有的学生回答："我懂得了我们要像孟郊一样，报答母亲的养育之恩"。有的学生回答："从今天开始，我要做一个孝敬父母的孩子。"有的回答："我要帮妈妈做家务。"还有的学生说："爸爸、妈妈下班回家，我要倒杯水给他们喝。"……学生于阅读中了解了诗人的情感，生发了独特的感受、体验，而这又自然延伸至了现实生活中，影响了学生的情感、态度与价值观。

三、尊重差异，引导学生个性化表达

语文是工具学科，学习的目的是引导学生学会运用语言进行表达。

如学完《猫头鹰能当劳动模范吗》一课的第 5 自然段时，教师设计了这样一个问题：乌鸦和麻雀第二次调查回来了，它们会对大王说什么呢？大王听了它俩的汇报又会说什么呢？哪位"乌鸦"和"麻雀"向大王汇报汇报你调查的情况？（老师扮演大王角色，学生扮演乌鸦和麻雀的角色）

教师创设的情境点燃了学生思维的火花——一石激起千层浪，学生展开想象的翅膀，纷纷向大王汇报：

生 1：乌鸦对大王说："大王，这次我调查了猫头鹰晚上干什么。它白天睡觉，晚上捉老鼠，保护粮食。"

师：嗯，这次你的调查很全面。

生 2：大王，一只猫头鹰一个夏天能捉一千多只老鼠，能保护几吨粮食呢！

师：猫头鹰是人类的好朋友，是益鸟，我们要保护它。

生 3：大王，我听邻居说："猫头鹰虽然长得不好看，但它能捉老鼠，保护粮食。"

师：采访邻居也是一种很好的调查方法。

……

在师生、生生的互动中，走近了文本，并在不知不觉的交流中，即在生活化的教学情境中，发展了语言、思维，对所学的内容又有了更深刻的感悟，个性化的表达同时也得到了张扬。

每一个孩子都是有个性、有差异的，教师只有尊重差异，学生才能从每篇课文的阅读学习中，获得不同程度的发展。教师尊重差异、遵循规律，发展学生的个性，这样的课堂才会更精彩，学生学习语文的兴趣才会更浓厚。

（北京市顺义区教育研究考试中心　苏静林）

依托学案，实现共性阅读与个性阅读的有效整合

《语文新课程标准》中明确指出："阅读是学生的个性化行为。阅读教学应该引导学生钻研文本，在主动积极的思维和情感活动中，加深理解和体验，有所感悟和思考，受到情感熏陶，获得思想启迪，享受审美乐趣。"细细品味这段话，我们不难理解：新课标下的语文阅读倡导个性化，但它应是学生钻研文本之后的彰显，因此共性是基础，个性是发展。

回想我们的课堂，有时过分强调"一千个读者就有一千个哈姆雷特"中的这"一千个哈姆雷特"，因此阅读教学中断章取义，随心所欲，抓住一点内容随意生发的现象也就比比皆是，个性化变成了自由化。而有时又一味地强调文本解读的统一，扼杀了学生的奇思妙想或独特感悟，使我们的语文课堂缺失了生命的活力。笔者认为"共性阅读"就是在学习过程中，每个学生都要达成文本所要求的规定性学习目标的阅读；所谓"个性阅读"，是学生在阅读过程中，凭借自己以往经验和教师指导的影响而产生的个性化阅读理解，这种独特的见解，应该是对共性目标的深入探究与领悟。

在语文教学的实践中，我认识到"学案" 搭起了共性阅读与个性阅读的桥梁，起到了穿针引线的作用。它使阅读的共性目标得以顺利达成，学生的个性得到最大化的展现。

一、构建学案"关注共性目标，整合学生个性需求"

学案一般在学生对课文有了初步的整体感知后，在教师的引导下以学生为主体来构建。在构建学案时，首先要考虑文本规定性目标，这是每个学生要达到的共性学习目标；其次，要关注学生的个性学习需求，体现学生是语文学习的主体。一份理想的学案，它把教学的目标巧妙地转化为学生的学习期待，是教与学两方面需求的整合。

在学习《顶碗少年》一课时，学生应达成的阅读核心目标是顶碗少年表演最终获得成功的原因，以及这件事给"我"的启迪。但是因为学生个体的独特性，他们初读后产生了站在各自视角上的学习需求，学习这篇文章的切入点

各不相同：有的学生关注的是少年表演时的情景，对“这真是一场惊心动魄的拼搏”产生了疑问；有的学生对为什么称少年是一个“强者”产生了兴趣；还有的学生针对少年表演多次失败最后却获得成功，有探究的欲望；也有些学生对课文最后一段的含义以及顶碗少年的表演带给“我”怎样的启迪，产生了不解……

于是，我引领学生把这四个问题转化成四个学案：

【学案一】默读课文，思考：从哪儿可以感受到“这真是一场惊心动魄的拼搏”？画出相关语句，联系上下文想象当时的情景，在感受深的地方写写批注。

【学案二】作者说“他是一个强者”，画出少年顶碗的动作、神态，联系上下文和当时的情景，感受少年怎么是一个强者，批注自己的感受。

【学案三】顶碗少年为什么最终获得了成功？认真默读课文，结合顶碗少年三次顶碗的表演过程，想一想，完成表格。

成功原因	重点语句摘录	感受

【学案四】顶碗少年带给“我”怎样的启迪？“山穷水尽的绝境”，“冰天雪地的严寒”指______；“柳暗花明”，“温暖的春风”是指______。默读课文，画出有关语句，结合少年的表演、联系生活实际，谈谈自己的感受。

以上四个学案，学生依托每一个学案都能进行文本的深入解读。然而，这四个学案又有着各自的特点，逐一分析不难发现：学案一是联系表演的场面来感受表演的惊心动魄，它是实现共性目标的基础；学案二是抓住作者的感受，结合人物描写的方法，感受少年是个强者，使学习者从关注少年的表演到走进这个人物；学案三是通过摘录重点的语句，填写表格，体会到少年的成功不仅有自身的努力，还有其他人的帮助，使学习者更加清晰少年面对失败，一次次坚持，最终成功的原因；学案四是前三个学案的总结，学习者只有真正感受到少年惊心动魄的表演场面，弄清他表演成功的真实原因，才能深化对顶碗少年带给“我”怎样的启迪这一问题的理解。四个学案，四种学路，层层递进，虽然学习的方法不同，学习的步骤不尽相同，却实现了不同的学生学习不同的语文。

二、落实学案“达成共性目标，张扬学生的个性”

在尊重文本的共性目标和学生的个性需求的基础上，师生合作拟订或学生自主拟订了学习方案后，学生就要按照学案自主进行6、7分钟的探究，然后教师引导学生共议交流学案。

落实学案的过程，不仅要达成教材的共性目标，更要关注学情。这一环节是以学生为主体，教师为主导，互相启发，夯实共性目标，张扬个性的过程。

例如，在《爬山虎的脚》一课的教学中，学生用这样的学案：“默读课文，用‘____’画出爬山虎是怎样爬的动作词，边读边想象它爬的过程，再和同学交流爬山虎是怎样爬的。”在学习时，作为教者我能够预想到学生学习后，他们一定能够圈画出“触、巴、拉、贴”这四个表示爬山虎爬的动作的词语，想象到爬山虎一脚一脚往上爬的样子，实现共性目标——理解爬山虎爬的过程。但学案具有开放性的特点，学生又有着各自的生活经验，阅读习惯，因此在达成共性目标时，学生的阅读结果就会呈现出不同的角度，展现着学生的个性。因此，学生在交流爬山虎“爬”的过程时，有的学生就用上“先”“然后”“再”“最后”这些词语复述了爬山虎“爬”的过程，体会到“触”“巴”“拉”“贴”这四个词表达出一定的顺序。有的学生把“触”“巴”“拉”“紧贴”换成“碰、抓、提、挨”并结合自己的生活经验说明了换后的四个词不如原文中的好；还有的学生通过用自己的“手”代替爬山虎，直观地演示出爬山虎“爬”的过程……以上都是学生个性的解读“爬”的过程，此时教师帮助归总学生的个性解读——叶圣陶爷爷运用了准确的词语，使爬山虎爬的过程自然浮现在我们的脑中，激发了大家的想象。

以上课例是以一个学案为主，进行自主学习后的交流，其实在共议交流学案时，会出现学生探究不同的学习方案后学习收获的相继呈现，随着教师的引领，学生的相机汇报，使多个学案自然相融在一起，展现出学生对文本的多角度的解读，实现了教师对文本的有意整合，可以说是殊途同归，既张扬了学生的个性理解，又使共性目标有效达成。

如在学习《狼牙山五壮士》一课时，师生共同拟订了两个学习方案：

【学案一】为什么称五战士为“壮士”？画出描写五壮士言行、神态的语句，在感受深的地方写写批注，再把自己的感受与学伴交流。

【学案二】默读课文，摘录文中的重点词句，体会作者是怎样让我们感受到五位战士的“壮士”形象的？把发现到的文章写法上的特点写在表格中。

相关场景	摘录重点词句(简写)	写法上的新发现

课堂上围绕“为什么称狼牙山五战士为壮士”这一主思路交流，当学生从文章的整体上感受到“因为五位壮士面对大举进犯的敌人勇敢地承担了任务，在敌强我弱的情况下，狠狠地打击敌人，是那样的不畏强敌，为了人民群众和连队主力的安全，果断地选择绝路，在子弹射尽时，仍然用石头痛歼敌人，表现得是那样的顽强，最后宁可跳崖也不当俘虏，这种勇于牺牲的人就是壮士”时，教师引导学生结合感受深的场景——顶峰歼敌时手无寸铁地“砸”和英勇跳崖时壮烈豪迈地“跳”，从关注主要人物入手，深入体会“壮士”形象。然后，相融学案二，学生从各个场景中摘录重点词语，自然发现了文章“突出重点人物，兼顾其他人物”的人物描写方法，从而感受到五位战士热爱人民、仇恨敌人，为祖国、为人民勇于牺牲的精神。就这样，不同的学案达成了相同的学习目标，同时也清晰了作者的写作手法。

三、完善学案“发展共性目标，升华学生的个性”

学生依托学案进行充分实践后，要重视学案的完善与延伸，因为这一过程，不但是阅读的共性与个性得到提升的过程，更充分体现了叶老所说的“教是为了不教”。

“学案完善”是学生对实践后的学案主动总结、反思、修改，使学案更加完美的过程。学案完善时，学生已对文本有了充分的认识、理解，是在此基础之上的文本阅读的回顾，首先要对共性目标的达成进行总结。其次，学案的完善，是学生对自己及他人见解的正确性、合理性和完善性的反思，以及对文本的全面深入的理解和掌握。

例如《一个这样的老师》一课的学习，在教师的引导下，学生从文本“侧面描写”这一特点入手，结合以下学案学习：“我”是怎样逐步认识怀特森老师是一个怎样的老师的呢？画出相关的语句，简要地填写在表格中。

相关的语句(简写)	是一个怎样的老师

这一学案是从“我”的角度，侧面入手认识怀特森老师的，那么在逐步认识的过程中，学生们发现作者的情感产生了变化，因此学生又将这一学案进行了修改。如下：

“我”是怎样逐步认识怀特森老师是一个怎样的老师的呢？“我”认识怀特森老师的过程中，心情有怎样的变化？画出相关的语句，简要地填写在表格中。

相关的语句(简写)	是一个怎样的老师	“我”的情感变化

学生对学案的再次修改，使他们又一次走进文本，呈现出下面的学习结果：

相关的语句(简写)	是一个怎样的老师	“我”的情感变化
……一位博学的老师……	博学	喜欢
……闪过狡黠的光芒……	机灵	愤怒
……算什么老师……	不负责任	
他希望我们从这件事上学到点什么。	用心良苦	理解
……你错了……	教会“我们”新怀疑主义的老师	敬佩

可以说学生的再次回读，实现了结合文本中的相关语句来认识、评价人物，更使学生清晰地感受到，在认识人物的过程中，是带有作者自己的情感的，对于“我”眼中的怀特森老师不仅是一个教法独特的老师，更是一个对“我”有深远影响的老师，使认识人物更加丰满，更加合情合理。

可见，完善学案的过程，实现了文本共性目标的总结、提升，个性理解的反思与修改，阅读方法的提炼和整合，实现了共性与个性的双丰收！

阅读的过程既要尊重共性，又要寻求个性，离开共性谈个性，将无从谈起。共性与个性充分落实，才能共同促进学生对文本进行科学的解读。而学案就起到了把二者有机整合的作用，因此师生在语文学习的过程中要用好学案！

（北京市顺义区李桥中心小学校　康　维）

立足文本，精当点拨，促进学生个性解读

《语文课程标准》明确指出："阅读是学生的个性化行为。应该引导学生钻研文本，在主动积极的思维和情感活动中，加深理解和体验，有所感悟和思考，受到情感熏陶，获得思想启迪，享受审美乐趣。要珍视学生独特的感受、体验和理解，不应以教师的分析来代替学生的阅读实践。"这里提到的个性化阅读，要求教师重视、珍视学生对文本的不同认识和感受，并营造与之相适应的教学环境，让阅读成为个性释放的过程，让阅读成为张扬个性的舞台，以提高学生阅读的质量。如何在课堂上有效地促学生进行个性化阅读呢？

一、抓个性感悟点，深挖文本内涵

丁培忠先生说："语文这种工具，不同于其他任何工具，它是交流思想感情的工具。这种工具，你不用它便罢，只要一用它，必然要赋予它自己的思想、观点、感情。"这充分说明，教材中的每一篇文章，都饱含着作者独特的感受，都流露出作者的思想、观点、感情。在教学过程中，教师如果善于引导学生挖掘文本的内涵，立足于文本引导学生展开讨论，这样就能激发学生对文本的独特感受，实现个性化的感悟。

如教学《毛泽东词二首》第一首《清平乐·六盘山》(北京市义务教育改革实验教材第 12 册)。《清平乐·六盘山》是毛泽东主席翻越六盘山时的咏怀之作，生动表现了毛主席带领的英雄红军彻底打垮国民党的坚强决心，抒发了将革命进行到底的壮志豪情。学生通过初读生成了以下学案：

【学案一】这首词表达了毛泽东主席怎样的思想感情？结合重点词句谈谈自己的体会。

【学案二】结合全文及资料谈谈词的结尾一句"今日长缨在手，何时缚住苍龙？"的含义。

学案一中"结合重点词句"提示了学习方法。学生自主探究后，在共议交流环节中，有一名学生提出这样的问题："天高云淡，望断南飞雁。"这一句中的"望断"是望尽的意思吗？教师抓住这一能引发学生个性解读的点进行引导：

师："望断"一词抓得非常好。请同学们结合资料、写作背景，联系上下文谈一谈这个词语包含了哪些意思？

生 1："望断"一词写出了当时的天气——秋高气爽，天高云淡。

生 2：写出了作者写这首词的时机——屈指行程二万。

师：这两位同学是结合词的上阙内容谈的，还能结合其他方面再谈一

谈吗？

生3：我觉得“望断”这个词写出了当时作者所处的地点——六盘山上，登高望远。

师：很好，再结合查到的资料呢？

生4：我认为“望断”一词写出了作者的心情——怀念战友。

师：这位同学是结合写作背景谈的，谁能立足整体，结合资料再说说呢？

生5：一个“断”字写出了“望”的时间很长。结合下文来看，毛主席此时此刻心情激动，回忆走过来的路，怀念起那些牺牲的战友，再展望未来“缚住苍龙”的那一天，心潮该是多么澎湃啊！

师(总结)：一个简单的词语却蕴含着丰富的含义，让我们读出了不同的意味。

教师的精当点拨，激发了学生的探究欲望，挖掘出了文本更深层次的内涵。在讨论的过程中，学生充分发表自己的看法，既在品味中得到熏陶，与作者产生情感共鸣，又体会到了词语的表达效果，较好地完成了个性化地解读文本。

二、抓个性展示点，注重引发联想

阅读教学不仅是让学生解读文本，而且要让学生实现自我建构。在受到情感熏陶、思想启迪、文化积淀、语言发展的同时，实现对文本的超越，在历史与现实的沟通中，在文本立意和内容的视角转换中读出新意，读出有创意的感悟。读者的感悟体验只有根植于文本，才能超越文本，然后做出个性化的解读。教学过程中，教师立足文本，善于抓住文本特点，为学生创设情境，给学生一个充分展现个性化理解的平台。

如《理想的风筝》(北京市义务教育改革实验教材第12册)一课中有这样一段描写：

他不喜欢笔试，却喜欢在课堂上当众提问同学，让学生们述说自己学习的心得。我记得清楚极了，倘若同学回答得正确、深刻，他便静静地立在教室一侧，微仰着头，眯起眼睛，细细地听，仿佛在品味一首美妙的乐曲。然后，又好像从沉醉中醒来，长舒一口气，满意地在记分册上写下分数，亲切、大声地说：“好！5分！”倘若有的同学回答得不好，他就吃惊地瞪大眼睛，关切地瞧着同学，一边细声说：“别紧张，想想，想想，再好好想想。”一边不住地点头，好像那每一次点头都给学生一次启发。这时候，他比被考的学生还要紧张。这情景，已经过去了将近三十年，今天一想起来，依旧那么清晰，那么亲切。

这段描写生动写出了刘老师倾听学生发言时那种全身心投入的情形。学生在交流这一部分的感受时，教师抓住这一引发学生个性展示的点，引导学生想象："刘老师倾听发言时是什么样子？请你发挥想象，依照课文中的描写试着进行表演。"学生表演的刘老师各具特色：有的学生突出了刘老师的和蔼与亲切，在说"别紧张，想想，想想，再好好想想"这句话时，语速缓慢，语调很低；有的学生突出了刘老师的投入，把"他便静静地立在教室一侧，微仰着头，眯起眼睛，细细地听，仿佛在品味一首美妙的乐曲"这句话表现得淋漓尽致；还有的学生侧重突出刘老师对学生的不同态度，即学生回答得好与不好，刘老师的表现不同。学生表演时通过表情、动作诠释得恰到好处……这一环节的设计，既拉近了学生与刘老师之间的距离，使学生体会到刘老师是一个工作全情投入、十分热爱学生的好老师，又发展了学生的个性化思维。在这一过程中，刘老师的形象渐渐丰满、鲜活起来。

三、抓个性朗读点，激发情感共鸣

叶圣陶先生说："作者胸有境，入境始觉亲。"教师要善于把握课文内在的思想感情，由景入情，以情观景，启发想象，步入情境。要唤起孩子已有的生活体验和情感积淀，充分利用文章优美的语句、精彩的片段，让学生充分地感受，全身心地诵读，在投入地朗读过程中进行个性化体验。

如《梅花魂》(北京市义务教育改革实验教材第 12 册)一课，通过对重点段的指导点拨，激发学生个性化的朗读，使学生的情感与文体产生共鸣。这篇课文的重点段是第 13 自然段：

"这梅花，是我们中国最有名的花。旁的花，大抵是春暖才开花，她却不一样，愈是寒冷，愈是风欺雪压，花开得愈精神、愈秀气。她是最有品格、有灵魂、有骨气的呢！几千年来，我们中华民族出了许多有气节的人物，他们不管历经多少磨难，受到怎样的欺凌，从来都是顶天立地，不肯低头折节。他们就像这梅花一样。一个中国人，无论在怎样的境遇里，总要有梅花的秉性才好！"

学习完这个自然段时，学生对这段话有了不同的理解与感悟，这时老师适时点拨："这段话是外祖父对莺儿说的，你能带着自己的感受读一读吗?"

第一个学生读得慷慨激昂，语气强烈，老师追问："你为什么这样读呢?"学生回答："这段话是外祖父在赞美梅花，赞美像梅花一样的中华民族的气节，所以我这样读"。

第二个学生读得语调低沉，语重心长。老师追问："你又为什么这样读呢?"学生回答："这是外祖父在教育莺儿，老人在对小辈说话时应该是慈祥的，娓娓道来”。

第三个学生读得非常深情。老师追问：“你又为什么这样读呢?”学生回答：“从这段话中我感受到的是外祖父对祖国深深的热爱与眷恋之情。这段话，外祖父不仅是在说给莺儿听，也是在说给自己听，用梅花的精神勉励自己。所以我觉得应该读得深情一些”。

结合文章情境，学生读出了不同的理解与感受。这样的朗读训练，不但加深了学生对文本的理解，也使学生个性化解读的意识得到张扬。

四、抓个性积累点，引领课外拓展

叶圣陶先生说：“学生须能读书，须能作文，故特设语文课以历练之。学生学习课文，就是在学习语言，积累语言，而能自己作文则是在运用语言。”在学生学完课文后，有许多可以让学生去拓展的内容，应引领学生去亲自实践，以实现个性化阅读在时空上的延展。

如教学《用奇谋孔明借箭》(北京市义务教育改革实验教材第 11 册)一课时，教师设计了一个网页，其中包括“认识三国”“诸葛亮其人”“借箭大观园”“《三国》原文”“诗词欣赏”“BBS 论坛：我眼中的诸葛亮(周瑜、曹操等)”。学完课文后，学生点击进入网页中的 BBS 论坛，去发表自己对课文中人物的评论。观点发布在上面，老师和全班同学都能看到，并可以互相讨论，各抒己见。如果对这部分内容不感兴趣，学生还可以点击进入网页中的“《三国》原文”这部分内容，去欣赏小说《三国演义》中对“草船借箭”这部分内容的描写。有的学生还认真阅读了小说中对“草船借箭”总结性的一首诗：“一天浓雾满长江，远近难分水渺茫。骤雨飞蝗来战舰，孔明今日伏周郎。”并结合课文内容在论坛上发表了自己的见解。有的学生点击进入网页中的“认识三国”、“诸葛亮其人”等内容，了解了更多有关三国的知识。学生根据自己的特点、兴趣、水平选择内容，从而促使他们主动参与、自主发展。

王尚文教授曾说：“教师要通过学来教，即通过自身与文本的对话，让学生真正参与到对话中来，一起探索，一起发现。”这就需要教师立足文本、关注学情，在充分尊重学生在学习中独特体验的基础上，精当点拨，充分发挥好“导”的作用，从而为学生个性解读文本、为学生在语文学习中个性获得充分发展助力导航。

(北京市顺义区高丽营学校　闫江玲)

个性化拓展作业的设计

随着一声“下课”，一篇课文的学习真的就结束了吗？当然没有，因为课文无非是个例子，课文学习就像一个“触发器”，能开启学生新的探究学习之旅。基于此，在“依托学案　实现个体性化阅读”课题研究中，我致力于个性化拓展作业的研究，并期待以此成为学生再次学习的兴趣和动力，真正做到举一而反三。

《理想的风筝》是苏叔阳的一篇文章，主要讲了刘老师的几件事，在叙事中抒发感情为主，伴有直接抒情，表达了作者对刘老师深深的思念之情。学生学习课文后，被刘老师这种对工作和生活充满强烈的爱与追求的乐观态度感染着。带着这份饱满的情感，我引领学生继续前行——

一、利用类似的方法探究相似的内容

魏巍的《我的老师》和《理想的风筝》非常相似，都是通过作者回忆老师具体的事例来表达出对老师的思念之情；同时，《我的老师》也是通过具体事例让读者感受到蔡老师是个怎样的人。那么，学生就可以用学习《理想的风筝》的方法学习这篇《我的老师》。

延伸学案探究学习。学生学习《理想的风筝》时形成了两个学案：

【学案一】已经近三十年了，我为什么常常不由自主地想起刘老师，并深深地思念他呢？画出相关的语句，写写批注，然后带着自己的感受有感情地读一读。

【学案二】默读课文，思考：刘老师是一个怎样的人？是从哪些地方感受到的？在感受深的地方写写批注。最后用简练的语言概括写出对刘老师的评价。

通过学习，学生认识了苏叔阳笔下乐观的刘老师，懂得了我深深思念他的原因。基于两篇文本的相似性，我和孩子们可以将《理想的风筝》中的学案进行修改从而拟订了学习《我的老师》一文的学案：

【学案一】文中多次写到“我”非常想念蔡老师，画出相关的语句，想想这是为什么？在感受深的地方写写批注，然后带着自己的感受有感情地读一读。

【学案二】默读课文，思考：蔡老师是一个怎样的人？是从哪些地方感受到的？在感受深的地方写写批注。最后用简练的语言概括写出对蔡老师的评价。

列小标题抓具体事件。《理想的风筝》写了刘老师工作和生活中的四件事：

第一件事是刘老师在课上给我们讲女娲造人的传说，笑谈自己腿部残疾的原因；第二件事是刘老师历史课讲得很精彩，深深吸引着我们；第三件事是刘老师在课上倾听同学们回答问题，对学生耐心、亲切；第四件事是春天到了，刘老师将自己亲手做的风筝放上天空，并故意撒手再追逐风筝的情景。学生通过小组讨论用简练的语言列出了小标题：笑谈残疾、讲述历史、倾听发言、放飞风筝，从而帮助学生很好地抓住了事件的主要内容。课堂上的学习经历成为学生运用同样方法学习《我的老师》这篇文章的成功经验：先找出作者写了蔡老师的哪七件事，然后再用简练的语言列出小标题：假装发怒、教跳舞、观察蜜蜂、教读诗、看老师写字、排除“纠纷”、梦里寻师。学生列出的小标题或许还不够简练、准确，但这样的方法能够帮助学生更快地把握文章的内容。

画句子体会写作特点。《理想的风筝》一课中，多处采用了边叙事边抒情的表达方法。如：作者写刘老师倾听同学发言耐心、亲切的事例时，写道：这情景，已经过去了将近30年，今天一想起来，依旧那么清晰、那么亲切。写刘老师故意撒手追逐风筝的情景时，写道：那天，他一定过得最幸福、最充实，因为他感到他生命的力量。学生了解了边叙事边抒情的表现方式，在《我的老师》学习中，也能很快找到相关的语句。如：作者写蔡老师在排除“我”和同学之间的小纠纷的事例时，写道：在一个孩子的眼睛里，他的老师是多么慈爱，多么公平，多么伟大啊！写“我”梦里寻师的事例时，写道：我是多么想念我的蔡老师啊！至今回想起来，我还觉得这是我记忆中的珍宝之一。一个孩子的纯真的心，就是那些在热恋中的人们也难比啊！什么时候，我能再见一见我的蔡老师呢？《理想的风筝》一课中还伴有直接抒情，《我的老师》中有没有这样的句子呢？

查阅作者背景体会老师的深远影响。《理想的风筝》的作者苏叔阳，他是当代著名剧作家、作家、文学家、诗人，笔名舒扬，现从事文化及历史研究。他以深厚的文化积淀、特有的历史文学视角，创作了诸多国内外广为流传的文学著作。从作者的背景介绍中我们不难看出，作者的文学著作与历史的研究息息相关。文中的刘老师是历史老师，当他讲到历代民族英雄，使我们激动得落泪；讲到近代史上屈辱的岁月，我们又沉重地低下头。正是刘老师历史课上得如此精彩，才对作者产生了深远的影响。就如文中所说：我考入了历史学系，和刘老师的影响有极大的关系。《我的老师》的作者是魏巍，他在文中写道：今天想来，她对我的接近文学和爱好文学，是有多么有益的影响！通过查阅资料，学生可以了解到魏巍是当代诗人，著名散文作家、小说家，这与蔡老师的影响是分不开的。

二、感受同一作者不同的表现方式

学习《理想的风筝》一课，一般会结合苏叔阳的相关资料来学习。我们会发现苏叔阳还有一篇讴歌老师的文章《谢谢老师》，它与《理想的风筝》表现手法有着明显的不同。

《理想的风筝》主要是讲述了刘老师的几件事，在叙事中抒发感情为主，伴有直接抒情。边叙事边抒情在上文中已经介绍，在这里不再赘述。文中直接抒情的语句很明显，如：已经近30年没见到他了，然而他永远在我的记忆里行走、微笑……刘老师啊，你在哪里？我深深地、深深地思念你……作者直接抒发了对刘老师深深的思念之情。那么，在《谢谢老师》这篇文章中，作者又是如何抒发情感的呢？

通过对比阅读，《谢谢老师》没有写具体的事例，而是以直接抒情的手法，每一句、每一段都饱含着作者对老师深深地热爱和感谢。如：在每一个成功者的道路上，谁也数不清有多少老师的身躯做了铺路的石子，让你踏着他们去开辟前程。小心地抬起你的脚吧，不要碾碎了他们的心灵。再如，把老师比作母亲，把老师比作人梯，比作燃烧自己照亮别人的红烛，比作努力吐出最后一口丝线的春蚕，都不过分。还有，不管是华发满头，还是青春年少，让我们手牵起手，躬下身，向所有的老师虔恭地祝福，含泪说一声："谢谢啦，谢谢你们，老师！"

学生可以通过有感情地朗读感受到作者对老师由衷的赞美。在学习课文的基础上拓展阅读《谢谢老师》，既是对同一作者作品的再次赏读，又是相同内容的又一角度的补充。相信每一个学生读完《谢谢老师》都会不由自主地想起自己的老师，载着这份深情、这份思念，写下自己心中流淌的赞歌……

学习一篇课文的结束，意味着学生自主拓展学习的开始。学生用类似的学习方法继续阅读学习相似或相关的文章，不仅扎实了学法，更提高了自能阅读的实效。这样的个性化作业不再枯燥乏味，而是充满挑战，能促进学生真正做到学会学习。

（北京市顺义区龙湾屯中心小学　郑玉玲）

"让个性生成成为重要课程教学资源"的挑战

《语文课程标准》明确指出"阅读是学生的个性化行为。"而个性化阅读的思想可以追溯到我国春秋时期，如孔子的"因材施教""有教无类"等，从国外母语学习之“有一千个读者，就有一千个哈姆雷特”也得以证实。因而，尊重个性、发展个性成为我们的不懈追求。

一、相关概念的界定

(一)生成与个性生成

“生成，是生长和建构，是根据课堂教学本身的进行状态而产生的动态形成的活动过程，具有丰富性和生成性。”从《语文课程标准》“知识与能力、过程与方法、情感态度与价值观”三个维度思考，生成主要应包括“文本性的生成、过程与方法性的生成、情感态度价值观的生成”等方面。

个性生成，一是指学生作为鲜活的生命个体、作为阅读学习的主体，在课堂教学的进程中，会因为认知水平、知识经验等个性差异的存在，必然有各不相同的“生长或建构”；二是指阅读教学本身具有动态性和过程性，其间有诸多因素和情景无法预见，必然会产生出许多的生成性问题与活动。学生的阅读学习虽然是在班级这个教学共同体中进行，但作为独立的阅读主体，必然会生发极富个性特点的理解、体验与感悟等。

(二)课程教学资源

《语文课程标准》指出：“语文课程应该是开放而富有创新活力的。”“语文课程资源包括课堂教学资源和课外学习资源。”其中，课堂教学资源首先是指教学过程中支持学习的资源，包括教学材料、支持系统、学习环境等；其次是指在学习过程中因师生互动开始产生的丰富的生成性资源。

本文所指课程教学资源主要是后者。我们强调个性化阅读，重新定位了师生双方在阅读教学中的地位；教学过程不是按照预定程序展开而无视外部环境的机械过程，而是师生共同参与的生命实践过程。因此，在这一特定的生态环境内，由于学生的深度参与，学生的声音开始在课堂里激荡：许多不确定性的互动自然生发，即生发了诸多即时性的生成性的课堂教学资源。

(三)个性生成与课程教学资源

学生的差异是客观存在的，尊重差异成为必然；阅读又是个性化的行为，尽展个性亦成为必然。由于我们突出强调了个性化的阅读学习全程，在探究目标、内容、程序、方法等确定上，均充分尊重了学生的主体地位，从而最大程度地尊重了差异，为学生提供了尽展个性与个性生成的时空。

同时，众多富有鲜明个性特征的即时生成，如个性化的学习思路，个性化的学习收获等，构成了丰富的生成性课程资源；在班级教学共同体中，通过“对话”的形式，这些课程资源在生生互动中得以进一步的共享、互补、重组、加工、整合，不仅达成了个性资源的良性利用，也促进了个性资源的再生、创生，形成了课程资源的良性发展和效益优化。

二、促个性生成为课堂教学资源对教师的挑战

个性生成多是源自学生的生成（有时也包含超出教师预期的源自教师的“意外”精彩）。根据“支架理论”，促进个性生成并努力使之化为有效的课堂教学资源，需要教师在阅读教学中，始终坚持发挥自身的主导作用，为精彩生成“铺路搭桥”“引领方向”。

（一）预期个性生成——坚信，个体阅读必具个性

“凡事预则立，不预则废。”学生及课堂的个性生成是可以预期的。而实现的途径，则是要以教师钻研文本、广预学情为基础。

1. 钻研文本

《语文课程标准》(2011 年版)倡导“学生钻研文本”，这无疑对教师的文本研读提出了挑战——“问渠哪得清如许，为有源头活水来”，因此，坚持“闻道在先”，教师的钻研一定要先于学生。

研读，要将文本读厚。所谓读厚，即教师要立足“阅读材料”本身，阅读的视野要广要深。常见的方法是横向延展法和纵向延伸法。

如，执教《草船借箭》前，教师要熟悉其出处罗贯中的《三国演义》，还要对比研读陈寿的《三国志》；要集中研读专著中关于诸葛亮、鲁肃、周瑜的描写，可横向对比同一事件中不同人物的言行举止及其背后的深层次原因，还要纵向对比同一人物在不同事件中表现的差异及原因；当然，如果有机会还可以研读专家学者的相关评论……教师作为教学共同体的先行组织者，读书要坚持“浮想联翩”，拥有“常新的源头活水”至关重要。

研读，还需将文本读薄。所谓读薄，即教师要立足“教学内容”的精选与重构，立足教学目标的需求，让“教学共同体”内共同研读的文本聚焦重点、难点、兴趣点、训练点。

如果说，读“厚”的过程，教师阅读的角色定位是读者、欣赏者，那么读“薄”的过程中，教师更需要作为一名“教者”“学习者”，来反复审视如何将“教材内容”转化为“教学内容”。

如，《军神》一文主要记叙了青年时代的刘伯承在治疗眼伤的手术中拒绝使用麻醉剂，强忍剧痛并准确数清刀数，被沃克医生称为“军神”的故事。本文与本单元其他写人文章的最大区别在于表现人物的手法上，既有对主要人物刘伯承的正面描写，又融入了对沃克医生浓墨重彩的侧面描写。沃克医生的态度、情感变化使得刘伯承的就医过程真实感人，更加凸显了人物钢铁般的意志，同时也能引起读者的共鸣，对“军神”的敬仰之情油然而生。这是本

套教材中明确正侧面描写的首例。因而，把握本文的写作特点将为今后同类文章的学习打下良好的基础。所以，结合正侧面描写感悟“军神”形象是学习的重点；体会侧面描写的作用则是教与学的难点；为什么主要人物是刘伯承，作者却要花大量笔墨描写沃克医生，则是学生的兴趣点；结合正侧面描写，准确地评价人物是本文的训练点所在。

钻研教材是个永恒的话题，其重要意义毋庸置疑。钻研文本要坚持“冰山原则”：因为课堂的呈现只是研读教材的极少一部分，是适合学生学习的一部分，更多的则成为教师文化的积淀，处理教材能力的积淀。同时，“横看成岭侧成峰”，广涉猎、高站位的钻研，会令文本常读常新，教师不必人云亦云，能展现富有个性的魅力课堂！

2. 广预学情

学情是教学的起点。只有全面了解学生才能打开学生的心灵之门，与之对话、交流、学习、生活、成长。作为师者，我们必须准确地把握学生的已知，坚守学生的未知，激发学生的想知，引导学生的须知。

学生的个性生成可能表现在哪儿呢？教师可以通过引导学生质疑问难来掌握，更多的还需要教师转换角色，以一名学习者的身份去充分地预计学情，并思考应对的策略。

以《军神》为例，五年级的学生已经初步掌握了写人文章的阅读方法，知道抓住人物的语言、动作、神态等感受人物的品质。“从容镇定”“勇敢”“坚强”均是源自学生的生成性资源，这是学生的已知，他们不知道这“从容镇定”“勇敢”“坚强”背后，是刘伯承高度的军人责任感，不知道刘伯承堪称传奇的人生；而全面而立体地感悟人物形象，是本节课学生必须达成的学习目标。

能悟出“从容镇定”“勇敢”“坚强”有多少人？哪些人？比例是多少？

能关注到侧面人物沃克的有多少人？

哪些同学拥有刘伯承的相关资料，有哪些资料？我还应该为学生提供什么资源？

为了达成对人物的立体感悟，我还需要在哪儿？做怎样的引领？

……

这都应是教师心中有数的，而这也正是教师前期钻研文本、广泛涉猎之成果的用武之地。

我们预期学生（或课堂）的个性生成，就需要教师充分地把握学情，并以之为起点，精心设计教学过程。也只有这样，课堂才能是充满预设与生成的课堂，才是有生命活动、有生长气息的课堂。

(二)善待个性生成——尊重，哪怕是错误的

因为“阅读是学生的个性化行为”，在学生钻研文本的过程中，受到旧有知识水平能力的影响，学生的个性化阅读可能会有偏颇，甚至会有错误。此时，尊重并善待个性生成，是阅读能否坚持个性化的关键因素。

认知心理学认为，错误是学生的必然产物，学生学习的过程就是积累的过程，是错误不断生成、修正和完善的过程。我们倡导学生学在先，即生成在先，这无疑为学生将个性生成外显化提供了有效的展示途径。正确的生成固然能成为课堂上有效的教学资源，教师还应意识到错误的生成比正确的生成更重要，是更重要的课程资源。有经验的教师常常这样做：

1. 将错就错，因势利导生成教学亮点

师源性错误的运用　一位教师在教学《天鹅的故事》时，误将“经过这沉重的一击”中的“沉重”输成了“深重”。教师在学生发现后，并没有马上更正，而是抓住了这一契机，巧妙地借势而发：“看来这两个词有点难以区分。如果真的换成‘深重’，想一想可以吗？”

经过辨析，学生明白了：“沉重”与“深重”意思有相近的地方，但“沉重”指“分量重”，而“深重”则是形容“（灾难、危机等）程度很深，十分严重”。此时这“沉重的一击”是老天鹅“腾空而起，利用下落的冲力，用自己的胸脯和翅膀重重扑打冰面”的表现，是老天鹅不顾生命危险，在与冰面、与困难做斗争的表现。这一击充分显示的是力量之大，因而，“沉重”更符合当时的情境。

教师巧借“意外”，将“皮球”推给学生，让生生之间的信息流畅通起来，借机发现学生认知的原点，化“意外”为“精彩”，创造富有生命力的课堂。

生源性错误的运用　运用学生错误，是指最大限度地发挥错误的价值，借机为学生创设新的学习机会。错误源于学习活动本身，直接反映了学生的学习情况，而这样的错误往往是学生思维的真实反应，蕴涵着丰富的教学突破点。

如，学生品读在《天鹅的故事》中“湖面上不时传来‘克噜——克噜——’的叫声，就像那激动人心的劳动号子”时，模仿“劳动号子”朗读天鹅的叫声时，故意拉长声音，怪声怪气的。

此时，教师并没有急于下结论，急于用自己的思想去“同化”学生的错误观点，而是站在学生的立场去“顺应”他们的认识，采用高思维层次的追问来探寻学生行为背后的原因：你怎么想到这样读？在学生交流后，教师了解到由于学生对天鹅的叫声“克噜——克噜——”、对“劳动号子”几乎是一无所知，再加上“破折号”的引导，才会出现这样的读法。

掌握了学生产生错误的运行轨迹，摸清了错误的源头，教师对“症”下药，寻找到解决问题的方法：想想影视剧中众人劳作时响起“劳动号子”的情形，联系天鹅的叫声，想象一下此刻天鹅群一起努力破冰的场景，你能再试着读一读这句话吗？其他同学认真听，你认为他读得怎么样？通过评读、自由读、集体朗读，群天鹅破冰的场景得以生动地再现。

学习是一个不断尝试、纠正错误，最终获得成功的渐进过程。教师要善待学生的错误，及时捕捉稍纵即逝的错误并巧妙地运用于教学活动，让错误变成宝贵的教学资源。

2. 明知故犯，卖个破绽生成教学亮点

“直线推进的课堂效果，有时不如曲径通幽或水到渠成。”教学过程是师生共同参与的生命实践过程，是在特定生态环境内展开并与其发生部分的不确定性进行互动。有时，教师运用明知故犯的策略有意出现失误，引起学生注意并发现问题，为学生不着痕迹地布下了一个“圈套”，可以带给学生于“山重水复”处“豁然开朗”的收获。

如，在四年级学习《狐假虎威》时，教师故意呈现了狐狸“聪明”这一看法，并依据文本列举了狐狸能在“虎得狐”之际，瞬时想到应变之策、继而以言语和行动证实自己所言非虚等种种表现，提出了要给狐狸评反的意见。

这是教师故意以“糊涂”带之，课堂立刻生动起来了——有不少学生表示认同，也有相当一部分学生反对，因此，代表两种观点的学生之间展开了有联系的思考、比较和品味：认同的学生说到了《狐假虎威》中狐狸能随机应变摆脱困境的“机智”，也说到了《乌鸦与狐狸》中狐狸“一次又一次、想方设法得到肉”的做法。不认同的学生呢？他们有的也从《乌鸦和狐狸》中的狡诈形象谈起，有的还想到了寓言的出处——江乙给楚宣王讲此故事旨在揭露重臣昭奚恤拥兵自重、假借强楚的“狡狐”形象……此时，聪明与狡诈自成两派，在观点的交锋中，学生的知识经验、阅读方法等得到了分享与辨析，于品味、比较中，无意中学到了知识、培养了能力，并对此段“过程”留下了较为深刻的印象。此时，如果教师有意识地引领学生思考：无论是《乌鸦与狐狸》还是《狐假虎威》中的狐狸、大臣昭奚恤，它们的“灵机一动”“随机应变”均是为了自己的利益；寓言故事重在说理，且从词语的感情色彩等角度，综合思考，请你再思考“聪明”与“狡诈”哪个更合适？这样，自然升华了学生评价狐狸用“狡猾”更为适合的认识。

而善待个性生成，哪怕是错误的生成，前提仍是要创设师生平等的氛围，并坚持纠错不是目的的思想。要通过对学生生成的深层质疑、疑问答案的找寻，以及疑问答案与教学内容在师生头脑内的深层互动和巧妙联结，促使课堂生成资源走向丰富和深刻，促进课堂走向深刻与灵动。

(三)引领个性生成——利用，追求更多更佳

在AECT(美国教育与传播学会)定义中，学习资源是指在教学系统和学习系统所创建得到学习环境中，学习者在学习过程中可以利用的一切显现的或潜隐的条件。

面对同样的阅读材料，学生个性解读、个性生成，让教学共同体内拥有了丰厚的即时生成的课堂教学资源。不过，课堂教学有明确的目的指向和特定的时间限制，学生的参与比重越大，教学过程脱离教学预设的可能性就越大。此时，如何利用这些生成？如何达成共性与个性的统一，乃至生发出更优更佳的新生成呢？这里面尤其离不开教师的引领作用。

例如，《乌塔》一文讲述了年仅14岁的德国女孩乌塔独自一人游历欧洲的事，在与“我”不期而遇的交流中，自然形成了德国女孩与中国孩子的对比。

1. 外显个性生成

学生初读后，对乌塔的个性化的印象应时而生：有的说她有主见，有的说她做事细心、有条理，有的说她关心他人，还有的说她懂得自立，有丰富的生活经验……不难发现，学生对乌塔的评价均源于文本的信息，可以说全是对人物的正确评价。但多是结合文字、文段，就事论事，就事评价，难免存在着不全面、不准确、不深刻、不完善。

2. 引领努力方向

针对这些多样的不同思维层次的个性生成，教师还需要发挥引领作用。一位老师是这样做的：基于本单元均是写人文章的特点，利用单元起始课《买小狗的小孩》习得的评价人物的方法，让学生尝试继续运用此法，从而准确而恰当地评价人物。

很快，学生因需合作、小组内交流，以自己的初读感受为起点，生生对话，抓住文本中乌塔的表现，联系着自己的生活实际，并结合着自己的认知经验，深入思考：如何准确而全面地评价人物。此时，师生本身不同的经历、生活经验和不同的简历、学习方式、学习策略等都成为宝贵的直接的课程资源。

果然，课堂因充分的互动而产生了丰富的生成资源，师生抓住核心事件、有理有据、有重点地评价人物的过程得以展开：“关心他人”是乌塔在善意地提醒“我”旅行时应注意的问题，这与文本的主旨关系不大；“有丰富的生活经验”“做事细心而有条理”，均表明了乌塔有着独立生活的能力；而“有主见”“不依赖家长独立安排自己的生活”，是其“自立”的体现。从文本的核心事件出发，可见一个“自立”“有独立生活精神和能力”的乌塔形象愈加鲜明了。

教学过程是师生共同创造的过程。而阅读学习如同登山，“登学生自己的

山，让学生自己登山”是我们应坚持的原则，而教师的引领，就是需要帮助学生攻克“登山”过程中的难点，在方法、策略、情感方面给予支持。这也就要求教师具有扎实、深厚的学科素养；要求教师具有丰富的教育学素养和灵活的教育智慧；还要求教师具有足够的教学敏感性，能够善于捕捉并因势利导，促进学生的个性生成向课堂教学资源的转化。

（北京市顺义区教育研究考试中心　魏淑媛）

以写观读视角下个性化学习方案的设计和运用

一、以写观读视角下对“读”和“写”的认识

在读和写的关系方面，虽然叶圣陶、吕叔湘、张志公等先辈早就提出过“读写结合”“读写互动”等教学建议，但因为对读写和读与写关系的认识不到位，加上文选型教材的制约，造成了教学实践中部分存在“读非为写，写非所读”的现象。在读的方面学习文章内容谈感受充斥课堂，突出了感悟和体验其内容和情感价值，却无暇顾及领会内容、思想的载体——表达方法、构思技巧、叙述手段等，也就是忽略了别人的思维方法和过程。在写的方面，缺乏写的训练和指导，甚至出现学生周末在家写作文，周一交给老师打个分数写几句评语就完事的现象。

(一)读写一体

首先我们必须明确日常阅读和阅读教学是两码事。语文课程中读的最终目的，不是为了消遣，也不是为了研究，而是为了学会阅读，为了学会写，阅读别人的文章学会写自己的文章。语文课程中的写，不是读的附属品，而是读的效果显现，是思想认识的结晶体。从这些意义上看，写起码是读的目的之一。很显然，语文课程中读为了写，写依据读，读写一体，有人比方犹如鸟儿飞上蓝天的一双翅膀，互相作功，缺一不可。通过阅读，不仅要享受、体验作家情感、思想等思维结果，还要学习作家思维方式和思维过程，然后再把所积累吸纳的内容，加上自己对生活的体验、对社会的认识等按题目要求准确、生动、具体、恰到好处地表现倾吐出来。

(二)读中学写

我们都知道学生离开学校后，更多的对语文的考核是“说”或者“写”。现实工作中没有人只问你读过哪些书，读“懂”没有，或者问你会不会读书消遣

解闷，只会让你写一篇报告，推销一种商品等，所以说如果不会说和写，读不能致用，读了再多的书也是白搭。正如潘新和先生指出的：阅读的归宿必定是言语表现。读“懂”一篇文章，阅读教学才完成一半。另一半更重要，就是再回过头来学习作者是怎样写的，并把从读中学到的用在文章写作中，这样才能算是真正完成了阅读教学的一个完整过程。

(三)以写促读

古人说“不动笔墨不读书”，就是说必须动笔写了才能读有成效，“手到才有所得”。胡适认为古人所说的读书三到——“眼到、口到、心到”是不够的，须有“四到”——眼到、口到、心到、手到。建构主义心理学倡导“任务驱动”策略，用“写”的任务来驱动“读”，确实能使读写相得益彰。因为阅读的内化，需要通过思考和表现，才能较为充分地实现。脱离说和写的阅读，尤其是没有落实到写上的阅读，再怎么认真仔细地读，其认知都只是停留在较为肤浅的层面。”

综上所述我们认为：读中来学写，读是为了写；以写来观读，以写来促读。这样才能真正实现读写一体，共同发展。

二、依托个性化学案设计，由关注个性化习作实施个性化阅读

“学习方案”(简称学案)既要显示学习的问题和探究的方向，又要展现学习的方法、程序，它是不同学生不同的学习过程的呈现。从读写一体中我们可以看出个性化的阅读和个性化的习作也是一体实现，共同发展的，而二者的实现是依托于个性化学案。没有个性化的学案，全体学生按照一个学习思路，或是按照老师既定的单一学习思路是很难实现个性化阅读。因此个性化学案的设计和交流就成为基础和根本。而个性化的学案绝不仅仅从阅读的角度去生成和制定的，而是从关注个性化习作的角度去设计和审视的，进而实施完善的。

(一)尊重特长个性发展

“个性”的内涵非常广阔丰富，是人们的心理倾向、心理过程、心理特征以及心理状态等综合形成系统心理结构。多元智能理论告诉我们学生特长存在多样性、变化性。个性化的学习方案一定是尊重、重视、展现学生个性发展的。同时正如叶圣陶先生所说：“文学作品往往不是倾筐倾匣地说，说出来的只是一部分，还有一部分言外之意、弦外之音，必须驱遣我们的想象，才能领会它。”孩子的天性不一，语文学习必须赋予学生自由。《桂林山水》一课生成这样的学案：

【学案】默读课文，思考：桂林山水有哪些特点，带给你怎样的感受？带

着这样的感受读一读。

这样的学案带给我们的思考很多：这是典型的只关注阅读内容的学案，并没有以写来观读。为什么要学习桂林山水的特点？作为游客认识山水特点可以足够了，但是学生学习语文的范文进入语文课本，这样认识就行了吗？答案显然是否定的。首先学语文要把发展儿童的语言放在首位，而不是为了教教材而教教材；其次没有“写”的融入，完全对内容的分析肢解性阅读，就像坐在副驾驶的位置上学开车，学生是永远无法真正掌握语言的；最后学生个性特点不同，这样学下来每个学生的收获和发展向着同一方向齐步走的。我在教学时指导学生生成的学案是这样的：

【学案】①默读课文第 2、3 自然段，思考：桂林山水有哪些特点，作者是怎样把这些特点写具体的；联系全文，特别是第 1、3 自然段，体会漓江水与山的联系。

②结合课文内容和课外阅读给桂林山水图配上一段说明性的文字、一首诗或一句广告语。

在第①点中，联系第 1、3 自然段认识山水相映之美，是教师在引领学生阅读。因为细读《桂林山水》会发现作者匠心独具：首先山水特点的有序排列：“静、清、绿”的描写顺序是不可以颠倒的，只有水“静”才能看见江底的沙石，只有水“清”才能是“无暇的翡翠”这三者是顺承关系。同理桂林山的“奇、秀、险”也非随意而为：从“山的整体形态”“整体色彩”写到“山的个体形态”，遵循了从整体到部分的描写顺序。其次，山水特点的描写有着千丝万缕的联系：水之“绿”与山之“秀”，水之清与山之“奇”“秀”“险”都是密不可分的，清晰了这样的关系，才能更好的理解“这样的山围绕着这样的水，这样的水倒映着这样的山”。

第②点更能展现学生个性发展的特色。在教学中有相当多的孩子选择了写一首诗。这也着实出乎我的意料。“湖光山色两相和，/细雨空蒙一碧波。/遥望漓江山水色，/青女弄影尽婆娑。”此诗把桂林山水比喻成风姿绰约的少女，还真有些苏轼赞美西子的味道。“云中的神啊雾中的仙，/桂林的山呀情似水；/情一样深呀梦一样美，/漓江的水呀绕梦牵。/如情似梦江满天，/尽在桂林山水下。”这首诗巧妙地运用了前人歌颂桂林山水的诗句，又别出心意。尤其是后进生的作品，更让我惊异不已。“桂林山水好风光，/百里漓江成画廊。/神姿仙态桂林山，/快到此地观一观。”正是这一次的成功，学生们一发不可拾，每学一课都追着问“老师这篇课文写不写诗？”我说：“只要你愿意，随时都可以。”特级教师黄玉峰说“诗是童心的专利”，少年需要诗词，诗词又何尝不需要少年呢？

(二)体现多种方式学习

多元智能理论告诉我们，每个人都是以自己的方式来理解知识和建构自己对事物的认识的。每个人擅长的方面和学习的方式各不相同，这是产生个性化阅读和个性化习作的基础。以多元智能为教学上的“多元切入点”，为所有的学生提供发展的多元途径。《蝉》是选自《昆虫记》的一篇课文，教学目标为：针对本文的语言特点，学习把蝉当作人来写的重点语句，感受着作者流露在字里行间对蝉的喜爱之情，进而体会到作者对生活无比的热爱，对科学执着的追求。

在初读阶段形成了三个学习方案，分别从表格、阅读相关资料、写作等方式，从不同的角度指导孩子学习这篇独特的说明文。

从一个学生(读者、学习者)学习这类课文的角度拟订的学习方案：

【学案一】课文是怎样向我们说明蝉的特点的？默读课文，认真完成下面的表格。

怎样说明蝉的特点	
摘录重点的语句(或用自己的话概括)	运用了什么说明方法
喜欢音乐： 强迫他人来听：	
没有听觉：	

从学习资料的角度拟订学案，既体现文体特点又重视培养科学素养：

【学案二】①作者是怎样发现蝉的特点的？标画出相关的语句，读一读，你体会到了什么，可以简单写写批注。

②查阅有关蝉的其他资料和文章，写一写对学习这篇课文有哪些帮助和感悟。

从不同的写作形式角度落实三维目标：

【学案三】请你为法布尔窗前的蝉制作一张自我介绍卡片，要求：依据课文内容，突出蝉的特点。如果能适当结合课外资料就更好。

在学案的自探和交流阶段，要引导学生关注说明文知识背后的语言文字、表达方式、作者思考问题关注问题的方法，细心观察的科学态度以及探究知识所折射出来的人文情怀与科学的光辉。

(三)链接生活接地气式学习

《阅读学原理》指出：“阅读是读者从写的或印的书面材料中提取意义或情

感信息的过程。”不同时期的读者对同一文本有个性化的解读，这正是经典的魅力；同时结合时代特点解读教材也是读者魅力的体现。正如德国美学家姚斯说：“一部文学作品，并不是一个自身独立、向每一个时代每一个读者提供同样观点的客体，而是像管乐谱，读者不断在其中演奏出不同的回响，使文本从词的形态中解放出来，成为一个当代的存在。”比如《郑和远航》可以从语言文字的咬文嚼字，品味感悟中领略当时我国航海事业在当时世界的空前发展，郑和 28 年先后七次下西洋的豪迈气度；感动于郑和出使与各国人民的“友好”；惊叹于他“旧港战役，瓮中捉鳖”的智谋；震惊于他能运用自如地率领庞大的船队往来亚非航线上卓越才能。所有这些都是学生从书本中可以学到的，但是在 2013 年学这篇课文必须要结合钓鱼岛事件，因为这是学生们关注的具有时代意义的事件。所以在学案中可以融入这样写的训练：结合课文内容，了解钓鱼岛事件，写一写你对当今海洋战争的看法。

（四）实现多种方法学习

阅读教学需要点上突破的学习，更需要全面整体学习，这样阅读的个性化才能在广阔的背景下更具有准确性和深刻性。《一个这样的老师》和《理想的风筝》被安排在第 11 册的 31 课和第 12 册的 22 课，其实这两篇课文同属于写老师的纪实性文章。如果我们把这两篇课文放在同一个单元里学习，学生的个性化阅读和个性化习作会呈现相得益彰的效果。另外我们把与老师有关的课文放在教师节前夕来学习，其效果会更上一层楼。再有我们把这一次的学习与第 11 册第 8 单元的习作（走近长辈 ，老师是其中之一）联系在一起相信更可以实现互促互补。最后如果与学校里教师节期间开展的德育活动结合，“老师”这一主题课文的学习就会“发酵”。在《一个这样的老师》教学中围绕学生需求和教学内容需要共同生成了这样几种不同的学案：

思考：怀特森老师是个怎样的老师？

【学案一】默读课文，看看怀特森老师说了什么，做了什么？想一想怀特森老师是一个（　　　　）的老师。

【学案二】默读课文，思考在怀特森老师教“我们”的过程中“我”的心情和行为有了哪些变化，“我”认为怀特森老师是一个（　　　　）的老师。

【学案三】采访你身边的老师，把他们和怀特森老师比较，你发现了什么？写下来。

学习课文时，有的学生对学案进行了补充完善，他结合德育主任倡导的活动把学案进行了完善：

【学案四】结合“跟踪老师一天的活动”了解我的老师教育生活和家庭生活，写出怀特森老师和我的老师的特点。

(五)设计多层目标　整合多学科学习

针对不同的学生，整合不同的学科围绕不同的目标设计阶梯化的学习方案，是实现个性化阅读的重要保证。下面以《漫谈沟通》为例谈一谈：

1. 多层目标设计过程

《漫谈沟通》是一篇短小浅显的说明文，了解说明内容学习说明方法，这样的学习目标是每个学生都应该也是可以“跳一跳”摘到果子的，这是保底的目标。这样一篇简单的略读课文如何能上得厚重、得意得言？与习作教学又有怎样的关系？带着这样的思考我把目光转向了《语文实践活动6》口语交际和习作。口语交际的内容是：平时你是不是经常和家人、朋友沟通？是怎样与他们沟通的？你们喜欢用什么方法进行沟通？请围绕沟通这个问题展开讨论。要求是：发言的时候要举出例子，把自己的想法、做法说清楚。这不正是此课学习的延续吗？再看习作共有三个选择都是说明文中一类——实用文习作。于是我有了这样的想法：阅读教学、口语交际、习作指导和大量阅读在这一节课中有机、有效地结合，恰当、得当地取舍，进行“读中学写”课型模式探索。

带着这样的想法我查阅了近三万字的资料，从大量的资料检索中我发现：

(1)沟通的话题在其他版本语文教材中不断出现，如教科版第五册教材“能说会写”部分的主题——沟通。在初高中也都有相应的内容，如鄂教版八年级下册口语交际《与父母沟通》；人教版高二语文选修《学会沟通》。综观这些语文教材中讲“沟通”的内容，主要从口语表达和书面表达的角度进行讲解的，只有北京版教材有一篇课文。

(2)不仅语文学科，其他学科也有这样内容，如北京课改版《品德与社会》六年级上《快乐少年行》的板块中有《沟通无极限 真情暖心窝》；苏教版思想品德教育七年级下册第十七课《成长不烦恼》第二小块《敞开心扉 学会沟通》。综观品社教材，我发现沟通成为学生成长中解决烦恼的重要方法。

语文学科如何在“沟通”教学中更好的体现学科目标？又如何与品社学科巧妙的结合，实现双赢？我在本课教学中应该力求体现：读中学写，在23课学习中习得运用举例子、作比较等说明方法，先概括后具体的说明顺序，试着运用这些知识进行口语交际，并进行习作。再有以品社课程中为什么沟通，如何沟通、沟通方法等给学生的口语交际和习作内容以重要补充和方法引领。

(3)围绕“沟通”的经典美文并不多，学生的拓展阅读文章从何而来？我选择的办法是搜集资料自己写。于是综合阅读材料，撰写了两篇文章，其中一篇运用了先概括后具体的顺序写的。

有了以上准备，结合学生特点，我认为现代家庭多数是独生子女，孩子备受家长宠爱，家中又没有同伴，与他人沟通的机会和方法相对并不多。另外本单元是说明文单元，课后的习作是实用文，习作题目并不能更好的适合本班学生有话想说、有话会说，所以对本单元的习作做了修改，围绕沟通可以说明其重要性、介绍实用方法和技巧，这应该说是学生需要的。

综上所述我把本课的教学目标定为：

【基本型目标】

(1)学习课文《漫谈沟通》了解动物沟通方式，认识人类沟通比其他动物丰富得多，人类是最擅长沟通的动物。

(2)继续学习举例子和作比较的说明方法；学习先概括后具体的逻辑顺序。

【提高型目标】

(3)阅读《沟通故事三则》和《沟通的作用》两篇文章，学习沟通的方法和技巧。

(4)围绕“沟通”进行口语交际，进行实用文习作指导。

2. 递进式学案生成实施过程

【基本目标学案】(1)“漫谈沟通”是什么意思？结合课文内容填表。

动物名称	沟通方式
游鱼	
发光鱼	
海豚	
鲸鱼	
小狗	
狮子	
猴子	
蜜蜂	
人类	

(2)为什么说人类是最擅长沟通的动物，找出这样的语句读一读，结合课文内容写出作者是用哪些方法说明并且怎样连段成篇的。

在基本目标实现基础上，我让学生运用学习这篇课文的方法延伸阅读两篇文章，实现口语交际，生成了这样的学习方案。

【提高型学案】(1)请你用直线画出概括地写出沟通作用、方法的语句。(2)文章是按什么顺序连段成篇的。(3)说一说，你搜集了哪些讲沟通作用、方法的文章或资料？

在口语交际后启发学生：今天这节课我们一起学习了23课，阅读了与沟通有关的两篇文章，并说了自己与他人的沟通的做法和想法，相信你们一定也有了不同程度的收获。你们愿意把收获写下来，写给那些对“沟通”重要性、方法和技巧不够了解的人吗？出示习作要求：

把你学到的有关沟通的知识、方法、技巧和你感悟到的有关沟通重要性、做法和想法说给别人听，这对别人来讲可能是很有用的。你可以运用举例子、做比较、列数字等说明方法，写一篇实用文，自拟题目，300字以上。

在习作前，我告诉学生习作就是在进行书面表达，其实也是沟通的一种方式，沟通首先要明确和谁沟通，这里面的“谁”就是读者，我们无法漫无目的、漫无目标的沟通，所以在你们写之前，心中必须有“读者”，你的沟通对象是谁？老师、朋友、父母、爷爷、奶奶、自己？

三、个性化学案的拓展和延伸，从深化个性化阅读走向个性化习作

在一种或多种学案交融完善之后，进入了学案的拓展延伸环节。个性化学案的拓展延伸首先是个性化阅读的深化，体现为个性化学案在拓展中得到运用；个性化学案在拓展中得到丰富。另外个性化学案更容易让学生乐于动笔表达，从表达内容到表达方式等多方面，进行延伸、拓展。

(一)从阅读内容的视角延伸拓展

《蝉》这篇课文在学习中，有的学生提出质疑：20世纪80年代，科学家们根据大量的更深入的研究，对蝉听不到声音产生了质疑。他出示了这样的资料：蝉是聋子吗？蝉并不是聋子，它也有听觉，能听到声音。可是它的听觉器官和人类以及高等动物的耳朵大不一样。蝉的听觉器官生长在腹部的第二节附近，上面布满灵敏的感觉细胞。声波传到听觉器官上，听觉器官把信号传到脑子里。蝉就听到了声音。

我引导这个学生对学案进行延伸：结合最新研究成果改写课文结尾。

课文结尾段：我想通过这次试验，我们可以确定，蝉是没有听觉的，他对自己所发的声音是一点也感觉不到的！比如，有的学生这样改：我想通过这次试验，我们可以初步确定，蝉可能是没有听觉的，他对自己所发的声音可能是一点也感觉不到的！经过这样一个修改结尾的过程，学生对说明文语言的准确性有了更深的体验。说明文中使用的术语和修饰限制性的词语，它们往往体现了说明语言的准确性。

(二)从大量阅读角度延伸拓展

学生在《蝉》学案二的学习中，我努力把学生的兴趣引申到课外，《昆虫

记》不仅是一部研究昆虫的科学巨著，也是一部讴歌生命的宏伟诗篇，本单元学习后我们在整本书的阅读交流课上进行展示，共同走近法布尔、走进昆虫的世界。

另外，第九册第八单元主题是对英雄人物的学习与评价。课本中提供革命战争年代和当代的英雄，针对学生个性化阅读的兴趣需求，我们对英雄的理解突破狭隘的革命英雄，并走出了国门。在本单元的整本书阅读中学习的是《鲁滨逊漂流记》。个性化学习方案主要有：

【学案】①鲁滨逊在荒岛中遇到哪些困难，他是怎样克服的？交流时可按衣食住行、遇险时心理等方面汇报。

可以重点阅读鲁滨逊记录的好处坏处对照表，你受到什么启发？

坏处	好处	受到启发
我陷在一个可怕的荒岛上，没有重见天日的希望。	但我还活着，没有像我同船的伙伴们一样，被水淹死。	
我现在被剔出来，与世隔绝，困苦万状。	但我也从全体船员中被剔出来，独免一死，上帝既然用神力把我从死亡里救出来，一定也会救我脱离这个境地。	
我与人类隔绝，仿佛一个隐士。	但我并未因为没有粮食，饿死在这不毛之地。	
我没有衣服穿。	但我是在一个热带气候里，即使有衣服，也穿不住。	
我没有抵御野人和野兽袭击的防御力和手段。	上帝既然用神力把我从死亡里救出来，一定也会救我脱离这个境地。	

②交流你最感兴趣的精彩片段，感受人物特点和性格特征。

③鲁滨逊是什么样的人？请你给他颁奖表彰他。你会颁什么奖，写出简洁而深刻的颁奖词。

④你被选为由五年级六位学生组成的“荒岛生活小组”成员之一。你将和旅伴们在一个无人居住的荒岛上生活一个月，以显示你们的机智、勇敢，顽强的适应环境生活。请你们以小组为单位进行一次写作——写小说《荒岛生存日记》。

（三）从文章主题视角延伸拓展

在修改结尾时伟大的作家、昆虫学家法布尔在学生的心目中的形象会不会受到影响？要解除这种担心关键在于教师的引导。于是生成了这样的个性化学案：课本的注释这样说的“本文作者是法国作家、昆虫学家法布尔”，既然这个结论在100多年后受到了后世科学家的质疑，为什么还称法布尔为作家、昆虫学家？请你写下来。

通过讨论学生们认识到：法布尔生活在19世纪，那时候还没有什么仪器可以供他使用。在那个特定的历史时期他主要靠眼睛观察，只能做一些比较简单的实验。我们从课文中也能知道他的结论是经过长达15年如一日的观察、进一步猜想得出结论并且用实验去论证。他对昆虫和蜘蛛等做了许多正确生动的描述，已经很不容易。他的这种严谨求真的科学精神是他成为伟大的昆虫学家的关键。他耗费一生的光阴来观察、研究“虫子”，已经算是奇迹了；一个人一生专为“虫子”写出十卷大部头的书，更不能不说是奇迹；而这些写“虫子”的书居然一版再版，先后被翻译成50多种文字，直到百年之后还会在读书界一次又一次引起轰动，更是奇迹中的奇迹。法布尔也由此获得了“科学诗人”“昆虫荷马”“昆虫世界的维吉尔”等桂冠。然而正是这种求真的科学态度使后世的人们继续研究昆虫，不断修正，使人们的认识在这一次次发现、修正、再发现中趋近于真理。所以说《昆虫记》不仅仅浸透着对生命的敬畏之情，更蕴含着某种精神。那种精神就是求真，即追求真理，探求真相。这就是法布尔精神。如果没有那样的精神，就没有《昆虫记》，人类的精神之树上将少掉一颗智慧之果。有了这样的基本理解后，学生继续查阅相关资料，进行了个性化习作。

总之，依托学案实现个性化阅读的重要前提就是设计个性化的学案，而以写观读，以读促写，实现读写一体又是我们在指导学生设计生成学案过程中的需要提醒自己的重要观点，并且这样的观点应贯穿于整个教学程序之中。

（北京市顺义区西辛小学　刘学红）

教师在实现个性化阅读中作用的发挥与思考

课堂教学中的个性化阅读是学生在教师指导下凭需要和兴趣，主动、独立地阅读，以关注文本的内容和言语形式、获取信息或满足娱乐审美等实际需求为中心的开放式阅读。阅读认知理论认为，阅读主体对于文本中的言语，只有在他的信息贮存中能够找到文本言语具有相似性的信息模块以后，才能进行相似匹配、相似激活，从而识别文本中的信息。由于不同的阅读主体大脑贮存的相似模块各不相同，因而即使是阅读同一文本，也形成各自不同的相似选择与相似匹配，进而产生见仁见智的个性化理解。学生“仁者见仁，智者见智”的个性化阅读绝不是凭空产生，需要教师找到学生们各自独特的相似性的信息模块，这样的相似性模块与文本言语契合。通过研究，我们认为依托个性化的学习方案是实现个性化阅读的重要凭借。在课堂教学的程序中，不仅仅是“学案”贯穿始终，各环节落实时都要紧紧围绕着实现学生个性化阅读这一目标。在实现目标过程中教师的作用显得更加突出和重要。

一、与文本追求相遇相知——教师个性化阅读的本真与追求

从接受美学的角度来看，由于文本本身留有“意义空白”和“不确定领域”，而读者的价值取向、审美观点、生活背景等又存在显著差异，故对于作品的理解会见仁见智，莫衷一是。然而对于教师而言个性化阅读不仅是文本价值个性化，更是学习思路与方法，感悟目标与程序等多重个性化的组合。教师研读文本一定要摒弃“执一隅之解，欲拟万端之变”的阅读，还要摒弃忽略主流情感态度价值观的个人化解读；倡导个性化阅读首先需要教师突破定势思维，用创造性思维的智慧与文本相遇相知。

(一)深度超越

所谓深度超越一定是建立在共识层面的超越，首先对共识有所思考和理解，才有真正意义上的超越。

1. 文本共识的深度超越

个性化阅读是一种充溢着生命激情的活动，它所重视的是读者摆脱了先在的群体性的文化成见和偏见以后，对文本在此时此处此一阅读过程中真实的感受、体验和思考。这种感受、体验和思考直接联系着个人鲜活生命存在的本真状态和变化，远比抽象理念更根本、更灵活、更富有生存智慧，正因为如此，一个有个性化阅读意识的读者，即使面对一个已经被阅读过、评论过无数遍的传统经典文本，他也会以“苟日新，又日新，日日新”的意识和情怀，形成属于自己这一次阅读所特有的个人体验和情感遭际，获得朝向文本敞开的自由张扬的生命个性和建构喜悦。

学习《伯牙绝弦》了解知音难觅，更要懂得即使没有知音赏识也要坦然的面对；读《笋芽儿》要知道“坚忍不拔”要比“坚强”更能概括笋芽儿的特点；读《天鹅的故事》不仅要敬佩天鹅的精神，更应该懂得“敬畏生命”。童话故事有深刻的内蕴，站在孩子精神发育的角度，《丑小鸭》就是每个孩子成长秘密的解码。学生在课堂上会质疑：丑小鸭无论在哪里长大，最后都能变成天鹅啊？其实通过作品的解读，我们让孩子感悟到：如果丑小鸭没有离开鸭窝，他的

身体自然也能变成天鹅，但是，在精神上他只是一只长着天鹅模样的鸭子罢了。苦难和磨砺才是变成美丽的白天鹅的关键。童话的魅力就在于虚构了一个可以让孩子折射自己灵魂的故事，让每一个孩子在童话中成长，让他们在丑小鸭身上找到自己。

2. 文本价值的深度超越

“语文教材无非是个例子”，在语文教师的眼中文本不仅要从内容上超越，更要有我想用这样的文本实现什么样的教学价值的情怀去超越。《迎接绿色》作为一篇四年级的课文，对于学生来讲是超越他们的思维和情感基础的。即使教师口干舌燥地讲解，恐怕学生也只能一知半解。如何破解？我认为当我们从语文教学最终的归宿去思考就不会纠结于文本内容，就会这样想：作者为什么要这样写？如何才能这样写？于是我设计了这样的问题：一株野生的不起眼丝瓜却在作者笔下美丽至极，原因何在？在文章重点句我抛出问题：生活中会说花开了叶长出来了，课文为什么这样写：“花，一路黄过去，满楼清香；叶，一路绿过去，鲜嫩滴翠。”学生在对比中感受丝瓜花和叶生长动态的过程，更能感受到花和叶颜色的美，感受到丝瓜生机勃勃的美！到此并未结束，继续思考：为什么这样强调颜色之美，引导联系上文感悟：我们“在钢筋水泥构筑的有限空间”灰暗单调的颜色里生活，突然“面对一抹绿色而怦然心动的情怀”。第三个来回是学习如何运用语言，学生明白了真情流露可以写出世界上最美的语言。感动了自己才能感动别人，做真人才能有真情。课堂上抓住重点句“半亩方塘一鉴开”，才能实现文与道“天光云影共徘徊”的效果。

(二)宽度拓展

教材的宽度取决于教师的宽度，教师从文本内容、阅读目标、阅读程序等方面对教材进行拓展将为学生拓宽学习的空间。

1. 文本内容的宽度拓展

《郑和远航》这篇课文不是一篇情意浓浓的美文，在很多的地方还插入说明的方法，人文情感不是一下子就能体验到的，我担心学生读来可能会产生索然无味的感觉。如何解决这样的问题？“感人心者莫先乎情”，文本没有感动教师怎能感动孩子？于是我一遍遍读书，一次次感悟，咬文嚼字，品味语言。“宝船长 150 米，宽 60 米，有 10 层楼高，可以乘坐 1000 多人，二三百人驾驶。”这些数字到底是个什么样的概念，当我结合生活实际在脑海中展现大船的样子的时候，我感叹 600 多年前的我国古代人民就创造了这样的巨船真了不起。“巨浪疯狂地扑向船队”这个“扑”字足以展现海上航行的艰难，然而郑和却没有被吓倒，先后七次下西洋，历经 28 年之久。人生有几个 28 年可以漂泊在海上……读着这些文字我震惊了——郑和远航太伟大了。

文本中的文字不足以让我们全面而深刻地了解郑和、了解郑和下西洋这个航海史上的奇迹，于是我走进书刊与网络。我感动于郑和出使与各国人民的"友好"；惊叹于他"旧港战役，瓮中捉鳖"的智谋；震惊于他能运用自如地率领庞大的船队往来亚非航线上卓越才能……所以他受到人们绵绵不绝的赞叹，从梁启超先生著《祖国大航海家郑和传》到孙中山先生论述郑和下西洋"为中国超前轶后之奇举"。从周恩来、邓小平、江泽民、胡锦涛等领导人一次次提及与赞誉，到英国著名学者李约瑟的评价说："当世界改革的'序幕'尚未揭开之前，即15世纪上半叶，在地球的东方，在波涛万顷的中国海面，直到非洲东岸的辽阔海域，呈现出一幅中国人在海上称雄的图景。这一光辉灿烂的景象，就是郑和下西洋。"……当这些资料扑面而来的时候我被震撼了！"好风凭借力，助我上青云"，各种资料收集整理过程是感动的过程，我激动不已——一定要带领孩子们学好这篇课文，让他们记住这位伟大的航海家，对这段辉煌的历史产生强烈的民族自豪感。

除了从主要人物和事件角度拓宽内容外，还可以从语言文字角度拓宽内容。《学弈》一课讲述了两个学生学下棋的表现和结果，理解"专心致志才能把事做好的道理"是教学重点之一。于是我设计让学生用两个成语分别来概括一下两个人的上课表现。孩子们找到很多的成语，然后我告诉孩子们：你们说的成语有很多都来自古文，比如"心不在焉"，出自西汉·戴圣《礼记·大学》："心不在焉，视而不见，听而不闻，食而不知其味。"如果有人问你"专心致志"出自哪里呢？你可以自豪地告诉别人这句话：使弈秋诲二人弈，其一人专心致志，唯弈秋之为听。你还可以满怀信心地给他们讲讲这个故事。

2. 文本价值的宽度拓展

工具性与人文性的统一是语文课程的本质特征。《郑和远航》是一篇略读课文，"教"应略、"意"须丰，就是要放手让学生运用阅读方法独立阅读课文，提高阅读能力。一篇课文知识点很多，要训练的阅读能力更是不少，但决不能面面俱到，最后我确定的训练重点是：结合课文内容和收集到的材料，理解最后一个自然段的意思。确立重点的依据：课程标准的年段目标，教材的结构，编者的意图。分析单元课文我们会发现，本单元第一篇课文提出理解重点句的意思；第二篇课文提出理解第一段（重点段）的意思；这篇课文就是在运用讲读课上学过的方法，自主的理解重点段的意思。另外分析课后习题也是确定重点的重要依据，它是教材编者意图的集中体现，课后第二题的要求就是：结合课文内容和收集资料理解最后一个自然段的意思。现代认知心理学根据知识在头脑中表征特点分为两种类型，一类是陈述性知识，另一类是程序性知识。如何才能创建出理解一段话的意思的程序性知识树？我查阅了大量的资料并结合这篇课文构建了程序性“知识树”：

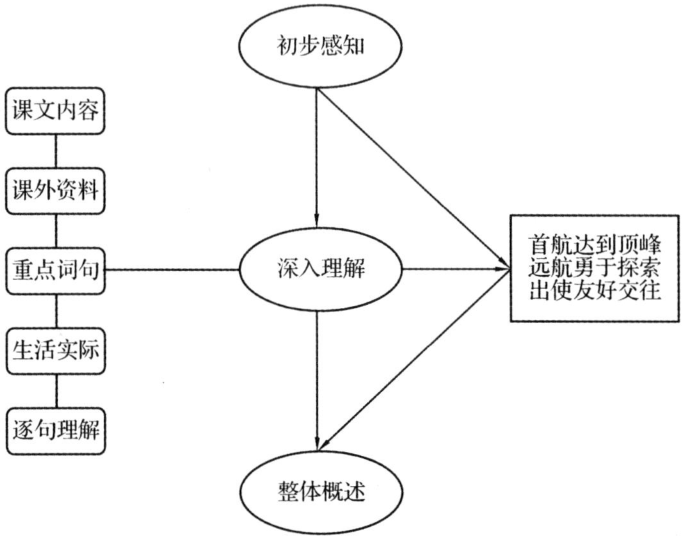

除了这里提到的方法外，不同的学生还会总结出其他个性化的方法来，这是学生个性化阅读的重要指标。

(三)广度延伸

课堂上的个性化阅读是以通古博今旁征博引做根基的，离开大量阅读和独特思考，个性化阅读形同“镜中月、水中花。”

1. 在整体联系的视角下审视文本

节选类课文尤其要站在整部作品的视角下解读部分。比如《猴王出世》这篇课文，课堂学习中，孩子们的心中都有了自己的猴王形象，他是一个猴子，顽皮可爱；他更像一个人，敢作敢为。然而教师不仅要读到这些，更要站在《西游记》整部著作的高度让孩子们感受到，猴王还是一位神，他神通广大！如何感受他的神通广大？于是我梳理了孙悟空的名字，本课中首先是“仙石”，因内育仙胞，见风而化作“石猴”，后在花果山水帘洞称王，隐了“石”字称作“美猴王”。在《西游记》后面的章回里他还有几个名字，投祖师门下取名“孙悟空”，又因大闹天宫自取名“齐天大圣”，被太上老君诳了一回，上天做了一回“弼马温”，被压五指山后由唐僧救出，又有名号“孙行者”，西天取经后功德圆满封“斗战胜佛”。提供这些名字让有兴趣的同学继续走进《西游记》，更多的了解这个猴、人、神合一的独特形象。

2. 从内容拓展的角度发展文本

此模式中学案是个性化阅读培养的凭借，在学案的延伸中用心设计就可以提高阅读的实效性，个性化成果更能显现。学习《理想的风筝》一课，一般教师会注意结合作者苏叔阳的相关资料来拓展学习内容，比如他还写过《谢谢老师》，与《理想的风筝》表现手法不同：《理想的风筝》主要是讲述了刘老师的几件事，在叙事中抒发感情为主，伴有直接抒情；而《谢谢老师》，则以直接抒情的手法，表达对老师深深的热爱和感谢。在学习课文的基础上，拓展阅读《谢谢老师》，既是同一作者作品再次赏读，又是相同内容的又一角度的补充，是很好的拓展资料。

二、与学生追求启思导航——教师引领学生个性化阅读的三种意识

培养个性化阅读能力是对学生和教师的双重挑战，教师的有效性引导评价功不可没。没有教师引导下的学生自主阅读，就是文字海洋里没有导航仪的千帆竞发，虽然壮观但会迷失，是“盲人骑瞎马，夜半临深池”。我们强调个性化阅读中的教师引导，并不会抹煞学生的阅读主体地位，相反会促使阅读主体达到跬步致千里的。学生是阅读主体，更是阅读资源，学生的精彩展示和丰厚收获建立在教师的精彩引导基础之上，绝不能离开老师的妙“导”巧“引”谈个性化阅读。所以称职的教师角色是学生思维的激活者、发现者、重组者，也是价值澄清、体验和合理价值的生成者和组织者。

(一)捕捉意识

“机不可失，时不再来”，学生独到的个性化阅读体验往往是灵光一现，稍纵即逝。教师必须以丰富的课堂教学经验、敏锐的洞察力和灵活的教学机智加以捕捉，借题发挥。其次要严格筛选，剔除那些认知水平低、价值取向偏差的资源，以保证课堂的实效性。从学生的反馈中捕捉是最重要的途径。《猴王出世》探讨：石猴是怎样成为猴王的呢？有的同学说：石猴是因为自己有本领，帮助众猴找到了水源，并且报告众猴喜讯，带着众猴进入洞中，群猴履行自己的诺言，拜他为王，可以说他是凭着自己的本事成为猴王的。如果我们抓住“本事”这个词领异标新：仅仅达到了群猴们“进到洞里并能安然无恙地出来”的本事就成就了美猴王了吗？有的同学说，当然不是，更重要的是石猴给大家找到了一个安身之处，他特别兴奋，这是他冒着危险找到的好去处啊，他首先想到的是——大家！他这样心想他人，怎能不成为猴王呢？石猴成为猴王的理由还有什么呢？有的同学说石猴不仅找到了这样的安身之所，而且还带着群猴进去了。所以众猴听说，即拱伏无违。从石猴成为美猴王的过程中，你又读到了一个怎样的石猴？有的同学说我读到了一个勇敢、大胆、自信、身手不凡的石猴，有的同学说我认为这是一只为大家着想的石猴，有

的同学说这是敢作敢为的猴王。

很多时候，我们的课堂不是没有个性化阅读的精彩，而是教师要么无视课堂中意外生成的精彩，缺乏有效引领，让这些可贵的教学资源悄悄溜走，与个性化阅读失之交臂；要么“包得太多”、“统得太紧”，学生根本就没有自己独立的思维、想象与感悟的空间，又怎能会有个性化的阅读？可见教学中不是没有个性化阅读，而是我们缺乏发现的眼睛和引领个性化阅读的能力。教师要善于捕获对学生阅读思维的引导和点拨的时机，点在学生认识模糊时，点在学生认知冲突处，点在学生感悟独特时，点在欲说无言时。

(二)生成意识

1. 学案是贯穿个性化阅读始终的凭借

在初读生成学案的初始环节，教师要用质疑、比较等方法，激发学生的需要生成学案。心理学研究表明：问题性是思维的重要特征，思维火花总是由问题点燃的。《笋芽儿》是一篇三年级课文，如何让三年级的学生自主生成学案？老师投影出示句子：她站在山冈上，迎风跳起优美的舞，自豪地喊着：“我长大啦！”引导朗读这句话，请学生提问。孩子们的疑问很有价值：笋芽儿为什么感到那么自豪呢？笋芽儿为什么会跳起优美的舞？笋芽儿是怎么长大的？老师说：“要想知道笋芽儿为什么自豪地喊：‘我长大啦！’，就要先弄明白笋芽儿是怎样成长的，我们可以通过一个表格来厘清笋芽儿的成长过程。”

【学案】笋芽儿为什么自豪地喊：“我长大啦！”？

①默读课文，简单填写表格，思考：从笋芽儿的成长过程中你发现了什么？

春雨姑姑呼唤	笋芽儿从沉睡中醒来
竹妈妈(　　)	笋芽儿(　　)
雷公公呼唤	笋芽儿(　　)
竹妈妈(　　)	笋芽儿(　　)
小草弟弟启发	笋芽儿(　　)
竹妈妈(　　)	笋芽儿(　　)
终于，笋芽儿长成了一株强壮的竹子。	

学生自学后交流表格很顺利，老师不满足于此而是紧紧抓住“从笋芽儿的成长过程中你发现了什么”这个问题进行课堂互动，孩子们发现：笋芽儿在成长过程中得到了三位朋友的帮助；受到了竹妈妈的阻拦；笋芽儿自身很努力。学生的认识基本准确，教师出人意料地再次出示表格，让学生继续观察说说

你们还发现了什么？学生谈不到，老师通过表格中笋芽儿成长变化的前两行和后四行变成不同的颜色和重点句——“终于，笋芽儿脱下了一件件阻碍她长大的衣服，把它们抛在脚下，长成了一株强壮的竹子。”的导读来引领学生的认识，笋芽儿就是经历了这样一个从胆小到勇敢到坚忍不拔的过程，最后她终于站在山冈上，自豪地喊着：“我长大啦!”。这时教师让学生再次结合笋芽儿的成长过程说一说“她为什么自豪?”。这样学案得到了补充完善：

②结合表格中笋芽儿的成长过程说一说笋芽儿为什么自豪地喊：“我长大啦!”

学生们的答案各具特色，所以本课的学案不是一蹴而就的，也不是在课始就出示了完整的学案，而是随着学习的进程学案在不断地生成发展，学生的个性化解读也是在不断生成发展的。

2. 个性化的学案是个性化阅读的起点

到了高年级我们倡导学生拥有自己的个性化的学案。比如《一个这样的老师》，同样是学生围绕课题的需求也可以设计出几种不同的学习方案，显而易见，学习方案的难易程度不同、解决方法各异。

【学案一】思考：怀特森老师是个怎样的老师？

学习方法：

画出怀特森老师在科学课上的言行、神态和“我”与同学们的表现变化的语句，注意结合当时的情况和生活实际去体会，能写写批注更好。

【学案二】怀特森老师是一个(　　　　)的老师。

思路1：默读课文，看看怀特森老师说了什么，做了什么？想一想怀特森老师是一个(　　　　)的老师。

思路2：默读课文，思考在怀特森老师教“我们”的过程中“我”的心情和行为有了哪些变化，“我”认为怀特森老师是一个(　　　　)的老师。

3. 学案的交融是个性化阅读的突破口

“不识庐山真面目，只缘身在此山中”。身处瑰丽奇绝的庐山，却不能辨识其真面，缘由在于视野受限，唯见局部。学生在阅读文本时，往往会沿着自己习惯的思维角度思考，久而久之就形成了定势思维，严重束缚了创造力，削弱了逻辑力，也就无从谈阅读“个性化“了。课堂教学中学生依据自主选择的学案自学后，开始了两个或多个个性化学案的互动和交融，这必然成为促进学生个性化阅读生成的突破口，因为不同的学案学生的思维方法一定不完全相同，学生沿着不同的方向、不同的角度探寻着解决问题的答案。

另外从心理学的角度看，阅读是一种从书面符号中获取意义的复杂的心理过程，要经历感知(看到文字，读出字音)——理解(把单词转化为意义)——反应(领会作者说的是什么)——综合(与实际联系的应用)四个阶段。这使得学生的阅读理解往往不能一步到位，需要在阅读过程中，及时、不断地加以监控和调节。这种监控和调节就是教师作用的高度发挥，需要教师在多个学案交融时善于把握学生的理解程度，判断与目标的差距，找到学案相融的契合点，让内容相生，情感互通，帮助思考和增进理解，最终实现对课文的深入、个性化的理解和掌握。

(三)给予意识

捕捉意识是抓住擦燃的火花，生成意识是点燃潜在的火种，而给予意识是高举燃烧的火把。当学生完全没有个性化的解读时，教师要及时站出来讲授，让学生发现“横看成岭侧成峰，远近高低各不同”的个性美。

《京剧〈赤桑镇〉选段》是包拯动之以情晓以大义说服嫂娘吴妙贞的京剧唱词，“小包勉岂能轻放”这句唱词中的国法与亲情之间的情感纠葛学生是很难理解的，于是我补充包勉贪赃枉法的资料，听了资料多数同学认为包勉国法难容私情难佑，是不可以从轻处罚的。正当大家义愤填膺之时，我说：同学们，我们不能忘记包勉是包拯的亲侄儿，包拯像我们这样义无反顾痛快淋漓地要铡死包勉吗？聪明的学生们很快注意到“小包勉”，生活中在名字前面加入“小”，多能表达出说话人对这个人的喜爱之情。所以从“小”看出包拯是疼爱包勉的。小包勉犯了王法，已经私情难佑，可是让他亲自判定铡死自己侄儿的刑罚，对他来说是多么残酷。课堂到此处并未结束，我出示了《赤桑镇》中其他的唱词，让学生了解到铡死包勉，包拯也是经过了激烈的思想斗争的。这样包拯在孩子们心中是立体的人性化的，我又继续点拨：既是这样不舍，包拯为什么还要选择铡死包勉呢？从而了解包拯、嫂娘义理战胜亲情的艰难抉择。

三、与课堂追求适时适度——教师指导学生个性化阅读的辩证法

钱梦龙指出，那种忽略文本的暗示或提示、随心所欲毫无限制的解读，对阅读教学的损害不亚于标准答案。找到文本对解读的限制和解读自由度之间的契合点是阅读教学最具魅力之处，一千个哈姆雷特还是一千个哈姆雷特。只强调一元，不注重多元或否定多元是错误的；而只强调多元，否定规范、否定导向也是对教育的误解和对受教育者个体发展的不负责任。

(一)鼓励但不鼓动，有所为有所不为

读者有认识作品的自由，但是这个自由不是随意自由，应该是尊重文本基础上进行理解的自由。在实际教学中，一些教师却因“独特体验”而片面理解了“个性化”，由“独特”引申出“与众不同”、“独一无二”，于是鼓动学生挖空心思去找这种“独特”，提出一些肤浅甚至不可理喻的问题，或哗众取宠、

或游离主题、或断章取义。对于学生阅读中的独特体验教师要能进行辩证的分析、引导、梳理和扬弃。一味“捧杀”，都容易走向极端。学了《滥竽充数》后，有的学生解读为“我喜欢南郭先生，因为他是一个审时度势，善于把握时机的人。”这种情况教师就必须进行正确的引导。《去年的树》只有从忠贞不渝的友情这个角度去解读，才能真正彰显文本的价值和文学的魅力。另外本研究中生成的学案不是越多越好，越古怪越好，而是真正从学生需要出发以实现本课教学目标为归宿。

(二)个性化但不泛化

我们倡导个性化阅读，但不是每一篇文章都可以个性化阅读；在个性化阅读中也会有分歧。一些学生在学习写景的诗歌时形成了思维的定势：每一篇写景诗歌都是在表达热爱祖国山河的情感。这样泛化的理解严重制约着孩子对诗歌的敏感和独特的情怀。

学习《望洞庭》时，我提出这样的问题：八百里洞庭，烟波浩渺。历来诗人都写它的阔大壮观的气象，然而在诗人眼里不过是一面铜镜，一具银盘，美而神秘的君山，不过是一只小小的螺壳。诗人能这样以大观小举重若轻，这又是为什么呢？首先是诗人站得高、看得远。然后我引导孩子们联系本诗写作时背景：唐永贞元年九月，参与的革新失败，王叔文被刺死，刘禹锡贬官连州刺史，行至江陵，十月再贬朗州司马。《望洞庭》写于去朗州赴任途中。面对贬官没有失落沮丧，表现出壮阔不凡的气度和它所寄托的高雅清奇的情致。在诗人眼里，千里洞庭不过是案上杯盘而已，富有浪漫色彩的奇思壮采。我们从一首山水小诗，看到了诗人的高尚的情怀。接着我课件出示《酬乐天扬州初逢席上见赠》，老师讲解：在巴山楚水这样的凄凉地区被弃置二十三年，回来后成了出土文物一样的老古董，许多朋友都死了。但他却把悲痛凝聚在“沉舟侧畔千帆过，病树前头万木春”这两句诗中。晚年老病他仍写道“莫道桑榆晚，为霞尚满天。”最后小结：刘禹锡对生活始终充满激情，无论是被贬官，还是衰病的晚年，无论是凄清的秋天还是玄都观游春都表现出屡遭打击而始终坚贞不屈的气概。我们不难看到如果没有宽广阔大的胸怀，没有面对失败的励志豪情，要写出这样绝妙的比喻，要这样视大为小，举重若轻，那是不可能的。让我们再来读一读这首诗，学生的感受绝不是“赞美祖国山河”这样的感情能够概括的。

(三)发散但不限于发散

个性化阅读要澄清一种认识，以为让学生自由表达，想说就说，便可以激发学生的发散思维，进而培养学生的创造性思维。以叛逆为求异，把偏激当创新。其实，这是把发散思维误认为就是创造性思维。固然，发散性思维在创造性思维活动中确有不可替代的作用——为思维活动指明方向，但是发散思维并非创造性思维的全部，在强调发散性思维的同时，也不能忘记聚合性思维的作用，聚合性思维逻辑性强，推理合理，结论较可靠。

面对同一文本，不同的主体会赋予同一对象不同的意义和理解，从而造就了对人文世界理解的多面性和丰富性，每一种理解都可能揭示了其内在品质的一部分。因此，每种理解都可能是有效的。然而，这种有效并不等于已经完全揭示出实质。教师在教学过程中，一方面引导学生尽可能多地提出自己的个人理解。而另一方面也是不容忽视的：学生个性化地理解文本之后，并不意味着他的理解是最佳的。教师在此过程中，应通过学案的自探、交融、拓展的过程运用对话、比照、分享、合作反馈等交往环节来共同梳理合乎情理地观点和认识，促进对于文本的深层理解。

教师是学生可以凭借之力，教师要鼓足风帆，助学生飞上云端，追寻个性化阅读的美丽风景。

（北京市顺义区西辛小学　刘学红）

个性批注是即时生成的教学资源

——浅谈《在炮兵阵地上》一课的“批注”

“阅读是学生的个性化行为”，“批注”是学生带着既有的知识经验、兴趣和灵感参与阅读全程时，随机记录下的个性理解与感悟；批注的过程是学生以自己独特的视角品读文本，形成独到理解、感悟和评价的过程，是学生个性化阅读的外显化表现。在班级授课条件下，学生个性生成的知识、经验、思想、体验、感受、态度等应成为课堂教学不可或缺的资源。

一、紧扣“批注”研读，明确教学目标

批注形式有“文字批注”和“符号批注”等。“批”是于文本奇妙处、动情处的评点，抒写主观感受，表达自我情感，显现思维轨迹；“注”则是指以圈点、勾画的方式对文中关键处、疑惑处标示或解释。

教材是抓手，是凭借。文本的题材和体裁不同，阅读时的需求和感受不同，批注的侧重点必会有所不同；学生的个体存在差异，批注的思维层次也必各异。京版实验教材中，首次明确提出“批注”是在五年级下册第5课《在炮兵阵地上》的课后2题：“画出描写彭总言行、神态的句子，选择重点做批注，

体会彭总的思想感情，说说彭总是个怎样的人。”所谓“选择重点做批注”，就不是通篇批注，而是有选择的、根据自己的需求及文本的要求，有重点地进行批注。编者为何以该文为样例呢？研读后不难发现，《在炮兵阵地上》是单元起始课，以“抓住人物的神态、语言、行为表现，选择重点做批注”切入，与后面《深山风雪路》等几篇课文的“结合资料、联系生活实际展开批注”“抓住人物对话和心理描写展开批注”等成为序列，利于学生构建知识与能力的体系。

《在炮兵阵地上》以地点为题，主要记叙了两个场景：彭总深入东海前哨检查工作时，发现弹药库竟修在阵地前沿，就严厉批评了有关干部，果断布置重修，并说把团长撤职、送军法处——即“阵地发火”；吃晚饭时，彭总向团长道歉，做了自我批评，又语重心长地教育了干部——即“团部道歉”。文本以事写人，彭总性格特点的丰富性，为课堂生成个性化教学资源提供了可能。

本习题的设计，旨在借批注这一形式变师生之间被动地、一问一答式的交流，为学生主动思考、深度质疑、完善评价的互动过程：把读文时的所感、所想、所思、所疑，以批语的形式，即时写在书页的天头、地脚等空白处，帮助记录、诱发深思；展示批注（即学生即时生成的独有的个性化资源），交互信息，体验分享，会形成深入阅读的学习动力，产生“叠加效应”，取得“双赢效果”。

二、了解“批注”现状，准确把握学情

五年级学生开始出现分化性学习需求，倾向形成个性的解释或评价。他们能“选择自己感受深的地方”反复再读、择要汇报读书的收获，其“批注”多是大段文字圈画，或写一、两个模糊的概括性的词语；仅有20%左右的学生能在印象深刻的地方简单写下读文感受，即已有批注的“雏形”，但很少能聚焦重点深入研读。

“学贵有疑。”疑问能呈现学生思维的困惑，能帮助教师最快捷地把握学情。学习本文时，学生可能结合关键词句生疑：如，什么是“电闪雷鸣般地发作了”？彭总“批评的声音轻了”，为什么“批评的分量可更重了”呢？学生也可能联系全文质疑：如，彭总在阵地上“电闪雷鸣般”地发火，在团部吃饭时又向团长道歉，为什么态度上发生了这样大的变化？大多数学生还可能会对彭总看似“小题大做”的表现（即课文的核心事件）有疑问。提出这些问题，会引发学生聚焦到文本的重点及表现手法。

同时，旧有经验引发的认知冲突——“身为国防部长的彭总竟然会向团长

道歉”，会让学生的兴趣点集中到“团部道歉”的场景中；而“电闪雷鸣般发作”这一态度变化的原因探究，也会令学生的兴趣点与难点显现无遗。那一个个小问号、着重号均被标在关键词上、注在人物的神态变化上。此时，学生思维的焦点也从彭总的行为表现延伸至这一人物的性格特点与思想品质上，与课后落实“有重点地批注”这一要求不谋而合。

或潜心涵咏，或熟读精思，提供“下水”练习的机会、给予“笔墨的自由”。此时，学生或深或浅的认知与感受，形成了丰富多彩的即时性的动态的教学资源。如，“阵地发火”场景细致：“别的事？什么别的事！”彭总电闪雷鸣般地发作了，“还有比守住你们的阵地，不让敌人的炮弹把你们的阵地掀翻更重要的事吗？……乱弹琴！”多数学生关注点在彭总的神态上，如结合“电闪雷鸣般地发作了”，批注“生气”“发怒”“火气大”“脾气暴”等；少数学生透过了彭总的言行关注到其品质，批注了“对工作负责”“认真”等短语；而个别学生在语言特点上有了自己的思考，对“标点符号”中“反问的语气”情有独钟……

三、融汇“批注”资源，促进即时生成

文本是一个整体，人物形象也应是丰满的个体。怎样将学生“散点状”的评价融汇成为对人物的全面认识、整体评价呢？以尊重为基础的，或回应，或参与，或点拨，以及针对课堂突发性“即时因素”的调控，能变学生的个性生成为师生进一步学习的“推进器”。

（一）问一问，给学生自我反思的空间

“你是怎样想到批注这些的?”溯本寻源的探问，让学生懂得批注要有理有据，要抓住以事写人文章的特点，要综合思考彭总语言、动作、神态等表现折射出来的思想品质与性格特点……这是阅读学习“得意”“得法”的渗透。

（二）等一等，给学生再度思考的空间

呈现不同的批注内容，自然引发学生的自我审视、比较辨析。如，看到同伴不仅圈画了“阵地发火”的表现，还联系第1自然段“经常深入前线”有所感悟，学生也会提醒自己要联系全文评价人物；再如，受到同伴结合新中国成立初期的历史资料进行批注的方法启示，学生极可能反思自己旁批的“发怒”“脾气大”，再次思考“电闪雷鸣”源于国防部长的“高度责任感”；……

（三）辩一辩，给学习伙伴补位的空间

“‘脾气大’与‘对工作负责’，哪一个更准确呢?”不同层次的思维碰撞，常有“豁然开朗”的顿悟：之所以“脾气大”“电闪雷鸣般发作”，是彭总绝不能容忍“弹药库修在阵地前沿”的不负责任，源自他对工作认真、高度负责的品质。

“石本无火，相击乃成火花”。交锋、争鸣，推进课堂进程的浑然一体：

似有问题的个性解读，如“疾言厉色”“暴躁”等，恰与“团部道歉”场景中的“和风细雨”“语重心长”形成鲜明的对比，定会激起新的探究意向，引领后续学习。

(四)导一导，给师生教学相长的空间

师生联系上下文共同探究彭总“电闪雷鸣”的原因，能促成对人物的整体评价：从“脸色有些不好看了”——“再也忍不住了”——“电闪雷鸣般地发作了”——“压住了火”这一系列的变化中，感受到彭总作为指挥官，看到团长工作不够尽职——他急在心上；看到弹药库修在阵地前沿这一重大失误——他无法容忍；看到阵地上战备竟如此薄弱，听到首长们竟如此轻描淡写——他忍无可忍；他“压住了火，声音轻了，批评的分量更重了”——是那么语重心长。凡此种种，皆是彭总对部队指挥官、对国防建设“高度负责”这一核心品质的体现。

交流共享，既有“共性目标”的达成，更有“个性收获”的喜悦：反思、修正、完善、共议，令彭总对工作的“高度负责”显现无遗，让雷厉风行、严于律己、实事求是、有血性、“横刀立马的大将军”形象呼之而出。同时，批注应简洁、准确，批注不应局限于某一处，应联系上下文的相关段落一起来感悟，可以批注自己对内容的感悟、对人物的评价、对情感的抒发，还可以记录读文时自己对文本空白的补充与联想……得法，更堪欣喜。

落实批注，彰显个性；利用批注，追求生成性资源的最大效益。这样，基于学情又不失引领，让课堂充满变数，有挑战，有兴趣，有活力，彰显了师生成长与发展的足迹。

（北京市顺义区教育研究考试中心　魏淑媛）

FAN SI PIAN

反思篇

【导读提示】

在"依托学案　实现个性化阅读"研究过程中，领航人孔凡艳老师亲自下水实践，直观诠释课题研究的理念、策略、经验，解决研究中遇到的困惑。

本篇第一章是孔凡艳老师的课例大家评。这几个课例有中国教育电视台名师风采课，有教育部财政部国培示范课，有北京数字学校名师课堂课，也有去基层学校送教课。研究团队的老师们从课题精髓"以学定教"的角度，关注学生终身发展的阅读能力的角度，借助学案打造"生本课堂"的角度，尊重文路、学路促进个性发展的角度谈出了自己的认识和体会。从中可以感受到研究团队脚踏实地的工作态度和孜孜以求的探索精神。

第二章是老师们述说阅读孔凡艳老师教育专著的体会。孔老师的《学案助力自能阅读》北京教育丛书是2013年出版的，包含学案助力学生自能阅读的理论与实践。可以想见，学生在凭借学案形成独立阅读的过程中势必会碰撞出个性思维的火花。研究团队的老师在深入研读的基础上，表达了对"学案助力自能阅读"以及"自能阅读"促进个性化发展的深刻感悟。

"研究—实践—反思"，这是每一个致力于语文研究的教者都应该遵循的道路。只有潜心研究，勇于实践，勤于反思，才能开拓出语文教学的一片新天地！

第一章　观“依托学案　实现个性化阅读”课例的反思

以学定教，创造高效的语文课堂

——观孔凡艳老师执教《丰碑》有感

小学语文阅读教学在课程改革中一路走来，教师的观念在不断地更新，“以学生发展为本”始终是我们共同追求的目标。由此，也促使我们树立“以学定教”的思想，着眼于学生的发展。

几年来，孔凡艳老师带领工作室成员以及全区小学语文教师共同置身于“以学定教”的研究，不断地在实践中尝试，在探索中前行。有幸听了孔老师执教的《丰碑》一课，我看到了在“以学定教”思想的引领下，创造出的高效的语文课堂。

一、立足文本与学生，制定“适合”的学习目标

日本著名教育家佐藤正夫说：“一切教育现象、教育过程得以形成的最高基准点就是目标。”孔老师这一节课在立足文本与学生的前提下，制定了“适合”的学习目标：

①抓住描写军需处长和军长的有关语句，体会表达的情感，理解“丰碑”的深刻含义。

②能对军需处长做出评价，写出自己的感受，学习他毫不利己、专门利人的崇高精神。

③能有感情地朗读课文。

④能够体会环境描写的作用和首尾呼应的好处。

可以看出，以上学习目标与《语文课程标准》第三学段要求相宜：阅读叙事性作品，了解事件梗概，简单描述自己印象最深的场景、人物、细节，说出自己的喜欢、憎恶、崇敬、向往、同情等感受。与《丰碑》所在的第10册教材第八单元的训练目标一致：重在使学生受到爱国主义和革命传统的教育；继续学习把握主要内容，体会作者表达的情感；初步体会环境描写的作用。

与《丰碑》的课后习题相合：编者设计了圈画军长的语句批注感受，理解含义深刻的语句、书写碑文和感情朗读课文等习题，来体现文本的特点和学习的目标。

从学生角度来看，以上学习目标的制定也契合学生的认知特点。如理解“丰碑”的含义是教学难点，学生要形成深刻感悟并非易事。在目标①中，我们可以感受到突破这一难点的操作路径：先从人物形象入手，再体会其背后的情感，最后理解“丰碑”的含义。可以说这个过程既体现了一般写人记事类文章的阅读思路，又顺应了学生天性中由表象感知到深入思维的阅读规律。

二、关注学情与文路，构建“开放”的学习思路

课程标准中提出要改变学生的学习方式，倡导自主、合作、探究性学习。孔老师执教的这节课，学生参与了学习内容、学习方法的选择，教师始终以学生学习的组织者和引导者的身份，根据学情与文路构建了“开放”的学习思路：

(一)抓准重难点和关键设计个性化学习方案

本文的课题“丰碑”突出的特点就是高度概括了事件与中心，是学习这篇课文的一个很好的入手点(也是理解的重点和难点)。学生在初读课文后，提出了为什么说“他成了一座晶莹的丰碑”这个疑难并渴望继续探究的问题。孔老师恰恰在此引领学生直指对主要人物军需处长直接描写的第 7 和第 13 两个自然段，形成了学习方案一：课文说“大雪很快覆盖了军需处长的身体，他成了一座晶莹的丰碑。”联系上下文理解这句话的深刻含义。读一读相关的句段，想象当时的情景，在感受深的语句旁写写批注。而另一个重要人物军长的言行、心理及神态变化贯穿了全文，成为一条清晰的线索，是本文表达上的突出特点，学生在孔老师的引导下形成了学习方案二：听说“前面有人冻死了”，军长的神情发生了一系列的变化，圈出这样的句子，联系当时的情景，想想因为什么？在感受深的地方写写批注，练习有感情地朗读相关内容。这也是在落实课后习题，巧妙地整合了学习需求。

除此以外，孔老师还鼓励学生根据兴趣、问题自拟学案：“同学们还有自拟的学习方案吗?”由此又形成了学生个性化的自拟学案：前面写到“军长思索着，这支队伍能不能经受住这样严峻的考验呢”，而结尾却说“如果胜利不属于这样的队伍还会属于谁呢?”联系上下文思考一下，这是为什么？画出相关的语句，写一写批注，再读一读。

学案的形成掷地有声，而且充分体现了对学生个性化学习目标与方法的尊重，体现了不同的学生学习着不同的语文。

(二)共性、个性学案恰当相融构建遵循文本的主思路

学生按照自己拟订或者是选择的学案自主学习 6 分钟，读书、思考、批注，并且因需合作。自学后的交流环节，孔老师建议以学案二即军长这个角度为主思路，因为文本多处描写军长的神态和语言，学生感受起来也较容易，而学案一理解“丰碑”的含义比较难，学生达成目标需要一定的铺垫。教学过程中我们清晰地感受到在第 7 与第 13 自然段处充分展开探究过程，既是学案二的深入，突出了重点，又在巧妙相融学案一。这样，自然由军长表现的感受中引出对军需处长的重点交流，并逐步完成军需处长伟大形象在学生心中的树立，理解“丰碑”的含义水到渠成。可以说，这样的设计，主思路清晰，学案交融自然，目标的达成由易到难，既体现文本特点，又符合学生的认知规律。

在文中结尾处“胜利一定属于这支队伍”处联系开头军长的担心，是汇报自拟学案的收获，也在解决曾经的疑难，不仅升华了全体同学对军需处长的认识，而且有效地渗透了读中学写。

三、凸显主体与主导，实现“发展”的学习效果

陶行知先生说过：“我以为好的先生不是教书，不是教学生，乃是教学生学。”在此课教学中，强烈地感受到孔老师在凸显主体与主导中实现“发展”的学习效果。

孔老师不满足于学生充分的自学、踏实的批注、主动的交流，而是在学生的自主汇报中提升收获、点拨学法。比如：当一个学生谈到从“单薄破旧的衣服紧紧地贴在他的身上”的“贴”字体会到老战士的衣服单薄时，孔老师抓住契机引导学生深入思考：同学们，你们注意到这个“贴”字了吗？你从这个“贴”字又体会到了什么？学生的思维立刻发散开来：“我从这个‘贴’字感受到老战士的衣服紧紧地挨在他的身上，老战士一定很冷”；“我从这个‘贴’字可以想象到老战士穿着单薄破旧的衣服抵抗严寒的情景”；“我从这个‘贴’字联想到了此时此刻天气非常寒冷”……我们相信，学生在这样个性化的交流中会逐步学会深层感悟。再如，学习进行到故事的高潮部分，即第 13 自然段：同学们，当军长知道冻死的老战士就是军需处长的时候，再次看到军需处长的镇定和安详，他会想到些什么呢？随着教师这样的引导，学生再度感悟第 7 自然段：“他感到自责”“他很敬佩这位军需处长”，从而理解军长向这位跟云中山化为一体的军需处长敬了一个军礼的深刻含义，至此学生实现了思维的发展及对人物更深入的认识。最后师生合作朗读这两个自然段，创造性地组合教材，生动地展现了此情此景，学生也在这个过程中学会了

联系中读书。

其实，这节课上的问题指引、朗读安排、发言整合、作业设计……无不体现着孔老师对以学定教的深刻解读，尤其是学生自始至终的积极参与，使学生的潜能得到充分地发挥。我在享受语文课堂的同时，也提升了对以“学定教”的认识，收获颇丰！

（海淀区中关村第二小学　于亚敬）

依托学案，促进学生阅读能力的发展

——观孔凡艳老师《“钢琴之王”的微笑》有感

语文阅读能力是指通过阅读活动感知、理解、鉴赏书面语言及其包含的思想感情乃至产生新发现的一种心理特征，是一种综合性很强的能力。它包括提取信息、形成解释、整体感知、做出评价等多种能力。在小学阶段，我们更要注重阅读能力的培养，让学生养成良好的阅读习惯，为学生的终身发展奠定基础。前不久观摩了北京市顺义区教育研究考试中心孔凡艳老师执教的北京数字学校名师同步课程《“钢琴之王”的微笑》，深深地感到：“学案导学”为我们培养学生的阅读能力打开了一扇窗，成为我们培养、强化和发展学生阅读能力很好的抓手。

一、学案生成，立足整体，形成初步感知

在《“钢琴之王”的微笑》这篇课文的学案生成过程中，孔老师在引导学生关注文本的特点的基础上，尊重学生的个性需求，立足篇章整体，生成了两个角度的学习方案。

一个角度是从课文题目入手，很多学生在质疑过程中对“钢琴之王”三次微笑的含义感兴趣，这个问题凸显篇章整体，是能够统领全文的主问题，孔老师顺势引导生成学案一：

【学案一】默读课文思考：“钢琴之王”的三次微笑，分别是在什么情况下出现的？联系上下文体会它的含义，在感受深的地方写写批注，再有感情地读一读。

另一个角度是解决学生共同的问题：“姑娘为什么说李斯特是最伟大、最可敬的老师，有金子般善良的心？”这也是本课需要学生理解的重点语句，要在对课文内容整体把握的基础上总结和交流，因此，生成了学案二：

【学案二】姑娘为什么说李斯特是最伟大、最可敬的老师，有金子般善良

的心？读读相关的语句，在感受深的地方写写批注。

学生以这样立足整体生成的学习方案为依托，静心阅读全文，为全面提取信息、逐步形成解释、初步感知课文奠定了基础。

二、学案落实，立足整体，深化理解感悟

整体感知只是停留在理解文本的初级阶段，如何促进整体感知能力的发展与提升，在孔老师执教的这节课中，给了我们深刻的启示。比如，在以学案一为主思路交流感受“第二次微笑”的含义时，孔老师分四步展开教学：(1)弄清“第二次微笑”在什么情况下出现的；(2)体会“钢琴之王”这次“微笑”的含义；(3)再品“沉吟”，梳理李斯特对姑娘的帮助；(4)画出姑娘反应的相关语句，用“当……时，姑娘……”的句式描述，并梳理姑娘的情感变化。其中(1)(2)是自学成果的汇报与交流，(3)(4)是教师引导的深化与提升，共同点是每一步都有立足整体的意识，清晰地感受到孔老师对学生阅读能力的培养有策略、有成效。具体说来：

弄清“微笑”出现的情况，由“在姑娘忍不住惊叹‘您弹得真好！’的情况下出现”到“是在李斯特为姑娘弹了她刚才弹奏的曲子，姑娘忍不住惊叹的情况下出现”，不仅仅回答得更准确，也让学生明白“联系上下文就能感悟到句段之间的联系”，这种读书方法值得提倡。

理解“微笑”的含义，清晰地呈现了学生思维的过程，有效彰显了差异资源的利用。从都能体会到的“对姑娘的鼓励”，到有学生体会到的“对姑娘的同情和真诚的帮助”，再到点拨后的发现——李斯特说“你也会弹得同样好”，仅仅是为了鼓励吗？你们再读一读，体会一下。学生再次读文，联系第 9 自然段“姑娘弹完了这支曲子后，李斯特满意地点点头。”和第 10 自然段中“还不错”，又体会到“对姑娘的肯定和认可”，由此达成了学习方案的目标，形成了对“第二次微笑的含义”全面准确的解释，让“微笑”这一人物表情更具内涵，学生也在自我归纳与相互启发中，深化了感悟，发展了思维。

再品“沉吟”后梳理李斯特对姑娘的帮助，学生需要浏览第 8—16 自然段，提取和概括事件内容，总结出这“帮助”具体指“听姑娘弹”、“点拨技巧”、“做示范”和“同台献艺”。梳理的过程，是对前面自悟到的“李斯特对姑娘的真诚帮助”进行深入挖掘与解读，同时培养了学生提取信息和概括的能力。

“这位姑娘又有怎样的反应呢？请你在文中圈画出相关的语句”——环节之间联系多么紧密，进一步培养了学生提取信息的能力。“你可以用‘当……时，姑娘……’的句式来描述一下此情此景下姑娘的反应。可以填写原文，也可以用自己的话来概括一下。”这样的设计给学生创设了纵横联系的空间，并

且极具开放性，学生果然在“李斯特的帮助”与“姑娘的反应”间建立了联系，不同学生有不同层面、不同角度的填写，让孩子的个性得到张扬，深化了理解、积累了语言、培养了学生言语表达的能力，同时发展了学生的逻辑思维能力，可谓一举多得！“姑娘先是惊叹，再是惊讶，最后是激动”情感变化的梳理进一步训练和发展了学生整体感知的能力。

显而易见，上述学案落实、深化的过程，处处体现了孔老师的整体意识，包括篇章的整体性、理解的深刻性、提取的全面性、表达的多样性，学生在每一个小环节都亲历了回归整体的再感悟、再认识的过程，通过对同一问题进行修正、补充、深化，实现了由初步感知到深化感悟的飞跃。虽然这四个环节都是一个独立的小整体，但纵向来看，却层层深入，相互关联，又是一个大整体，都在为落实学案中的“体会‘微笑’的含义”服务。

三、学案相融，立足整体，发展阅读能力

在共议交流时，不同学案中学习收获的相机呈现，使学生的思考更深广。在分享学案一中“第三次‘微笑’的含义”时，孔老师相机融合了另一学案：姑娘为什么说李斯特是最伟大、最可敬的老师，有金子般善良的心？

其实，这正是对前面部分学习的总结，是对文本的有意整合，是对第一个学案探究的提升。学生从“李斯特是‘钢琴之王’，但并没有责怪冒充的学生，还真诚地帮助她”这件事情中感受到李斯特的宽容、大度、热情、真诚，体会到他具有“金子般善良的心”。这只是从李斯特巨大的人格魅力方面来说，并不全面，孔老师在学生汇报成果的基础上，引导学生“姑娘称李斯特是她一生中最伟大、最可敬的老师，还因为什么呢？读一读上文，你有什么发现？”学生联系第19自然段再度感悟，孔老师通过删除“炉火纯青”、“如诗如画”、“如痴如醉”这三个词语，让学生对比感悟，难点才得以突破：“钢琴之王”近乎纯熟完美的琴技是姑娘称李斯特是“最伟大、最可敬的老师”的另外一个原因。这样，在整体感知的基础上，孔老师把学生的理解推向了更高层面的整体，培养了学生对信息的整合、归纳能力，深化了对文章内容、情感、主旨的理解，全面发展了学生的阅读能力。

接下来，在李斯特的第三次微笑中，孩子们同样感受到了他那颗“金子般的心”。学路建构的贯通性，有利于孩子们整理学习方案探究的理想成果。最后，理解含义深刻的结尾这一难点迎刃而解，评价李斯特是一个怎样的人也水到渠成。“读一读《李斯特巧荐肖邦》，体会李斯特金子般的心”又拓宽了孩子们的视野，创设了个性化阅读发展的空间。

综上，观摩孔凡艳老师执教《“钢琴之王”的微笑》，我们不仅仅看到了孩

子们主动的探究，也看到依托学案展开学习的过程，是一个符合阅读规律的过程，长此以往，一定能促进学生阅读能力的发展。

（河北省三河市第六小学　杨雅欣）

“生本”课堂在学案导学中绽放异彩

——观孔凡艳老师《地震中的父与子》有感

“生本”课堂是教学的本真回归，它以学生的发展为核心，通过自主探究、合作交流、群学共享等学习方式，使学生最终在知识、能力上学有所获，同时在分享和评价中获得愉悦的身心和情感体验，引发进一步探究和学习的欲望。

近日，我有幸聆听了教育研究考试中心孔凡艳老师执教的《地震中的父与子》一课，内心颇受震撼。在这节课上，孔老师以“学案导学”展开，充分尊重学生的主体地位，最大限度激发学生的生命潜能，为我们打造了一节灵动、鲜活的“生本”课堂。

一、“生本”在学路建构中崭露光晕

《地震中的父与子》是人教版新课程实验教材第 9 册第 6 单元的起始课文。讲述的是：有一年，美国发生了大地震。一位父亲抱着坚定信念坚持不懈地挖掘了 38 个小时，终于救出了儿子和儿子的同学。文章歌颂了伟大的父爱，赞扬了深厚的父子之情。

第一节课，在初读质疑的基础上，老师和学生依据文本特点和学习需求，共同拟订了三个学案：

【学案一】“这对了不起的父与子，无比幸福地紧紧拥抱在一起。”

①为什么说这是一对了不起的父与子？

____

____

②圈画相关的语句，在感受深的地方简单批注。

【学案二】“不论发生什么，我总会跟你在一起！”这样类似的话分别是在什么情况下出现的？每次出现有什么作用？联系上下文完成下表：

“不论发生什么……在一起!”	在什么情况下出现	作用
第一次		
第二次		
第三次		

【学案三】父亲在救助儿子的过程中心理有哪些变化？圈画父亲相关的表现深入体会，在感受深的地方写写批注。

心理变化	表现(摘抄关键词句)	批注

这三个学案的拟订，充分尊重学情并考虑到学生的差异性。学案一从题眼切入，重在感受人物言行，引导学生正确评价人物；学案二以文中含义深刻的语句为抓手，重在理解重点语句，帮助学生领会文章主旨；学案三着眼于文路，重在梳理心理变化，利于学生揣摩人物情感。此三者，既可独立引领学生结合人物表现，站在篇章整体的角度进行学习，又相辅相成，在理解内容、感受人物、领悟主旨、体会情感、学习表达等方面融会贯通。

在选择学案时，学生可根据自身学习能力和经验自主选择学习路径进行个性化的阅读。试想，这样以“生本”为第一要义的学路建构，又有哪个学生会学无所获呢？

二、“生本”在多元对话中散发光彩

陶行知先生曾经说过，“行是知之始，知是行之成。”学习亦是如此，只有亲历学习的过程，在文本中自读自悟，并在与他人对话等实践活动中丰富、完善自己的认知，才称得上真正的学习。

课堂上，待学生选定学案后，教师先给他们 6 分钟的时间进行自主阅读。学生们静心学习，或读书、或圈画、或批注、或思考、或填写。在和文本粗略的对话中，他们或深或浅地有了自己的阅读收获。其间，教师还让学生因需合作交流，在学伴分享的过程中，他们或多或少地丰富了自己的认知。

本节课的“生本”理念在“共议交融汇报收获”环节体现得尤为明显：能通过生生对话丰富完善的，教师绝不越俎代庖；能通过再度与文本深入对话感悟理解的，教师绝不包办代替。教师只在学生困顿处、需要整合提升处加以点拨，引领学生走向更深一层的阅读境界。

(一)与学伴对话，激活思维

例如在分享学案一的学习收获时，先整体汇报这对父与子“了不起”的原因。学生经过自主阅读，谈出父亲的“了不起”体现在他坚持挖了 38 个小时终于救出儿子；儿子的“了不起”体现在他相信父亲的承诺，在废墟之下等待父亲，终于获救了。这样的认识表明学生已能粗略感知核心内容。但孔老师的用意并不仅限于此，而是鼓励学生在学伴之间展开对话，尊重他们自主阅读中的个性化理解。经过互相启发，学生又分别从“父亲挖的时间长、儿子鼓励同学们不要害怕、让同学们先出去”等方面表达自己个性化的阅读体验。这样生生间的补充完善无疑使学生对“父与子为什么了不起”有了全面而准确的认识。

(二)与文本对话，丰富体验

结合课文重点段(第 12 自然段)深入体会父亲的“了不起”是教学重点之一。孔老师先让学生呈现自己批注的内容。这既是对阅读方法的关注和培养，又是对学生阅读理解能力的一个考查。学生在时间、外貌等地方都做了批注，表达了自己的感受。接下来教师引导学生体会段中的“挖”字。学生从徒手挖、挖的时间长、身体疲惫甚至受伤仍旧在挖等角度感受到了父亲挖掘的艰辛、艰难，体会到了父亲坚韧不拔的毅力。教师继续深入：再读课文，思考父亲在什么情况下挖掘？学生的思维重新聚焦文本，在与文本的深入对话中明晰父亲是在别人都绝望、没人帮助他、随时会发生大爆炸、一片废墟之下、持续挖了 38 小时、满身满脸都是血迹的情况下挖掘的。至此，学生不但深入感受到父亲的“了不起”，更深刻体会到了支撑父亲坚强举动的是如山的父爱！

看似简单的内容，孔老师匠心独运。以“挖”字为支点，带领学生多次在学伴之间、文本之内展开思维的碰撞与回旋。这种“层层剥笋”式的精心设计，不但让学生理解了内容，明晰了主旨，更习得了方法，训练了思维，延展了个性阅读空间。

在学案二和学案三的汇报学习中，孔老师同样以学生为本。学生在生生间的补充、完善以及对文本的再度解读中读懂了父亲的心理变化，领悟了“不论发生什么，我总会和你在一起”的含义和作用。

（三）与教师对话，提升认知

整节课中，学生从始至终是学习的主人，教师则扮演着“帮学者”的角色。值得一提的是，孔老师并不是在“无为教学”。在小组合作分享学案三“‘不论发生什么，我都会和你在一起’这句话第二次在什么情况下出现时”，学生认识不到位，这时教师适时出手，表达教师的理解：第二次出现是在儿子等待救援时对同学们说的，也是在等到父亲的救援时对父亲说的。这样精准的概括体现了教师对教材的深入解读，同时也让学生在与教师的对话中提升了认识。

三、“生本”在拓展训练中绽放光芒

随着对三个学案的立体深化交流，学生基本上完成了对文本由初步感知到深入感悟再到回归整体的学习过程。但孔老师并没有止步于此，而是围绕课文结尾将学生思维引向深入：看到这对父子无比幸福地紧紧拥抱在一起，你会想到什么呢？动笔写一写。几分钟后，学生从不同角度表达了自己的感受，有的学生结合内容写道：“在这场大灾难中，父子俩终于团圆了！此时，他们是最幸福的，因为一句承诺，父亲坚持不懈地挖掘，儿子苦苦地坚守，终于等到了对方！父亲为儿子感到骄傲，儿子为父亲感到自豪！”

有的学生围绕文章主旨写道：“爱的力量创造了奇迹。在以后的人生道路上，他们一定会像这次一样，凭着坚定的信念战胜任何的困难。”

有的学生进行思想延伸，这样写道：“一句简单的承诺在不同情况下给了这对父子力量和勇气，此时，他们幸福地拥抱在一起，心里一定会再次想起这句话——‘不论发生什么，我总会跟你在一起！’”

这一体现生本理念的环节设计，可谓一举多得：其一通过对文本的纵向拓展，将课文内容高度整合，升华文章主旨，深化学生感悟；其二将读与写巧妙结合，给学生提供言语实践的平台，发展语言能力；其三利用学生多角度的表达，促进他们个性化阅读，形成良好个性。

在这节课中，孔老师还安排了文本的横向拓展，让学生阅读《慈母情深》这篇文章。两篇文章无论在题材、内容还是写法上都有很多相似之处，很适合学生自拟学案展开阅读。课堂上，教师建议学生利用在《地震中的父与子》中学到的方法，想一想《慈母情深》一文是怎样写出在特定情境下母亲深深的情意的呢？以此打开学生阅读的入口。学生亲历了课堂学习的过程，思路已经打开、智慧已经点燃，构建出适合自己的学习路径。他们也从各自的学习中，收获丰厚的个性化阅读体验！

总之，在孔老师的这节课上，学生始终浸润在民主、平等、激励与和谐的氛围中，彰显着本应属于他们的活力与生命力。我想，这大概就是“生本”课堂最大的魅力吧！

（北京市顺义区马坡中心小学　王瑛玮）

遵路识真，打造实与活的灵动课堂

——观孔凡艳老师执教《梅花魂》有感

暑假期间，观摩了孔凡艳老师执教的《梅花魂》一课，内心一直被这节朴实、鲜活、灵动的课堂教学深深地启迪着、震撼着……

一、遵循“文路”，心中有书

《梅花魂》是人教版、京版共有的一篇文质兼美的课文，是作家陈慧瑛“真实生活的写照，是海外儿女滴泪的心声。”“该文被选入 18 种文选和海内外大、中、小学课本。”

（一）准确定位文本主旨

“作者思有路，遵路识斯真。”一般教师及教学参考书中对《梅花魂》一文的中心思想多定为“思乡”“爱梅”，这是因为作者所记叙的五件事中有三件事与梅花有关（珍爱墨梅图、送墨梅图、送梅花手绢），有两件事与思乡、回乡（国）有关（读思乡诗落泪、不能回国而大哭）。现实教学中，也常有名家、权威墨守此道。本节课中，孔老师并未人云亦云，而是慧眼独具、自成一家，深刻解读课文内容，参照作者的行文本意，赋予了文本主旨以准确定位。透过作者所记叙的五件事，看到的是一位热爱祖国的华侨老人形象，是外祖父一颗眷恋祖国的赤子之心：正因为课文首尾呼应，叙事抒情——开篇写想起外祖父，中间是莺儿回忆外祖父的具体事件，结尾总结了课文，表达了外祖父眷恋祖国的思想感情；其中，“读诗落泪”“不能归国而大哭”是直接表达外祖父的思乡念国之情的；而“爱惜墨梅图”“送墨梅图”“送绣梅手绢”这些具体的事件，则是外祖父把自己对祖国的热爱融于墨梅图中、融于绣着梅花的手绢中，来表达他对祖国的眷恋之情；“眷恋祖国”是贯穿始终的。

这些理解不仅贯穿整节课的教学始终，相信也清楚地印刻在学生的心上。

（二）“文”路“学”路互启共生

受学习经验、初读印象及围绕课题质疑思考等影响，多数学生选择了从“感悟思想感情”和“探究‘梅花魂’含义”这两个方面深入“钻研”文本。基于学情，孔老师在设计共议交流、深入学文环节的思路时，注意启发学生遵循文路：这是一篇叙事散文，是作者陈慧瑛回忆了外祖父的几件事来表达思想感情的，所以“由事到人到情”这个最基本的思路我们还是要会的。简短的交流，引领并达成了“文”路“学”路的统一。也正是在这一过程中，学生意识到了自主学习也要遵循文章的基本思路，感受到了阅读学习是有内在规律的——叙事抒情类文本就要结合具体事件来感悟思想感情。

教师遵循文路，同时也在有意识引导学生要心中有书，如启发学生关注课后习题与编者对话，如恰当地引入作者写作的“初衷”，帮助学生理解文本、揣摩情感并与作者共鸣——多少年过去了，莺儿写这篇文章要干什么呢，同学们自己来读。“我”写《梅花魂》的出发点是对我的充满爱国情怀、至死不渝的外祖父深切的思念……这不仅验证了文本主旨定位的准确，也彰显了引领学生心中有书、学会读书的匠心所在！

二、遵循“学路”，心系学生

“阅读是学生的个性化行为”。在班级授课制下，学生的阅读学习又有其独特的规律与优势：差异的学生，生成了丰富的课堂教学资源；尊重差异、尊重个性，利用差异、利用生成，遵循“学路”，促进每一位学生的个性化发展，是教师义不容辞的责任。

（一）生成学案，尊重学生需求

初读感知后，孔老师打破常规，话峰一转，将话语主权、“学习目标”的确定主权抛给了学生：你觉得再学习这篇课文，我们应该探究什么？片刻的宁静后，孩子们的话匣子就打开了：

生 1：我认为再学习这篇文章的时候，应该弄懂“梅花魂”到底是什么含义？

师：你关注到了课文题目的理解。

生 2：我觉得应该体会一下文章的思想感情。

师：通过文中回忆了外祖父的几件事，我们就能体会作者表达了怎样的思想感情。这也是课后习题要求我们达到的目标——关注课后习题，是很好的学习习惯。……

“对话”中，发言学生收获的是肯定、激励，倾听同学得到思路的引领、方法的提示。

关注到了学生不同的阅读期待与需求，孔老师没有越俎代庖，“对话”仍在继续：“我们该怎样解决自己的问题？”尤其是师生共议拟订学案时，孔老师不仅让学生明确“目标”所在，更与学生一起探讨“达成目标”的路径：

师：要理解“梅花魂”的深刻含义，我们应该怎么做呢？

生：我觉得要是理解“梅花魂”的话应该从它的字面上理解，然后再通读课文，找一找关于梅花的句子；还有跟祖国联系起来，就可以把“梅花魂”的意思写出来了。

师：这是由浅入深的方法。“梅花魂”，一定要先读与梅花有关的事件，然后我们要联系全文来理解，由浅入深，由部分到整体，这样学习，就能够拟订出一个学习的步骤，这就叫学习方案。……

从课堂实际看，这几分钟的交流成效显著——学生积极思维，围绕着自己的困惑与需求，围绕着自己确定的学习目标，主动进言、献计献策。很快，三个颇具操作性的学习方案应时而出了。

有人说：“目标是行为的导向。人们的行为总是为了实现自己所期望达到的成就和结果。”同样，学生自己确定的学习目标对他们的阅读行为有着强烈的吸引力，而吸引力越大，“所产生的激励作用就越大，激励水平就越高。”果然，接下来的自主探究、解惑答疑过程学生都十分“投入”。

(二)自主探究，尊重个性差异

一篇文章，学生是“能粗略读懂的”。如果说在生成学案时，外显了学生的个性化需求，那么在接下来的自选学案、依案探究的环节中，学生个体差异的尊重就显得更为重要。在6分钟左右的自学时间内，学生潜心会文、自读自悟、个体自学与因需合作。他们依据个人的经验、能力，自主确定学案与进程，自主选择学习伙伴，适时与教师、学伴交流，展现的是不同的学生学习着不同的语文。在教师的信任与放手中，学生个性化地学习、个性化地收获、个性化地发展，其个体差异在课堂上得到了充分的体现与尊重。或静思，或分享，或请教……外显的是学生的学习形式，内隐的是学生的个性化收获。而这些均从学生“共议分享”中可窥一斑：有的直奔主旨，有的结合重点语句交流感悟，有的个性抒发自己的阅读感受……课堂上百花齐放、百舸争流，验证了课题倡导的实现个性化阅读的美好愿景。

(三)共议交流学案，强化学生发展

经历了自探的习得，学生完成了自选学案的学习与初步交流。此时，作为平等中的首席，面对多数学生选择了有难度的学案二、三的现状，孔老师先肯定了学生敢于挑战的精神，继而引导学生要遵循文本的特点，确定了深入汇报的主思路——

师：本文是一篇叙事文，我们以学案一作为基本思路，从“我”对外祖父的回忆入手，整体思考外祖父给“我”留下了的印象。这是适合这篇文章的。

师：按照学案二、三进行自学，同学们也可能能学懂一些，但是真正读懂它(“梅花魂”的含义)不是很容易。……

师：以学案一为基本思路，正好是对你们刚才学习的一个补充，这样你至少用了两个思路来学这篇文章。

教师“据理力争”地引领了课堂的方向，兼顾了文本的特点、教材的共性目标，遵循了阅读教学从整体入手、由浅入深的内在规律，也为学生的进一步学习提示了方法与要求。较之以往听之任之、一味顺着学生的思路跑，显然更能提高课堂教学的实效。果然，课堂上实现了由易到难、由“事”到“情”的有序交流，在表达、倾听、辨析、重组中，基本达成了学生个体学习收获的交流分享、教师相机的点拨提升。课堂上生成的精彩此起彼伏、接连不断。

曾有人指出，“等你有了完成一件事情的经历以后，及时总结经验，就会进一步增强自信心，向另一个目标进发，全力以赴想方设法去圆满完成它。”孔老师显然是个有心人，她引领学生不满足自己的零散认知，不时挑战着“高思维含量的新要求”，时刻激发着学生的学习自信、热情与潜质。这里不仅有学习第 3 自然段后的小整体“回眸”，如：“孔老师给你们 1 分钟的时间准备，看哪个同学能概括地说一说从哪儿看出来外祖父分外爱惜墨梅图？谁来对我们前面同学的学习进行一下小结”；更有共议交流之后的大思路“回顾”，如：“到现在为止，选择学案三的同学对‘梅花魂’有了更深的理解吗？谁来汇报一下？‘梅花魂’的含义是什么？把你刚才学习的结果做一下汇报”；兼有对依学案学习的综合思考，如：“为什么说‘这不只是花，而是一个身在异国的华侨老人一颗眷恋祖国的心’”？这是在组织学生个体交流后“学案二的整体汇报”，从中不难窥见学生对文本整体、内在联系的全面而独特的感悟。一位学生这样总结：外祖父分外爱惜那幅墨梅图，是因为这清白的梅花是中国最有名的花，是中华民族有气节的人物的象征，所以不能玷污；临行前把最宝贵的墨梅图用白杭绸包着，郑重地送给我，是以梅寄情，希望我、希望每一个中国人有梅花的秉性；船快开了，泪眼蒙眬的外祖父又送墨梅手绢是把他对祖国深深的热爱与思念带回祖国……

在这样的过程，学生的学习遵循着高年段阅读教学整体把握文本的要求。而学生从整体上重新审视自己的学习收获，重组精当语句表达自己的理解，既关注了语言与思维又体现了语文学科“学习语言文字运用的综合性与实践性”的特征的同步发展。

三、巧妙点拨，凸显主导

在阅读教学中，要充分发挥师生双方在教学中的主动性和创造性。学生的主体地位不再赘述，而“教师应引导学生钻研文本，在主动积极的思维和情感活动中，加深理解和体验，有所感悟和思考……”“教师应加强对学生阅读的指导、引领和点拨……”在本节课上尤显突出。

(一)适时出手，示范引航，指向方法的习得

不同于一般的检查学生读文情形，孔老师在安排学生自由读文时，强调了“每位同学要读一个完整的意思”。很快，此环节设计的实效就显现出来了，通过对“是否是一个完整意思”的判断，学生自然而然地运用了归并自然段的方法，厘清了作者回忆了外祖父的几件事，厘清了文本结构。

同样，请学生尝试归纳段落的主要内容。当学生有困难时，孔老师以第1、2自然段为例，适时为学生做示范，与学生一起结合具体样例，提炼了概括段意时要“全面、准确、简洁”的标准，引领了方法的习得。

当学生忽视了结尾自然段的重要意义时，孔老师及时导航：“读读最后一个自然段，看看你有哪些不懂的地方？”“你的意思是不是可以这样概括——这明明就是墨梅图，就是绣着梅花的手绢，为什么说‘它不只是花，而是身在异国的华侨老人一颗眷恋祖国的心呢？’这是一个多么深刻的句子啊！我们是应该弄懂的，其实它也是我们本节课学习的难点。”

当学生联系自己搜集的课外资料时，孔老师示范并提出努力的方向：孔老师非常敬佩你查了这么多资料，但一定要化成自己的。看，孔老师这里也找到了一份更为可信的资料，这份资料出自……

有“教”，有“引”，有“帮”，有“评”。类似这样的“出手”不胜枚举，皆要言不繁，令每一位听课者皆心悦诚服。

(二)聚焦重点，展现过程，联系中读懂文本

“凡事预则立，不预则废。”教师是课堂教学的组织者、指导者，有责任引领全体学生沿最佳路径攀登“教学目标”的高峰。

《梅花魂》一文中，描写得最生动的是外祖父珍爱墨梅图的场景。这是与文本主旨关系最密切的内容，更是学生最感兴趣、最难读懂的内容——“一幅画有什么稀罕呢？”莺儿心中的疑问恐怕也是多数同学心中的困惑。孔老师预设到学生容易抓住外祖父的神态、语言或者动作感受到他对墨梅图的珍爱，但学生是否从整体上把握住外祖父的思想感情呢？孔老师设计了“引导提升”与“点拨整合”的环节：“这清白的梅花，是能玷污的吗？”你从这句话感受到了什么？(引导学生关注外祖父的语言)莺儿说外祖父“分外爱惜”这幅墨梅图，你能联系前文整体上说一说吗？(整合本语段中外祖父“分外爱惜墨梅图”的表现，联系前文对比“不甚在意古玩古董”的表现，探究表达人物情感的方法)看似轻巧的一问，却起到了“牵一发而动全身”的效果。

这样聚焦重点、呈现过程的教学时段比比皆是。令听课者欣喜地看到了教师的“进”“退”有度，看到了教师主导下学生的主动发展。

学生不舍的笑脸，观课教师会心的笑意，无一不在诉说着这是一节成功的语文课堂。字正腔圆的朗读，清晰规范的板书，精当的设问，巧妙的点拨，彰显着孔老师深厚的语文教学功力；而文本主旨的感悟，言语形式的理解，独特丰富的体验，方法习惯的习得，思想情感的升华，宣扬着学生扎实的语文学习实效。孔老师遵循文本特点、语文学习规律，追求学生生动活泼的真实发展，打造了一节追求“实”与“活”的灵动的生本课堂。

（北京市顺义区教育研究考试中心　魏淑媛）

第二章　读《学案助力自能阅读》一书的反思

引领学生走向自能阅读的美好境界

——读《学案助力自能阅读》有感

孔凡艳老师是顺义区小语名师工作室的主持人，是北京市学科带头人，顺义区首席教师。她多年来致力于语文教学的研究，尤其对小学阅读教学改革进行了深入的探索，先后承担多项市区级课题，取得显著的研究成果。她在叶圣陶先生教育思想——“在课堂里教语文，最终目的在于达到‘不需要教’，使学生养成这样一种能力，不待老师教，自己能阅读……”(1962 年 1 月 22 日文《阅读是写作的基础》)的影响下，努力实现“引领学生走向自能阅读美好境界”的教育追求。从“分层教学　自主探究”到“依托学案　自能阅读”努力构建以学生为主体的阅读教学模式。我从最初的倾慕到有幸追随，一路收获着启迪。拿到《学案助力自能阅读》这本书我倍加欣喜，因为我一直盼望着能够有一个近距离走进孔老师、系统了解学案导学的机会，这本书的问世使我如愿以偿。这本书共有五章，内容分别是“依托学案自能阅读”教学研究构想、教学的操作、优势及要回避的问题、对教师的要求，共 19 万余字。在反复品读中，我从字里行间感受着语文教学的真谛，感受着孔老师对语文教学的热爱和对教育研究的执着。同时通读这本书，我获得了操作层面的指导，引导我进一步深入语文教学的研究。读了孔老师的《学案助力自能阅读》一书，我有以下几方面收获：

一、教育思想启迪智慧

(一)对“学案”有了全新的认识

本书展现了孔凡艳老师的语文教学思想，通过研读使我对“学案”一词有了全新的认识。孔老师谈到的“学案”不是指老师预先设计的预习作业，而是课上引导学生自主学习的凭借与工具，它来源于学生——是学生自主学习过程中独立生成的，应用于自主探究与交流、拓展学习中。它不但包含学生要解决的问题——学习内容，更有探寻解决问题方法与步骤的预设。尤为可贵的是，“学案”始终处于动态中，学生可以依学习需求与认知的不断深入，不断改进与完善学案。学案导学充分体现了以生为本，尊重差异的教育思想，且指导学生掌握学法，形成能力，它引导学生走进了一个全新的语文学习境界。

（二）遵循语文学习规律

“阅读教学是学生、教师、教科书编者、文本之间对话的过程”，读懂一篇文章，应让学生亲自与文本对话，在读书实践中实现读懂，品味写法，“不应以教师的分析串讲来代替学生的阅读实践”。《语文课程标准》指出：“语文课程是实践性课程，……应该让学生多读多写，日积月累，在大量的语文实践中体会、把握、运用语文的规律。”学案导学的教学基本流程为：

初读 生成学案 → 自探 落实学案 → 共议 交融学案 → 反思 完善学案 → 拓展 延伸学案

其中的教学环节设置充分体现了对“阅读学”基本规律的尊重，体现了立足于学的基本理念。学生初读、自探在先，在初读中初步感知文本内容，生成探究问题；在自探中依托学案开展自主学习活动，因需合作，此环节预留了充分的探究学习时间（5—7分钟），使对话活动充分展开，引导学生在默默读思中品味语言；共议交融实现了多元对话，在多维立体感悟中对文本进行深度解读与品味；反思与拓展中完善认知，并强化语言实践运用，在运用中把握规律，学会表达。整个流程中，学生以学案为依托展开对话活动，阅读实践中立足于文本，逐步深化认知，并在延伸中实现听、说、读、写不同方面的强化与超越，在实践中读通、读懂、读深入，在实践中学会积累与表达。

（三）着眼于学生的长远发展

依托学案自主探究，着重培养学生的自能阅读能力，着眼于学生的终身发展，努力培养学生形成自主学习、合作探究的习惯，引导学生学会学习，充分诠释了孔老师以学生发展为本的人本、生本教育思想。学案导学，加速了学生阅读能力的培养，一是使学生学习始终处于主动中，每个学生在教学目标的统率下探究自己感兴趣的问题，学习不同的语文，学习不再是硬性任务，而是满足自己的求知需求的主动行为；二是学生们在自己读懂的过程中，感受学习的快乐，激发学习语文的热情和阅读的兴趣；三是通过自己的语言实践深化体验，在不断摸索中学会学习，品味语言，掌握写法；四是尊重了差异，学生自然分层，使学生实现异步学习，全员得到最大限度的发展。

总之，学案导学的过程，是自能阅读的培养过程，学生在生成中整合学习需求，实践中落实自主探究，交融中追求立体感悟，完善中落实强化发展，延伸中实现开发资源形成更深远的影响。

二、实践操作指点迷津

学案导学这种教学方式对教师来说存在很大挑战，在推进学案的应用研究与探索中，我遇到了自身难以逾越的困难。一是要求教师对教材要有深度把握，在备课中要充分预设，要对学生的学习方向基于正确的引领，这就要求教师备课中必须为学生学习预设多个切入口，以备学生咨询。二是来源于课堂的高度开放，学生的思维得到发散，汇报交流难于驾驭。“丛书”中相关的操作流程介绍与相关要求指导了我的教学实践。

（一）学案拟订强化学法指导

学案导学的第一个环节是初读课文生成学案，由学生自拟再师生共拟完成逐步过渡到学生独立拟订。在学案生成中，要求教师要成为领跑者，一是要对学生拟订个性化学案进行有效指导帮助，引领生成；二是要向学生提供自己预设的学案，给予困难学生以支持和帮助。

对于学案的拟订，我曾无从下手。学生们往往有很多的问题需要解决，如何将散乱的问题梳理成为有探究价值的学案？我从书中获得了启迪。

学案是学习一篇文章的有效抓手，较为完善的学案应既有问题，又有解决问题的方式方法，这样，学生才会有序展开自主探究。然而，学生拟订学案会有一定难度，这便需要教师及时进行引领：帮助学生梳理问题，筛选出“既符合学生学习需求，又与教学要求合拍”的探究内容，再选择适合的学习方法和思路。最初，学生拟订学案时往往只提出自己的主观问题和探究方向，缺少学路及实施步骤，方案并不完善，需要教师不失时机地为学生提供帮助。如在执教《深山风雪路》一课时，学生能够抓住课文的重点与难点确定探究的方向：为什么说这山间小道上的脚印啊，是这样的默默无闻，然而又是这样的放着光彩？在孩子们感到困难时，我帮助学生将问题转化为了具有清晰操作步骤的学案。“同学们，你们注意到了吗，课文中几次写到了老吕的脚印？”“这篇课文是写人的文章，我们应该怎么学习？”恰当的引导使学生豁然开朗：可以“脚印”为线索，通过读课文找到老吕的脚印分别出现在哪儿来体会文章主旨；本文是写人的文章，可以品读描写老吕的言行和“我”的心理活动的语句，来深化对老吕的认识。这样，一份既有问题目标又有学法的学案便诞生了。

学习每篇文章时，我还会为个别不能拟订出较有价值的学案的学生提供一份或两份建议性学案，让每个学生都通过这样不断地启发、引导，慢慢地学会拟订学案。

(二)共议交流实现多元碰撞

学习汇报中，学生作为鲜活的生命个体，带着自己的知识、经验、思考、灵感参与课堂学习互动，从而使课堂教学呈现出丰富性、多变性和复杂性。多个学案更使文章学习有多个入口，交流时学案交融，多维互动(师生、生生；相同学案、不同学案)，课堂呈现信息多元，动态、开放，充满生机与活力的局面。这便需要教师提高驾驭课堂教学的能力，要成为有效的组织者。

如何有效交融学案，使教学不偏离重点，还要让尽可能多的学生展示交流自己的学习成果？这成为我实践操作的难题。通过学习我了解到，教师在落实学生主体地位的同时，还要适时发挥自身的主导作用，在建议或商定主思路，围绕主思路进行汇报的同时，提示融合其他学案的时机，指引交流的方向。

如学习《草地夜行》一课，学生围绕自拟学案“课文中的哪些内容使你感动，画出相关语句，有感情地读一读，批注自己的感受。”为主思路进行汇报时，我便相机引导学生融合以情感为线索拟出的学案：

在“行”的过程中，“我”对老红军的情感发生着变化：

老红军迎面走来对我大声嚷时，“我”______是因为______；

当我与老红军并肩行时，“我”对他______是因为______；

当老红军牺牲后，“我”____________是因为______。

学生每汇报一处感动的情节，我便引入与之相对应或衔接的情感线填空，进行内容回归，既对学生零散的发言进行了必要的总结与提升，更使学生情感得以升华。这样的有机融合使学习成果得到共享，不同入口学习者的多元思维得到碰撞，在相互启发中，促进学生立体感悟文本。

三、评价运用引领发展

书中有关评价的内容是我教学研究的盲点。日常教学中我只关注了教学流程——怎样引导学生读懂，却从未通过具体量表去衡量过自己的教学是否科学、是否受到学生欢迎，学生的学习是否有效？孔老师设计了课堂教学评价表和能力检测表，对教师层面和学生层面分别进行评价考量，以进一步改进教学。两个评价量表对教师而言，既有导向作用，又有调节作用；对学生而言，既检测达标，又引领发展。评价量表明确了教与学的各项要求与指标，可以通过它来考查教与学的效度，其诊断、检测的功能不言而喻，可以说对教学具有一定的导向作用。但我认为其最大意义是使师生成为评价的主体，引领师生发展——指导教，引导学。

“指导教”是指教师可以运用教学评价量表进行课堂观察，并进行课后反思，查找不足，规范教学行为，从而进一步优化自己的课堂教学，提升自己的教学技能。“指导学”即超越自能阅读能力评价量表的考查功能，引导学生应用评价量表进行自我诊断，自我评价，从而把控自己的学习活动与学习行为。两个评价量表均具有较强的可操作性，它成为了师生自我反思、自我改进的有效抓手。

评价量表的研制与推广使用，使“依托学案　自能阅读”教学研究提高了信度与效度，使“学案导学”阅读教学模式更具科学性，同时两个量表更成为具有说服力和具有较强实践价值的研究成果。

人们说“读一本好书就是与一个高尚的人对话”，我阅读了《学案助力自能阅读》这本教育丛书，不仅从中获得了教育教学启示，擦亮了心中的研究火花，更坚定了研究语文教学，带领学生走向自能阅读美好境界的决心。通过学案导学的研究推进，学生的最大收获将是学会学习，为自己美好一生奠基。该项研究的意义与影响是深远的，希望更多的老师来细心阅读，它不仅可以促进自身专业成长，更引导我们立足于学生终身发展去研究、发展语文教学。

（北京市顺义区后沙峪中心小学　闻淑君）

理论与实践无缝对接，汗水与智慧完美结合

——读孔凡艳老师专著《学案助力自能阅读》有感

语文像一首歌，歌唱美丽心灵，歌唱健康成长；语文像一幅画，画出壮丽山河，画出花鸟满堂；语文像一杯茶，品味历史余韵，品味人生篇章。现代语文教学以生为本，自主学习，自主建构，追求生命的语文，活力的课堂。

顺义区教育研究考试中心小语教研室主任孔凡艳，经过十几年的实践探索与理论提升，从“分层教学　自主探究”，到“学案导学　自能阅读”，紧扣语文教学的发展，敢立教学改革的潮头。

手捧她的专著——《学案助力自能阅读》，我无法释卷，因为这是一部“理论与实践无缝对接，汗水与智慧完美结合”的著作。课堂教学中，往往理论高高在上，实践默默耕耘，而孔老师的研究，却能将二者实现无缝对接；厚厚书稿，那一个个得以实践验证的实例演绎，无不闪动着智慧的灵光，也饱含着汗水的挥洒。

一、学案导学，实现殊途同归的教学效果

学案贯穿学习始终，学案导学是此教学模式的重中之重。

(一)学案导学，以学案实施为主线

此模式共分为五个基本步骤，初读生成学案、自探落实学案、共议交融学案、反思完善学案、拓展延伸学案，每一过程都围绕着学案这一主要凭借展开。初读环节，学生通过对文本的整体把握，产生继续学习的愿望，使学生形成个性化思路；自探环节，学生依据学案自主学习，使学生经历个性化学习过程；共议环节，学生从不同角度交流学习收获，使学生个性化学习得到深化；反思环节，学生通过总结上面的学习过程，总结反思提升，使学生的个性化学习得到提升；拓展环节，学生将学习收获向课外拓展，向其他文本拓展，使学生的个性化学习得到延伸。

(二)学案导学，以“多路爬山”为特色

在学生初读环节，因为每个人的学习能力、兴趣爱好、对文本的把握能力不同，就会有不同的学习需求，会有不同的学习方案。如果学习能力不够，可以选择老师的建议性学案，或选择学生拟订好的学习方案，这些都是允许的。所以在自探的过程中，就会呈现“多路爬山”的局面。

在当今学校教育中，班级授课制更多表现为“齐步走”、“一刀切”，然而学生是差异的，未来需要多样化的人才，这就要求我们打破程式化教学，使不同的学生学习不同的语文，实现“多路爬山”。这种局面是现在语文教学所期待的，学生只有亲历学习过程，才能自主建构知识体系，让学生达到学习不同语文的美好境界。这是孔老师的学案式阅读教学模式与其他教学模式显著不同之处。

(三)学案导学，以殊途同归为旨归

不管学生选择什么样的学习方案，都要指向教学目标，即使教学目标会有弹性要求，而底线目标是一定要达到的。例如一位教师在教学《木笛》一课时，相融了三个学案：

【学案一】“在考场上，朱丹放弃了终试，后来又被破格录取。”这是为什么呢？默读课文思考，画出相关的语句，简单写写批注，练习有感情地读一读。

【学案二】在考场上，朱丹放弃了终试，后来又被破格录取。”边读边画出这件事中感受最深的部分，有感情地读一读，写写批注。

【学案三】朱丹说：“考场的事，请大师原谅”，大师却说“不，应该是我请求你的原谅”。“考场的事”指什么？读一读有关的内容。联系上下文思考：大师为什么说“应该是我请求你的原谅”？

无论是探求原因的学案一，还是立足感受的学案二，还是缘起于学生质疑的学案三，都指向文本的重点内容，学生潜心文本，涵泳文字，探求人物的内心世界，教学指向的是重点教学目标。

二、自能阅读，实现个性阅读的美好境界

自能阅读是语文教学的美好境界，也是现行语文教学追求的目标。要想实现这一目标，没有学生的亲历学习是无法实现的，学案导学是一种行之有效的方法。

孔凡艳老师进行“学案导学　自能阅读”的实验，选择小学中高年级进行，这是对杜郎口中学、洋思中学成功经验的拓展。中高年级的学生已经具备了一定的学习能力，要想实现自能阅读，就必须有凭借，这个凭借就是学案。所以说，学案的拟订与落实是实现个性阅读的重要方法。

(一)学案的拟订是个性化的

学生的自能阅读的能力不是一朝一夕就能习得的，要经历一个过程，从学案的设计就可以看出来。学案的设计大体经历三个过程，第一个是教师提供建议性学案，虽说是建议性学案，但还是由教师拟订，提供给学生，学生依然是处于被动地位。第二个阶段是建议性学案与自拟学案并行阶段。在这个阶段，学生模拟教师的建议性学案，自己试着拟订自己的学案，然后教师和学生帮助修改。此时，学生已经有了一定的学习主动性。第三个阶段就是学生自己拟订学案，此时，学生已经具备一定的知识基础和能力基础，学习热情得到焕发。他们能根据初读完成定向，拟订进一步学习的学案，个性化的学案生成个性化的课堂。

(二)学案的实施也是个性化的

要想实现学生自能阅读的能力，需要在教学过程中扎实落实。在初读环节，学生要能整体把握学习内容，要能提出不懂的问题，要能设计自己进一步学习的途径、目标，选择适当的学习方法；在自探环节，学生要能静静地读书，要能与同伴合作，要粗略地读懂文本；在共议环节，学生要能谈出自己的收获与人分享，并能虚心接受别人的建议，在思维的碰撞、智慧的启迪中，实现教学目标的达成；在反思环节，学生要能从自己的学习过程或是别人那里得到启发，修正自己的学习问题，去除糟粕，取其精华，将好的学习经验保留下来；在拓展环节，学生要能将自己学习到的知识及方法运用到后续学习之中，提升学习力。在以上学习过程中，学案的实施都是建立在个性化阅读的基础上的，实践着《语文课程标准》中提出的“阅读是学生的个性化行为”这一重要理念。

自能阅读是一种理想，需要语文人的不懈努力。但学生在学案导学中形成的能力以及掌握的知识方法，定会促进学生自能阅读能力的早日形成。

三、以学定教，实现自主课堂的生命演绎

全国小语会理事长崔峦在参加我区的课题成果推广会上说：“孔凡艳老师‘学案导学’体现的是教育理念的变化，它的指导意义不仅在于语文教学，数学课、科学课和英语课，是不是也可以尝试这样的方法？这个理念体现我们由过去习惯教师的教转变到今天关注学生的学。”学案导学的核心就是以学定教，这是课程改革的重要理念，各个学科都适用。但因为学科各有特点，以学定教就会呈现不同的方式。

初读 生成学案 → 自探 落实学案 → 共议 交融学案 → 反思 完善学案 → 拓展 延伸学案

从“学案导学　自能阅读”教学模式的流程图可以看出，学生学在先，以学为基础；而交流在后，以发展为目标。可以从以下两点把握：

（一）以学定教的外在流程

有人说，“熟读唐诗三百首，不会作诗也会吟。”我认为不尽然，这只是小和尚念经——有口无心，我更趋近于“熟读精思”。在课上，学生的语文学习，我觉得大体经历三个过程，即：学前学，学中学，学后学。所谓学前学，就是学生在师生互动之前的自主学习，他们通过自己的努力可以学懂的，就让他们自己学。此时的学习可以达不到教学目标的要求，这应该是教学的基础。所谓学中学，就是学生在师生互动之中的深入学习，这是他们在老师的帮助与学生的启发下进行的学习。这一环节的学习正是我们所谓的“教学”。所谓学后学，就是学生在师生互动之后的学习。通过学习，学生有所收获，利用这个基础可以投入到后面的学习之中。

（二）以学定教的基本原则

以学定教，就是要把握学生的学前学，进行有针对性的指导，使学生有更大的收获。我认为以学定教的原则应为对接、深化、发展。所谓对接，就是要了解学生的学习现状、学习程度，教师与学生实现对接，以便于后面采取有针对性的教学方法；所谓深化，就是要利用一切可利用的资源，深化学生的认识，实现教学目标的要求；所谓发展，就是根据学生的收获进行后续学习，让学生得到更大的发展。

我们期待这样自主的课堂。以学定教，是实现生命语文、活力课堂的重要途径。学生是鲜活的个体，尊重生命的意义，还学生学习的自主权，才能

实现生命课堂的演绎。

理论的前沿与躬耕不辍，实现了无缝对接；汗水的付出与智慧的灵动，实现了完美结合。孔凡艳老师的“学案导学　自能阅读”研究课题是顺义区小学语文教学的一面旗帜，也是语文界一面旗帜。认真领悟其精髓，学习、模仿、创新，更要在此基础上，有所发展，让语文教学这道源源不息的活水清鲜、甘甜，滋养更多的语文人。

（北京市顺义区空港小学　杜永全）

学生为本，能力为重，发展为要

——读孔凡艳老师著《学案助力自能阅读》有感

作为工作在一线的小学语文教师，我有幸被选入“三河市首届小学语文名师高级研修班”进行深造，有幸获赠学术导师——北京市顺义区教育研究考试中心孔凡艳老师近期出版的新书——《学案助力自能阅读》。

这是一本怎样的书呢？对我们的教学工作会有哪些实际性的帮助呢……

带着诸多的阅读祈盼，我翻开了这本书……

天哪！这是继2001年进行“分层教学　自主探究”阅读教学模式研究后，经孔老师和她的团队精心探索、实践，收获的又一项研究成果。一遍读下来，说实话，比囫囵吞枣也强不了多少！书中的几个重点章节，从“教学研究的构想”到“教学的操作”再到“教学的评价”，以及后面的“模式的优势及要避免的问题”和“对教师的要求”都深深地吸引了我。为了满足迫不及待的阅读欲望，我展开了几次“检索式”阅读，专门挑选了其中最感兴趣的部分进行浏览，可结果却都是“无功而返”。因为，里面各部分内容之间环环相扣、衔接紧密，字里行间无不渗透着较强的逻辑性和操作性，要按照作者的思路去读，“顺理”才能够“成章”。于是，我又开始了第二遍、第三遍……几番废寝忘食下来，书由薄读到厚，又由厚读到薄，有不少的收获。“自能阅读”中实质性的经验显现出来，“润物细无声”般流进了我的脑海。在追逐教育梦想的路途中，有这样“新鲜的血液”，带给我太多的启迪和思考。

一、模式的创建——围绕“学”

一切教学活动和教学手段的得当与否，从不仅仅以教师的“教”为唯一准则。孔老师在书中重点阐述的“依托学案　自能阅读”教学模式以更具个性化、开放性的学习方案为凭借来组织学生学习，体现了对学生主体的充分尊重。

(一)依托学案，培养自主学习能力

《语文课程标准》指出："应加强对阅读方法的指导，让学生逐步学会精读、略读和浏览。"要想使学生具有独立的阅读能力，学会运用多种阅读方法，就应该让学生在课堂中更多地参与到学习的体验中来。如何让学生真正地参与到学习内容、学习方法、学习途径的制定并有效开展自主学习呢？孔老师的这个教学模式给予了很好的解答，那就是构建与落实"学案"。

顾名思义，"学案"立足于"学"，但不同的教育群体或个人会有不同的诠释。书中孔老师所运用的"学案"不能浅显地解释为学生学习的工具，更深一点儿讲，它应该是在教师的引领下，结合学生初读文本后的感受，为下一阶段的学习而制定的学习目标、途径与方法。而且，这个学习方案并不是一成不变的，随着学习和个性化体验的不断深入，学生还会对学习方案的探究进行补充和完善，学习中收获的不仅是知识，更有方法与策略，也会受到情感态度与价值观的熏陶，这样的课堂才能称得上是有生命力的课堂。

"依托学案　自能阅读"这种新的教学模式立足于学生的学，使课堂真正成为教师引导学生自主学习的课堂，最大限度地发挥学生学习的自主性和学习潜能。与一般阅读教学相比，它加速了学生自能阅读能力的形成，体现在：

第一，学什么？倡导学生把文本的需求与自身的学习期待结合起来，拟订适合自己的学习方案。

第二，怎么学？按照拟订的学习方案，自主展开文本的学习，过程中因需与同学案或同组同学合作探讨，并在共议时交流分享。

第三，学到什么样？回顾依托学案学习的过程，整理学习结果，总结学习方法，真正做到每篇课文都读出自我，实现各自达到自己最佳的境界。

(二)依托学案，实现自能阅读目标

语文课要着力培养学生的自能阅读能力，因为只有学生具备这样的阅读能力，在今后的学习生活中，才能够独立自主地进行阅读，实现自能阅读的目标。

那么，怎样才能加速学生自能阅读能力的培养呢？学生是学习的主体，阅读教学应激发学生的学习兴趣，注重培养学生自主学习的意识和习惯，尊重学生个性化的差异，不断鼓励学生选择适合自己的学习方式。期间，要让学生在学习的过程中加强合作，充分发挥优势资源，丰富学生的学习路径和收获，让大家在不断交流和碰撞中得到最大化的提升与发展。值得注意的是：教师在每一环节都要围绕学生自能阅读能力的培养，而且注意循序渐进。

在语文课堂教学过程中，以学案的构建、实施与完善为手段，过程中不断培养学生的自能阅读能力，使语文教学真正达到"教是为了不需要教"的境界。这一教学模式的创建不正是以学生的“学”为出发点，紧密围绕着学生的“学”吗？

二、操作的过程——设计“学”

“依托学案　自能阅读”模式的流程分为三个阶段。其中，“展开初读，拟订学案”是开端；“自探落实学案”和“共议交融学案”是落实学案深入探究的过程；“反思完善学案”和“拓展延伸学案”是完善延伸，强化发展。可见，“学案导学”贯穿学习活动的始终，并且随着学习的不断深入还要进行完善。也就是说，拟订好的学案，是培养自能阅读能力的基础，并将在学案的落实、相融、反思与完善中精心设计“学”。

(一)学生自主，设计、优化学案

在这一教学模式下，学习课文的过程，就是学案拟订、实施、交融、完善、延伸的过程。书中，孔老师展示了多篇课文的学习方案，如《索桥的故事》一课，师生共同拟订了这样的学案：

联系“我”在索桥的见闻联想，结合搜集的资料来感受故事，在感受深的地方写写批注，带着感受读一读。

思考“比故事更美、更好的”是什么？

它是怎样被拟订出来的呢？不是教师拟好的，不是课前完成的，而是在教师的引导下，根据学生自己对学习内容的解读和自己的学习期待整合后而拟订的。换一句话来说，学案的拟订是从学生自己的阅读期待出发，并注意紧密围绕着文本的重点教学目标而形成的个性化阅读方案。

按照学案的实施过程也是学案的完善、优化过程。首先，生成学案中有生生和师生完善的过程。再有，师生共同学习的过程也是学案完善的过程，允许并提倡学生随着学习进程的展开对学习方案进行调整和完善，对学习收获进行整合和提升。这个模式还有意引导学生利用必要的反思环节完善学习成果与学习方案。更令人欣喜的是学生在拓展延伸中迁移运用学案、进行实践性体验，加强学习语言文字运用，取得事半功倍的效果。

我们看到，在孔老师“依托学案　自能阅读”的探究中，学生通过设计学习方案、完善学习方案，经历个性化的学习历程，有利于形成、发展学生良好的个性。

(二)教师助力，预设、引领学情

学生总是带着自己积累的知识、经验和个性化理解走进文本，同理，从文本中读出的也一定是具有个性化特点。这就需要教师对学情要有充分的预设和引领。

我从孔老师的介绍中深深地感受到：在“依托学案　自能阅读”教学模式下，教师对学情的预设要更充分，包括探究的“多元入口”、达成的“多元路径”、实践的“探究状况”；接下来是依据学情建构适应群体的学路，来组织立体性感悟课文的交流与分享，并在完善、延伸中关注学习方法、提升个性化阅读能力。

虽说“依托学案　自能阅读”立足于学，但也着力于“导”。在师生的共同努力下，形成合力，达到学习效果的最优化。

由此可见，“依托学案　自能阅读”操作的过程便是教师在课前设计好教学环节，课堂上与学生一起拟订、完善学习方案，和学生共同设计“学”的过程。

三、评价的设计——服务“学”

教学评价是依据教学目标对教学过程及结果进行价值判断并为教学决策服务的活动。教学评价是研究教师的教和学生的学的价值的过程。

孔凡艳老师在书中介绍的“依托学案　自能阅读”模式下的教学评价，包括“课堂教学评价”和“阅读能力评价”两个部分，孔老师和她的团队发挥锲而不舍的拼搏精神，经过大量的数据分析和修正完善，最终制定出两套相应的评价表。

根据“依托学案　自能阅读”教学模式的理念与追求，遵循“立足于学、着力于导”的原则，孔老师确定了与之匹配的《课堂教学评价表》，来引领课堂实施、引导课堂观察和引发课后思考，从而优化课堂教学，促进学生个性化阅读能力的提高。

“阅读能力评价表”特点是对学生的阅读过程和阅读能力同时进行考查。正如书中所说“可以引领学生注重即时的阅读过程，关注应具有的个性化阅读能力，并渴望实现引导阅读教学教、学、评的各个方面，加速形成学生个性化阅读能力。”

课堂教学和自能阅读能力这两个评价表的科学构建，旨在发挥好评价体系的作用，为学生的阅读学习提供实时的监测，更好地服务学生的“学”，最终达成学生自能阅读的佳境。

真正公平、客观、高效地对学生的阅读能力进行评价，是不容易做到的。但孔老师和她的团队知难而上，经历了研读课标、学习借鉴、修改完善的过程，创造性地构建出较为科学的评价表，这种科学探索的精神令我敬佩，也一定会在教学实践中尝试运用，并力求能够为进一步的完善添砖加瓦。

“精诚所至，金石为开”。孔老师和她的团队励精图治，不断探索，对“依托学案自能阅读”的探索得到了全国中语会理事长苏立康教授和全国小语会理事长崔峦老师的充分肯定。《学案助力自能阅读》这本书为我们教师学习和借鉴提供了强大的技术支撑，为学生的终身学习和发展提供了有力的保障，更为我们语文阅读教学树起了一面新的旗帜。

一本诠释阅读教学的学术专著，一位追逐教育梦想的语文教师。她（它）带给了我太多太多……

（河北省三河市皇庄小学　齐晓光）

附表1："依托学案　实现个性化阅读"教学环节与个性化阅读对照表

学习环节	相关个性化阅读表现
初读生成学案 形成个性化学习思路	自主预习，初读感知： 在获取、整理信息中形成整体感知，质疑问难，生成个性化探究意向。 结合个性化探究需求及文本规定性要求，个人或师生协作确定探究目标，明确个性化阅读路径，拟订共性或个性化学案。
自探落实学案 经历个性化学习过程	依据学案独立研读文本，展开个性化学习过程： 运用联系上下文、使用工具书、结合相关资料等方法解决问题，批注自己的感受，形成个性化的独特感受、体验和理解； 因需、因势师生合作解决问题或交流个体探究收获。 （包括自我调整、修正"学案"）
共议交融学案 融汇个性化学习收获	全班展示、交流，融汇个性化的阅读感悟与思考： 在共享中理解、评价、反思、借鉴，整合与深化个人阅读体验，达成共性学习目标，促进文本理解的个性化与立体化。 （包括在交流共享中再次审视、修正个性化"学案"。）
反思完善学案 梳理个性化学习成果	回顾学习过程，梳理个性化阅读成果： 从"学会了什么"的角度整理学习收获、完善学习成果； 从"怎么学"的角度审视生成、自探、交融学案的全过程，提炼学习方法，积累个性化学习经验，进一步完善学案。
拓展延伸学案 创造个性化学习空间	在文本的相关联想中，建构个性化阅读时空： 运用或者延伸"学案"研读个性化拓展阅读材料，展开新一轮个性化探究阅读，发展个性化阅读目标。

附表2：“依托学案　实现个性化阅读”课堂教学评价表

学　校		班级		授课人		时间	
课　题				评课人		等级	

评价项目	权重	评价要素(A级标准)	分值	得分
学习目标	0.10	1. 符合课程标准、教材要求和学生实际。	10	
学生活动	0.33	2. 能结合自己想探究的“真问题”自拟或选择学习方案。	8	
		3. 能结合学习方案的内容展开自主学习，生成个性化阅读感受、体验和理解，并因需、有效地展开合作学习。	5	
		4. 能在平等、开放的共议交流氛围中，展示自己的学习收获，敢于发表独到的见解，提出自己的问题，能理解、评价同伴个性化的学习成果，互启互生，丰富自我、发展个性。	10	
		5. 能展开反思活动，并能通过反思梳理，提升认知水平，提炼阅读方法，生发个性化阅读期待，拓展阅读视野。	10	
学习活动的调控与指导	0.32	6. 文本把握准确、深入，能抓住重难点和关键。	10	
		7. 能运用有效的教学方式(含信息技术与学科整合)，做到以读为本，读与理解相结合，读与训练相结合，关注不同方法的归纳总结，注重引导学生发现规律性的语文知识。	7	
		8. 导学思路清晰，注意学案相融，能根据课堂实际态势调整教学规划，体现对教材的整合，对学生差异资源的利用。	10	
		9. 能组织展开平等的对话与交流，学生始终处于积极主动的探究学习状态，教师对学生的发言有引导、有提升。	5	
学习效果	0.20	10. 每个学生都有展示学习方案探究收获的机会，产生良好的情绪体验。	10	
		11. 达成了预定的基本的教学目标。	5	
		12. 课程资源得到有效利用与拓展，不同的学生都获得了不同的学习收获与进步。	5	
教学特色(对文本的理解有新的体验、有自己的风格……以及评课人认为可作为特色的方面。)0.05(5分)：				
评语：				

说明：A等：90分以上　B等：80—89分　C等：60—79分　D等：59分以下

附表3："依托学案　实现个性化阅读"教学效果检测表

<table>
<tr><td>学　校</td><td></td><td>班 级</td><td></td><td>姓名</td><td></td><td>时间</td><td></td></tr>
<tr><td>文　题</td><td colspan="3"></td><td>评价人</td><td></td><td>等级</td><td></td></tr>
<tr><td>一级指标</td><td>权重</td><td colspan="4">二级指标</td><td>分值参考</td><td>评价方法</td></tr>
<tr><td rowspan="6">阅读过程</td><td rowspan="6">0.45</td><td colspan="4">1. 能够有效使用工具书解决字词问题。</td><td>5</td><td rowspan="6">观察学习行为与学案过程记录</td></tr>
<tr><td colspan="4">2. 能提出有价值的问题，并结合对文本的感知，拟订自主学习的方案。</td><td>5</td></tr>
<tr><td colspan="4">3. 能利用学习方案展开学习，并简要记录学习的过程与结果，从中展示自己的收获与思考。</td><td>10</td></tr>
<tr><td colspan="4">4. 在考察或必要的交流中能充分展示自己的学习收获，善于从他人的交流中汲取有价值的信息，丰富、完善或改变自己的认识。</td><td>10</td></tr>
<tr><td colspan="4">5. 善于从学习内容、学习方法、思维方式等角度反思自己的学习过程与结果，并产生与文章有关的阅读联想，形成新的阅读探究意向。</td><td>10</td></tr>
<tr><td colspan="4">6. 阅读中入情入境，有良好的阅读习惯。</td><td>5</td></tr>
<tr><td rowspan="7">阅读能力</td><td rowspan="7">0.45</td><td colspan="4">7. 整体把握文本的主要内容，揣摩表达顺序。</td><td>5</td><td rowspan="7">进行阅读测量辅以学案记录分析</td></tr>
<tr><td colspan="4">8. 根据阅读的需要，从文本中获取关键信息和细节。并能通过简单的推论，找出文章中隐含的信息。</td><td>8</td></tr>
<tr><td colspan="4">9. 联系上下文、生活实际或者相关资料理解词语在语言环境中的恰当意义，推想课文中有关词句的内涵，体会其表达效果。</td><td>8</td></tr>
<tr><td colspan="4">10. 将阅读中所获得的信息与自己的既有经验结合起来，解决阅读中或相应情境中的问题。</td><td>8</td></tr>
<tr><td colspan="4">11. 体会篇章的思想感情，有自己的阅读感受。</td><td>6</td></tr>
<tr><td colspan="4">12. 针对文章内容与表达的是非、优劣加以判断或者是评论。</td><td>5</td></tr>
<tr><td colspan="4">13. 根据阅读发现与要求，积累有益的知识与信息。</td><td>5</td></tr>
<tr><td colspan="8">学习特色 0.10(10 分)：对文本的解读有独特合理的体验、学习方法、策略值得推广，善于交流，或者某些方面的表现比较出色……</td></tr>
</table>

后 记

说起顺义特色的“学案导学”，我和我的研究团队自2001年起，至今已经探索、研究15年了。从“‘分层教学 自主探究’语文阅读教学模式的研究”，到关注模式背后的“培养自能阅读能力”，再到“依托学案 实现个性化阅读”。十几年如一日，凭着热爱与责任，伴着艰辛与快乐！

“依托学案 实现个性化阅读的研究”是北京市新世纪百千万人才工程研究项目，在北京市教育学会正式立项，并作为“孔凡艳名师工作室”核心研究项目，顺义区各个学校均有不同程度地参与，并通过“国培计划”扩展到其他省市，其中河北省三河市名师研修班老师们深度参与了研究与实践。我们的研究从理论到实践，从操作到评价，从读单篇课文到读整本书，向着语文学习和学生发展的理想境界进发。

《从“学案”走向个性化阅读》这部研究专著记录了我们研究的历程与成果。本书含理论篇、实践篇、反思篇：理论篇对“依托学案 实现个性化阅读”的研究缘起、形成愿景以及研究的创新点进行了解说，对课堂教学基本模式和基本环节进行了阐释；实践篇含不同年段、不同文体、不同课型、不同课时的典型设计引路，有课堂整体驾驭和局部操作的方法策略点拨，也有突破重难点的经验分享；反思篇是“我的课例老师评”和“我的书老师读”，下水、共研让我和老师们一同成长。

回首这部研究专著的编写，不仅是梳理研究的过程，反思研究的成果，更是提升研究的品位。研究团队的每个成员都无私地贡献着自己的教育智慧，研究的热情高涨，研究的态度严谨……正因为有了大家的一路帮扶，我们的研究喜结硕果。

当我们看到学生的成长、教师的发展，不禁感到此项研究有效推动了区域语文教学改革。在阅读学习中，学生依托学案的构建、实施、完善与拓展，培养自能阅读能力，个性化特质得以彰显，整个课堂涌动着生命的活力，充满了“拔节”的声音。在开放性阅读引领中，实验教师超前发展、充分预设，教科研能力得到跨越式发展，一支具有市区影响力的骨干教师队伍已经形成。

该项目的研究、推介、推广过程中得到了市区教委、教研中心领导的鼎力支持，市区专家的多方指导，以及各实验学校、区小语教研室、河北省三河市小语名师班的热情相助，在此表示诚挚地感谢。其中，魏淑媛、杨雪莲、杜永全、闻淑君、刘学红、张杰、王瑛玮、郑玉玲、高淑会、刘占红、顾雪莲、刘鹏、臧霜等老师参与了本书审稿、校对，在此表示深深的谢意！

“路漫漫其修远兮，吾将上下而求索。”我们在这条“修远之路”中努力求索着，同时希望能够发挥抛砖引玉的作用，与更多的研究者结伴而行。在此，恳请教育界的专家、同仁、读者不吝赐教！

北京市顺义区教育研究考试中心　孔凡艳

2015 年 8 月